영호남 200명산

건강한 삶을 위해 산행을 생활화합시다.

책을 펴내면서

경제성장과 국민생활의 향상으로 인하여 건강과 취미 생활에 관심이 깊어지면서 등산인구가 폭발적으로 늘어나고 있습니다. 통계에 의하면 국민 두 사람 중 한 사람이 등산을 한다고 합니다. 등산은 이제 일상생활이 되었으며 건전한 취미생활입니다. 우리는 오를 수 있는 산이 있어 축복받은 국민입니다.

필자는 건강을 위해 산행을 시작한 것이 동기가 되어 33년간 등산을 하였으며 그동안 1,400산을 등정하였습니다. 젊은 시절을 산과 함께 보내게 되었으며 후회도 없습니다. 그동안 산행으로 터득한 산행방법과 산행지식을 다음 세대에 전수 해주어야 한다는 생각을 하고 산행안내 책을 쓰기로 결심을 하여 『한국 700명산』『한국 100대 명산』『서울에서 가까운 200명산』『첩첩산중 오지의 명산』을 출간하였으며, 다시 『영호남 200명산』을 출간하게 되었습니다. 출간한 책 내용은 모두 필자가 직접 산행을 통하여 경험한 내용이며, 부족한 부분들을 재답사를 통해 정성을 다하여 기록하였습니다.

『영호남 200명산』은 경상북도 49산, 경상남도 69산, 전라북도 48산, 전람남도 34산을 선정하였습니다.

책은 왼쪽에 지도, 오른쪽에 개요, 등산로를 기록하였고, 기타 교통, 식당, 숙박, 명소, 온천, 휴양림, 농어촌 5일 장날을 기록하였습니다.

식당은 산 주변에서 맛있게 잘하는 음식점을 필자가 직접 확인한 음식점이며, 숙박도 현장을 확인하여 산 주변에서 가장 깨끗한 집을 선정하였습니다.

우리나라 산은 모두 울창한 숲으로 성장하여 아름다운 자연의 보고입니다. 맑은 공기 풍부한 산소 헤아릴 수 없이 수많은 동식물 곤충 등이 서식하는 무공해 청정지역입니다. 산행은 자연그대로의 청정지역인 산천을 오르고 내리며 때로는 평지와 같은 능선이나 계곡을 걸으면서 자연과 동화되어 무심으로 돌아가 심신을 수련하는 멋진 취미생활입니다.

산행을 할 때는 언제나 산행지도를 지참하고 안전산행을 기본으로 하시기 바랍니다.

저자 신 명 호

참고사항

1. 『영호남 200명산』은 경북 49산, 경남 69산, 전북 48산, 전남 34산을 선정하였다.
2. 지도는 2004년 이후 발행된 국립지리원 1:5000 원색지도를 기본으로 하여 능선과 계곡을 쉽게 이해할 수 있도록 개념도로 작성하였다.
3. 본문은 개요, 등산로, 교통, 식당, 숙박, 명소, 온천, 휴양림, 장날 순으로 정리하였다.
4. 등산로는 산행기점에서 적색점선 등산로를 따라 정상에 오른 후, 하산 지점까지 진행하는 실제 산행과정과 산행시간을 기록한 것이다.
5. 등산로는 주변 상황에 따라 변할 수 있으므로 이를 참고하면서 길을 찾아 가야 한다.
6. 능선은 주능선, 지능선, 세능선으로 분류하여 굵고 가늘게 하여 회색선으로 하였다.
7. 계곡은 물이 많은 주요계곡만 청색으로 하였고, 기타 계곡은 바탕색으로 하였다.
8. 등산로는 혼란을 피하기 위해 안내하는 대표적인 등산로는 적색점선(----)으로 하고, 기타 산길은 검은점선(----)으로 표시하였으며 가능한 원점회귀 산행을 기본으로 하였다.
9. 소요시간은 보통사람들의 보행시간이며, 총 소요시간은 구간별시간 합계에서 1시간(점심+휴식시간)을 더 포함한 시간이다.
10. 매년 2월 1일~5월 15일, 11월 1일~12월 15일은 산불예방 입산통제 기간이다.
11. 도로는 철도, 고속도로, 국도, 지방도, 기타도로, 소형차로(1차선 도로)로 정리하였다.
12. 교통편은 자가운전 편과 대중교통 편으로 기록하였다. 자가운전 편은 고속도로 IC에서 또는 국도에서부터 승용차 진입이 가능한 산행기점 주차공간까지 기록하였다.
13. 식당은 해당되는 산 주변에서 맛있게 잘하는 집을 확인하여 한두 집을 선정하였다.
14. 숙박은 등산로 주변에서 깨끗한 모텔, 민박, 펜션을 확인하여 한두 집을 선정하였다.
15. 농어촌 농산물을 현지에서 생산자로부터 직접 구매할 수 있는 5일 장날을 기록하였다.
16. 명소는 등산하는 산 주변에서 가볼만한 명소 한두 곳을 기록하였다.
17. 입산문의 산림청 1588-3249. 국립공원관리공단 02-3279-2794. 시, 군청 산림과
18. 열차시간안내 1544-7788. 동서울터미널 1688-5979. 남부버스터미널 02-521-8550
    서울고속버스터미널1688-4700. 호남선고속버스터미널 02-6282-0114. 전주버스터미널 1688-1745
    광주버스터미널 062-360-8114. 서대구버스터미널1688-2824. 동대구버스터미널1666-0017
    북대구버스터미널1666-1851. 부산종합버스터미널1688-9969. 부산서부버스터미널 1577-8301

지도에 표시된 기호

기호		기호		기호	
도 계	◇—◇	임 도	━━━	헬 기 장	⊕
군 계	·····─·····	안내등산로	- - - - -	샘 (식 수)	⊛
면 계	·─·─·─·	미확인산길	- - - - -	묘 (무 덤)	⌒
철 도	┼┼┼□┼┼┼	소 요 시 간	←20분	폭 포	⌐⌐
고속도로	▰▰▰▰	능 선	～～	주 요 안 부	●
국 도	━(37)━	계 곡	～～	주 갈 림 길	○
지 방 도	━(371)━	합 수 곡	～●～	절 (암 자)	卍
기타도로	━━━	삼 각 점 봉	△	성 (성 터)	⊐⊏
소형차로	━━━	산 봉 우 리	▲	다 리 (교)	⋈

기호	
표 적 물	●
산 불 초 소	🏠
통 제 소	🏠
과 수 원	♀
밭 · 논	⊥⊥
교회(기도원)	✝
학교(학교터)	⚑
주 차 장	P
버스정류장	🚌

차례

- 책을 펴내면서///4
- 참고사항///5
- 차례///6
- 산이름 쉽게 찾기///8

◎ 경상북도

응봉산///10
백암산///12
통고산///14
칠보산 · 등운산///16
내연산///18
일월산///20
주왕산 · 태행산///22
청량산 · 축융봉///24
각화산 · 왕두산///26
옥석산 · 문수산///28
선달산///30
매봉 · 국사봉///32
대미산 · 문수봉///34
공덕산 · 천주산///36
주흘산///38
운달산 · 성주봉(문경)///40
대야산 · 둔덕산///42
도장산 · 시루봉///44
대궐터산 · 봉황산///46
성주봉(상주) · 남산///48
갑장산 · 기양산///50
백화산///52

황악산///54
수도산 · 양각산 · 흰대미산///56
금오산///58
팔공산///60
비슬산///62
화악산 · 철마산 · 남산///64
단석산///66
문복산 · 고헌산///68

◎ 경상남도

지리산///70
성제봉///74
웅석봉 · 감투봉///76
둔철산 · 정수산///78
필봉산 · 왕산///80
삼봉산 · 백운산(마천)///82
대봉산(괘관산)///84
백운산(백전) · 영취산///86
남덕유산 · 할미봉///88
황석산 · 거망산///90
기백산 · 금원산 · 현성산///92
비계산 · 의상봉 · 장군봉///94
금귀산 · 보해산///96
가야산 · 남산제일봉///98
오도산 · 미녀봉///100
감악산 · 월여산///102
황매산 · 모산재///104
화왕산. 관룡산///106
함박산 · 종암산 · 덕암산///108
산성산 · 한우산 · 자굴산///110
금산///112
와룡산///114
연화산///116

지리산(사량도)///118
계룡산ㆍ선자산///120
베틀산ㆍ서북산ㆍ여항산///122
무학산///124
장복산ㆍ웅산///126
천주산ㆍ청룡산///128
억산ㆍ북암산ㆍ구만산///130
가지산ㆍ운문산///132
천황산ㆍ재약산///134
신불산ㆍ간월산ㆍ영축산///136
천성산ㆍ천성산제2봉///138
금정산///140

◎ 전라북도

대둔산ㆍ바랑산///142
명덕봉ㆍ명도봉///144
운장산ㆍ연석산///146
구봉산///148
써레봉ㆍ운암산///150
위봉산ㆍ원등산ㆍ대부산///152
서방산ㆍ종남산///154
만덕산ㆍ묵방산///156
덕태산ㆍ선각산///158
마이산ㆍ광대봉///160
덕유산///162
삼봉산ㆍ대덕산///164
장안산///166
팔공산ㆍ성수산///168
봉화산///170
수정봉ㆍ고남산///172
바래봉ㆍ덕두산///174
고리봉ㆍ만복대ㆍ고리봉(북)///176
문덕봉ㆍ고리봉///178

회문산///180
강천산ㆍ산성산///182
내장산ㆍ백암산///184
모악산///186
변산 관음봉ㆍ쌍선봉///188
비룡상천봉ㆍ우금산///190
선운산(도솔산)ㆍ비학산///192

◎ 전라남도

방장산///194
입암산///196
추월산///198
병풍산ㆍ삼인산///200
무등산///202
갓봉ㆍ구수산///204
장암산ㆍ태청산///206
불갑산///208
월출산///210
덕룡산ㆍ주작산ㆍ남주작산///212
흑석산ㆍ가학산ㆍ별매산///214
금강산ㆍ만대산///216
두륜산///218
달마산///220
상황봉///222
제암산///224
천관산///226
팔영산///228
조계산///230
영취산ㆍ호랑산///232
백아산///234
동악산ㆍ형제봉///236
백운산ㆍ억불봉///238

산이름 쉽게 찾기

가
가야산 … 98
가지산 … 132
가학산 … 214
각화산 … 26
간월산 … 136
감악산 … 102
감투봉 … 76
갑장산 … 50
갓봉 … 204
강천산 … 182
거망산 … 90
계룡산 … 120
고남산 … 172
고리봉(북) … 176
고리봉(구례)) … 176
고리봉(남원) … 178
고헌산 … 68
공덕산 … 36
관룡산 … 106
광대봉 … 160
구만산 … 130
구봉산 … 148
구수산 … 204
국사봉 … 32
금강산 … 216
금귀산 … 96
금산 … 112
금오산 … 58
금원산 … 92
금정산 … 140
기백산 … 92
기양산 … 50

나
남덕유산 … 88
남산(성주) … 48

남산(청도) … 64
남산제일봉 … 98
남주작산 … 212
내연산 … 18
내장산 … 184

다
단석산 … 66
달마산 … 220
대궐터산 … 46
대덕산 … 164
대둔산 … 142
대미산 … 34
대봉산(괘관산) … 84
대부산 … 152
대야산 … 42
덕두산 … 174
덕룡산 … 212
덕암산 … 108
덕유산 … 162
덕태산 … 158
도장산 … 44
동악산 … 236
두륜산 … 218
둔덕산 … 42
둔철산 … 78
등운산 … 16

마
마이산 … 160
만대산 … 216
만덕산 … 156
만복대 … 176
매봉 … 32
명덕봉 … 144
명도봉 … 144
모산재 … 104
모악산 … 186

무등산 … 202
무학산 … 124
묵방산 … 156
문덕봉 … 178
문복산 … 68
문수봉 … 34
문수산 … 28
미녀봉 … 100

바
바랑산 … 142
바래봉 … 174
방장산 … 194
백아산 … 234
백암산(울진) … 12
백암산(장성) … 184
백운산(광양) … 238
백운산(함양 마천) … 82
백운산(함양 백전) … 86
백화산 … 52
베틀산 … 122
변산 관음봉 … 188
변산 쌍선봉 … 188
별매산 … 214
병풍산 … 200
보해산 … 96
봉화산 … 170
봉황산 … 46
북암산 … 130
불갑산 … 208
비계산 … 94
비룡상천봉 … 190
비슬산 … 62
비학산 … 192

사
산성산(합천) … 110
산성산(순창) … 182

산이름 쉽게 찾기

삼봉산(무주) ···· 164	운문산 ···· 132	천황산 ···· 134
삼봉산(함양) ···· 82	운암산 ···· 150	철마산 ···· 64
삼인산 ···· 200	운장산 ···· 146	청량산 ···· 24
상황봉 ···· 222	웅산 ···· 126	청룡산 ···· 128
서방산 ···· 154	웅석봉 ···· 76	추월산 ···· 198
서북산 ···· 122	원등산 ···· 152	축융봉 ···· 24
선각산 ···· 158	월여산 ···· 102	칠보산 ···· 16
선달산 ···· 30	월출산 ···· 210	**타**
선운산(도솔산) ···· 192	위봉산 ···· 152	태청산 ···· 206
선자산 ···· 120	응봉산 ···· 10	태행산 ···· 22
성수산 ···· 168	의상봉 ···· 94	통고산 ···· 14
성제봉 ···· 74	일월산 ···· 20	**파**
성주봉(문경) ···· 40	입암산 ···· 196	팔공산(장수) ···· 168
성주봉(상주) ···· 48	**자**	팔공산(대구) ···· 60
수도산 ···· 56	자굴산 ···· 110	팔영산 ···· 228
수정봉 ···· 172	장군봉 ···· 94	필봉산 ···· 80
시루봉 ···· 44	장복산 ···· 126	**하**
신불산 ···· 136	장안산 ···· 166	한우산 ···· 110
써레봉 ···· 150	장암산 ···· 206	할미봉 ···· 88
아	재약산 ···· 134	함박산 ···· 108
양각산 ···· 56	정수산 ···· 78	현성산 ···· 92
억불봉 ···· 238	제암산 ···· 224	형제봉 ···· 236
억산 ···· 130	조계산 ···· 230	호랑산 ···· 232
여항산 ···· 122	종남산 ···· 154	화악산 ···· 65
연석산 ···· 146	종암산 ···· 108	화왕산 ···· 106
연화산 ···· 116	주왕산 ···· 22	황매산 ···· 104
영축산 ···· 136	주작산 ···· 212	황석산 ···· 90
영취산(여수) ···· 232	주흘산 ···· 38	황악산 ···· 54
영취산(함양) ···· 86	지리산(사량도) ···· 118	회문산 ···· 180
오도산 ···· 100	지리산 ···· 70	흑석산 ···· 214
옥석산 ···· 28	**차**	흰대미산 ···· 56
와룡산 ···· 114	천관산 ···· 226	
왕두산 ···· 26	천성산 ···· 138	
왕산 ···· 80	천성산제2봉 ···· 138	
우금산 ···· 190	천주산(문경) ···· 36	
운달산 ···· 40	천주산(창원) ···· 128	

응봉산(鷹峰山) 998.5m

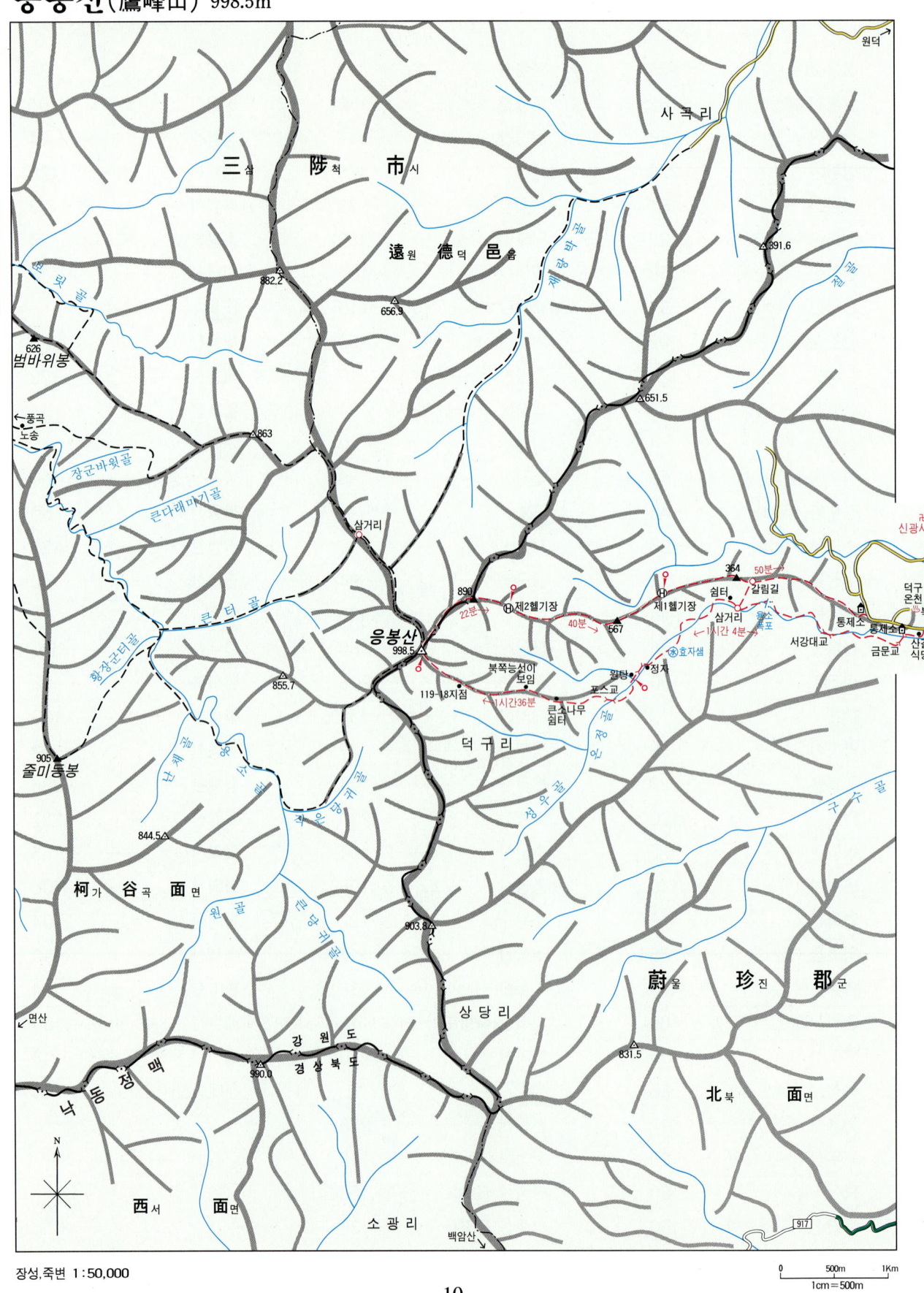

응봉산

경상북도 울진군 · 강원도 삼척시 (慶尙北道 蔚珍郡 · 江原道 三陟市)

개요

응봉산(鷹峰山. 998.5m)은 비경의 협곡과 울창한 적송으로 유명한 산이다. 정상을 기준으로 동쪽은 온정골 덕구온천이고 서쪽은 용소골 덕풍계곡이다. 온정골은 원탕으로 유명하며 덕풍계곡은 물이 많은 용소골 문지골로 유명한 계곡이다. 응봉산은 동쪽 덕구온천 산행지로 유명한 산이 되었고 온천을 겸한 산행지로 최상이라 할 만하다.

덕구온천 원탕의 유래는 약 600여 년 전 고려 말기 때 사냥꾼들이 사냥을 하다가 큰 멧돼지을 발견 활과 창으로 공격하여 큰 상처를 입혔으나, 상처를 입고 도망가던 멧돼지가 어느 계곡에 들어갔다가 나오더니 쏜살같이 사라지는 것을 이상하게 여긴 사냥꾼들이 그 계곡을 살펴보니 자연으로 용출되는 온천수가 있는 것을 발견하고 이때부터 덕구온천이라 하였다고 한다.

산행은 덕구온천 공용주차장에서 계곡을 따라 세계 유명한 이름을 딴 13개 다리(橋)를 건너 온탕 포스교를 지나 지능선을 타고 정상에 오른다. 하산은 북동쪽 능선을 타고 제2헬기장 제1헬기장을 경유하여 다시 공용주차장으로 원점회귀 산행이다.

* 북쪽 덕풍계곡 쪽에서 비경지대 용소골을 따라 응봉산을 오르내릴 수 있으나 비가 많이 오는 여름철에는 용소골 물이 많아 통행이 불가하고, 눈이 오는 겨울철에는 미끄러워 위험하다.

응봉산 동쪽 능선 바위에 자란 소나무

등산로 (총 5시간 32분 소요)

덕구온천 → 64분 → 온탕 → 96분 →
응봉산 → 22분 → 제2헬기장 → 40분 →
제1헬기장 → 50분 → 공용주차장

덕구온천주차장에서 산길식당 왼쪽으로 30m 가면 통제소를 지나서 금문교가 나온다. 금문교를 건너서부터 계속 계곡으로 이어지고 세계 유명한 다리 이름을 딴 13개다리를 건너가게 된다. 금문교에서 33분 거리에 이르면 오른쪽으로 갈림길이 있고 의자가 있는 쉼터가 나온다. 쉼터를 지나 9분을 가면 연리지(두 나무가 자라다가 한 나무로 된 소나무)를 지나고 6분을 가면 효자샘을 지나며 16분을 더 가면 정자를 지나서 뜨거운 온천수가 솟는 온탕이다.

온탕에서 계곡을 건너 경사진 길을 따라 10분을 가면 포스교가 나온다. 포스교를 건너서부터 급경사 등산로를 따라 19분을 오르면 큰 소나가 있는 쉼터가 나온다. 쉼터를 지나서 11분을 오르면 계곡 건너 능선이 보이는 능선에 닿는다. 여기서부터 등산로는 다소 완만하게 이어진다. 29분 정도 오르면 119-18 지점이 나오고 8분을 더 가면 쉼터가 나온다.

쉼터를 지나서 19분을 오르면 응봉산 정상이다. 정상은 대형 표지석이 있고 삼각점이 있으며 삼거리이다.

하산은 오른편 북동쪽 방면 능선을 타고 간다. 완만하게 이어지는 북동쪽 길을 따라 14분 거리에 이르면 정상 820m 표석이 있는 지점이 나온다. 여기서부터 하산길은 오른편 서쪽으로 꼬부라진다. 8분을 내려가면 제2헬기장이 나온다.

헬기장에서 계속 이어지는 능선을 따라 25분을 내려가면 바위에 소나무가 자란 지점이 나온다. 여기서 15분을 내려가면 제1헬기장이 나온다.

제1헬기장에서 19분을 가면 오른쪽으로 갈림길이 나온다. 갈림길에서 계속 직진 능선을 따라 내려가면 완만하게 이어져 23분 거리에 이르면 초소가 있는 도로에 닿는다. 여기서 오른쪽 도로를 따라 8분 거리에 공용주차장이다.

자가운전

중앙고속도로 영주IC에서 빠져나와 동쪽 36번 국도를 타고 울진에서 좌회전 ⇨ 7번 국도를 타고 삼척 방면 북면에서 좌회전 ⇨ 917번 지방도를 따라 약 10km 덕구온천 공용주차장.

부산-포항-울진-삼척-강릉 동해안 7번 국도 이용, 울진군 북면에서 서쪽 917번 지방도로 좌회전 ⇨ 10km 덕구온천 공용주차장.

대중교통

동서울터미널에서 울진행 1일 6회.
부산, 대구, 포항, 강릉에서 울진행 이용.
울진-덕구온천 간 시내버스(06:45~20:10) 1일 14회 이용, 덕구온천 하차.

숙식

울진읍

남양숯불갈비(생고기전문)
울진읍 읍내리 296-3
054-783-2357

S모텔
울진읍 읍내리 205-1
054-781-5005

덕구리

산길식당(일반식)
울진군 북면 덕구리
054-782-4648

덕구유황온천 모텔
북면 덕구리 20-2
054-781-6217

명소

불영계곡(불영사)

백암산(白岩山) 1000m

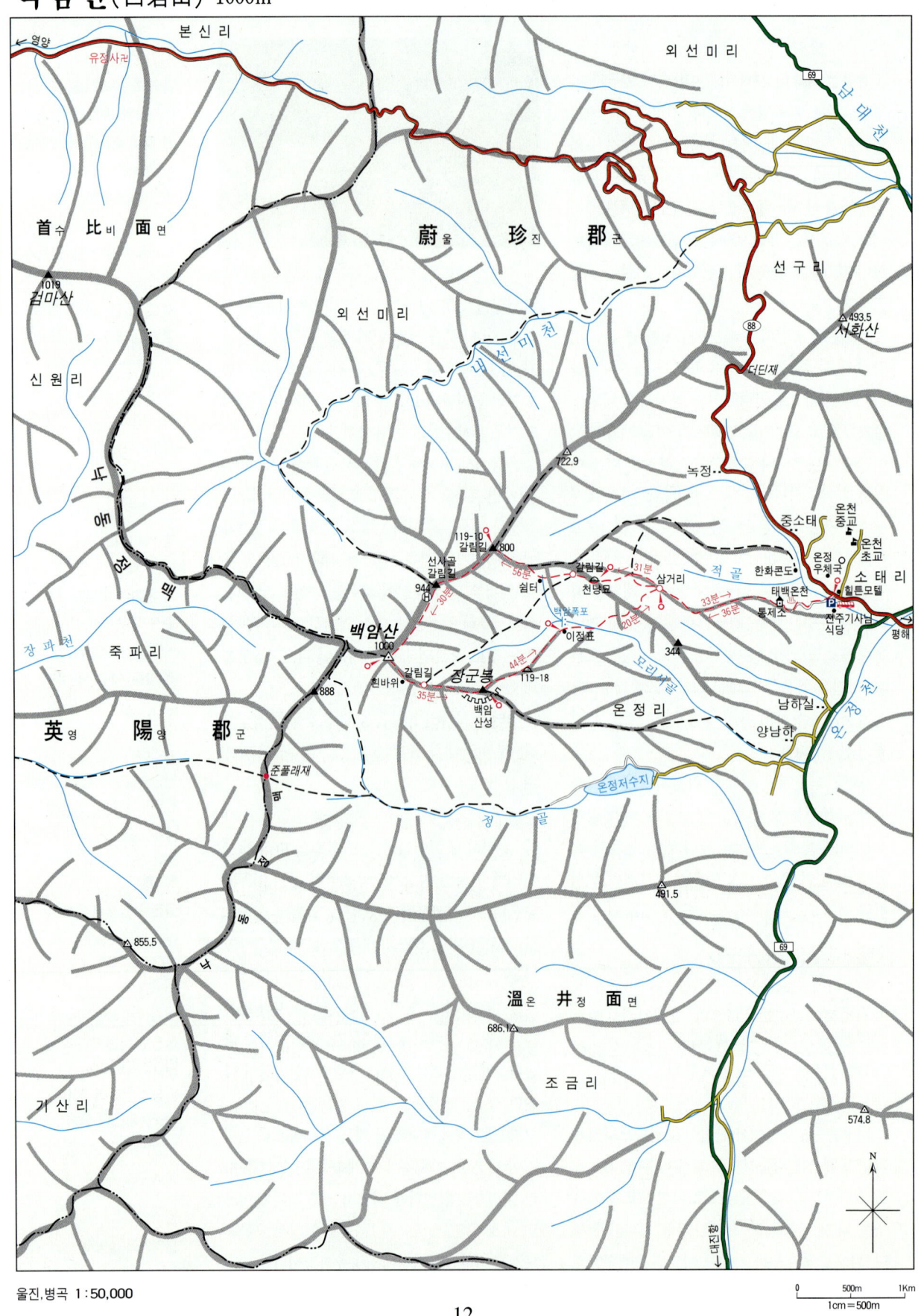

백암산

경상북도 울진군 온정면, 영양군 수비면(慶尙北道 蔚珍郡 溫井面, 英陽郡 首比面)

개요

백암산(白岩山. 1000m)은 정상을 기준으로 하여 동쪽은 경사가 급하고 서쪽은 비교적 완만한 산세를 이루고 있다. 서쪽은 첩첩산중 영양군 수비면이고 동쪽은 선사계곡(선시골)이 있으며 원시림을 간직한 채 용이 살았다는 용소를 비롯하여 수십 개의 늪과 담으로 연결되어 있다. 정상 동쪽 능선에는 신라시대 때 축조된 석성이 있다. 이 성은 신라왕과 고려 공민왕이 적란을 피해 있었다는 전설을 간직하고 있다.

백암온천은 널리 알려진 온천이다. 온천을 겸한 산행지로 국내에서 으뜸가는 산이며 동해 바닷가를 돌아보고 올 수 있는 유일한 산이다.

산행은 버스종점에서 천냥묘를 경유하여 백암산에 오른 뒤, 하산은 동쪽 능선을 타고 백암산성, 백암폭포를 경유하여 다시 주차장으로 원점회귀 산행이다.

백암산 중턱에 위치한 아름다운 백암폭포

등산로 (총 5시간 45분 소요)

버스종점 → 36분 → 삼거리 → 31분 →
천냥묘 → 56분 → 주능선갈림길 → 30분 →
백암산 → 35분 → 백암산 성 → 44분 →
백암폭포 → 20분 → 삼거리 → 33분 →
버스종점

주차장에서 서쪽으로 도로를 따라 12분정도 끝까지 가면 백암산 등산 통제소가 나온다. 통제소를 통과하여 완만한 등산로를 따라 24분을 올라가면 삼거리가 나온다.

삼거리에서 오른쪽 능선길을 따라 8분을 가면 한화콘도 갈림길이 나온다. 갈림길에서 왼편 길을 따라 10분 정도 올라가면 등산로는 왼편 비탈길로 이어지면서 13분 정도 가면 너덜지대를 지나서 능선에 묘2기가 있는 천냥묘가 나온다.

천냥묘에서 등산로는 오른쪽 비탈길로 이어져 11분 거리에 이르면 왼편으로 흰바위 갈림길이 나온다. 갈림길에서 오른쪽 비탈길로 계속 이어져 14분 정도 가면 계곡에 쉼터가 나온다. 쉼터를 지나서부터 오르막길로 이어진다. 14분 정도 올라가면 능선 쉼터가 나온다. 쉼터를 지나서 17분을 오르면 삼거리(119-10)가 나온다.

삼거리에서 왼쪽 능선을 따라 7분 정도 가면 선사골 갈림길이 나온다. 갈림길에서 왼쪽 길을 따라 가면 헬기장을 지나며 평지와 같은 길로 이어져 23분 거리에 이르면 표지석이 있는 백암산 정상에 닿는다.

하산은 흰바위 이정표가 있는 왼편 남동쪽 백암폭포를 향해 내려간다. 정상을 출발하여 10분을 내려가면 거대한 흰바위 위에 서게 된다. 주의를 하면서 흰 바위 왼편으로 하산 길을 따라 내려가면 급경사로 이어진다. 밧줄이 매어져 있는 급경사를 내려서면 능선으로 이어지면서 8분을 내려가면 갈림길 안부가 나온다. 갈림길에서 오른편 능선길을 따라 17분을 가면 산봉우리에 허물어진 백암산성이 나온다.

백암산성에서 조금 내려가면 갈림길이 나온다. 갈림길에서. 왼쪽 길을 따라 내려가면 평지와 같은 길로 이어지다가 급경사로 이어져 11분을 내려가면 쌍 묘가 나온다. 쌍 묘를 통과하여 10분 정도 내려가면 묘가 있는(119-18)지점이 나온다. 이지점에서 하산길은 왼쪽으로 꼬부라지면서 허물어진 성을 지나 하산길이 이어진다. 묘를 지나서 7분 정도 내려가면 전망바위를 통과하고 금령김씨 묘가 나온다. 여기서부터 하산길은 급경사 바윗길로 이어져 13분을 내려가면 백암폭포가 나온다.

백암폭포서부터 왼쪽 비탈길을 따라 10분 거리에 이르면 묘를 통과하고 계속 비탈길을 따라 10분을 더 내려가면 올라왔던 삼거리가 나오고, 33분을 내려가면 주차장에 닿는다.

자가운전

중앙고속도로 영주IC에서 빠져나와 우회전 ⇨ 봉화방면 36번 국도를 타고 봉화쉼터 지나 31번 국도로 우회전 ⇨ 수비면 문암 삼거리에서 88번 국도로 좌회전 ⇨ 백암온천주차장. 동해안 7번 국도를 타고 평해 삼거리에서 서쪽 88번 지방도를 타고 백암온천 주차장.

대중교통

동서울버스터미널에서 백암온천 1일 6회(07:30 08:50 11:10 13:30 15:40 17:00).
평해-온정(백암온천) 1일 17회 이용, 백암온천 종점 하차.

식당

전주기사식당
울진군 온정면 소태리 145-3
054-787-9742

동광기사식당
울진군 온정면 소태1리
054-787-3331

숙박

힐튼모텔
울진군 온정면 소태리
054-788-5408

온천

백암온천피닉스
온정면 온정리 968-1
054-787-3006

온천

월송정, 망양정

평해장날 2일, 7일

통고산(通古山) 1067m

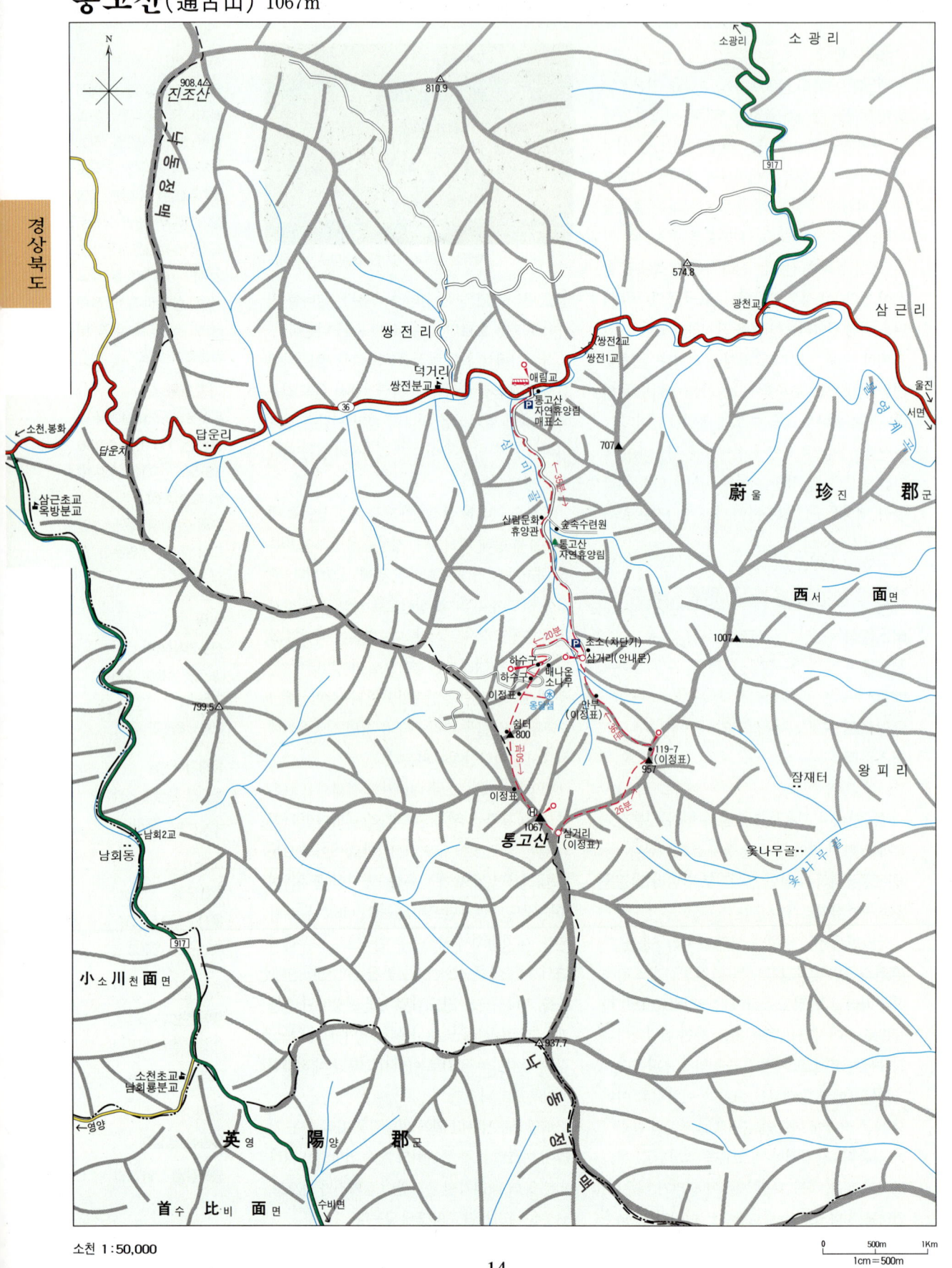

통고산

경상북도 울진군 서면(慶尙北道 蔚珍郡 西面)

개요

통고산(通古山, 1067m)은 낙동정맥으로 첩첩 산중에 위치한 산이다. 동쪽은 불영계곡, 서쪽은 회룡천, 남쪽은 신암천이 흐른다. 통고산 정상 주능선은 낙동정맥이고, 서쪽은 완만하며 동쪽은 급경사의 산세를 이루고 있고 동쪽은 휴양림으로 조성되어 있다. 주변이 산과 계곡뿐이며 대도시에서 접근하기가 쉽지 않고 대중교통이 불편한 오지의 산이다.

산행은 휴양림 매표소에서 시작 임도를 따라 2.5km 거리 삼거리에 이른 다음, 오른쪽 임도에서 지능선을 타고 정상에 오른다. 하산은 남쪽 주능선 5분 거리 삼거리에서 북동릉을 타고 963봉을 지난 안부에서 정 북쪽 지능선을 타고 하산 임도를 따라 다시 휴양림매표소로 원점회귀 산행이다.

통고산 산행기점. 등산, 하산 갈림길

등산로 (총 4시간 22분 소요)

애림교 → 35분 → 삼거리 → 20분 →
갈림길 → 50분 → 통고산 → 26분 →
이정표 → 36분 → 삼거리 → 35분 → 애림교

소천면 분천 쌍전분교를 지나 1km 거리에서 우측 애림교를 건너 통고산휴양림으로 진입한다. 울진 쪽에서는 울진군 근남면 삼거리에서 서쪽 36번 국도와 불영계곡으로 이어지는 도로를 따라 약 27km 거리 왼쪽 애림교를 건너 통고산휴양림으로 진입한다. 애림교를 건너면 왼쪽에 휴양림 매표소가 나온다. 매표소 오른쪽 임도를 따라 20분 거리에 이르면 갈림길에 산림문화휴양관이 나온다. 갈림길에서 우측 임도를 따라 15분을 더 가면 소형주차장이 있고 차단기를 지나 다리를 건너면 이정표가 나온다.

이정표에서 오른쪽 임도를 따라 20분을 가면 왼쪽으로 산길이 나온다. 산길 오른쪽에 시멘트 하수구가 있고, 왼쪽에는 몸통이 튀어나온 소나무가 있다.

이 산길로 접어들어 7분을 올라가면 다시 임도를 만나고 임도를 가로질러 7분을 더 오르면 다시 임도를 만나 임도를 가로질러 올라서면 왼쪽으로 옹달샘 이정표가 나온다. 이정표에서 직진하여 7분을 올라가면 또 임도를 만난다. 임도를 가로질러 올라가면 쉼터가 나오고 쉼터에서 비탈길로 이어져 임도에서부터 17분 거리에 이르면 이정표가 있는 낙동정맥 주능선에 닿는다. 주능선에서 남쪽으로 이어지는 주능선을 타고 12분을 더 오르면 넓은 헬기장이 있는 통고산 정상이다. 정상에는 대형 표지석이 있고, 안테나와 산불감시초소가 있다.

정상에서 바라보는 사위는 막힘이 없다. 동쪽으로는 불영계곡, 왕피천, 동해바다가 펼쳐지고, 서쪽으로는 첩첩산중 산밖에 보이지 않는다.

하산은 올라왔던 반대편 남쪽 주능선을 따라 5분을 가면 이정표가 있는 큰 삼거리가 나온다. 삼거리에서 왼편 동쪽능선으로 내려간다. 동쪽 능선을 따라 6분을 내려가면 119-5 지점이 온다, 여기서 12분을 더 내려가면 953봉 전 왼쪽으로 비탈길이 시작된다. 여기서 왼쪽 비탈길을 따라 3분을 가면 953봉에서 내려오는 능선으로 이어져 이정표가 있는 지점에 닿는다.

여기서 직진 주능선은 길이 없고, 왼편 정 북쪽 지능선으로 하산길이 뚜렷하다. 북쪽 하산길을 따라 8분을 내려가면 임도를 만난다. 임도를 가로질러 15분을 내려가면 안부에 이정표가 나온다. 계속 지능선을 따라 8분을 내려가면 지능선이 끝나고 합수곡이 나온다. 합수곡에서 5분을 더 내려가면 지나갔던 임도삼거리 다리에 닿는다.

여기서부터 임도를 따라 35분 내려가면 휴양림매표소에 닿는다.

자가운전

중앙고속도로 영주IC에서 빠져나와 울진 방면 36번 국도를 타고 소천-분천-쌍전분교 통과 후 1km에서 우회전⇨애림교 건너 휴양림 임도를 따라 2.5km 주차장.
동해안 울진군 근남면에서 동쪽 36번 국도를 타고 약 27km 통고산휴양림으로 접근.

대중교통

동서울터미널, 대구, 부산에서-울진행 버스 이용 후, 울진에서 덕거행 10시 버스 이용, 통고산 휴양림 입구 하차.
울진택시
054-783-3000

식당

남양숯불갈비
울진읍 읍내리 296-3
054-783-2357

숙박

S모텔
울진읍 읍내리 205-1
054-781-5005

덕구온천
울진읍 북면 덕구리 575
054-782-0677

통고산자연휴양림
울진군 서면 쌍전리 산 150-1
033-783-3167

명소

불영계곡

울진장날 2일, 7일
춘양장날 4일, 9일

칠보산(七寶山) 810m   등운산(謄雲山) 767.5m

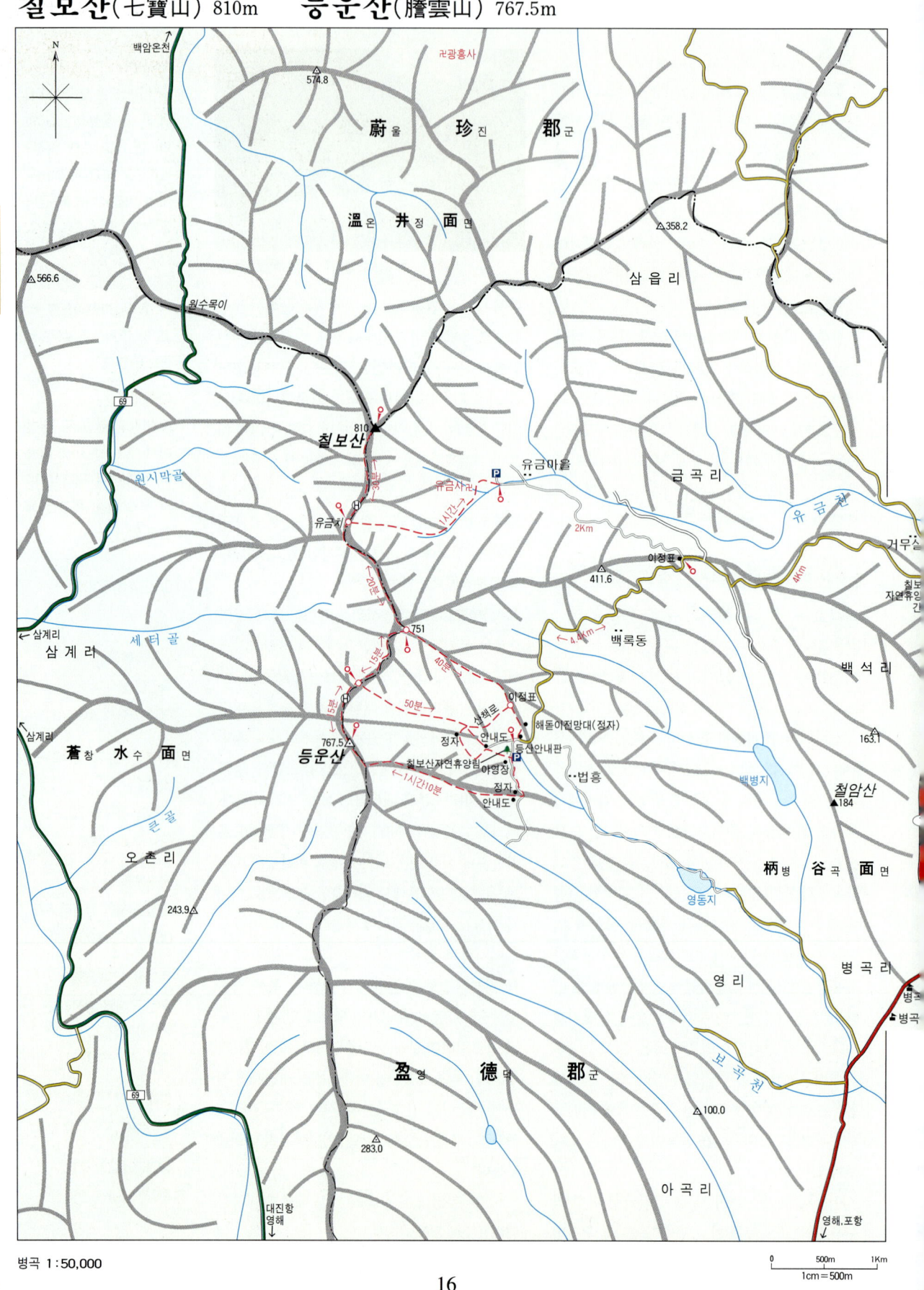

칠보산 · 등운산   경상북도 영덕군 병곡면, 창수면(慶尙北道 盈德郡 柄谷面, 蒼水面)

개요

칠보산(七寶山, 810m)과 등운산(騰雲山, 767.5m)은 병곡면 동해바다 서쪽에 위치한 산이다. 북쪽은 칠보산 남쪽은 등운산이 약 3km 거리에 동일한 능선으로 이어져 있다. 순수한 육산이며 주능선에서 바라보면 동해바다가 끝없이 시원하게 펼쳐진다. 칠보산 동쪽 기슭에는 작은 절 유금사가 자리하고 있으며, 등운산 동쪽 산 중턱에는 칠보산자연휴양림이 있다. 산행 후에 동해안을 돌아보고 여행을 겸한 산행이 될 것이다.

산행은 휴양림 주차장에서 서쪽 지능선을 타고 등운산을 먼저 오른 다음, 북쪽 칠보산을 향해 주능선을 따라 분기점삼거리에 이르러 북릉을 타고 칠보산 정상에 오른다. 하산은 다시 올라왔던 코스 그대로 남쪽 능선을 타고 분기점삼거리로 되내려와서 동쪽 지능선을 따라 해돋이 전망대를 경유하여 주차장으로 원점회귀 산행이다. 유금치에서 동쪽으로 하산하면 유금사로 내려가게 되며 1시간이 소요된다.

칠보산은 대중교통이 불편하여 소형차량 이용 산행만 가능하다. 대중교통은 영해에서 후포 간 시내버스가 운행되어 금곡1리에서 하차하면 다음 차편이 없다. 금곡1리에서 휴양림까지는 6km로 걸어서 갈수 없고 도로가 좁아 소형차량만 가능하다.

등산로

칠보산 – 등운산 (총 5시간 소요)

주차장 → 70분 → 등운산 → 30분 →
751봉 → 50분 → 칠보산 → 50분 →
751봉 → 40분 → 주차장

동해안 7번 국도 병곡면 금곡1리 유림상회 뒤, 금곡초교 삼거리에서 좌회전 칠보산자연휴양림 도로를 따라 약 4km 가면 갈림길이 나온다. 갈림길에서 좌회전하여 4km 거리에 이르면 칠보산자연휴양림 주차장이이 나온다. 주차장에서 남쪽 임도를 따라 3분을 가면 팔각정이 있

칠보산 휴양림에서 바라본 등운산

고 이정표가 있으며 등운산 등산로가 있다. 여기서 임도를 벗어나 오른편 지능선으로 난 등산로를 따라 오른다. 등산로는 비교적 무난한 편이다. 전망대를 지나서 능선길은 급경사로 이어진다. 급경사로 이어지는 서쪽 지능선을 따라 1시간 10분을 오르면 등운산 정상에 닿는다.

등운산에서 칠보산을 향해 북쪽 주능선을 따라 가면 헬기장을 지나간다. 헬기장을 지나서 15분을 가면 우측으로의 갈림길이 나온다. 갈림길에서 오른쪽으로 내려가면 휴양림으로 하산을 하게 되며 50분 소요된다.

다시 갈림길에서 북쪽 주능선을 따라 15분을 올라가면 삼거리 분기점에 닿는다.

삼거리에서 왼쪽 주능선을 타고 20분을 가면 오른편 유금사로 내려가는 갈림길이 나온다. 갈림길에서 계속 직진하여 10분을 더 오르면 헬기장이 나오고 헬기장에서 20분을 더 오르면 칠보산 정상이다. 정상에서 조망은 동쪽으로 동해바다가 펼쳐지고, 북쪽으로는 백암산에서 응봉산으로 이어지는 낙동정맥이 펼쳐진다.

하산은 올라왔던 유금치 삼거리로 일단 되내려간다. 유금치 삼거리에서 왼편 동쪽은 유금사로 내려가는 길이고, 직진은 751봉을 거쳐 휴양림주차장으로 하산길이다. 동쪽으로 1시간을 내려가면 계곡에 닿고, 계곡에서 10분을 더 내려가면 유금사에 닿는다. 유금사로 하산할 때는 교통관계를 감안해야 한다.

다시 유금치에서 계속 올라왔던 751봉삼거리로 되 내려간 다음, 왼편 동쪽으로 하산 한다. 동쪽 전망대를 향해 40분을 내려가면 전망대를 지나서 휴양림관리사무소 주차장에 닿는다.

자가운전

동해안 병곡면 병곡리 (구)7번 국도 변 유림상회에서 좌회전–금곡초교 삼거리에서 좌회전⇒칠보산자연휴양림 안내판을 따라 4km에서 좌회전⇒2km 칠보산자연휴양림 주차장

대중교통

남부지방에서 일단 포항에 도착한 다음, 동해안 포항–영덕–영해–후포–울진 간 버스를 이용, 후포에서 하차한 다음, 후포에서 택시를 이용하여 칠보산자연휴양림까지 가야 한다.
돌아올 때도 택시를 이용해야 한다.
영해택시
054-732-0358

식당

칠보산토종닭
영덕군 병곡면 금곡1동 323
054-732-3362

칠보산산삼가든
영덕군 병곡면 금곡1리 보건소 옆
054-734-3359

숙박

칠보산휴게소 식당 모텔
영덕군 병곡면 금곡리 229
054-734-5800

명소

명사십리

영해장날 5일, 10일

내연산(內延山) 711m

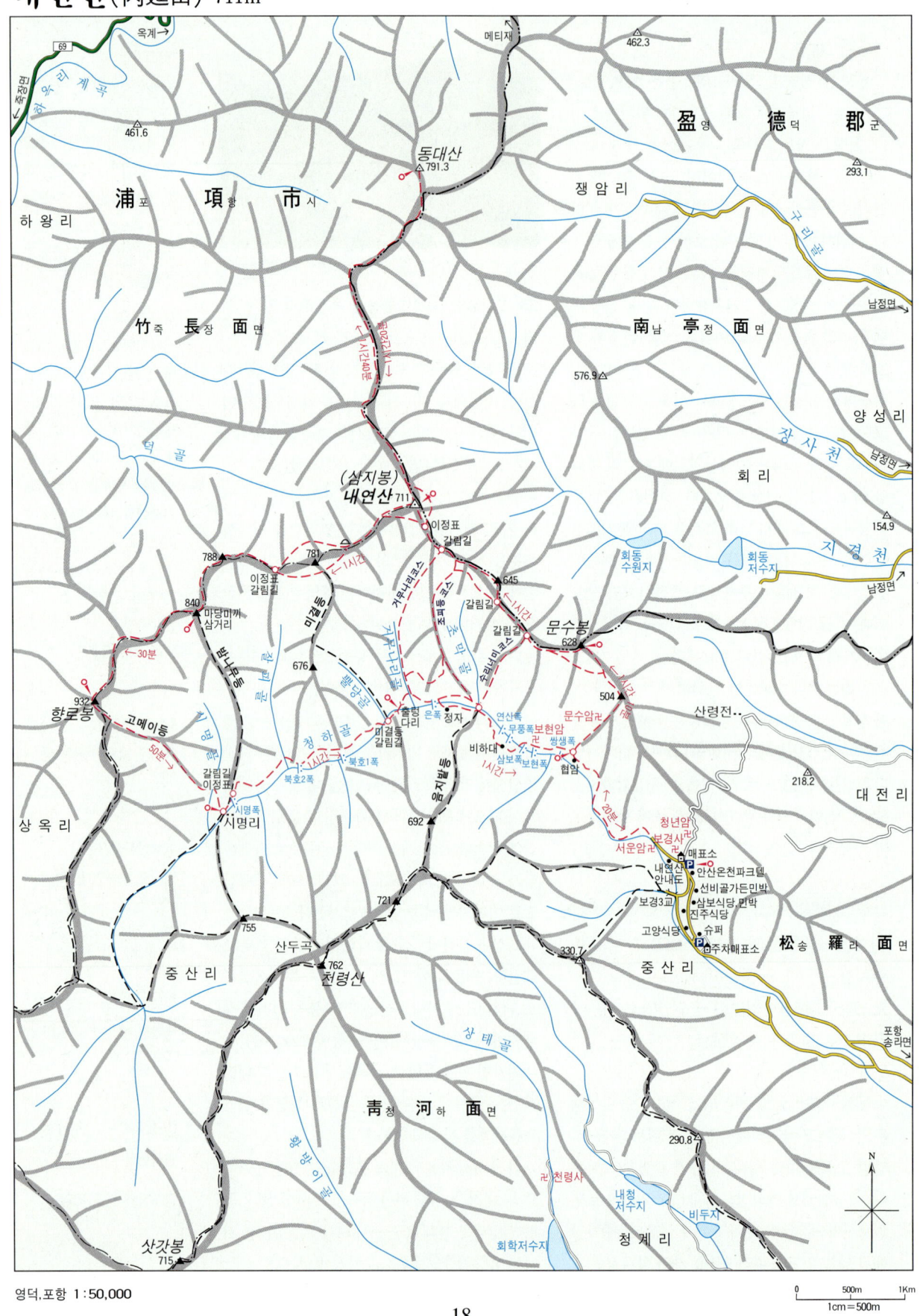

내연산

경상북도 포항시 죽장면, 송라면(慶尙北道 浦項市 竹長面, 松羅面)

개요

내연산(內延山, 711m)은 정상인 삼지봉을 중심으로 서남쪽으로 향로봉, 매봉, 삿갓재, 천령산으로 이어지는 능선은 ㄷ자 형으로 이어져 있고, 그 중간으로 8km 이상 되는 청하골이 흐르고 있으며, 동쪽으로는 문수봉 북쪽은 동대산이다. 청하골에는 연산폭포 등 12개 폭포가 있고 협암, 병풍바위, 학소대 등 많은 명소가 있다.

천년고찰 내연산 보경사

등산로 (총 8시간 40분 소요)

매표소 → 20분 → 협암 → 70분 →
문수봉 → 60분 → 내연산(삼지봉) → 60분 →
마당미끼 갈림길 → 30분 → 향로봉 →
50분 → 시명리삼거리 → 60분 →
출렁다리 → 60분 → 협암 → 20분 → 매표소

주차장에서 상가도로를 따라 15분 가면 매표소가 나온다. 매표소를 통과하여 보경사를 지나 20분을 가면 왼쪽에 협암 삼거리가 나온다.

삼거리에서 오른쪽 능선길을 따라 24분을 오르면 문수암에 입구에 닿고, 24분을 오르면 삼거리에 닿는다. 삼거리에서 왼쪽 능선길을 따라 10분을 가면 갈림길이 나온다. 왼쪽은 샛길이고 오른쪽 길을 따라 12분을 가면 문수봉에 닿는다.

문수봉에서 서북쪽 주능선을 따라 3분 거리에 이르면 왼쪽에서 오는 길과 합길이 나온다. 합길을 통과하여 6분을 가면 수리너미코스 삼거리가 나온다. 삼거리에서 직진 2분 거리에 이르면 왼쪽으로 조피등 코스가 또 나온다. 계속 북서쪽 능선을 타고 27분 거리에 이르면 거무나리코스 삼거리에 닿는다. 일반적인 산행은 거무나리 코스로 많이 하산하므로 잘 기억해두는 것이 좋다. 계속 주능선을 타고 11분 거리에 이르면 이정표 사거리가 나온다. 사거리에서 직진 11분을 더 오르면 표지석이 있는 내연산(삼지봉) 정상이다.

향로봉을 향해 서남쪽 주능선 등산로를 따라 11분 거리에 이르면 갈림길이 나온다. 갈림길에서 우측 길을 따라 가면 710봉 우측 비탈길로 이어져 23분을 가면 안부 합길이 나온다. 합길에서 계속 직진 26분 거리에 이르면 왼쪽 마당미끼 갈림길이 나온다.

갈림길에서 왼편 주능선을 따라 17분을 가면 오른쪽 하옥리길 갈림길이 나온다. 갈림길에서 왼편 주능선을 따라 13분을 더 오르면 삼거리 향로봉에 닿는다. 향로봉은 돌탑, 안테나, 표지석 등 10여 가지 표적물이 어지럽게 있다.

향로봉에서 하산은 동남쪽 고매이등을 타고 내린다. 정상을 출발하여 5분 거리에 갈림길이 있다. 갈림길에서 왼쪽 시명리 방면 길을 따라 11분을 내려가면 (묘)쉼터가 나온다. 묘를 통과하여 9분을 내려가면 갈림길이 나오는데 왼쪽으로 내려가야 하고, 25분을 내려가면 계곡을 건너 시명리 이정표 삼거리가 나온다.

이정표에서 계곡 쪽으로 조금 내려서 왼쪽 능선으로 2분을 오르면 능선에 밤나무등 삼거리가 나온다. 삼거리에서 오른편 비탈길로 이어진다. 계곡과 약 50m~100m 간격을 유지하면서 비탈길로 이어져 43분을 내려가면 미결등 갈림길에 닿고, 7분 거리에 이르면 계곡을 건너 정자를 지나면서 8분을 더 가면 출렁다리가 나온다.

출렁다리를 건너 10분을 가면 은폭포 위를 지나고, 8분을 가면 다시 계곡을 건너 또 정자가 나온다. 정자를 지나서 5분정도 내려가면 우척봉 갈림길을 통과하고 13분을 내려가면 급경사 바윗길을 내려가서 다리건너 무풍폭포 연산폭포에 닿는다. 여기서 8분 거리에 보현암을 지나며 16분 거리에 이르면 협암삼거리에 닿고, 20분을 더 내려가면 매표소이다.

자가운전

대구-포항 간 고속도로 포항IC에서 빠져나와 좌회전 ⇒ 영덕 방면 28번 국도를 타고 5km 거리 흥해에서 7번 국도로 좌회전 ⇒ 청하면을 통과 3km 거리 송라면에서 좌회전 ⇒ 서쪽 보경사 이정표 따라 5km 거리 대형주차장.

대중교통

포항-보경사행 버스 직통은 1일 3회(07:30 11:10 16:00) 있고, 청하-보경사행 시내버스(일 11회) 이용, 보경사 종점 하차.

식당

진주식당(일반식)
포항시 송라면 중산리 539-30
054-262-1632

고양식당(일반식)
포항시 송라면 539-5
054-262-0104

숙박

선비골가든
포항시 송라면 중산리 537
054-261-9998

삼보식당 민박
송라면 중산리 538-6
054-261-8848

명소

보경사
청하골

송라장날 3일, 8일
청하장날 1일, 6일

일월산(日月山) 1217.6m

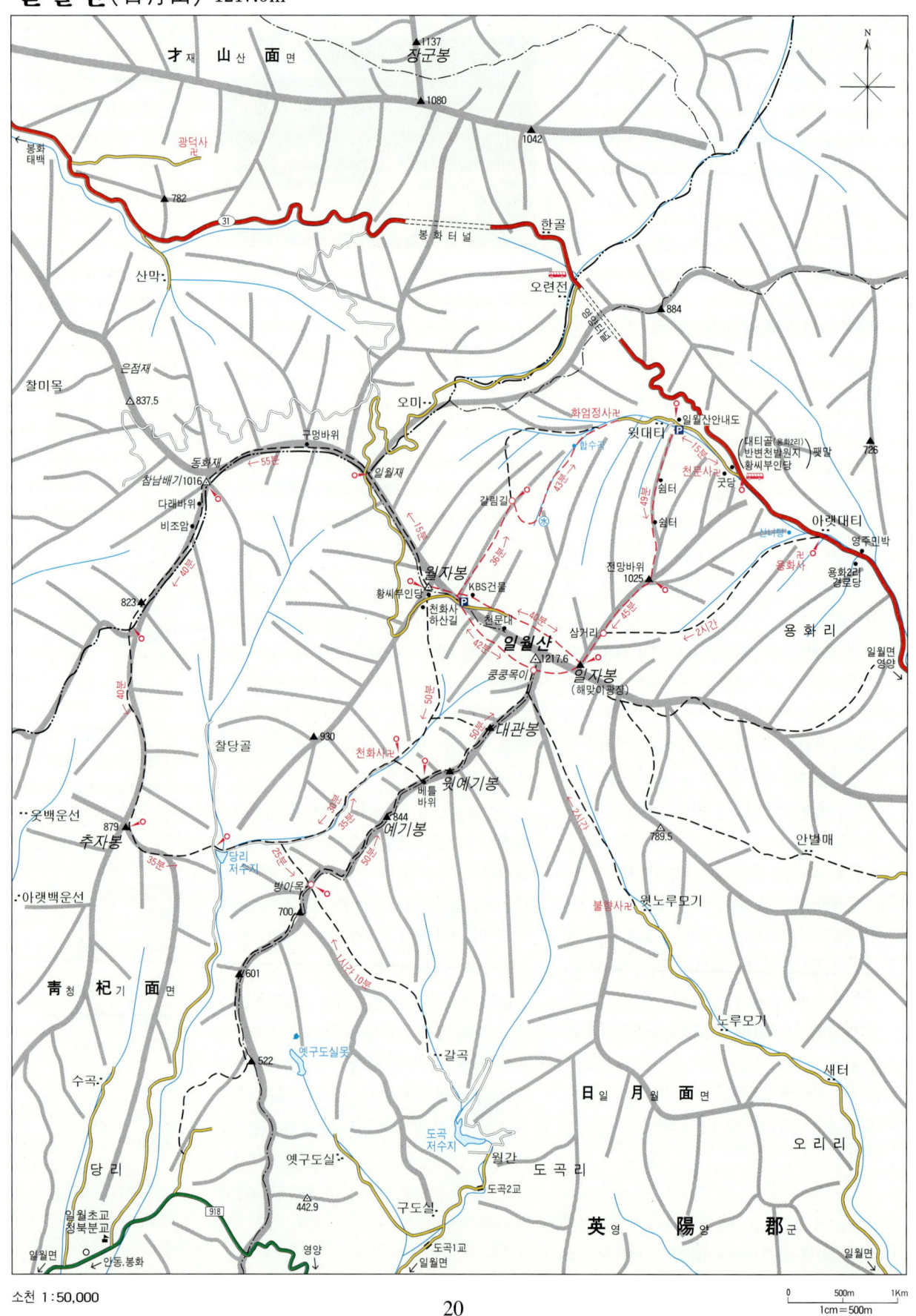

일월산

경상북도 영양군 일월면(慶尙北道 英陽郡 日月面)

개요

일월산(日月山, 1217.6m)은 낙동정맥 통고산에서 서남쪽 직선거리로 약 14km 지점에 위치한 산이다. 산 이름은 동해의 일출과 월출을 가장 먼저 볼 수 있는 산이라는 데서 연유했다는 설이 전해지고 있다. 경북에서 오지에 속한 영양군 일월면과 청기면에 걸쳐 있는 일월산 주변은 산과 계곡뿐이다.

일월산 북봉 월자봉

높고 웅장하고 광범위한 산세이면서도 모나지 않은 순박한 육산으로 이루어져 있으며 험로가 없고 산행에 무난한 산이다. 정상과 주능선은 KBS 시설물과 국가시설이 있어 정상을 오르지 못하는 아쉬움이 있다. 정상은 시설물이 있어 동쪽의 일자봉을 정상으로 대신하며 서북쪽의 월자봉까지 다 돌아보고 대부분 하산을 한다. 산나물이 많이 나는 산으로 알려져 봄이면 산나물 축제가 열리기도 한다.

산행은 여러 곳에서 오르는 길이 있다. 그중 가장 대표되는 등산로는 교통이 좋은 일월산 북쪽 편 윗대티 주차장에서 일자봉(해맞이광장)에 먼저 오른 후, 월자봉을 거쳐 큰골을 따라 다시 윗대티 주차장으로 원점회귀 산행이다. 그 외 서남쪽 당리에서는 방아목 혹은 천화사를 거쳐 일자봉-월자봉-황씨부인당-천화사를 경유하여 다시 당리로 원점회귀 산행이다. 장거리 종주코스로는 당리에서 방아목-일자봉-월자봉-동화재-추자봉 다시 당리로 원점회귀 산행이다.

승용차편으로도 일월산 정상을 돌아볼 수 있다. 영양터널 북쪽 입구 이정표에서 정상으로 일월산 정상으로 가는 도로를 따라 KBS 중계소 주차장에 주차하고, 남북으로 난 산책길을 따라 한 바퀴 돌아오는데 1시간 30분 소요된다.

등산로 (총 4시간 34분 소요)

윗대티주차장 → 49분 → 전망바위 → 45분 → 일자봉 → 42분 → 월자봉 → 36분 → 갈림길 → 43분 → 윗대티주차장

31번 국도가 지나가는 영양터널 남쪽 용화2리 대티골 입구에서 서쪽으로 난 소형차로를 따라 1km 거리에 이르면 윗대티 주차장이 나온다. 주차장에서 바로 다리를 건너 일월산 등산로 표시가 있는 뚜렷한 등산로를 따라 처음부터 능선으로 시작하여 14분을 오르면 바위가 있는 쉼터가 나온다. 쉼터를 지나 15분을 오르면 두 번째 쉼터가 나오고, 두 번째 쉼터를 지나서 20분을 오르면 전망바위가 나온다.

전망바위를 지나 계속 능선을 따라 32분을 오르면 선녀탕으로 가는 삼거리가 나온다. 삼거리에서 13분을 더 오르면 넓은 목재 의자시설이 있는 일자봉 정상이다.

일자봉에서 월자봉으로 가는 길은 두 길이 있다. 남쪽과 북쪽 길이 있는데 남쪽 길은 편안하며 월자봉까지 42분 소요되고, 북쪽 길은 비탈진 돌길로 이어져 40분 소요된다.

일자봉에서 월자봉을 향해 북쪽 길을 따라 가면 비탈길로 이어져 33분 거리에 이르면 월자봉 삼거리가 나온다. 삼거리에서 오른쪽 능선을 따라 7분을 오르면 월자봉 정상이다.

월자봉에서 하산은 KBS중계소 삼거리로 내려와서 북쪽 길을 따라 2분 정도 더 내려가면 갈림길이 또 나온다. 여기서 왼쪽 길을 따라 내려가면 지능선으로 이어진다. 지능선 길은 나무계단길이 많은 편이며 27분을 내려가면 오른쪽 직각으로 꼬부라지는 삼거리 지점이 나온다.

여기서 오른쪽 직각으로 꼬부라지는 비탈길을 따라 7분 거리에 이르면 물이 있는 큰 계곡으로 하산길이 이어져 20분을 내려가면 합수곡 쉼터가 나온다. 여기서부터 넓은 길을 따라 16분을 내려가면 윗대티 주차장에 닿는다.

자가운전

중앙고속도로 풍기 또는 영주IC에서 빠져나와 울진 방면 36번 국도를 타고 봉화쉼터 지난 삼거리에서 우회전⇨31번 국도를 타고 영양터널 통과 약 2km 거리 대티골 입구에서 우회전⇨1km 윗대티 주차장.

안동, 포항, 청송 방면에서는 태백 방면 31번 국도를 타고 영양 통과 윗대티에서 좌회전⇨1km 윗대티 주차장.

대중교통

대구에서 영양행 버스 이용 후, 영양에서 윗대티행 군내버스 이용, 윗대티 하차.

식당

실비식당
영양읍 서부리 224
054-683-2463

맘포식당
영양읍 서부리 308-3
054-683-2339

숙박

아이엠모텔
영양읍 서부리 219-1
054-683-0024

일월산관광농원
영양군 일월면 오리리 8-1
054-683-8008

명소

일월산자생공원

영양장날 4일, 9일
청기장날 5일, 10일

주왕산(周王山) 720.6m　　태행산(太行山) 933m

주왕산 · 태행산
경상북도 청송군 부동면, 청송읍(慶尙北道 靑松郡 府東面, 靑松邑)

개요

주왕산(周王山. 720.6m)은 신라말엽 중국 당나라 사람 주도가 자칭 주왕(周王)이라 칭하고 반란을 일으켰다가 패한 뒤 이곳에서 은거하였다 하여 주왕산으로 불리어지고 있다. 큰골에는 거대한 기암괴석으로 이루어진 학소대, 급수대, 시루봉, 주왕굴, 제1폭포, 2폭포, 3폭포가 있으며 계곡 입구에는 대전사가 있다. 산행은 기암교에서 우측 능선을 타고 주왕산에 오른 다음, 하산은 칼등고개, 후리매기, 제3폭포, 제1폭포, 대전사로 원점회귀 산행이다.

태행산(太行山. 933m)은 주왕산국립공원에 속한 주왕산 북쪽에 위치한 평범한 산이다.

등산로

주왕산(총 4시간 53분 소요)
주차장 → 19분 → 기암교 → 45분 → 593봉 → 25분 → 주왕산 → 24분 → 칼등고개 → 60분 → 3폭포 → 60분 → 주차장

주차장에서 식당가를 따라 11분을 가면 대전사 입구 매표소가 나온다. 매표소를 통과 5분을 가면 기암교 삼거리가 나온다. 삼거리에서 왼쪽은 하산길이고 오른쪽 길로 간다. 오른쪽 길을 따라 가면 계곡을 지나서 가파른 능선으로 이어져 45분을 올라가면 593봉에 닿는다.

593봉에서 바윗길을 통과하면서 25분을 더 오르면 주왕산 정상에 닿는다.

하산은 동릉을 따라 24분을 가면 칼등고개 삼거리에 닿는다.

칼등고개에서 왼편 북쪽 방면 칼등능선을 타고 내려가다가 계곡으로 내려선다. 계곡을 따라 내려가면 35분 거리에 후리매기 합수곡에 닿는다. 합수곡에서 계곡을 따라 가다가 오른편 능선으로 이어지면서 25분을 내려가면 3폭포와 2폭포 중간 계곡에 닿는다.

계곡에서부터 왼편으로 평탄하고 넓은 길을 따라 12분 거리에 제 1폭포가 나오고, 4분 거리에 학소대를 통과하며, 22분을 더 내려가면 기암교 삼거리에 닿고, 바로 대전사이다. 대전사에서 12분을 더 내려가면 주차장이다.

태행산(총 4시간 24분 소요)
월외교 → 46분 → 장군목 → 54분 → 태행산 → 19분 → 갈림길 → 28분 → 계곡 → 40분 → 통제소 → 17분 → 월외교

청송읍 월외리 월외교에서 도로를 벗어나 마을길을 따라 7분을 가면 마을 끝에 상수원간판 갈림길이 나온다. 갈림길에서 왼쪽 소형차로를 따라 20분을 가면 계곡을 건너 갈림길이 나온다. 갈림길에서 왼쪽으로 가면 농가 2채 파란물통을 지나면 왼쪽으로 갈림길이 나온다. 갈림길에서 왼쪽으로 계곡을 건너 8분을 가면 둔덕에 외딴 빈집이 나온다. 빈집 왼쪽에서 오른쪽 길로 올라가면 밭이 끝나고 키 작은 소나무 길로 접어들어 5분을 가면 묘지밭이 나온다. 밭 상단부에서 오른쪽 길로 가면 비탈길로 이어져 6분을 가면 임도 장군목이다.

장군목에서 임도를 가로질러 능선을 타고 13분을 오르면 왼편 비탈길로 이어져 3분을 가서 다시 오른쪽으로 5분을 오르면 파평윤씨 묘가 있는 바위봉 위에 선다. 여기서부터 무난한 주능선을 타고 23분을 가면 헬기장이고 10분을 더 오르면 헬기장 태행산 정상이다.

하산은 동쪽능선을 따라 11분을 가면 쓰러진 고목을 지나고 8분을 가면 갈림길이 나온다.

갈림길에서 오른편 남쪽 지능선을 따라 내려가면 숯가마 터를 지나고 10분 거리에 이르면 묘 3기를 지나서 급경사 길로 이어져 13분을 내려가면 여주민씨 묘를 지나서 바로 갈림길이 나온다. 갈림길에서 오른쪽으로 내려가면 지그재그 길이며 6분을 내려가면 계곡이다.

계곡에서부터는 우측 소형차로를 따라 7분 거리에 달기폭포를 통과하고, 33분을 내려가면 통제소 갈림길이며 우측 길을 따라 17분을 내려가면 월외교에 닿는다.

자가운전

주왕산 : 중앙고속도로 서안동IC에서 빠져나와 우회전 ⇨ 34번 국도 타고 진보에서 우회전 ⇨ 31번 국도 타고 청송 통과 후 4.6km 청운리에서 914번 지방도로 좌회전 ⇨ 8.7km 주왕교에서 좌회전 ⇨ 2km 주왕산주차장.

태행산 : 청송까지는 주왕산과 동일, 청송에서 동쪽 달기폭포 방면 지방도를 타고 약 6km 월외교 주차.

대중교통

주왕산 : 진보-청송-주왕산(달기야수탕) : 20회.

태행산 : 청송에서 월외행 시내버스 1일 4회 (07:00 09:15 13:35 18:10) 이용, 월외교 하차.

식당

산장식당(산채식)
청송군 부동면 상의리
054-873-2903

정든식당(산채식)
부동면 상의리 202
054-873-7034

숙박

보문장모텔
부동면 상의리
054-874-6897

황토방민박
부동면 상의리 600-5
054-874-5200

온천

주왕산온천
054-874-7000

명소

주산지

청량산(淸凉山) 869m 축융봉(祝融峰) 645.2m

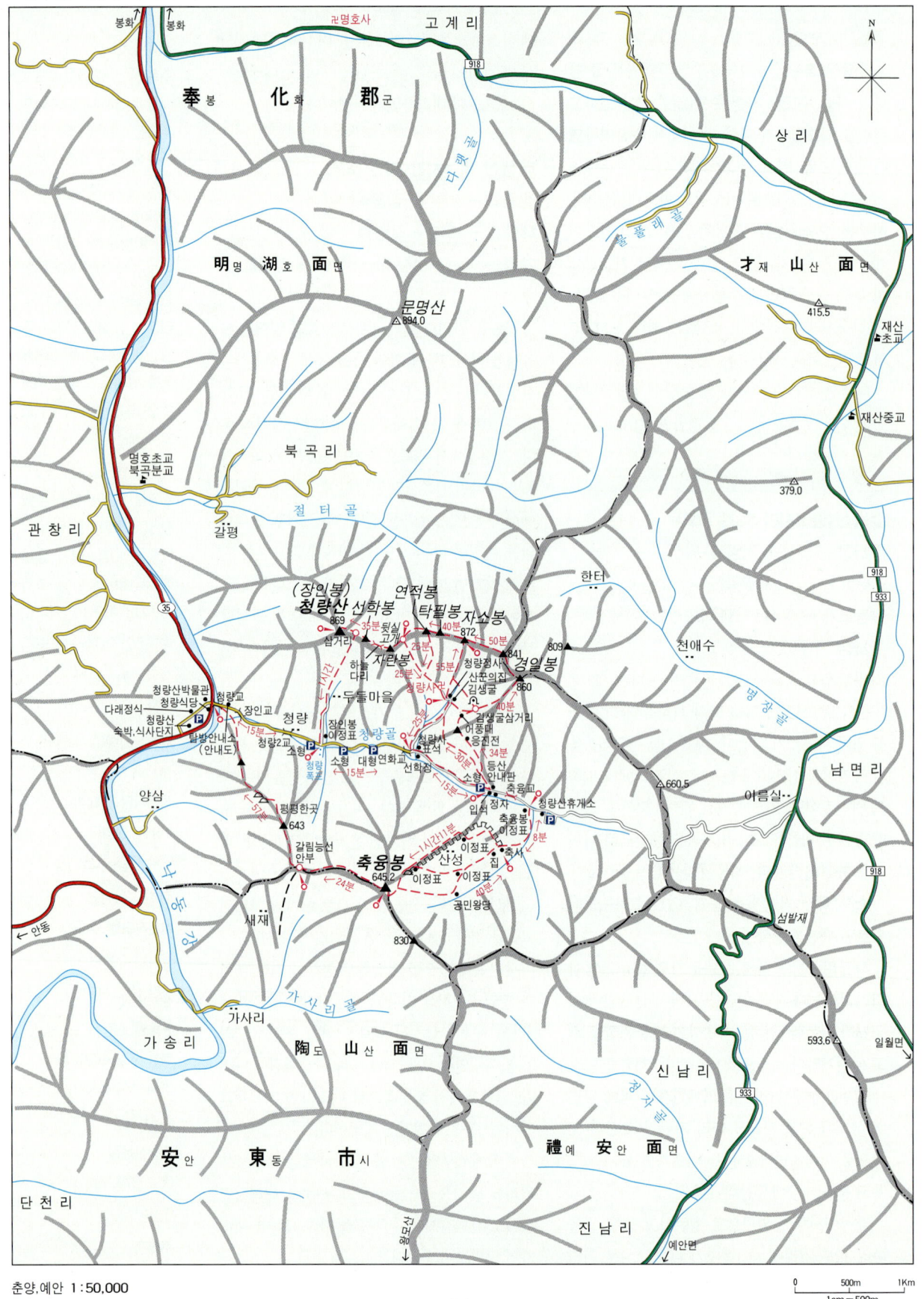

청량산 · 축융봉

경상북도 봉화군 명호면(慶尙北道 奉化郡 明湖面)

개요

청량산(淸凉山. 869m)은 기암괴석이 장관을 이루어 작은 금강산으로 불리어진 명산이다. 자란봉과 선학봉사이 길이 90m 하늘다리가 있고 청량사가 있다. 청량사에는 지난날 연대사(蓮臺寺)를 비롯한 20여개의 암자가 있었으며 지금은 유리보전(琉璃寶殿)과 웅진전(應眞殿)이 남아 있고 청량정사(淸凉精舍), 김생굴(金生窟), 풍혈대(風穴臺) 등 역사적 문화 유적이 많다

축융봉(祝融峰. 645.2m)은 청량산 남쪽에 위치한 산이며 산성이 남아있다.

등산로 (총 5시간 13분 소요)

청량산 (총 4시간 42분 소요)

입석 → 32분 → 김생굴삼거리 → 55분 →
자소봉 → 40분 → 되실고개 → 35분 →
장인봉 → 60분 → 청량폭포

청량교 건너 3km 가면 입석 등산기점이 나온다. 입석에서 8분을 가면 갈림길이 나온다. 갈림길에서 우측 길을 따라 14분을 가면 웅진전이고, 10분을 더 가면 어풍대이며, 2분을 더 가면 삼거리가 나온다.

삼거리에서 오른쪽으로 2분 거리 삼거리에서 왼쪽으로 3분을 가면 김생굴이며, 다시 4분 거리 갈림길에서 우측으로 15분을 오르면 쉼터를 지나 지능선에 닿는다. 지능선에서 13분을 오르면 자소봉 밑 사거리에 닿는다. 여기서 자소봉은 왕복 10분 소요된다.

사거리에서 서쪽으로 12분을 가면 탁필봉이고, 12분을 더 가면 연적봉을 지나 갈림길 연적고개가 나온다. 연적고개에서 18분을 가면 되실고개 삼거리다.

되실고개에서 서쪽능선으로 9분을 가면 자란봉 하늘다리가 나오고, 하늘다리를 건너면 선학봉이다. 선학봉에서 9분을 내려가면 삼거리 안부가 나온다. 계속 서릉을 타고 11분을 더 오르면 삼각점이 있는 장인봉이다. 장인봉에서 서쪽으로 왕복 5분 거리에 전망대가 있다.

하산은 올라왔던 안부삼거리로 되돌아간 다음, 우측 계단길을 따라 10분을 내려가면 계단이 끝나고, 10분을 더 내려가면 쉼터가 나온다. 쉼터를 지나서 10분 내려가면 두들마을 지나고, 7분을 더 내려가면 임도에 닿고, 10분 더 내려가면 청량폭포에 닿는다.

축융봉 (총 3시간 44분 소요)

산성 입구 → 80분 → 축융봉 → 24분 →
갈림길 → 60분 → 탐방안내소

청량산휴게소 전 50m 산성 입구에서 우측 농로를 따라 8분을 가면 성벽이 있고 빈농가 한 채가 나온다. 여기서 우측 성벽을 타고 8분을 오르면 왼편 계단길로 이어진다. 다시 8분을 올라가면 이정표 성벽이 나온다. 여기서부터 성벽 왼편 계단길을 따라 26분을 올라가면 성벽이 끝나고 오솔길로 이어진다. 오솔길을 따라 15분을 가면 묘 공민왕당 갈림길이 나온다.

묘 갈림길에서 우측 길을 따라 5분 거리에 이르면 임도 갈림길이 또 나온다. 여기서 우측 능선길을 따라 10분 거리 안부를 지나서 철계단을 오르면 표지석이 있는 축융봉이다.

하산은 서쪽 능선을 탄다. 철계단을 내려서자마자 탐방안내판이 있는 오른편으로 들어서 바윗길로 내려서면 완만한 능선으로 하산길이 이어져 24분을 내려가면 능선이 갈라지는 지점 안부 갈림길이 나온다.

갈림길에서 오른편 북서쪽 능선길을 따라 4분을 내려가면 갈림능선이 나온다. 여기서 오른편 북쪽능선을 타고 6분을 가면 667봉에 닿고, 4분을 내려가면 오른편 비탈길로 이어져 5분을 가면 다시 지능선에 묘2기가 나온다. 계속 지능선을 따라 11분을 가면 안내표가 있고, 우측 북쪽으로 내려서게 되며 번번한 지역 희미한 곳이다. 여기서 북쪽 방면으로 5분을 가면 묘가 있고, 묘에서 서쪽 방면으로 이어져 14분을 내려가면 능선이 끝나고, 우측 비탈길로 이어져 11분 내려가면 탐방안내소이다.

자가운전

중앙고속도로 영주IC에서 빠져나와 우회전⇒28번-36번 국도를 이어타고 봉성면 제일휴게소에서 우회전⇒918번 남쪽 지방도로를 타고 명호면에서 우회전⇒35번 국도를 타고 약 10km 청량교에서 좌회전⇒3km 입석주차.

*중앙고속도로 남안동IC에서 빠져나와 우회전⇒34번 국도 안동에서 35번 국도를 타고 도산면 통과 10km 청량교.

대중교통

봉화-청량산 1일 4회
(06:20 09:30 13:30 17:40).

안동-청량산 1일 6회
(05:50 08:50 10:00 11:50 14:50 17:50).

식당

청량산식당
봉화군 명호면 관창리 1731
054-673-2560

오시오숯불육식당
봉화군 봉성면
054-672-9012

숙박

황토민박
명호면 청량산 도립공원
054-673-9777

명소

청량사

명호장날 1일, 6일
봉성장날 3일, 8일

각화산(覺華山) 1177m 왕두산(王頭山) 1045.6m

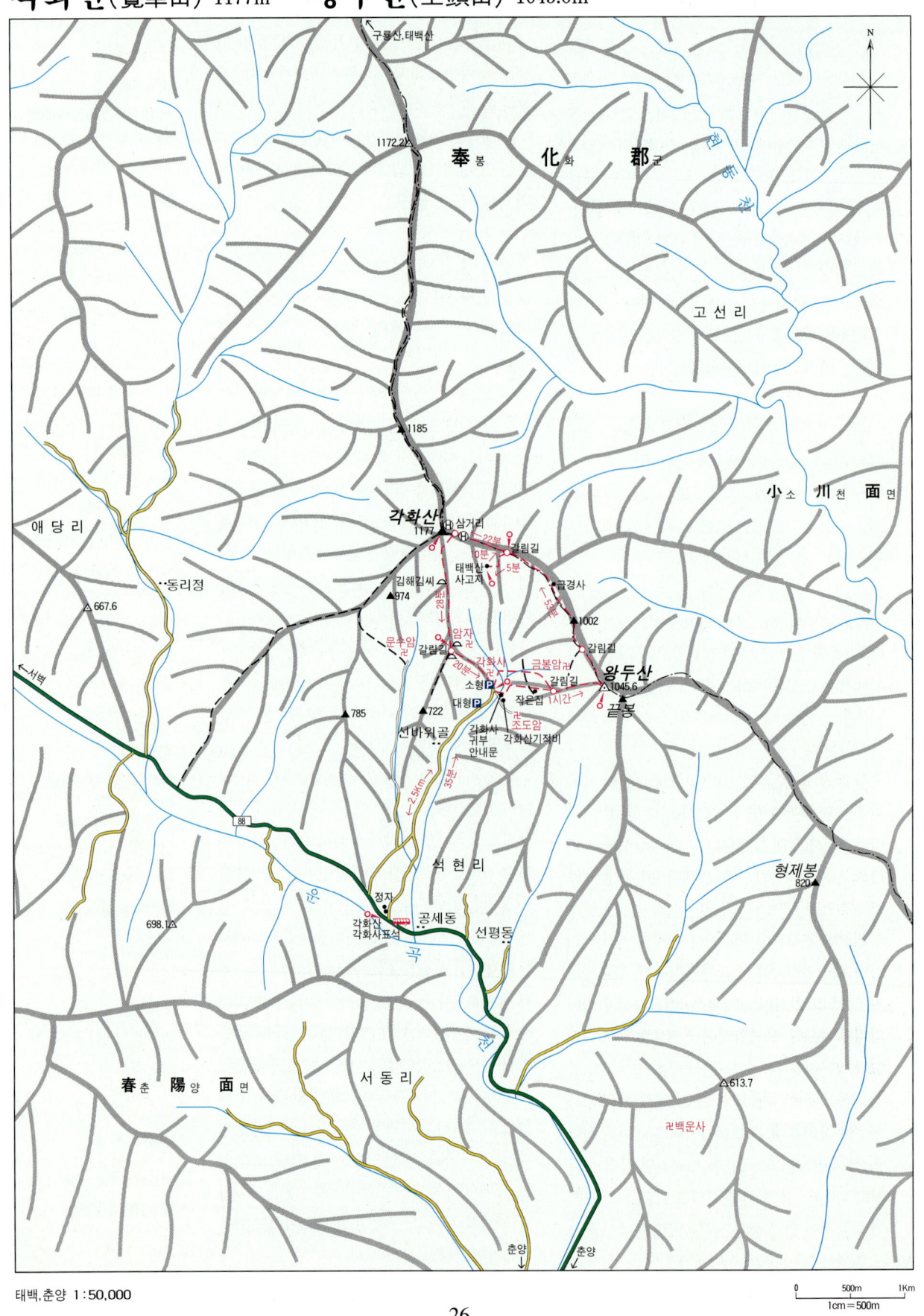

각화산 · 왕두산

경상북도 봉화군 춘양면, 소천면(慶尙北道 奉化郡 春陽面, 小川面)

개요

각화산(覺華山. 1177m)과 왕두산(王頭山. 1045.6m)은 모산인 태백산에서 백두대간을 따라 남서 방면으로 약 10km 지점에서 백두대간을 벗어나 정 남쪽으로 뻗어나간 능선이 약 5km 지점에 각화산이 있고, 각화산에서 서남쪽으로 이어진 능선 3km 거리에 왕두산이다. 각화산 남쪽 중턱에는 태백산사고지(太白山史庫址) 터가 있고, 각화산 남쪽 산행기점에는 고찰 각화사가 자리하고 있다.

산행은 각화사 아래 귀부가 있는 지점에서 지능선을 타고 용두산을 먼저 오른 다음에 서북쪽 주능선을 타고 각화산에 오른다. 각화산에서 하산은 정상과 헬기장 사이 삼거리에서 남쪽 방면 지능선을 타고 각화사로 하산한다.

각화산 남쪽 중턱에 자리한 태백산 사고지

등산로

각화산-왕두산(3시간 58분 소요)

각화사→ 60분→ 왕두산→ 53분→
사고지 갈림길→ 23분→ 각화산→ 22분→
묘 갈림길→ 20분→ 각화사

각화사 입구 공세동 버스정류장에서 각화사로 가는 포장된 도로를 따라 2.6km, 35분을 가면 왼쪽에 대형차량 회차장을 지나고 이어서 각화사 소형주차장에 닿는다. 소형주차장에서 오던 길로 70m 되돌아가 각화사기적비와 귀부가 있는 지점에서 산행이 시작된다.

기적비 왼쪽으로 희미한 오솔길을 따라 50m 가면 왼쪽 지능선으로 꼬부라지다가 다시 우측 지능선으로 산길이 이어져 8분을 오르면 안부사거리가 나온다. 오른쪽에 파란지붕암자 두 채가 있다. 안부 사거리에서 직진 지능선을 타고 8분을 오르면 왼쪽으로 갈림길이 나온다. 갈림길에서 직진하여 12분을 올라가면 왼쪽으로 갈림길이 나오고 쉼터가 나온다. 갈림길에서 계속 지능선으로 직진 14분을 올라가면 또 왼쪽으로 갈림길이 나온다. 계속 직진하여 9분을 오르면 산길은 오른쪽 비탈길로 이어지면서 헬기장이 나온다. 헬기장에서 왼쪽으로 이어지는 지능선을 따라 9분을 더 오르면 삼각점이 있는 삼거리 왕두산 정상이다. 정상은 막힘이 없고 주변은 다소 협소한 편이다.

왕두산에서 각화산을 향해 왼편 북쪽으로 이어지는 주능선을 따라 12분을 내려가면 안부에 왼쪽으로 갈림길이 나온다. 왼쪽으로의 갈림길들은 모두 금봉암으로 가는 길이다. 갈림길에서 직진 주능선을 타고 15분 정도 가면 급경사길이 시작되어 16분 정도 오르면 바위 위 능선에 도착하고, 10분 정도 더 진행하면 사고지 갈림길이 나온다. 갈림길에서 사고지를 들러오면 15분이 소요된다.

갈림길에서 계속 직진하여 18분을 오르면 헬기장이 있는 공터에 닿는다. 여기서 서쪽으로 50m 거리에 왼쪽 하산길 삼거리가 나오고, 4분을 더 오르면 작은 헬기장 각화산 정상이다.

하산은 정상과 큰 헬기장 사이 삼거리에서 서쪽 방면으로 간다. 정상에서 올라왔던 큰 헬기장 쪽으로 3분을 내려가면 삼거리가 나온다. 삼거리에서 오른편 서쪽 방면으로 내려간다. 하산길은 오른편 비탈길로 이어지면서 5분을 내려가면 정상과 일직선으로 이어지는 지능선으로 이어진다. 지능선에서부터 외길로 이어지는 정 남쪽 지능선을 따라 6분을 내려가면 묘가 나오고 14분을 더 내려가면 연속해 있는 두 번째 묘 갈림길에서 왼쪽으로 간다.

왼쪽 길을 따라 내려가면 오른편 비탈길로 이어지다가 지능선길로 이어져 20분을 내려가면 각화사 주차장이다.

자가운전

중앙고속도로 영주IC에서 빠져나와 봉화, 울진 방면 36번 국도를 타고 봉화 통과 춘양면에서 좌회전 ⇨88번 지방도를 타고 약 8km 춘양면 석현리 공세동 각화사 입구에서 우회전⇨2.6km 각화사 소형주차장.

대중교통

서울동서울터미널에서 1일 6회 운행하는 봉화-춘양행 버스 이용, 춘양 하차.

대구에서 수시로 운행하는 봉화행 버스 이용, 봉화 하차.

봉화에서 춘양 경유 서벽, 금정행 하루 13회 버스를 타고 각화사 입구 공세동 하차.

식당

강남회관식육점
봉화군 춘양면 의양리
054-672-5000

법전식육식당
봉화군 춘양면 의왕2리
054-673-4516

숙박

춘양동아모텔
봉화군 춘양면 의양리
054-672-3109

명소

태백산사고지

춘양장날 4일, 9일

옥석산(玉石山) 1244m 　 문수산(文殊山) 1207.6m

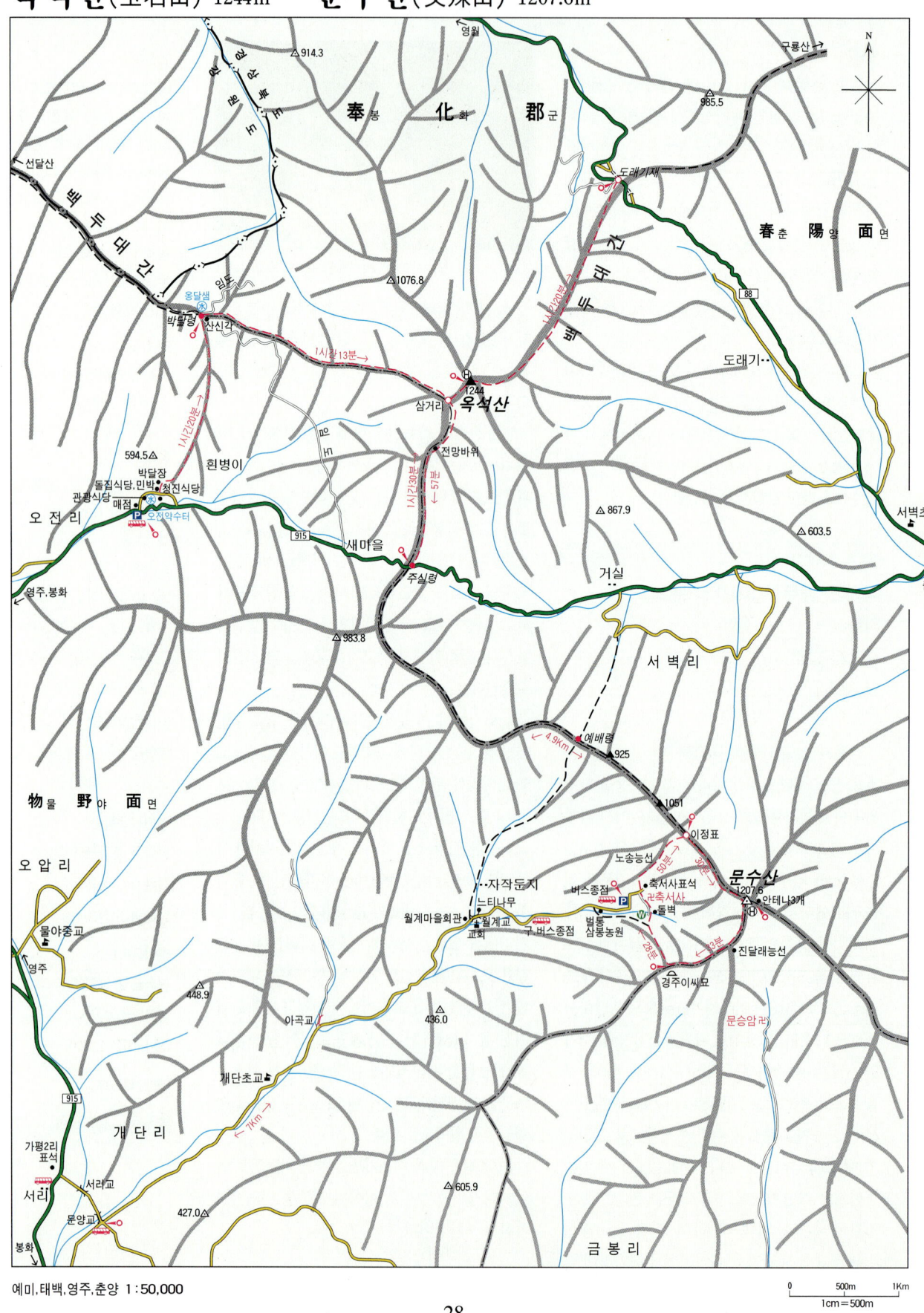

옥석산·문수산

경상북도 봉화군 물야면, 춘양면(慶尙北道 奉化郡 物野面, 春陽面)

개요

옥석산(玉石山. 1244m)은 유명한 오전약수 북쪽에 위치한 산이다. 주등산로는 백두대간이며 서쪽은 박달령, 선달산 동쪽은 도래기재, 구룡산 남쪽은 주실령, 문수산으로 산맥이 이어진다. 전체적으로 순수한 육산이며 험로가 없다. 산행은 오저약수터에서 박달령을 거쳐 옥석산에 오른 뒤, 주실령으로 하산한다. 또는 동북쪽 백두대간을 따라 도래기재로 하산해도 좋다.

문수산(文殊山. 1207.6m)은 백두대간 옥석산에서 남쪽으로 가지를 뻗어 약 8km 거리에 위치한 산이다. 춘양목으로 유명한 산이며 서쪽 산중턱에는 고찰 축서사가 자리하고 있다. 산행은 축서사에서 왼편 지능선을 경유하여 정상에 오른 뒤, 남서쪽 능선을 타고 이씨 묘에서 오른편 지능선을 타고 다시 축서사로 원점회귀한다.

옥석산 서쪽 백두대간 쉼터 박달령

등산로

옥석산(4시간 30분 소요)

버스종점→ 80분→ 박달령→ 73분→ 옥석산→ 57분→ 주실령

오전약수 버스종점에서 약수터 왼쪽으로 난 소형차로를 따라 8분 거리에 이르면 돌집식당 삼거리가 나온다. 삼거리에서 왼쪽으로 3분을 가면 박달장 위에 등산안내도가 나온다. 여기서부터 본격적인 산길이 시작된다. 잘 정돈된 등산로는 오른쪽 능선으로 올라서 북쪽으로 이어진 능선길로 이어진다. 등산로가 뚜렷하고 완만한 편이며 소나무가 많은 능선길을 따라 1시간 9분을 오르면 임도가 나오고, 왼쪽으로 20m 거리에 박달령이다. 박달령은 산신각이 있고 헬기장이 있으며 50m 거리에 옹달샘이 있다.

박달령에서 동쪽으로 백두대간을 따라 1시간 5분을 오르면 주실령으로 가는 삼거리가 나온다. 삼거리에서 왼쪽으로 8분 거리에 이르면 헬기장이 있는 옥석산 정상이다.

하산은 올라왔던 8분 거리 삼거리로 되 내려간 다음, 왼편 남쪽 능선을 따라 3분 내려가면 우측으로 20m 거리에 전망대가 있다. 다시 계속해서 남릉을 타고 내려가면 급경사로 이어져 11분 거리에 이르면 전망바위가 나오고, 급경사 길을 타고 35분을 내려가면 주실령이다.

문수산(3시간 21분 소요)

축서사→ 50분→ 주능선삼거리→ 30분→ 문수산→ 33분→ 경주이씨 묘→ 28분→ 축서사

축서사 주차장에서 축서사 쪽으로 가면 축서사 표지석이 있고 왼쪽으로 차단기가 있으며 바로 왼쪽으로 간이 다리가 있다. 이 다리를 건너 화장실 뒤로 난 등산로를 따라 7분을 가면 지능선에 닿는다. 지능선은 적송군락지이며 흙이 묻지 않을 만큼 솔잎카펫길이다. 완만하고 부드러운 지능선을 따라 43분을 오르면 주능선삼거리에 닿는다.

주능선에서 우측 길을 따라 가면 완만한 능선 길로 이어져 30분을 오르면 문수산 정상이다.

하산은 남서쪽으로 이어지는 능선을 따라 33분을 내려가면 경주이씨 묘가 나온다.

묘 닿기 5m 전에 오른쪽으로 희미한 하산길이 있다. 낙엽이 쌓여 길이 뚜렷하지 못 하지만 조금만 내려가면 능선으로 이어지면서 하산길이 뚜렷하다. 오른편 북쪽 방면으로 이어지는 지능선을 따라 15분 내려가면 갈림길이 나온다. 갈림길에서 축서사 방면 희미한 오른쪽 길로 간다. 오른쪽 길로 10분 내려가면 계곡을 건너 축서사 위 돌축대에 닿고, 3분 더 내려가면 축서사 주차장에 닿는다.

자가운전

중앙고속도로 영주IC에서 빠져나와 봉화 방면 36번 국도를 타고 봉화에 도착해서 **옥석산**은 물야 방면 915번 지방도를 타고 물야면을 통과 오전약수 버스종점 주차.

문수산은 물야 방면 915번 지방도를 타고 가평리 서리에서 우회전 ⇨ 서리교와 문양교 건너 사거리에서 좌회전 ⇨ 7km 차도 끝, 개단리 축서사 소형 주차장.

대중교통

옥석산은 봉화에서 1일 11회 운행하는 온정약수터행 시내버스 이용, 종점 하차.

문수산은 봉화에서 1일 3회(06:25 13:40 18:05) 개단리 축서사행 버스 이용, 축서사 하차.

숙식

관광식당
봉화군 물야면 오전 2리
054-672-2021

돌집식당 민박
물야면 오전리 58
054-673-8009

청진식당
물야면 오전약수탕
054-672-2130

명소

부석사

축서사

물야장날 5일, 10일

선달산(先達山) 1236m

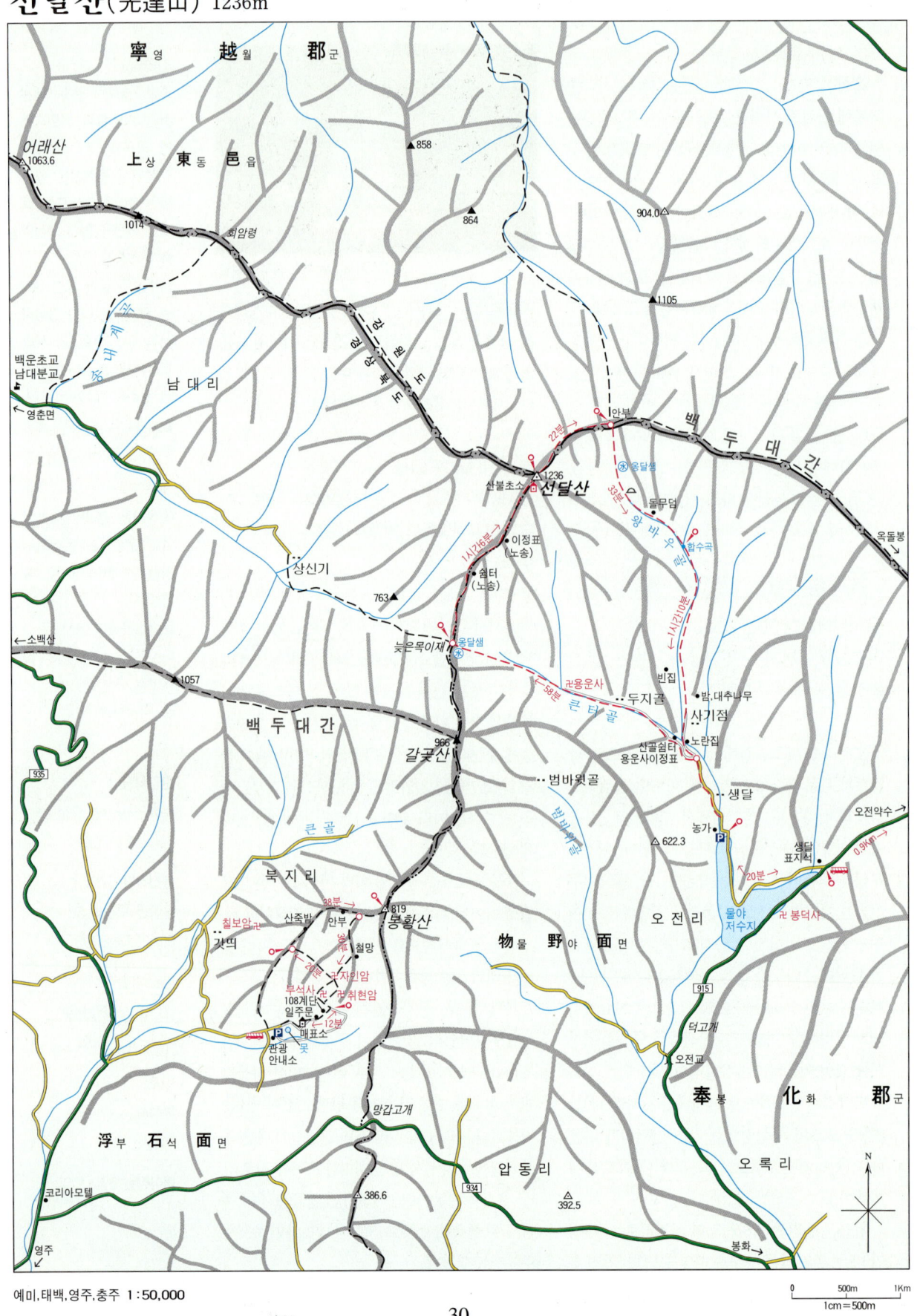

선달산

경상북도 영주시, 봉화군 · 강원도 영월군(慶尚北道 榮州市, 奉化郡 · 江原道 寧越郡)

개요

선달산(先達山, 1236m)은 백두대간 남한의 중간 지점에 위치하고 있으며 정상에서 서쪽으로는 갈곳산, 고치령, 소백산으로 이어지고 동쪽으로는 옥돌봉, 구룡산, 태백산으로 이어진다. 주능선은 백두대간으로 웅장하면서도 완만한 산세를 이루며, 특히 소나무가 많은 산이다. 정상은 나무가 없어 사방이 막힘이 없다. 정상에서 동쪽으로는 옥돌봉, 남쪽으로는 갈곳산 소백산, 서북쪽으로는 어래산으로 이어진다.

산행은 물야면 오전리 생달에서 시작하여 늦은목이재를 경유하여 정상에 오른다. 하산은 동릉을 따라 22분 거리에서 남쪽 사기점골을 따라 다시 생달로 원점회귀 산행이다.

장거리산행은 선달산 정상에서 동쪽 백두대간을 따라 박달령을 거쳐 옥돌봉에 오른 다음, 주실령 또는 도래기재로 하산하면 좋은 코스이고, 선달산 정상에서 4~5시간 더 소요된다.

선달산 주변에는 유명한 오전약수탕이 있고, 부석면에는 고찰 부석사가 있다. 오전약수 맛이 탄산성분이 들어있어 쏘는 맛이 있어 위장병과 피부병에 효과가 있다고 한다. 오전약수가 있는 오전리에는 봉화에서 오는 버스종점이기도 하고 식당 숙박시설이 많이 있다. 유서 깊은 고찰 부석사를 한번 들러보고, 부석사 입구 많은 식당 숙박시설을 이용하면 편리하다.

백두대간 쉼터 선달산 늦은맥이재

등산로(총 5시간 9분 소요)

주차장→ 58분→ 늦은목이재→ 66분→
선달산→ 22분→ 갈림길→ 33분→
합수곡→ 70분→ 주차장

물야면에서 오전약수 쪽으로 915번 지방도를 따라 약 5km 거리 물야저수지 상류 생달버스 정류장에서 좌회전 저수지 북쪽으로 난 도로를 따라 1.7km 가면 주차장이 있고 다리가 나온다. 이곳에 주차를 하고 다리를 건너면 농가 한 채가 나온다. 여기서부터 소형차로를 따라 10분을 들어가면 갈림길이 나온다. 갈림길에서 오른쪽 길은 하산 길로 하고, 왼쪽으로 소형차로를 따라 15분을 가면 오른쪽에 용운사가 있고, 왼쪽으로 오솔길 갈림길이 나온다. 갈림길에서 왼쪽 오솔길을 따라 가면 바로 계곡을 건너 산길이 이어진다. 잘 다듬어진 등산로를 따라 25분을 가면 출입금지 표시가 있는 지점에 이른 후, 왼쪽으로 휘어지다가 오른쪽 비탈길로 이어져 8분을 더 올라가면 옹달샘을 지나서 늦은목이재에 닿는다.

늦은목이재에서 오른편 동쪽으로 간다. 노송이 많은 백두대간 주능선을 타고 17분을 오르면 쉬어가기에 좋은 쉼터가 나온다. 쉼터를 뒤로하고 뚜렷한 백두대간을 타고 오르면 이정표가 나오고, 쉼터에서 49분을 오르면 선달산 정상이다.

하산은 계속 백두대간 동릉을 타고 간다. 동릉을 따라 22분(1.1km)을 가면 작은 봉우리를 하나 넘어 작은 안부에 닿는다. 이정표가 있고 옹달샘 표시가 있다.

여기서 오른편 남쪽 옹달샘 화살표 쪽으로 내려간다. 남쪽으로 6분을 내려가면 옹달샘이 나오고 옹달샘을 지나면 하산길은 왼쪽 지능선으로 이어져 지능선을 따라 7분 내려가면 묵은묘를 지나서 돌무더기가 나오고, 20분 더 내려가면 합수곡에 닿는다.

합수곡에서 25분을 내려가면 갈림길이 나온다. 갈림길에서 오른쪽으로 내려서 계곡과 나란히 이어지는 길을 따라 15분을 내려가면 대추나무 밭이 나오고, 10분을 내려가면 소형차로가 나온다. 여기서부터 소형차로를 따라 10분을 내려가면 늦은목이재 갈림길에 닿고, 10분 더 내려가면 다리 주차장이다.

자가운전

중앙고속도로 풍기IC에서 빠져나와 우회전⇨931번 지방도를 타고 순흥면-단산면-부석면을 거쳐 물야면 삼거리에서 좌회전⇨약 5km 물야저수지 상류 생달 입구 삼거리에서 좌회전⇨1.7km 다리 주차장.

대중교통

동서울터미널에서 1일 6회 운행하는 봉화행 버스 이용, 봉화 하차.
대구, 안동, 영주 방면에서 봉화행 버스 이용, 봉화 하차.
봉화에서 1일 11회 운행하는 오전약수탕행 버스 이용, 생달 입구 하차.

식당

관광식당(토종닭)
봉화군 물야면 오전 2리
054-672-2330

청진식당(토종닭)
봉화군 물야면 오전리
054-672-2130

숙박

돌집식당 민박
봉화군 물야면 오전리 58
054-673-8119

소백산식당 민박
봉화군 물야면 오전리
054-672-2160

명소

부석사

물야장날 5일, 10일
봉화장날 2일, 7일

매봉 865.3m　국사봉(國師峰) 727.6m

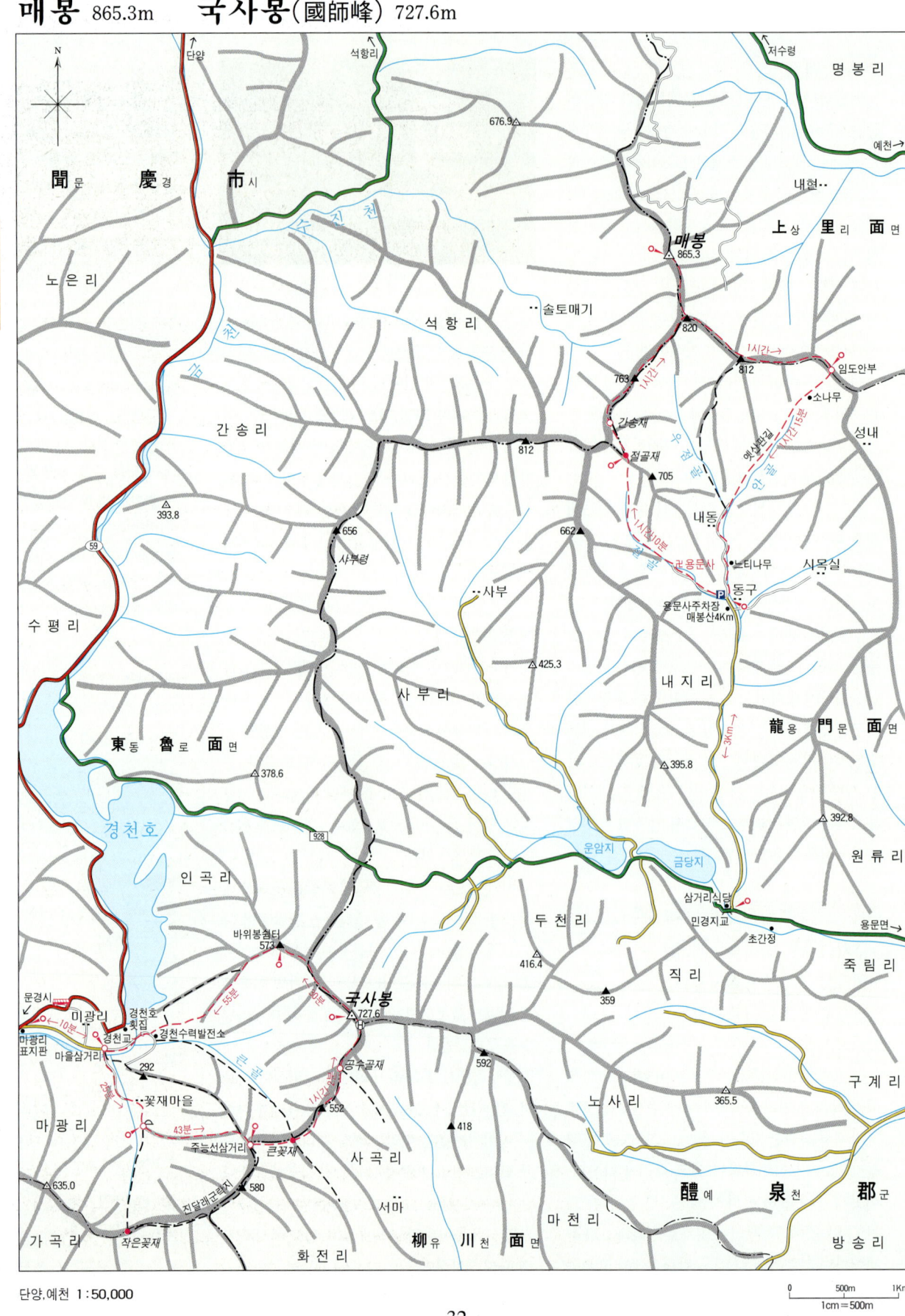

매봉 · 국사봉

경상북도 예천군 용문면, 문경시 동로면(慶尙北道 醴泉郡 龍門面, 聞慶市 東魯面)

개요

매봉(865.3m)은 용문면 용문사 북쪽에 위치한 산이다. 순수한 육산으로 진달래가 많은 산이며 남쪽 기슭에는 고찰 용문사가 자리하고 있다. 산행은 용문사 주차장에서 절골재를 경유하여 정상에 오른 후, 임도안부를 경유하여 다시 용문사 주차장으로 원점회귀 산행이다.

국사봉(國師峰. 727.6m)은 동로면 경천호 동쪽에 위치한 산이다. 1989년 경천호가 만들어지면서 산과 강이 어우러져 관광지가 되었다. 산행은 꽃재마을 우측 지능선, 주능선을 이어 타고 국사봉에 오른 후, 서북쪽 능선을 타고 바위봉(573m)을 지난 갈림길에서 왼편 지능선을 타고 경천댐 아래 마광리로 하산한다.

등산로

매봉(총 5시간 25분 소요)

용문사 주차장 → 70분 → 절골재 → 60분 → 매봉 → 60분 → 임도 → 75분 → 주차장

용문사 주차장에서 왼편으로 10분을 가면 용문사가 나온다. 용문사 왼편 해우소 쪽 계곡길을 따라 27분을 가면 계곡을 벗어나 낮은 능선으로 이어지며 33분을 오르면 삼거리 절골재에 닿는다.

절골재에서 북쪽으로 100m 가면 다시 삼거리가 또 나온다. 삼거리에서 우측 비탈길을 따라가면 진달래군락지로 이어지며 50분을 올라가면 삼거리봉에 닿는다. 삼거리에서 북쪽으로 10분을 가면 매봉 정상이다.

하산은 10분 거리 삼거리봉으로 다시 돌아간 다음, 왼편 동남쪽 능선을 탄다. 왼쪽 능선을 따라 11분을 내려가면 고개 갈림길이 나온다. 갈림길에서 계속 주능선을 따라 14분을 가면 진달래군락지를 지나 812봉에 닿고, 25분을 더 내려가면 임도 안부사거리가 나온다.

안부에서 오른편 남쪽으로 간다. 오른쪽으로 100m 내려가면 외딴 소나무 옆을 지나고, 조금 더 내려가면 옛날 임도가 나온다. 임도를 따라 내려가면 내리2동 등산로입구 표지판이 나온다. 안부에서 1시간 거리다. 여기서 주차장은 15분 거리다.

국사봉(총 4시간 35분 소요)

마광리 입구 → 25분 → 꽃재마을 끝 → 43분 → 주능삼거리 → 62분 → 국사봉 → 30분 → 바위봉 → 55분 → 마광리 입구

마광리 입구에서 동쪽 마광마을길을 따라 1km 들어가면 다리가 있는 삼거리가 나온다. 삼거리에서 오른쪽 다리 건너 소형차로를 따라 20분을 가면 민가 4~5채가 있는 꽃재마을이 나온다. 꽃재마을 끝집을 지나면서 갈림길이 나오는데 우측 비탈길로 5분을 가면 꽃재마을 우측 지능선에 갈림길(묘)이 나온다. 갈림길에서 왼편 지능선을 탄다.

소나무가 많은 지능선길을 따라 40분을 올라가면 왼쪽 지능선이 합해지는 묘가 있는 지점이 나온다. 묘에서 오른쪽으로 3분을 가며 주능선 삼거리에 닿는다.

삼거리서 왼편 북동쪽 주능선을 따라 11분을 내려가면 꽃재사거리가 나온다. 꽃재에서 직진하여 20분을 가면 공수골재가 나온다. 공수골재에서 직진하여 24분을 더 오르면 표지석이 새워져 있는 정상 같은 헬기장에 닿는다. 헬기장에서 왼편 북서쪽 능선길로 7분 거리에 삼각점이 있는 국사봉 정상이다.

삼각점봉에서 서북쪽 주능선을 따라 13분을 가면 갈림능선에 닿는다. 갈림능선에서 서남쪽으로 이어지는 능선을 타고 9분을 가면 바위봉에 닿는다. 여기서 5분 거리 전망이 있는 능선에서 왼쪽으로 3분을 내려가면 갈림길이 나온다.

갈림길에서 왼쪽 능선길을 따라 내려가면 길이 희미하지만 능선을 벗어나지 않으면 길 잃을 염려는 없고 29분을 내려가면 갈림길이 나온다. 여기서 우측으로 15분을 내려가면 댐 아래 경천수력발전소에 닿고, 차도 따라 11분 내려가면 마광마을 입구이다.

자가운전

국사봉은 중부내륙고속도로 점촌, 함창IC에서 빠져나와 우회전 ⇨ 예천 방면 34번 국도를 타고 삼양면 반곡리에서 좌회전 ⇨ 59번 국도를 타고 경천댐 1.5km 전 마광리로 우회전 ⇨ 1km 마광마을 주차. **매봉**은 마광리에서 계속 59번 국도 경천호 상류삼거리에서 우회전 ⇨ 928번 지방도를 타고 용문면 초간정 삼거리에서 좌회전 ⇨ 2.5km 용문사 주차장.

대중교통

매봉은 예천에서 용문사행 버스 1일 6회 이용, 종점 하차.

국사봉은 문경에서 1일 13회 운행하는 동로면행 버스 이용, 마광리 하차.

숙식

매봉

삼거리식당
용문면 원류리 452-1
054-655-9030

용문한우식당
용문면 상금곡리 605-7
054-654-899

국사봉

경천호횟집
문경시 동로면 경천댐
054-554-0683

대성식당
동로면 수형리 경천호
054-552-6115

용지방가로식당 민박
동로면 수평리 463
054-553-5288

대미산(大美山) 1115m   문수봉(文繡峰) 1161.5m

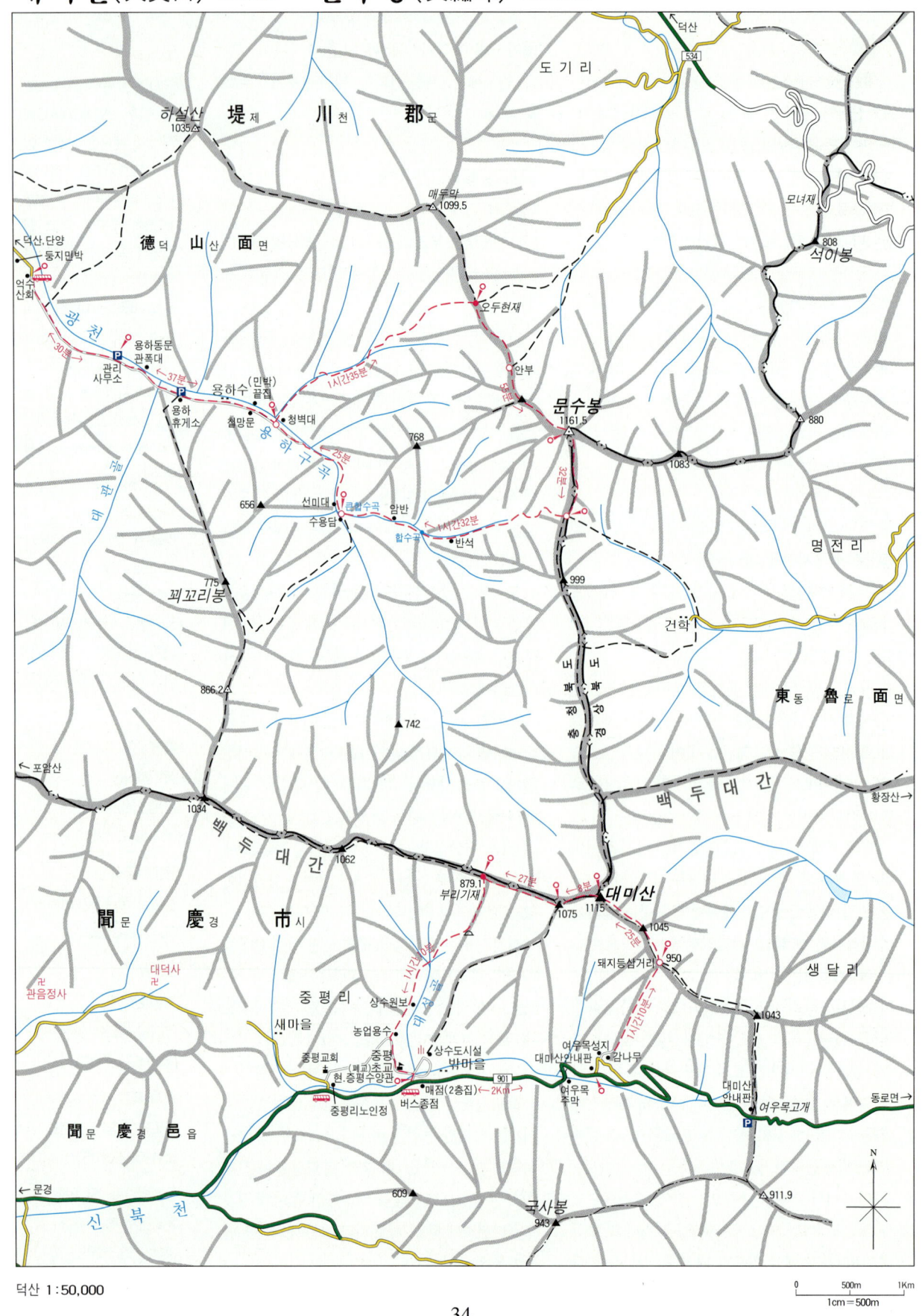

덕산 1 : 50,000

대미산·문수봉

경상북도 문경시·충청북도 제천시(慶尙北道 聞慶市·忠淸北道 堤川市)

개요

대미산(大美山, 1115m)은 주능선이 백두대간 포암산에서 황장산으로 이어지는 중간에 위치한 산이다. 육산이며 등산로도 무난하다.

문수봉(文繡峰), 1161.5m)은 대미산에서 북쪽 능선으로 이어져 약 5km 거리에 위치한 오지의 산이다. 바위가 많으며 등산로는 희미하다.

등산로

대미산(총 4시간 20분 소요)

여우목 → 70분 → 돼지등삼거리 → 25분 → 대미산 → 8분 → 박마을 갈림길 → 27분 → 부리기재 → 70분 → 버스종점

문경시 중평리 박마을 버스종점에서 동로면 쪽으로 도로를 따라 2km 거리에 이르면 대미산 안내판이 나온다. 여기서 왼쪽 마을길을 따라 5분을 올라가면 농가 6채가 있는 여우목마을이 나온다. 마을 중간 샛길로 가면 우측 감나무가 있는 쪽으로 산길이 지능선으로 이어진다. 뚜렷한 지능선을 따라 49분을 올라가면 능선이 합해지는 쉼터가 나온다. 쉼터를 뒤로하고 16분을 더 오르면 돼지등삼거리가 나온다.

삼거리에서 왼쪽 능선을 따라 25분을 더 오르면 삼거리 표지석이 있는 대미산 정상이다.

하산은 서릉을 탄다. 서쪽 능선을 따라 8분을 내려가면 박마을로 내려가는 왼쪽 갈림길이 나온다. 갈림길에서 오른쪽 주능선을 따라 27분을 더 내려가면 부리기재 삼거리에 닿는다.

부리기재에서 왼편 남쪽으로 내려간다. 왼쪽 지능선길을 따라 25분 정도 내려가면 묘를 지나면서 오른편 계곡 쪽으로 하산길이 이어진다. 하산길은 급경사이며 지그재그로 이어져 13분을 내려서면 계곡에 나온다. 계속 계곡으로 이어지며 11분을 내려가면 상수원보호 안내판이 연속 2개를 통과하고, 9분을 더 내려가면 농업용 수통을 지나서 농로 갈림길이 나온다. 갈림길에서 왼쪽 길을 따라 11분 거리에 이르면 도로변 2층집 버스종점이다.

문수봉(총 7시간 13분 소요)

통제소 → 37분 → 청벽대 → 95분 → 오두현 → 55분 → 문수봉 → 32분 → 갈림길 → 92분 → 큰합수곡 → 62분 → 통제소

억수리 버스종점에서 직진 30분 거리에 이르면 용하구곡 통제소(주차장)가 나온다. 통제소에서 동쪽 소형차로를 따라 직진 25분 거리에 이르면 왼쪽에 다리가 있는 삼거리가 나온다. 삼거리에서 오른편 길을 따라 12분을 가면 왼쪽에 건물과 안내판이 있는 청벽대 갈림길이 나온다.

갈림길에서 왼쪽 계곡을 건너서 계곡과 나란히 이어지는 등산로를 따라 오른다. 계곡길을 따라 55분을 올라가면 왼쪽 작은 능선으로 이어져 3분을 지나면 길은 능선 왼쪽으로 이어지고 2분을 가면 양 계곡이 합해지는 지점이며 길이 없어진다. 여기서 오른쪽 물이 없는 계곡 우측으로 50m 가면 뚜렷한 산길이 나타난다. 여기서부터 계곡길을 따라 35분을 더 오르면 사거리 안부 오두현이다.

오두현에서 오른편 남쪽 주능선을 따라 22분 거리에 이르면 삼거리 안부가 나온다. 안부에서 계속 능선길을 따라 32분을 올라가면 삼거리 문수봉이다.

하산은 대미산 방면 남쪽 주능선을 따라 32분을 내려가면 사거리 안부에 닿는다.

안부에서 오른쪽 서쪽 길로 내려서면 비탈길로 이어져 12분 내려가면 갈림길이 나온다. 갈림길에서 오른 쪽으로 5분을 내려가면 계곡에 닿는다. 계곡길은 폐허가 되어 길이 거의 없다. 길이 없는 계곡을 따라 20분을 내려가면 작은 합수곡이 나온다. 합수곡에서부터 뚜렷한 길로 이어져 10분을 내려가면 암반을 건너 이어진다. 계곡 우측으로 난 길을 따라 45분을 내려가면 큰 합수곡 삼거리에 닿는다.

여기서 5분 거리에 선미대가 있고, 20분을 더 내려가면 청벽대 산행기점이며 12분 더 내려가면 소형차로에 닿고 25분 거리에 주차장이다.

자가운전

대미산은 중부내륙고속도로 문경새재IC에서 빠져나와 좌회전 ⇨ 2km에서 우회전 ⇨ 500m에서 좌회전 ⇨ 문경교 건너 1km에서 우회전 ⇨ 901번 지방도를 타고 12km 중평리 여우목마을 주차.

문수봉은 중앙고속도로 단양IC에서 빠져나와 좌회전 ⇨ 4km에서 좌회전 ⇨ 20km 덕산면에서 좌회전 ⇨ 4km에서 직진 ⇨ 월악교 건너 좌회전 ⇨ 7km 청벽대주차장.

대중교통

대미산은 문경버스터미널에서 1일 5회(여우목 08:30 18:30) 중평리행 시내버스 이용, 박마을 종점 하차(종점-여우목 2km).

숙식

대미산

여우목주막
문경읍 중평리 77-2
054-571-8304

약돌가든
문경읍 하리 193-7
054-572-2550

하얀성
문경읍 하리
054-572-1040

문수봉

산자락식당
덕산면 월악리
043-653-2202

둥지민박
덕산면 월악리 327
043-651-3922

공덕산(功德山) 912.9m 　천주산(天柱山) 824m

공덕산 · 천주산

경상북도 문경시 산북면, 동로면(慶尙北道 聞慶市 山北面, 東魯面)

개요

공덕산(功德山. 912.9m)은 산북면과 동로면 경계를 이루고 있는 산이다. 산릉에는 사불암바위, 안장바위 등이 있고, 서쪽 산록에는 천년 고찰 대승사가 자리하고 있다.

천주산(天柱山. 824m)은 공덕산에서 서쪽으로 2km 거리에 우뚝 솟은 바위봉이다. 천주봉 정상 서남쪽은 절벽 암반지대이며 급경사 지대에 천주사가 위치하고 있고 있다.

등산로

공덕산(총 5시간 소요)

대승사 입구 → 50분 → 대승사 → 63분 → 공덕산 → 31분 → 823봉 → 64분 → 윤필암 입구 → 32분 → 대승사 입구

산북면 전두리 대승사 입구에서 대승사 길을 따라 3km 가면 대승사 주차장이 나온다. 주차장 요사채 중간 우측 간이 다리를 건너 10m 갈림길에서 왼쪽으로 1분을 가서 직진 8분을 가면 갈림길이 나온다. 갈림길에서 우측 사면 길로 4분을 더 가면 두 번째 갈림길이 나온다. 두 번째 갈림길서 우측으로 14분을 가면 방광재사거리가 나온다.

고개사거리에서 왼쪽 능선을 따라 16분을 오르면, 삼거리가 나온다. 삼거리에서 직진 20분을 오르면 삼각점이 있는 공덕산 정상이다.

하산은 북쪽으로 100m 가면 천주봉 가는 갈림길이 나온다. 갈림길에서 왼쪽(북)으로 20m 가면 헬기장이 나오며, 13분을 더 내려가면 안부 삼거리가 나온다. 안부삼거리에서 서북쪽 능선으로 16분을 오르면 832봉에 삼거리에 닿는다.

삼거리에서 왼쪽 서남쪽으로 능선을 따라 4분을 내려가면 갈림길이 나온다. 왼쪽은 사불암 대승사로 이어지고, 오른쪽은 바윗길 말안장바위 묘적암 마에불로 이어진다. 오른쪽으로 9분을 가면 전망바위가 나오고, 5분을 더 내려가면 두 번째 전망바위가 나온다. 여기서 급경사 길을 따라 9분을 내려가면 10m 밧줄 바위를 지나고, 4분을 더 내려가면 능선과 계곡 갈림길이 나온다. 갈림길에서 왼쪽 계곡 길로 18분 내려가면 묘적암 입구에 닿는다. 다시 갈림길에서 우측 능선 길을 타고 가면 암릉 고사목 길이 시작되어 6분을 가면 말안장바위가 나오고, 9분을 더 내려가면 능선이 갈라진다. 여기서 왼쪽으로 내려서면 동쪽 직각으로 길이 휘어져 4분 거리에 묘적암 후문이고, 3분을 더 내려가서 왼쪽 사면 길로 60m 내려가면 이정표가 있는 골 삼거리다.

삼거리에서 50m 내려가면 왼쪽에 마에불이 있고, 100m 더 내려가면 윤필암 삼거리가 나오고 300m 더 내려가면 대성사 윤필암 삼거리에 닿는다.

천주산(총 4시간 소요)

천주사 입구 → 30분 → 천주사 → 50분 → 천주산 → 60분 → 물탱크 → 40분 → 동로초교

56번 국도가 지나가는 동로면 경천호 중간 천주사 간판에서 천주사길 소형차로를 따라 1km 30분을 올라가면 경사지역에 천주사가 나온다.

천주사 왼쪽 천주산 안내 표시를 따라 오르면 급경사로 이어져 20분을 오르면 너덜지대가 나타나고 너덜을 지나자 바로 암릉이 시작된다. 왼쪽은 직벽이며 오른쪽은 대슬랩바위다. 여기서 밧줄이 설치되어있는 오른쪽으로 대슬랩을 약 40m 오르면 평탄한 곳에 이르고, 50m 더 오르자 죽은 소나무에 닿는다. 계속된 슬립지대 지나 잡목지대를 통과하여 100m 오르면 천주산 정상이다. 천주사에서 50분 거리다.

하산은 서북쪽 암릉길을 타고 100m 내려가면 갈림길이 나온다. 갈림길에서 우측으로 지능선을 따라 조금 내려가면 삼거리가 나온다. 삼거리에서 우측으로 급경사를 내려가면 낮은 능선으로 이어져 40분을 내려가면 파란물탱크와 왕소나무가 있는 농로가 나온다. 여기서부터 농로를 따라 30분을 내려가면 노은1리 마을을 통과하여 동로면 소재지에 닿는다.

자가운전

공덕산은 중부내륙고속도로 점촌 함창IC에서 빠져나와 산양면 삼거리에서 좌회전 ⇒ 59번 국도를 타고 동로면 쪽으로 가다가 산북면 통과 1.5km에서 좌회전 ⇒ 6km에서 우회전 ⇒ 3km 대승사 입구에서 우회전 ⇒ 2km 대승사 주차장. **천주산**은 산북면 삼거리에서 동로면 쪽으로 직진, 간속리 천주사 입구 주차.

대중교통

공덕산 : 점촌에서 전두리행 문경여객 시내버스(왕복 1일 6회)를 타고 대성사 입구 하차.

천주산 : 점촌에서 동로행 시내버스(1시간 간격) 이용 간송리 천주산 입구 하차.

숙식

공덕산

돌담숯불가든
산북면 대상1리 80
054-552-6997

문경축협
문경시 모전동 860-8
054-555-7769

천추산

시골식당
문경시 동로면
054-553-8830

구름선모텔
문경시 모전동 859-1
054-556-6111

온천

문경종합온천
054-571-0666

주흘산(主屹山) 1108m

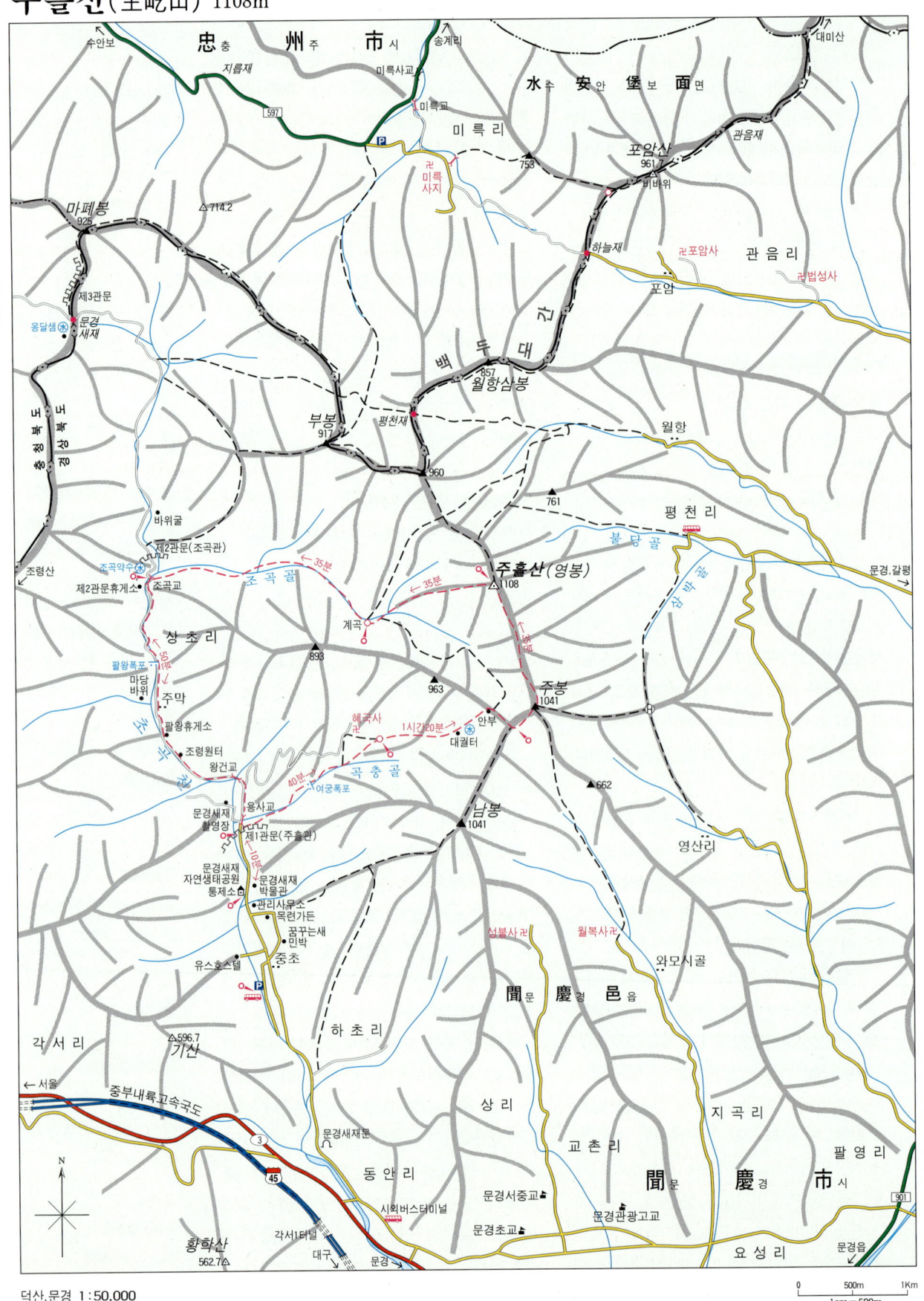

주흘산

전라남도 광양시 옥룡면(全羅南道 光陽市 玉龍面)

개요

주흘산(主屹山, 1108m)은 문경읍 북쪽을 감싸고 있으며 빼어난 경치와 유서 깊은 지역으로 경상북도 도립공원으로 지정되었다. 주흘산 서북쪽으로는 희양산, 백화산, 조령산, 마폐봉, 부봉, 포암산, 대미산으로 이어지는 거대한 산맥 백두대간이 이어진다. 주흘산 서쪽 새재계곡은 문경새재 길로 이어지며 1관문(주흘관), 2관문(조곡관), 3관문(조령관)까지 약 7km는 유서 깊은 옛날 과거 길이다. 주흘산 남쪽 중턱에는 혜국사가 자리하고 있고, 대궐 터 여궁폭포가 있으며, 새재계곡 과거길 주변에는 주막집 등 많은 유적들이 있고 영화 촬영소가 있다.

문경새재는 백두대간(白頭大幹)을 통과하는 재이며 조선시대부터 영남과 한양을 잇는 사회 문화 경제 교류와 군사 요충지였으며 '새(鳥)도 날아서 넘기 힘든 고개', '억새가 우거진 고개'의 뜻이 담겨 있다.

과거 길을 오르내리던 선비들의 청운의 꿈이 서려있는 곳이기도 하다. 경상도 지방에서 한양으로 과거를 보러갈 때 세 곳의 넘는 고개가 있었는데 그중 추풍령(秋風嶺)은 추풍낙엽이고, 죽령(竹嶺)은 미끄러지며, 유일하게 문경(聞慶) 새재를 넘었다고 한다.

주요 등산로는 제1관문을 통과하여 혜국사를 거쳐 주봉(1,075m)을 오른 다음, 정상인 영봉(1,106m)에 오른다. 하산은 서쪽 지능선을 타고 꽃밭서들을 경유하여 제2관문 새재계곡을 따라 제1관문으로 하산한다.

주흘산은 교통이 매우 편리한 문경읍에 이른 후에 수시로 운행하는 문경새재 행 버스를 이용하여 문경새재 주차장에서 바로 산행을 시작하고 자가용을 이용한 산행도 같다.

유서깊은 문경새재 제3관문

시내버스종점인 새재주차장에서 북쪽으로 들어가면 양편에 상가지역을 지나면 차단기를 지나서 통제소가 나온다. 통제소를 통과하여 10분 거리에 이르면 거대한 성벽이 있는 영남제1관문이 나온다.

1관문을 통과하면 바로 이정표가 있고, 오른쪽으로 혜국사 주흘산 쪽 등산로가 나타난다. 왼쪽 넓은 길은 삼관문까지 이어지고 하산길이다. 산행은 여기서부터 오른쪽 길을 따라 시작한다. 이정표에서 오른쪽 계곡 쪽으로 난 등산로를 따라 올라가면 여궁폭포가 나온다. 여궁폭포를 지나서 올라가면 1관문에서 40분 거리에 혜국사 입구 갈림길이 나온다.

혜국사(惠國寺) 갈림길에서 오른쪽으로 등산로를 따라서 올라가면 가파른 사면길로 접어들어 올라가게 되어 대궐 터 샘터가 나온다. 샘터에서부터 다시 가파른 사면길을 따라 오르면 안부에 닿는다. 안부에서 오른쪽 등산로를 따라 오르면 전망이 빼어난 주봉(1075m)에 닿는다. 혜국사에서 1시간 20분 거리다.

주봉에서 다시 북쪽 주능선을 따라 35분 거리에 이르면 주흘산(영봉, 1108m) 정상이다.

정상에서 하산은 서쪽으로 난 지능선을 타고 내려간다. 서쪽 지능선을 따라 내려가면 다소 가파른 길로 이어지면서 35분을 내려가면 계곡 삼거리에 닿는다. 삼거리에서 계곡길을 따라 35분을 내려가면 제2관문에 닿는다.

제2관문에서 남쪽으로 넓은 길을 따라 50분을 내려가면 오른쪽에 영화촬영소가 있고 제1관문이며 1관문을 통과하여 10분 거리에 이르면 주차장에 닿는다.

등산로 (총 5시간 55분 소요)

통제소 → 10분 → 1관문 → 40분 →
혜국사 → 80분 → 주봉 → 35분 →
주흘산 → 70분 → 2관문 → 60분 → 통제소

자가운전

중부내륙고속도로 문경새재IC에서 빠져나와 좌회전⇒3번 국도를 타고 약 4km에서 빠져나와 좌회전⇒3km 새재주차장.

대중교통

동서울버스터미널에서 1일 16회 운행하는 문경행 버스 이용 문경읍 하차, 대구 김천에서 수시로 운행하는 문경행 버스 이용 문경읍 하차, 문경읍 버스터미널에서 1일 16회 운행하는 관문행 시내버스 이용, 종점 하차.

숙식

문경읍

약돌가든(약돌화로구이)
문경읍 하리 193-7
054-572-2550

수현가든(한식)
문경읍 하리 363-5
054-571-3770

하얀성
문경읍 하리 모텔촌
054-572-1040

관문

목련가든
문경읍 상초리 288-15
054-572-1940

온천

문경종합온천
문경읍 하리 395
054-571-2002

명소

문경새재

문경장날 2일, 7일

운달산(雲達山) 1100m   성주봉(聖主峰) 912m

운달산 · 성주봉

경상북도 문경시 문경읍, 산북면(慶尙北道 聞慶市 聞慶邑, 山北面)

개요

운달산(雲達山. 1100m)은 문경읍 동쪽 약 6km 지점에 위치한 산이다. 전체적으로는 육산이나 정상부근 주능선은 바위지대이다. 산세가 무난한 편이고, 등산기점에는 고찰 김룡사가 있으며, 냉골은 물이 많고 숲이 울창하여 피서지로도 좋은 산이다.

성주봉(聖主峰. 912m)은 운달산에서 서쪽능선 2km 거리에 위치한 바위산이다. 암릉길이 많아 겨울철 산행은 위험한 산이다. 산행은 당포1리에서 성주사 종지봉을 경유하여 정상에 오른 뒤, 반선골을 경유하여 당포리로 하산 한다.

등산로

운달산(총 5시간 40분 소요)

주차장 → 24분 → 대성암 위 삼거리 → 50분 → 장군목 이 → 65분 → 운달산 → 15분 → 삼거리 → 75분 → 삼거리 → 30분 → 주차장

김룡리 주차장에서 북쪽 소형차로를 따라 8분을 가면 김룡사 입구를 통과하고, 다시 4분을 가면 여여교 삼거리가 나온다. 삼거리에서 오른편으로 12분을 더 들어가면 대성암 위 삼거리가 나온다.

삼거리에서 오른쪽으로 간다. 평지와 같은 계곡길을 따라 30분을 가면 합수곡이 나온다. 합수곡에서부터는 급경사로 이어져 40분을 오르면 장군목이에 닿는다.

장군목이에서 왼쪽 능선을 따라 20분을 올라가면 바위지대가 시작된다. 바위지대 초입에서 오른편으로 우회길을 따라 가면 다시 본 능선으로 등산로가 이어진다. 정상까지 계속 아기자기한 바윗길로 이어져 50분을 올라가면 바위에 표지석이 있는 삼거리 운달산 정상이다.

하산은 남쪽 주능선을 따라 15분 내려가면 공터에 삼거리가 나온다.

삼거리에서 왼편 동쪽 지능선을 따라 15분 내려가면 안부가 나오고, 안부에서 비탈길을 지나서부터 급경사 내리막길로 이어져 50분을 내려가면 화장암위 갈림길이 나온다. 여기서 왼쪽으로 19분을 내려가면 화장암을 지나서 삼거리에 대성암위 삼거리에 닿는다.

성주봉(총 4시간 58분 소요)

휴식공원 → 60분 → 종지봉 → 90분 → 성주봉 → 58분 → 임도 → 30분 → 휴식공원

당포2리마을회관에서 500m 거리 휴식공원에서 100m 가면 성주봉 이정표가 있는 삼거리가 나오다. 삼거리에서 왼쪽 다리를 건너 50m 거리 안동권씨 사당 앞을 지나서 마지막 농가를 지나면, 성주사 팻말이 있는 갈림길이 나온다. 갈림길에서 왼쪽 성주사 길을 따라 200m 가면 성주사가 나온다. 성주사 삼성각(三聖閣) 왼쪽 파란 물통 쪽 지능선으로 오른다. 소나무 길로 7분을 오르면 바윗길이 시작되어 15분을 오르면 대슬랩이 시작된다. 밧줄을 이용하여 25분을 오르면 종지봉 남쪽 아래 노송지역에 닿고, 바위 왼쪽으로 10분 정도 돌아가서 오른쪽으로 급경사 바위를 올라서면 완만한 길로 이어져 시야가 트인 종지봉에 닿는다.

종지봉에서 급경사 동릉을 따라 내려서면 안부가 나오고, 안부에서 다시 능선으로 오르면 노송지역으로 이어져 무명봉에 닿는다. 무명봉에서 계속 주능선을 타고 헬기장을 지나고, 무명봉을 지나면 25m 밧줄이 매여져 있는 바위 위에 닿는다. 밧줄을 잡고 조심해서 내려서면 다시 거대한 바위봉을 오르게 된다. 지그재그로 바위길을 오르면 다시 바위를 돌아 내려서 안부에 이르고, 다시 바위를 오르면 완만하게 이어지는 암릉길을 따라 가면 안부에 닿는다. 안부에서 20분을 더 오르면 성주봉 정상이다.

하산은 동쪽으로 8분 내려가면 우측으로 갈림길이 나온다. 여기서 우측으로 내려가면 급경사 돌밭길로 이어져 50분을 내려가면 사방댐에 닿는다. 사방댐에서 200m 삼거리에서 임도를 따라 25분을 더 내려가면 산행기점 휴식공원에 닿는다.

자가운전

운달산 : 중부내륙고속도로 점촌함창IC에서 빠져나와 우회전 ⇨ 2km에서 좌회전 ⇨ 산양에서 59번 국도로 좌회전 ⇨ 산북면에서 좌회전 ⇨ 약 10km 김룡사 주차장.

성주봉 : 중부내륙고속도로 문경새재 IC에서 빠져나와 우회전 ⇨ 300m에서 좌회전 ⇨ 문경중앙주유소에서 우회전 ⇨ 당포교에서 우회전 ⇨ 당포1리 마을회관 주차.

대중교통

운달산 : 점촌에서 김룡리행 시내버스(1일 8회) 이용, 종점 하차.

성주봉 : 문경에서 갈평-동로행 시내버스 이용, 당포리 하차.

숙식

운달산

김용운달식당
산북면 김용리 385-1
054-552-6644

늘푸른산장
문경시 산북면 김용리
054-552-9607

성주봉

약돌가든(돼지갈비전문)
문경읍 하리 193-7
054-572-2550

하얀성
문경읍 하리
054-572-1040

온천

문경온천
054-571-0666

대야산(大耶山) 930.7m　둔덕산(屯德山) 969.6m

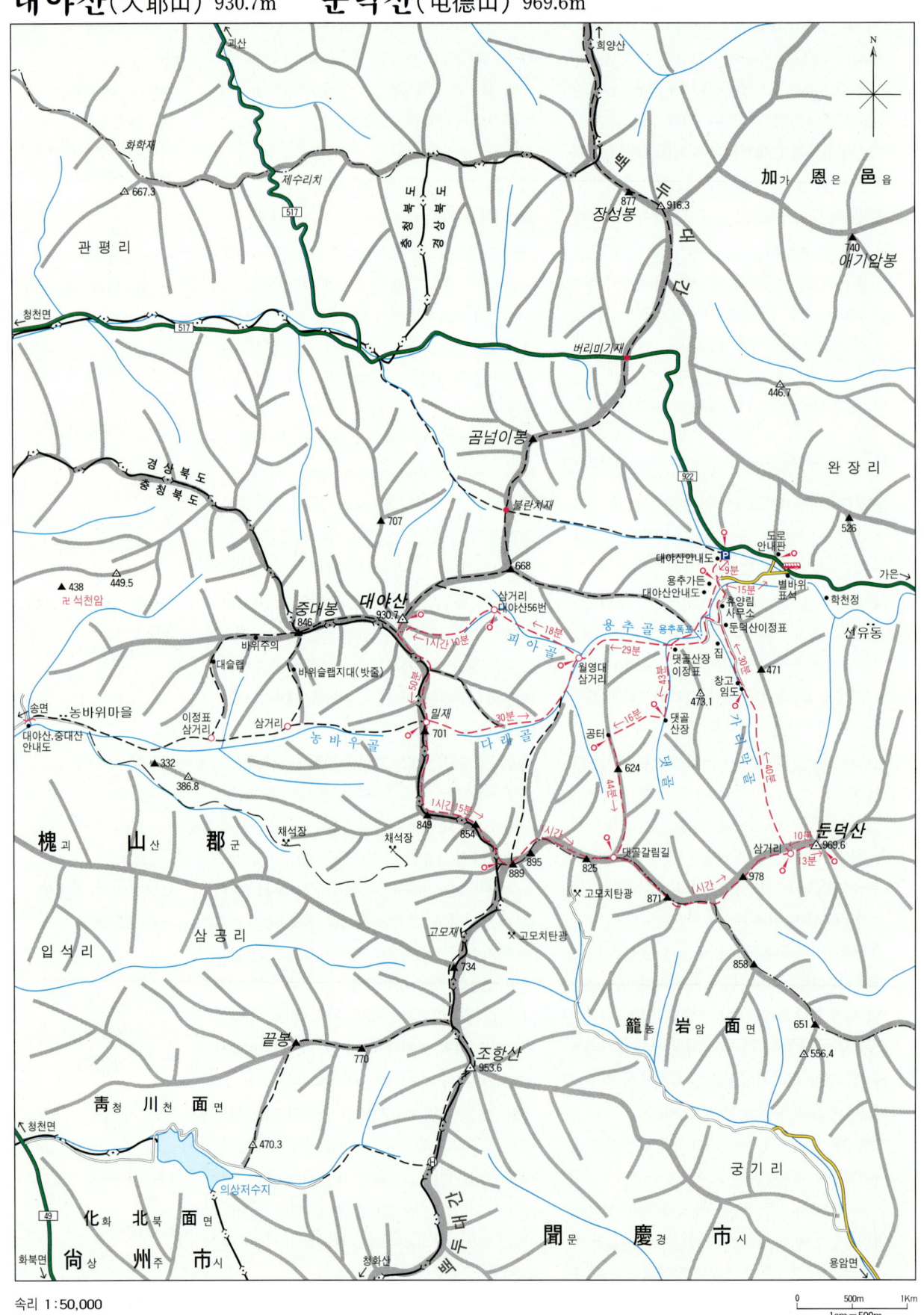

대야산 · 둔덕산
경상북도 문경시 가은읍 · 충청북도 괴산군(慶尙北道 聞慶市 加恩邑 · 忠淸北道 槐山郡)

개요

대야산(大耶山, 930.7m)은 백두대산으로 북쪽으로 장성봉 남쪽으로 조항산 서쪽에는 중대봉 중간에 위치한 바위산이다. 주능선은 대부분 바위로 이루어져 있고, 동쪽은 용추계곡이며 등산로도 정상 주변은 대부분 바윗길이다.

둔덕산(屯德山, 969.6m)은 대야산에서 남동쪽으로 이어진 백두대산을 따라 가다가 889봉 전 삼거리에서 동쪽으로 약 8km 지점에 위치한 육산이다.

등산로

대야산(총 5시간 4분 소요)

주차장 → 38분 → 월영대 → 18분 →
삼거리 → 70분 → 대야산 → 50분 →
밀재 → 30분 → 월영대 → 38분 → 주차장

주차장에서 안내도 쪽 등산로를 따라 고개를 넘어 6분을 가면 용추식당 앞 삼거리가 나온다. 삼거리에서 우측으로 3분 거리에 이르면 용추가든 뒤 대야산안내도가 있다. 여기서 뚜렷한 등산로를 따라 8분 거리 용추폭포를 지나서 4분을 가면 갈림길이 나온다. 갈림길에서 계곡 양편으로 등산로가 있다. 어느 쪽으로 가도 17분을 가면 월영대삼거리에서 만난다.

월영대삼거리에서 오른쪽 피아골을 향해 18분을 가면 119-56번 지점 삼거리가 나온다.

삼거리에서 왼쪽 계곡을 건너 13분을 가면 바위굴을 지나서 바윗길이 시작된다. 계곡 우측으로 난 바윗길을 따라 26분 거리에 이르면 119-41번 지점 합수곡에 닿는다. 합수곡에서 우측 등산로를 따라 3분을 오르면 바위 상단 쉼터가 나온다. 쉼터에서 왼편으로 난 등산로를 따라 27분을 더 오르면 주능선에 닿고, 우측으로 조금 오르면 바로 대야산 정상이다.

하산은 남쪽 주능선을 따라 8분을 가면 중대봉 쪽 갈림길이 나온다. 갈림길에서 왼편 남쪽 길을 따라 내려가면 바윗길로 이어져 27분을 내려가면 갈림길이 나온다. 갈림길에서 왼쪽으로 내려가도 월영대로 하산하게 된다. 오른쪽 주능선 길을 따라 15분을 내려가면 밀재사거리다.

밀재에서 왼쪽길을 따라 30분을 내려가면 월영대에 닿고, 38분을 더 내려가면 주차장이다.

둔덕산(총 5시간 16분 소요)

주차장 → 43분 → 댓골산장 → 60분 →
주능선삼거리 → 73분 → 둔덕산 → 50분 →
임도 → 30분 → 주차장

대야산주차장에서 안내도 쪽 등산로를 따라 6분 거리 삼거리에서 우측으로 3분을 가면 용추가든 뒤 등산안내도가 나온다. 안내도 쪽 길을 따라 12분을 가면 갈림길이 나온다. 갈림길에서 왼쪽 계곡을 건너 2분 거리에 이르면 화장실이 보인다. 이 지점에서 왼쪽 계곡을 건너면 댓골산장 둔덕산 이정표가 나온다. 여기서 우측 댓골산장길을 따라 20분을 오르면 댓골산장 입구 갈림길이 나온다.

갈림길에서 오른쪽 산길을 따라 16분을 가면 절개지에 공터가 나온다. 공터에서 왼쪽 계곡쪽 길을 따라 100m 가면 산길은 왼쪽 지능선으로 붙는다. 뚜렷한 지능선을 따라가면 간간이 바윗길을 지나면서 44분을 오르면 주능선 119-4지점 주능선삼거리에 닿는다.

삼거리에서 동쪽 주능선을 따라 30분을 가면 119-6 지점을 지나고, 30분을 더 진행하면 헬기장을 지나서 가리막골 삼거리가 나온다. 삼거리에서 동쪽 주능선을 따라 13분을 더 오르면 삼각점이 있는 둔덕산 정상이다.

하산은 올라왔던 가리막골 삼거리로 되 내려간 다음, 북쪽 가리막골 길로 간다. 삼거리에서 17분 정도 내려가면 낙엽송 산죽밭길로 이어지면서 23분 정도 내려가면, 파란집이 있고 임도가 나온다.

임도를 따라 13분 내려가면 갈림길이 나온다. 여기서 오른쪽 임도를 따라 4분을 가면 휴양림관리소를 지나서 왼쪽으로 갈림길이 나온다. 여기서 왼쪽으로 13분 내려가면 주차장이다.

자가운전

중부내륙고속도로 문경새재IC에서 빠져나와 우회전 ⇨ 300m에서 우회전 ⇨ 901번 지방도를 타고 가은삼거리에서 우회전 ⇨ 약 15km 벌바위마을 대야산 주차장.

대중교통

동서울터미널에서 문경, 대구, 김천에서 문경행 버스 이용 후, 문경에서 가은-벌바위행 버스 1일 5회 이용, 벌바위 하차. 또는 점촌에서 300번 벌바위행 버스 1일 4회 (08:20 10:20 12:10 17:00) 이용.

숙식

벌바위

대야산가든 민박
가은읍 완장리 471-1
054-571-7698

용추골식당 민박
가은읍 완장리 431-3
054-571-0262

돌마당민박 식당
가은읍 완장리 등산로 입구
054-571-7750

온천

문경종합온천
문경읍 하리 394
054-571-0666

명소

용추계곡

가은장날 4일, 9일
문경장날 2일, 7일

도장산(道藏山) 827.9m   시루봉 876.2m

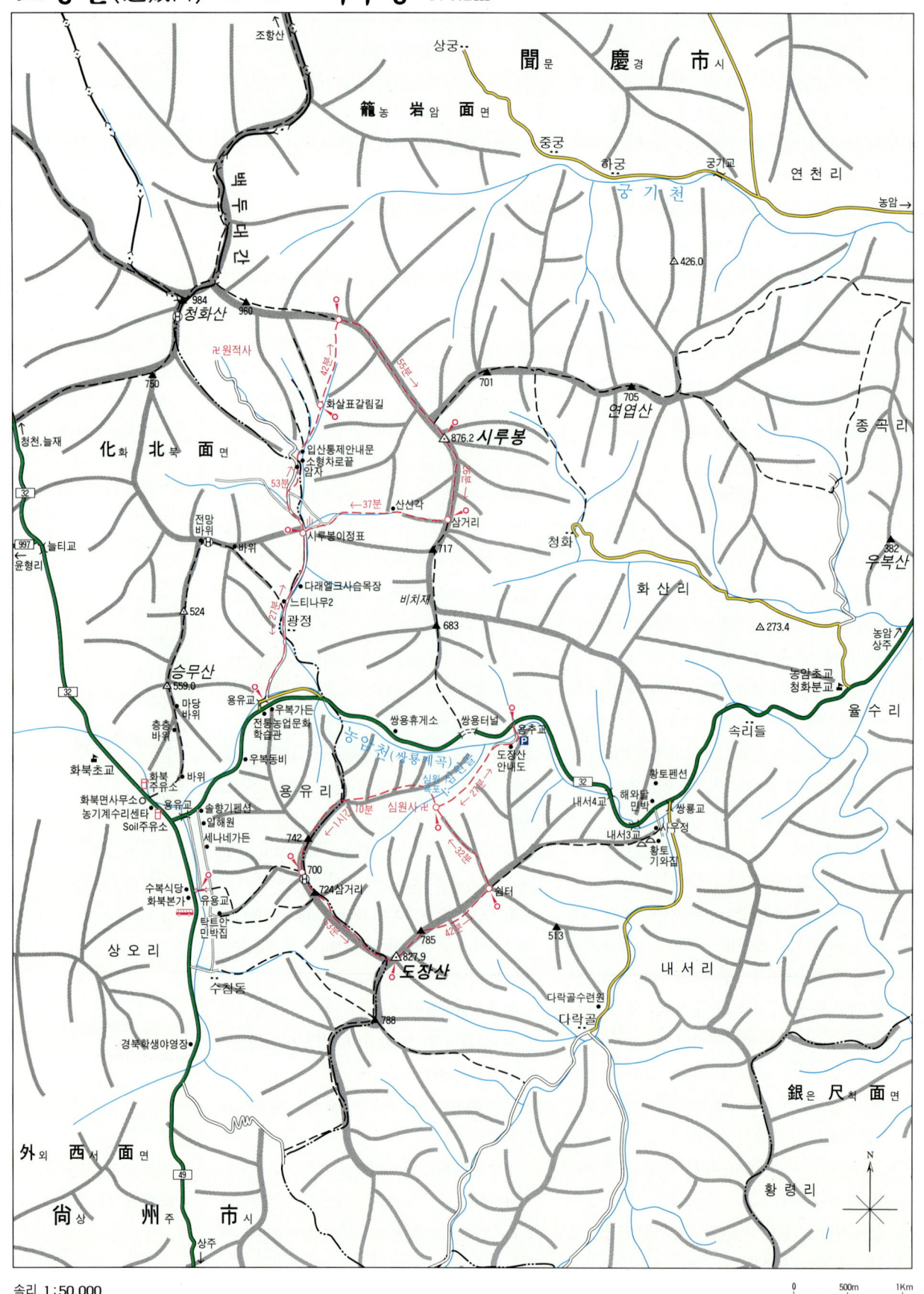

도장산 · 시루봉

경상북도 상주시 화북면, 문경시 농암면(慶尙北道 尙州市 化北面, 聞慶市 籠岩面)

개요

도장산(道藏山, 827.9m)은 속리산 서쪽 화북면에 동쪽에 위치한 산이다. 정상 북쪽 산 중턱에는 시골집 같은 고요한 심원사가 자리하고 있다. **시루봉**(876.2m)은 도장산과 남북으로 마주한 산으로 정상은 거대한 암봉이다. 계곡 끝 안부 부근 100m 정도는 길이 없는 지역을 통과하게 된다.

등산로

도장산(총 5시간 4분 소요)

용추교 → 27분 → 심원사 → 70분 →
헬기장 → 53분 → 도장산 → 42분 →
삼거리 → 32분 → 심원사 → 20분 → 용추교

화북면 삼거리에서 용암 방면 32번 지방도를 따라 4km 쌍룡터널을 지나자마자 바로 우측에 용추교가 나온다. 용추교 건너 우측 강변길을 따라 5분을 가면 길은 왼편 산으로 이어져 18분을 올라가면 갈림길이 나온다. 갈림길에서 우측 길을 따라 가면 폭포 위를 지나면서 9분을 가면 심원사 대문 30m 전 갈림길이 나온다.

갈림길에서 우측 계곡을 건너 13분을 올라가면 묘2기 능선이 나온다. 여기서부터 왼쪽 능선만을 따라 33분을 가면 우측으로 갈림길이 나온다. 갈림길에서 직진 도장산 이정표를 따라가면 능선으로 계속 이어지면서 24분을 오르면 헬기장 삼거리가 나온다.

헬기장에서 왼쪽 주능선을 따라 7분을 가면 우측에서 오르는 삼거리가 나온다. 삼거리에서 계속 직진 능선을 따라 43분을 가면 삼거리가 또 나온다. 삼거리에서 왼쪽으로 3분을 더 가면 표지석이 새워진 도장산 정상이다.

하산은 동북쪽 주능선을 따라 42분을 내려가면 두 능선 갈림길이 나온다.

여기서 리본이 많이 매달린 왼편 북쪽 지능선을 탄다. 지능선을 따라 7분을 내려가면 갈림길이 나오는데 왼쪽 바윗길로 간다. 바윗길 능선을 따라 25분을 내려가면 심원사 입구에 닿는다. 여기서 20분 내려가면 용추교이다.

시루봉(총 5시간 27분 소요)

용유교 → 27분 → 갈림길 → 53분 →
화살표 → 42분 → 안부 → 55분 → 시루봉 →
26분 → 안부삼거리 → 37분 → 갈림길

화북면 삼거리에서 농암 쪽 2km 거리에 이르면 우복동가든이 나온다. 여기서 북쪽 용유교를 건너 700m 보호수를 통과한 후 17분을 가면 시루봉 등산로 표시가 나온다.

여기서 우측은 하산길로 하고, 직진 다리를 건너 우측으로 5분을 가면 갈림 차로가 나온다. 여기서 우측 좁은 차로를 따라 15분을 가면 차로 끝 암자 옆 넓은 공간이 나온다. 넓은 공간에서 북쪽 희미한 길을 따라 3분을 올라가면 입산통제안내문 갈림길이 나온다. 여기서 안내문 쪽으로 직진 2분 거리 왼쪽으로 희미한 갈림길에서, 우측으로 12분을 가면 갈림길이 또 나온다. 여기서도 우측으로 16분을 가면 돌에 화살표가 있는 갈림길이 나온다.

갈림길에서 왼쪽은 능선길, 우측은 계곡길이다. 우측 화살표 방향으로 가면 계곡길로 희미하게 이어지면서 22분을 올라가면 정면에 바위가 있고, 우측에는 1m정도 돌탑이 있는 둔덕에 서게 되며 길이 없어진다. 여기서 왼편 정 북쪽 바위 우측 사이로 약 100m 거리에 안부가 보인다. 안부를 바라보고 길이 없는 지대를 타고 20분을 더 오르면 주능선 안부에 닿는다.

안부에서 우측 주능선을 타고 가면 비탈길로 이어지면서 40분을 가면 연엽산 갈림길이 나온다. 갈림길에서 우측으로 가면 바윗길로 이어져 15분을 오르면 시루봉에 닿는다.

하산은 서남쪽 주능선을 따라 26분을 내려가면 안부삼거리가 나온다.

안부 삼거리에서 우측으로 15분을 내려가면 계곡에 산신각이 나오고, 계곡을 따라 6분을 지난 갈림길에서 왼쪽으로 10분을 내려가면 임도가 나오며, 왼쪽 임도를 따라 5분을 더 내려가면 소형차로에 닿고 27분 내려가면 용유교이다.

자가운전

시루봉은 당진 상주 간 고속도로 화세IC에서 빠져나와 우회전⇨1km에서 좌회전⇨2km에서 좌회전⇨화북면에서 우회전⇨2km에서 좌회전⇨용유교 건너 2km 시루봉 이정표 부근 주차.

도장산은 화북면 삼거리에서 32번 지방도 따라 4km 쌍용터널 통과 바로 용추교 주차.

대중교통

청주에서 화북행 버스(1일 8회) 이용, 종점 하차. 상주에서 화북행 버스(1일 7회) 이용, **시루봉**은 용유교 하차. **도장산**은 쌍용터널 서쪽 용추교 하차.

식당

순복식당
상주시 화북면 용유리 360-5
054-533-8865

화북돈가
화북면 용유리
054-533-8922

우복동가든
화북면 용유리 32
054-533-8610

숙박

탁트인민박
상주시 화북면
011-517-0176

산수장
상주시 화북면
054-533-8972

화북장날 4일, 9일

대궐터산 749.1m 봉황산(鳳凰山) 741m

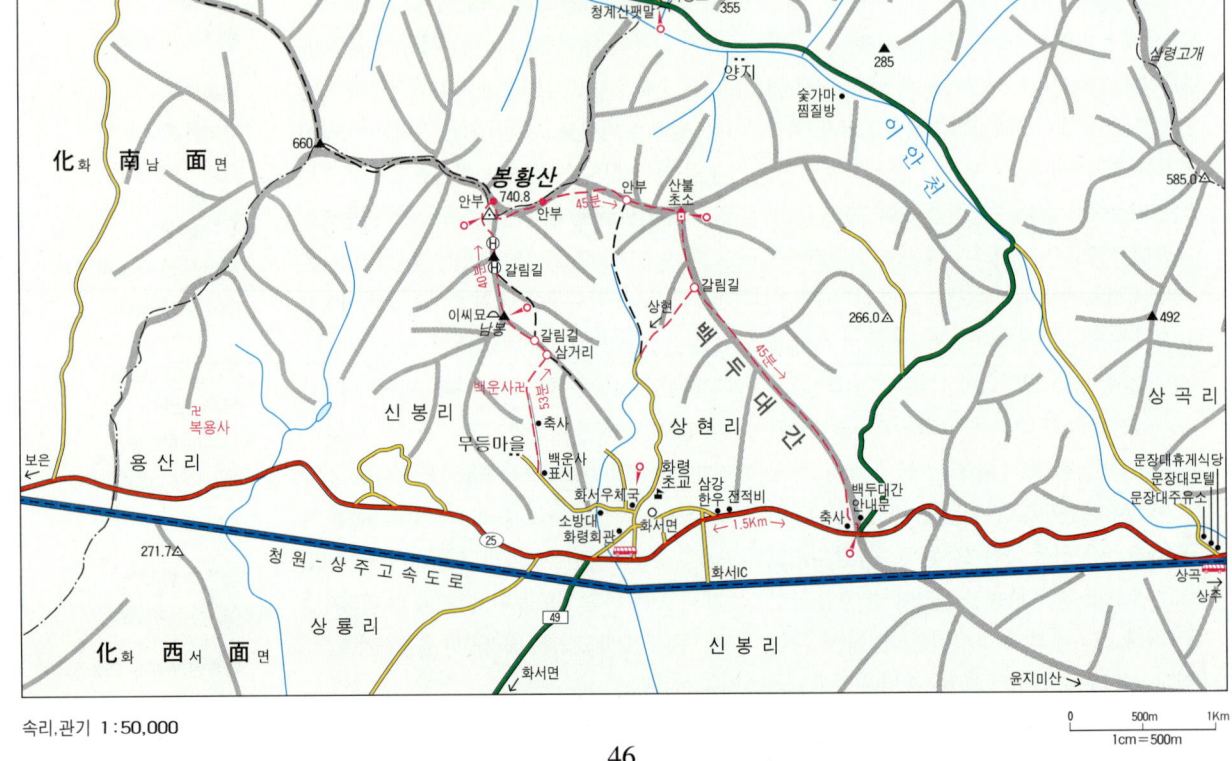

대궐터산 · 봉황산

경상북도 상주시 화남, 화서, 화북면(慶尙北道 尙州地 化南, 化西, 化北面)

개요

대궐터산(749.1m)은 백두대간 형제봉에서 동쪽으로 가지를 쳐 내려간 해발 443m 갈령고개로 잠시 내렸다가 다시 솟아오른 산이 대궐터산이다. 대궐터산은 후백제를 건국한 견훤이 쌓았다는 산성이 있고 그 유적들이 남아 있다.

산행은 갈령에서 시작 대궐터산을 경유하여 청계사 느티나무로 하산한다.

봉황산(鳳凰山 .740.8m)은 화서면 북쪽에 위치한 산이며 주능선은 백두대간이다.

등산로

대궐터산(총 4시간 49분 소요)

갈령 → 32분 → 산불감시초소 → 45분 → 청계산 → 72분 → 대궐터산 → 30분 → 주차장 → 50분 → 느티나무

갈령고개 남쪽 30m에서 동쪽 능선으로 난 등산로를 따라 10분을 오르면 헬기장이 나온다.

헬기장을 지나 동쪽능선을 따라 12분을 오르면 삼거리 갈림길이 나온다. 갈림길에서 동남쪽 주능선 길을 따라 10분을 가면 산불감시초소가 나온다.

초소에서 동남쪽 주능선을 따라 25분을 가면 825봉 왼쪽 비탈길을 돌아 주능선 안부에 닿는다. 안부에서 암릉 오른편으로 가다가 다시 왼편 암릉에 오르게 되면서 20분 거리에 이르면 청계산(873m)에 닿는다.

청계산에서 계속 주능선을 따라 42분을 가면 안부가 나오고 안부에서 7분을 오르면 투구봉이다. 투구봉에서 갈림길로 다시 내려와 바윗길을 따라 10분을 내려가면 고개사거리에 닿고, 바로 산성터를 지나서 전망봉에 닿는다. 전망봉을 되돌아 나와 동남쪽으로 이어진 주능선을 따라 9분 거리 사다리를 오르면 삼각점이 있는 대궐터산(749.1m)에 닿는다.

대궐터산에서 내려와 15분 거리에 이르면 암벽아래에 사다리가 나온다. 사다리를 오르면 극락정사가 내려다보이는 암봉에 오르게 된다. 암봉에서 하산은 다시 사다리를 타고 바위 아래로 삼거리에 이른 다음, 서쪽 급사면 비탈길을 따라 7분을 내려가면 극락정사가 나오고, 5분을 더 내려가면 주차장이다.

주차장에서 왼편으로 10분 내려가면 문수암이고, 문수암에서 계곡길을 따라 30분을 내려가면 견훤사당을 지나서 청계사입구이며 느티나무까지는 200m 이다.

봉황산(총 4시간 3분 소요)

우체국 → 53분 → 남봉 → 40분 → 봉황산 → 45분 → 산불감시초소 → 45분 → 도로

화서우체국 왼쪽 50m 삼거리에서 무등마을 길을 따라 12분을 가면 백운사 표지판이 나온다. 표지판에서 우측으로 16분을 올라가면 백운사가 나온다. 백운사 오른편 비탈길을 따라 4분을 가면 지능선 삼거리가 나온다. 삼거리에서 왼쪽 능선길을 따라 7분을 가면 갈림길이 나온다. 갈림길에서 왼쪽 급경사 능선을 따라 14분을 오르면 이씨 묘가 있는 남봉에 닿는다.

남봉에서 북쪽능선을 따라 9분을 가면 갈림길이 나온다. 갈림길에서 직진 50m 거리 헬기장을 지나면 바로 오른쪽으로 비탈길이 나오는데 여기서 왼쪽 능선을 탄다. 능선을 따라 16분을 가면 작은 봉을 지나서 헬기장이 나온다. 헬기장을 지나면 급경사로 이어지다가 왼쪽 비탈길로 이어지면서 13분을 가면 안부에 이르고 오른쪽으로 2분을 오르면 봉황산 정상이다.

하산은 동쪽 백두대간을 탄다. 동쪽 능선을 따라 14분을 내려가면 안부를 지나 비탈길로 이어지다가 본 능선으로 이어지면서 30분 거리에 이르면 산불감시초소가 나온다.

초소를 지나 3분 거리에서 오른쪽으로 꺾어지면서 2분을 내려서면 삼거리가 나온다. 삼거리에서 오른쪽으로 내려가면 상현리 마을 통과 우체국으로 이어진다. 삼거리에서 직진 무난한 백두대간을 따라 45분을 내려가면 도로 삼거리다.

자가운전

대궐터산 : 당진–상주고속도로 화세IC에서 빠져나와 우회전 ⇨ 1.5km에서 좌회전 ⇨ 49번 지방도를 타고 3km에서 좌회전 ⇨ 약 8km 갈령고개 주차.

봉황산 : 화세IC에서 빠져나와 직진 후, 좌회전 ⇨ 1km 화서우체국 주차.

대중교통

대궐터산 : 상주에서 화북행 버스(1일 6회) 이용, 갈령고개 하차.

봉황산 : 남서울–청주–화령–상주 간 버스 이용, 화령 하차. 상주에서 화령행(17회) 이용.

숙식

화북

화북돈가
상주시 화북면 소재지
054-533-8922

순복식당
화북면 용유리 360-5
054-534-8865

문장대모텔
상주시 화북면 신곡리
054-531-3354

화서

해성식당
상주시 화서면 신봉리
054-533-3733

화령장여관
상부시 화서면 신봉리
054-533-1146

명소

속리산 법주사

화북장날 4일, 9일

성주봉(聖主峰) 607m   남산(南山) 821.6m

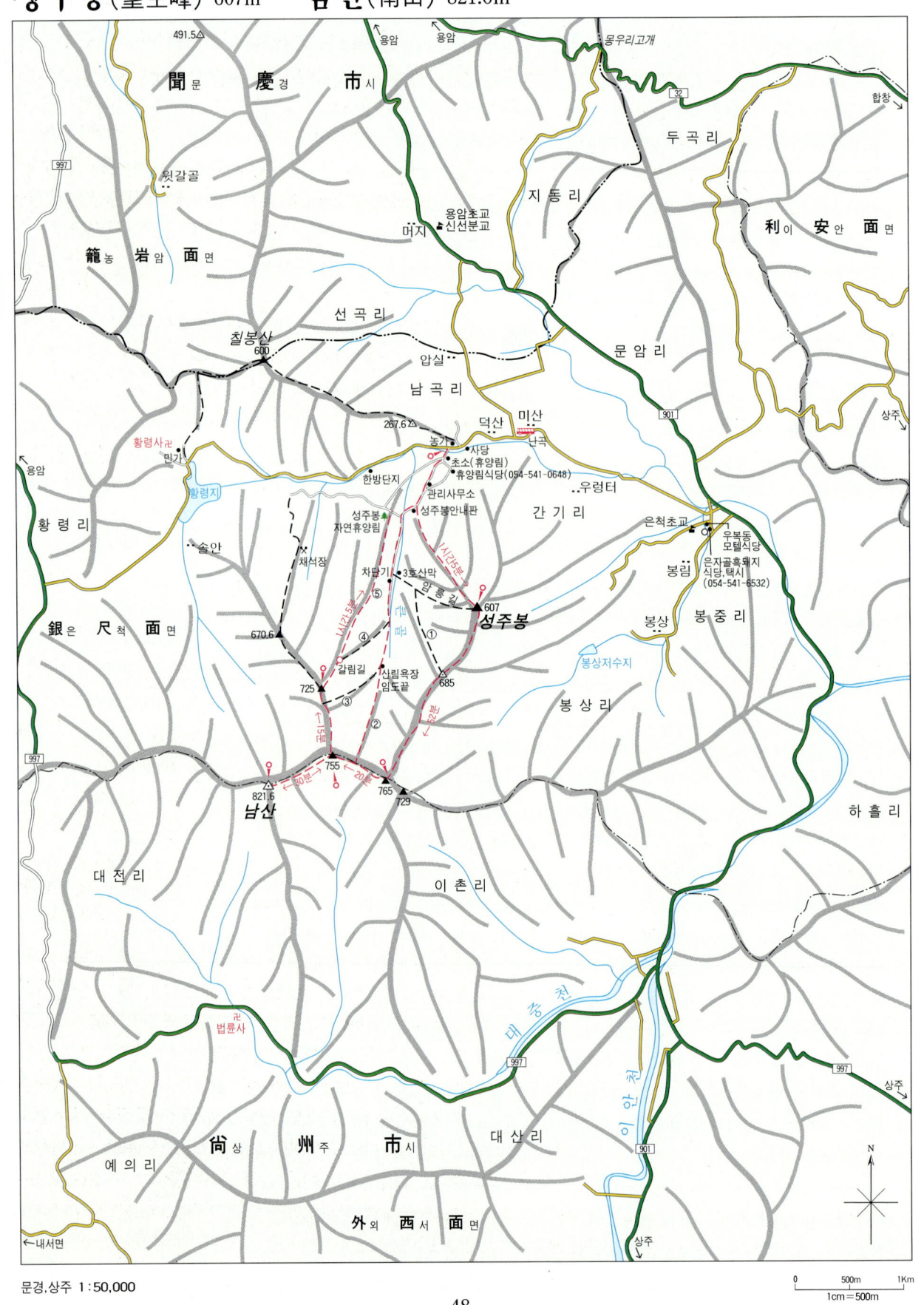

성주봉 · 남산

경상북도 상주시 은척면(慶尙北道 尙州市 銀尺面)

개요

성주봉(聖主峰. 607m)과 **남산**(南山. 821.6m)은 산전체가 육산이지만 바윗길도 있으며 암릉코스가 따로 있기도 하다. 산세로 보아 성주봉 자연휴양림이 있는 성주봉을 중심으로 등산로가 이루어져 있고, 남산은 더 높으면서도 휴양림 뒤에 위치하고 있어 성주봉이 더 알려져 있다.

전체적으로 등산로가 정비되어 있고 뚜렷하며 이정표가 요소에 배치되어있다

산행은 휴양림 정문으로 들어가 관리사무소를 지나서 다리 건너기 전에 왼쪽능선을 타고 성주봉에 먼저 오른 뒤, 남쪽 능선을 타고 765봉에서 서쪽 방면 능선길 10분 거리 갈림길에서 우측으로 내려가면 큰골로 이어져 다시 휴양림사무소에 닿고, 갈림길에서 계속 주능선을 타고 755봉 삼거리에서 왼편 능선을 타고 남산에 오른다.

남산에서 하산은 다시 755봉 삼거리로 되돌아온 다음, 왼쪽 능선을 타고 725봉 삼거리에서 우측 지능선 제4하산길을 따라 다시 휴양림으로 원점회귀 산행이다.

등산로

성주봉-남산(총 5시간 37분 소요)

관리사무소 → 65분 → 성주봉 → 52분 → 765봉 → 20분 → 755봉 → 30분 → 남산 → 45분 → 725봉 → 65분 → 관리소

은척면 소재지에서 서쪽으로 약 4km 거리에 이르면 성주봉 자연휴양림 입구가 나온다. 여기서 다리를 건너 휴양림초소를 통과하여 휴양림 길을 따라 15분을 올라가면 관리사무소가 나온다.

관리사무소에서 50m 가면 다리 건너기전에 성주산 이정표가 나온다. 이 다리가 성주봉 남산 산행기점이다. 다리 건너기 전에 왼쪽 지능선으로 난 등산로를 따라 올라가면 바윗길과 흙길로 이어지면서 16분을 오르면 왼쪽에서 올라오는 길과 만나는 지능선에 닿는다. 지능선에서 성주봉을 향해 올라가면 바윗길이 나타나기 시작하며 21분을 오르면 약수샘이 나온다. 약수샘을 뒤로하고 13분을 더 오르면 표지석이 있는 성주봉 정상이다.

성주봉에서 하산은 계속 남쪽 주능선을 타고 남산 방면으로 계속 가다가 오른쪽 방면으로 하산길이 4~5곳이 있다. 남쪽 주능선을 따라 25분을 가면 제1 하산길이 나온다. 여기서 오른쪽 1 하산 길을 따라 1시간 내려가면 휴양림사무소에 닿는다. 다시 제1삼거리에서 계속 이어지는 남쪽 주능선을 따라 27분을 가면 765봉 갈림길에 닿는다.

765봉 갈림길에서 우측 서쪽 주능선을 따라 10분가량 가면 오른쪽으로 제3하산길이 나온다. 여기서 오른쪽 하산길을 따라 내려가면 큰골로 이어져 30분 정도 내려가면 임도가 나온다. 임도에서는 계속 이어지는 임도를 따라 30분 내려가면 관리사무소에 닿는다. 다시 주능선 갈림길에서 서쪽 주능선을 따라 10분을 더 가면 755봉 삼거리가 나온다.

755봉 삼거리에서 남산은 왼편으로 가야하고 왕복 1시간 소요된다.

삼거리에서 왼편 서쪽 능선길을 따라 28분을 가면 남산 정상에 닿는다. 남산 정상에서 서쪽으로는 길이 없다.

남산에서 하산은 올라왔던 30분 거리 755봉 삼거리로 되돌아온다. 755봉 삼거리에서 왼편 북쪽 능선을 따라 10분을 가면 오른쪽으로 갈림길이 나온다. 갈림길에서 직진하여 5분을 더 가면 725봉 삼거리가 나온다.

725봉 삼거리에서 제4 하산길은 우측 지능선으로 내려간다. 우측 지능선을 따라 17분을 내려가면 갈림길이 나온다. 갈림길에서 왼쪽으로 내려간다. 왼쪽 지능선을 따라 내려가면 급경사로 이어지면서 33분 내려가면 임도에 닿는다. 임도에서부터는 오른편으로 임도를 따라 15분 더 내려가면 관리사무소에 닿는다.

자가운전

중부내륙고속도로 북상주 IC에서 빠져나와 3번 국도를 타고 3km 거리 공검면에서 우회전 ⇨ 901번 지방도를 타고 은척면에 도착한 다음, 4km 거리 성주산 휴양림 주차장.

대중교통

동서울버스터미널, 대구, 김천에서 수시로 운행하는 상주행 버스 이용, 상주버스터미널에서 휴양림까지는 1일 2회 뿐이므로 상주에서 은척면행 버스(1일 14회)를 이용한 다음, 은척면에서는 택시를 이용한다.
은척택시 011-546-8416

식당

성주봉휴양림식당
상주시 은척면 남곡리 산 50
054-541-0648

은자골 (흑돼지)
상주시 은척면 봉중리 380-2
054-541-6532

숙박

우복동모텔 식당
상주시 은척면 봉중리
054-541-6910

은척장날 4일, 9일

갑장산(甲帳山) 805.7m   기양산(岐陽山) 705m

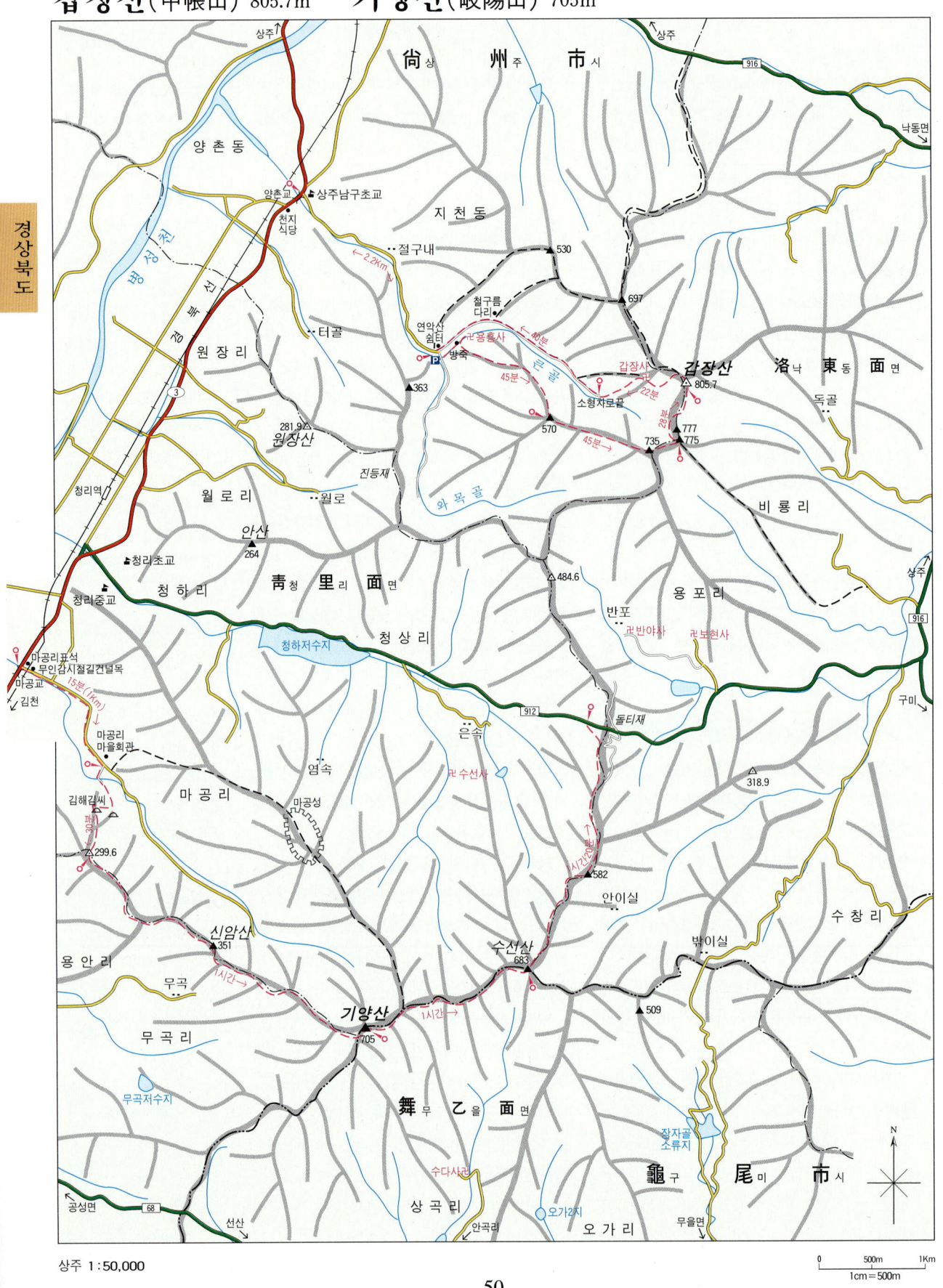

갑장산 · 기양산   경상북도 상주시 낙동면, 청리면(慶尙北道 尙州市 洛東面, 靑里面)

개요

갑장산(甲帳山. 805.7m)은 바위와 숲이 적당히 어울려진 산세를 지니고 있으며, 신령스러운 산이라 하여 비가 내리거나 그치게 하기 위하여 제를 올리는 산이라고도 한다. 갑장산 서쪽에는 갑장사와 용흥사가 자리하고 있다.

산행은 대부분 교통이 편리한 서쪽 지천동 주차장에서 용흥사 남쪽 능선을 타고 정상에 오른 뒤, 갑장사를 경유하여 계곡을 따라 다시 주차장으로 원점회귀 산행이다.

기양산(岐陽山. 705m)은 상주시 청리면과 구미시 무을면 경계에 위치한 평범한 산이다.

산행은 청리면 마공리 마을회관을 출발 우측 능선을 타고 기양산을 거쳐 수선산에 오른 뒤, 북쪽 돌티재로 하산한다.

등산로

갑장산(총 4시간 소요)

갑장산 주차장 → 45분 → 570봉 → 45분 → 775봉 → 28분 → 갑장산 → 22분 → 갑장사 주차장 → 40분 → 갑장산 주차장

갑장산 주차장에서 북쪽을 보고 계곡 오른쪽으로 소형차로를 따라 50m 가면 갈림길이 나온다. 갈림길에서 왼쪽으로 가면 바로 꼬부라지는 길 아래 방죽이 나온다. 방죽이 있는 지점 위에서 산행을 시작 한다. 가파른 지능선을 따라 45분을 오르면 570봉 갈림길에 닿는다.

570봉에서 동쪽 주능선을 따라 27분을 올라가면 735봉에 닿는다. 735봉에서 왼편 북동쪽으로 이어지는 능선으로 간다. 왼쪽 능선길을 따라 18분가면 안부를 지나서 석문을 지나면 775봉 삼거리에 닿는다.

775봉 삼거리에서 왼편 북릉을 따라 가면 갈림길이 나온다. 왼편길은 비탈길로 이어져 정상으로 오르게 되고, 오른쪽은 암봉을 경유하여 바윗길로 이어져 정상으로 오르게 된다. 775봉에서 28분을 오르면 갑장산 정상에 닿는다.

하산은 갑장사를 경유하여 큰골을 따라 용흥사 주차장으로 간다. 정상에서 서쪽능선으로 5분 내려서면 바로 공터 삼거리가 나온다. 삼거리에서 왼쪽으로 5분 내려가면 갑장사에 닿는다. 갑장사에서는 두 갈래로 하산길이 나뉜다. 왼쪽 길로 12분을 내려가면 갑장사 주차장에 닿고, 돌탑이 있는 오른쪽 길로 내려가면 지능선으로 내려가다가 다시 왼쪽으로 내려서 갑장사에서 내려오는 소형차로 와 만나서 산행기점 주차장에 닿는다.

갑장사 주차장에서부터 소형차로를 따라 40분 내려가면 산행기점 주차장에 닿는다.

기양산(총 4시간 45분 소요)

마공마을회관 → 30분 → 능선 → 60분 → 기양산 → 60분 → 기장산 → 75분 → 돌티재

청리면에서 김천 쪽으로 3번 국도를 타고 3km 거리에 이르면 마공교가 나온다. 마공교 닿기 전에 왼쪽으로 마공리로 가는 마을길이 나온다. 마을길을 따라 1km 가면 마공동마을회관이 나온다. 마을회관에서 오른쪽 다리를 건너 농가 사이로 난 길을 따라 4분을 올라가면 마을을 벗어나 갈림길이 나온다. 갈림길에서 오른쪽으로 가면 바로 산길로 이어진다. 산길을 따라 6분을 올라가면 오른편 지능선에 김해김씨 묘 군이 나온다. 여기서부터 지능선 길을 따라 20분을 오르면 주능선에 닿는다.

비교적 완만한 주능선을 산길을 따라 1시간을 올라가면 기양산 정상에 닿는다.

기양산에서 계속 동쪽 주능선을 따라 20분을 가면 갈림길이 나온다. 갈림길에서 우측 동쪽으로 이어지는 주능선길을 따라 40분을 가면 삼거리에 삼각점이 있는 수선산이다.

수선산에서 하산은 왼편 북동쪽 능선을 탄다. 북동쪽 길을 따라 10분을 내려가면 갈림길이 나온다. 갈림길에서 왼쪽 능선으로 간다. 희미한 왼쪽능선을 따라 60분을 내려가면 돌티재 절개지위에 닿고 왼쪽으로 5분 내려가면 912번 지방도에 닿는다.

자가운전

갑장산 : 중부내륙속도로 상주IC에서 빠져나와 상주내로 진입한 다음, 김천 방면 3번 국도를 타고 6km 상주남부초교 삼거리에서 좌회전 ⇒ 2.2km 갑장산 주차장.

기양산 : 상주에서 김천쪽 3번 국도 청리면 마공리에서 좌회전 ⇒ 마공마을회관 주차.

대중교통

갑장산 : 상주버스터미널에서 갑장산행 1일 2회 (09:10 4:30)이용, 종점 하차.

기양산 : 상주터미널에서 1일 4회(08:20 10:40 12:25 5:25) 마공리행 버스 이용, 종점 하차.

식당

청기와숯불가든
상주시 무양동 버스터미널 뒤
054-535-8107

연악산식당
무양동 버스터미널
054-533-7184

숙박

허브모텔
무양동 버스터미널
054-531-2347

명소

경천대

상주장날 2일, 7일

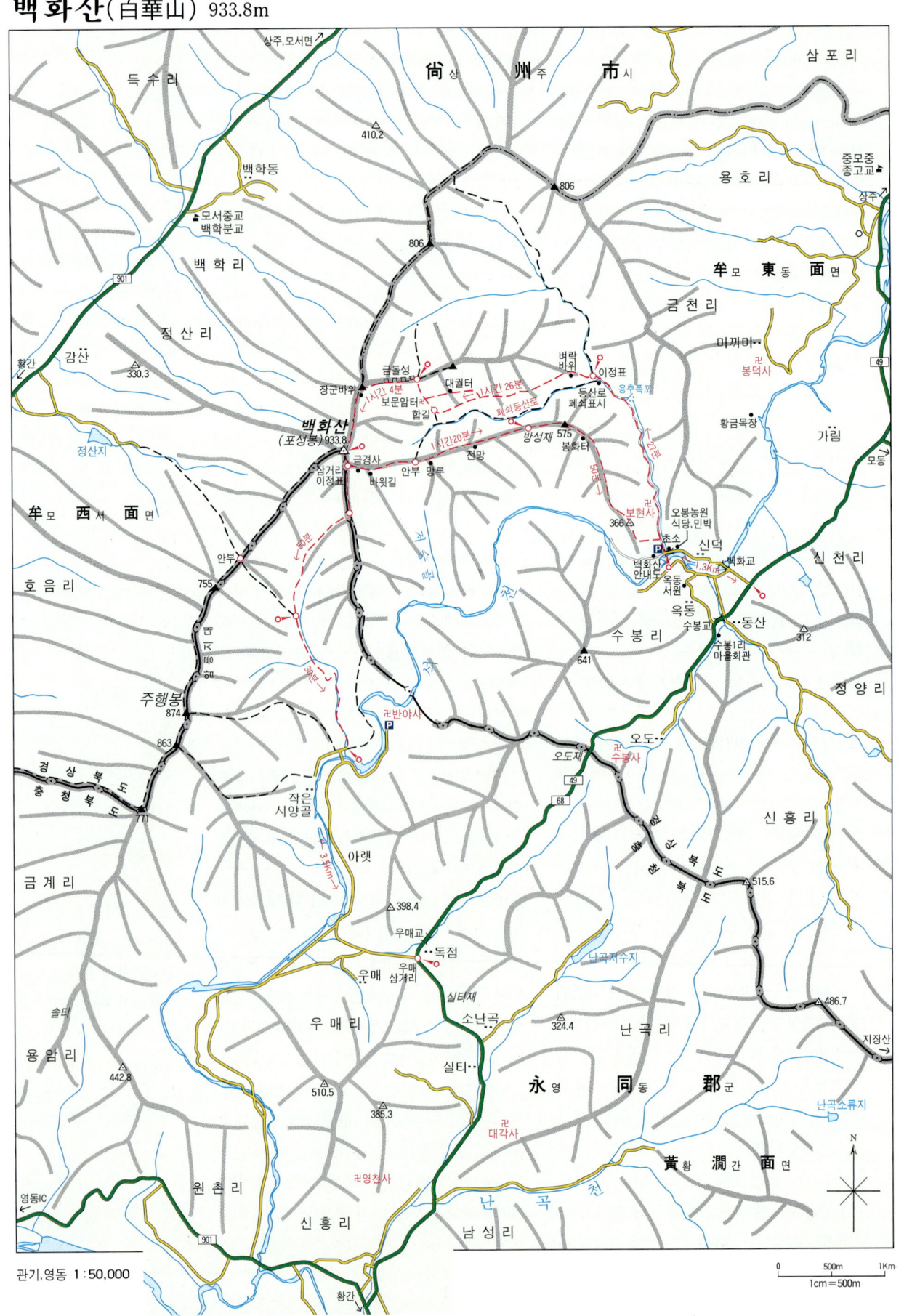

백화산

경상북도 상주시 모동면 · 충청북도 영동군 황간면(慶尙北道 尙州市 牟東面 · 忠淸北道 永同郡 黃澗面)

개요

백화산(白華山. 933.8m)은 포성봉(捕城峰), 또는 한성봉(漢城峰)이라고도 하며 동쪽으로는 두 개의 큰 계곡이 있는데 그 중 남쪽의 보문곡을 금돌산성(今突山城)이 둘러싸고 있다. 높고 험한 지세는 신라가 삼국통일을 위해 백제 정벌의 근거지로 사용하게 하였고, 고려 때는 상주의 백성들이 몽고군을 격퇴하는 승첩지가 되었으며, 임진왜란 당시는 상주지역의 의병들이 은신처로 호국의 발원지이기도 하다. 산의 남쪽에는 동에서 서로 흐르는 석천(石川)이 절경을 만들며 금강으로 흘러들고, 계곡을 따라 어우러진 빼어난 경관은 천혜의 자연공원이다.

금돌산성은 백화산 정상부의 능선과 골짜기를 따라 쌓은 석성(石城)으로 한성봉(漢城峰) 좌우로 에워싼 능선을 따라 축성하였는데 석성의 길이가 무려 5,600m나 된다. 이 성은 신라시대 김유신 장군이 백제군과 격전을 벌였던 장소로 알려져 있고, 고려시대에는 몽고군의 차라대(車羅大)가 침공 했을 때 황령사 승려 홍지(洪之)가 관 민병을 이끌고 한 달여 싸움 끝에 대파했던 유서 깊은 성이다. 현재 산성은 모두 허물어져 있으나 그 흔적이 약 80m 가 복원되어 있는 상태이다.

등산로(총 6시간 7분 소요)

주차장 → 27분 → 용추폭포 → 86분 →
금돌산성 → 64분 → 백화산 → 80분 →
방성재 → 50분 → 주차장

수봉리 수봉교에서 15분 거리 등산안내판이 있는 주차장에서, 북쪽 소형차로를 따라 18분을 가면 용추폭포 갈림길을 지나서, 9분을 더 들어가면 왼쪽 폐쇄된 계곡길을 지나서, 바로 왼쪽 계곡으로 등산로 표지판이 나온다.

표지판에서 왼쪽 계곡을 건너서 벼락바위 오른편으로 능선을 오르면, 능선으로 조금 가다가 왼쪽 비탈길로 등산로가 이어진다. 계속 비탈길로 이어지는 등산로를 따라 40분 거리에 이르면 계곡길과 합길이 나온다. 합길에서 5분을 오르면 갈림길이 나온다. 갈림길에서 왼쪽으로 15분 거리에 이르면 보문암터가 나온다. 보문암터를 지나서 부터는 오르막길로 이어져 26분을 오르면 사거리 금돌산성이 나온다.

안내판과 이정표가 있는 금돌산성은 약 80m 정도 복원된 상태이며 산성 따라 등산로가 이어진다. 산성은 모두 허물어져 있으며 바로 이 지점에만 복원된 상태이다. 서쪽 방면으로 산성을 따라 18분 정도 올라가면 삼거리 봉이 나온다. 삼거리에서 왼편 남쪽 주능선을 타고 6분 거리에 이르면 왼편으로 장군바위 전망대가 나온다. 장군바위를 뒤로 하고 계속 남릉을 따라 내려가면, 안부에 이르다가 다시 오르막길로 이어져 40분을 오르면 백화산 정상에 닿는다.

정상은 표지석이 여러 개 있고 안내문 이정표 등 다소 혼란스럽다.

정상에서 하산은 동릉을 타고 다시 주차장으로 원점회귀 코스가 있고, 남쪽능선을 타고 반야사로 하산길이 있다. 승용차 편이라면 수봉리 주차장으로 원점회귀 코스가 무난하고, 단체 관광버스 편이라면 반야사 쪽이 다소 시간이 절약된다.

정상에서 남쪽으로 50m 거리에 이르면 삼거리가 나온다. 삼거리에서 왼편 동쪽은 수봉리 주차장 쪽이고, 오른편 남쪽은 우매리 반야사 쪽이다. 왼쪽 길을 따라 내려서면 바윗길로 급경사를 이룬다. 급경사를 타고 내려가면 밧줄이 계속 이어져 35분 정도 내려가면 안부 갈림길이 나온다. 갈림길을 뒤로하고 계속 동쪽 능선을 타고 7분을 가면 오른쪽에 망루를 지나고 14분을 가면 전망이 좋은 지점에 이정표가 있다. 이 정표를 지나서 24분을 내려가면 방성재 안부에 닿는다.

방성재에서 계속 동쪽 능선을 따라 올라가면 너덜지대를 통과하고 575봉을 지나며 방성재에서 23분 거리에 이르면 봉화터(차단성)가 나온다. 여기서부터는 내리막길로 이어져 27분을 내려가면 등산기점 주차장에 닿는다.

자가운전

경부고속도로 황간IC에서 빠져나와 우회전 ⇨ 황간 입구 삼거리에서 좌회전 ⇨ 49번 지방도 백화산 이정표를 따라 약 5m 거리에 이르면 수봉교를 건너 약 300m 거리에서 좌회전 ⇨ 소형차로를 따라 백화교를 건너 약 1km 거리 백화산 주차장.

대중교통

경부선 열차이용, 황간 하차.
황간에서 택시를 탄다.
011-462-4548.
043-742-4548

식당

옥봉농원
영동군 황간면 백화산 입구
054-531-3236

토종식육식당
영동군 황간면 남성리 561-1
043-742-2220

숙박

휠탑모텔
영동군 황간면
010-6403-2715

명소

반야사

황악산(黃嶽山) 1111.4m

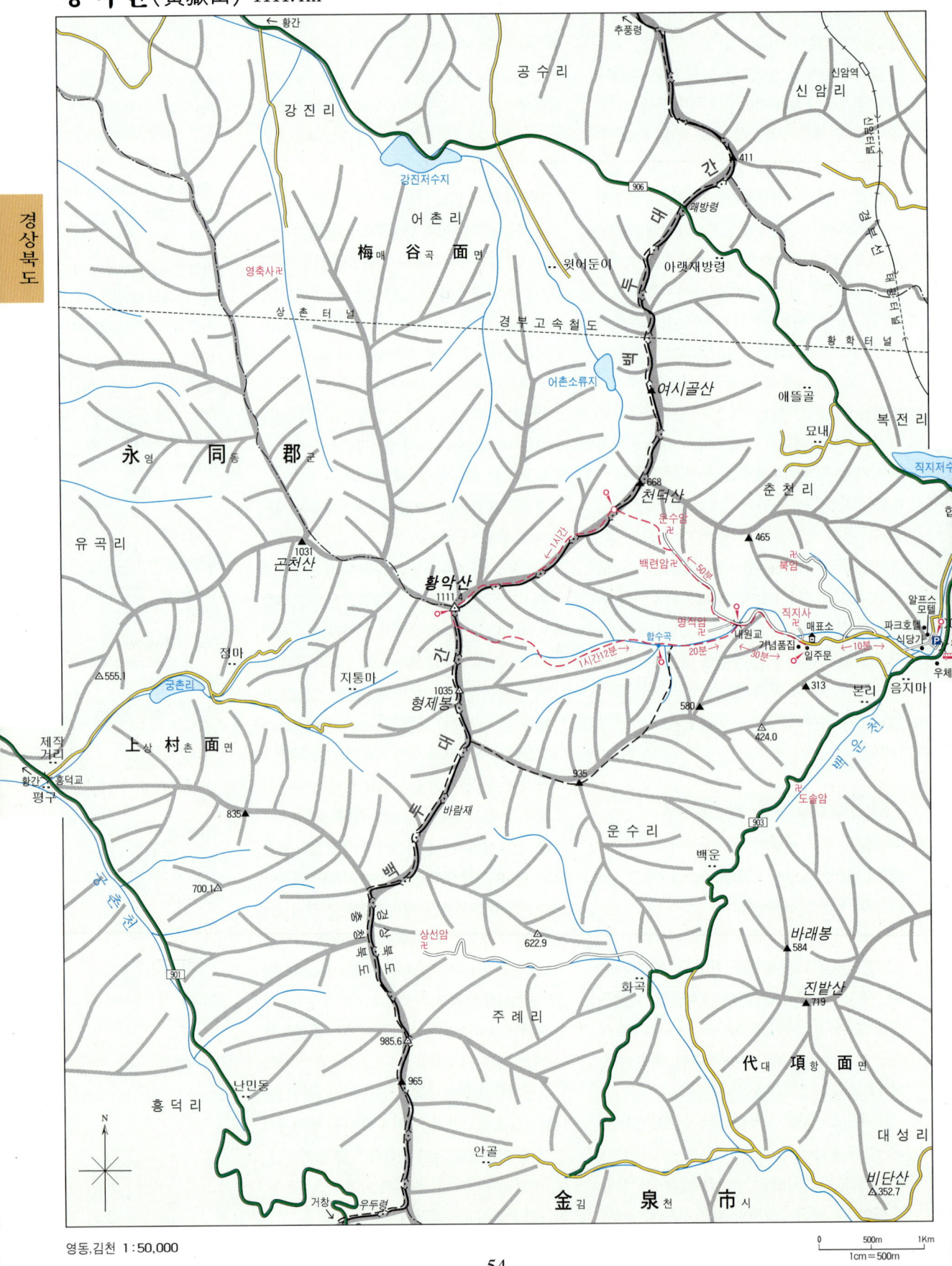

황악산

경상북도 금릉군 · 충청북도 영동군(慶尙北道 金泉市 · 忠淸北道 永同郡)

개요

황악산(黃嶽山, 1111.4m)은 백두대간으로 주능선을 이루고 있으며 주봉인 비로봉을 비롯하여 신선봉 형제봉 백운봉 운수봉으로 이루어져 직지사를 감싸고 있는 형국으로 산세가 이루어져 있다. 옛날 학이 많이 찾아와 황학산(黃鶴山)으로 표기한 때도 있었으나 현재는 황악산(黃嶽山)으로 표기하고 있다.

정상 동쪽 기슭 산행기점에는 천년고찰 직지사가 자리하고 있으며 산자락에는 많은 암자가 있다. 직지사는 신라의 눌지왕(訥祗王)때 고구려의 아도화상(阿道和尙)이 세웠으며 그 후 능여대사가 중건하였고, 사명대사가 5년간 수도했다고 한다.

산행은 직지사 주차장을 출발하여 일주문을 통과하고 직지사를 거쳐 운수암을 지나서 주능선을 타고 정상에 오른 뒤, 하산은 능여계곡을 따라 내원교를 경유하여 다시 직지사로 원점회귀 산행이다.

등산로(총 5시간 42분 소요)

주차장 → 40분 → 내원교 → 50분 →
주능선안부 → 60분 → 황악산 → 72분 →
합수곡 → 20분 → 내원교 → 40분 → 주차장

백두대간 황악산 정상

직지사 버스종점(주차장)에서 소형차로(직지사 길)를 따라 10분 들어가면 직지사 일주문이 있고 매표소가 나온다. 일주문을 통과하면 바로 기념품매점을 지나서 사거리가 나온다. 직진 길은 직지사 정문으로 가는 길이고 왼쪽은 직지사 왼쪽 편으로 가는 길이다. 여기서 직지사 왼쪽 편 길을 따라 5분 정도 가면 직지사 모든 건물이 끝나고 운수암 방면 암자로 가는 소형차로가 이어진다. 여기서부터 소형차로를 따라 간다. 20분 거리에 이르면 통제소를 통과하고, 5분을 더 가면 내원교 갈림길이 나온다.

갈림길에서 왼쪽은 하산길이며 오른쪽 소형차로를 따라 가면 왼쪽으로 명적암 갈림길이 나온다. 여기서도 계속 오른쪽으로 간다. 오른쪽 길을 따라가면 운수암 입구에 갈림길이 나온다. 내원교에서 26분 거리다. 오른쪽은 운수암으로 가는 길이고 황악산 정상은 왼쪽 길로 간다. 갈림길에서 왼쪽 길을 따라 올라가면 평범한 계곡 길로 가다가 계곡이 끝나면서 지능선으로 이어진다. 급경사인 지능선을 따라 24분을 올라가면 운수봉 서쪽 주능선안부에 닿는다.

여기서부터 양편 길이 백두대간이다. 왼쪽 백두대간을 따라 올라가면 가파른 능선길로 이어져 40분을 오르면 넓은 공터에 닿는다. 공터에서 20분을 더 오르면 헬기장을 지나서 황악산 정상이다. 정상은 삼각점이 있고 돌무더기가 있다.

정상에서 하산은 남쪽 주능선을 따라 6분을 내려가면 왼쪽으로 이정표가 있는 갈림길이 나온다. 이 갈림길에서 주능선을 벗어나 왼쪽 지능선으로 하산 한다.

갈림길에서 왼쪽으로 내려가면 급경사로 이어지면서 22분을 내려가면 쉬어갈만한 지역이 나온다. 여기서 내려서면 다시 급경사로 이어지다가 완만해진다. 완만한 지역을 따라 42분을 내려가면 합수계곡에 닿는다.

합수곡에서 왼쪽 계곡을 따라 20분을 내려가면 내원교에 닿는다.

내원교에서부터 올라왔던 소형차로를 따라 30분을 내려가면 직지사에 닿는다. 직지사에서 5분 내려가면 일주문을 통과하고 도로를 따라 10분 더 내려가면 주차장에 닿는다.

직지사 경내는 광범위하여 관람하는 시간이 많이 소요되므로 하산 후에 들려오는 것이 바람직하다.

자가운전

경부고속도로 김천IC에서 빠져나와 우회전⇒4번 국도를 타고 7km 거리 복천1교에서 좌회전⇒3.1km 거리 직지사주차장.

대중교통

열차 또는 버스 편으로 김천에 도착한 다음, 시외버스터미널-김천역-고속버스터미널-직지사 간을 운행하는 시내버스 11번, 111번(15분 간격) 이용, 직지사 종점 하차.

식당

송학식당
김천시 대항면 향천동 318-6
054-436-6403

대구식당
대항면 향전동 향천리
054-436-7381

부일식당(산채정식)
대항면 향전동 향천리
054-436-6037

숙박

알프스모텔
김천시 대항면 향천동 328-6
054-437-8933

파크호텔(온천찜질방)
김천시 대항면 향천동
054-437-8000

명소

직지사

천년고찰 황악산 직지사

수도산(修道山) 1317.1m   양각산(兩角山) 1166m   흰대미산 1018m

수도산 · 양각산 · 흰대미산 경북 김천시 · 경남 거창군 (慶北 金泉市 · 慶南 居昌郡)

개요

수도산(修道山, 1317.1m)은 가야산에서 서쪽으로 뻗은 산맥 두리봉, 단지봉을 지난 다음 높이 솟은 산이다. 산행은 수도암 또는 청암사에서 수도산에 오른 뒤, 하산은 아홉사리고개를 경유하여 수도리마을로 하산 한다.

양각산(兩角山, 1166m)과 **흰대미산**(1018m)은 수도산 정상에서 남서쪽으로 뻗어나간 산맥상에 위치한 산이다. 산행은 수도산을 먼저 오른 다음, 수도산에서 서남쪽 능선을 타고 양각산, 흰대미산, 하홉사리고개, 우량동으로 하산한 후, 소형차로를 따라 산포교로 하산 한다.

동봉에서 바라본 아름다운 수도산 정상

등산로

수도산(총 3시간 45분 소요)

수도리회관 → 20분 → 수도암 → 20분 → 삼거리 → 42분 → 수도산 → 35분 → 아홉사리고개 → 48분 → 수도리회관

수도산-양각산-흰대미산 종주 (8시간 27분 소요)

평촌식당 → 20분 → 청암사 → 80분 → 수도암 삼거리 → 50분 → 수도산 → 120분 → 양각산 → 50분 → 흰대미산 → 67분 → 쌍소나무 → 60분 → 산포교

수도리 마을회관에서 수도암길을 따라 1.4km 가면 수도암 주차장이다. 주차장에서 대웅전 우측 한수교를 건너 능선길을 따라 6분을 올라가면 지능선 삼거리가 나온다. 삼거리에서 왼편 능선을 따라 14분을 올라가면 삼거리가 나온다.

삼거리에서 왼쪽 능선을 따라 40분을 올라가면 단지봉으로 가는 삼거리가 나온다. 왼쪽은 하홉사리재 하산길이고 오른쪽으로 2분 거리에 이르면 바위봉 수도산 정상이다.

정상에서 하산은 올라왔던 2분 거리 삼거리로 되돌아온 다음, 남쪽 방향으로 간다. 남쪽 능선길은 급경사로 이어지면서 33분을 내려가면 사거리 안부인 아홉사리고개가 나온다.

사거리에서 왼쪽 동쪽 길을 따라가면 비탈길로 가다가 3분 거리에서 지능선을 따라 7분을 내려가면 계곡을 건너고, 계곡 오른편 길을 따라 13분을 내려가면 임도가 나온다. 임도에서 왼쪽 임도를 따라 9분 거리 하얀집에서 다리를 건너 10분을 가면 수도암 갈림길을 만나 5분을 내려가면 수도리마을회관이다.

평촌식당에서 우측 소형차로를 따라 1.6km 거리 청암사에서 백련암 오른쪽으로 난 농로를 따라 6분을 가면 합수곡이다. 합수곡에서 왼쪽 길을 따라 가면 계곡을 수차례 건너면서 30분을 오르면 119-2번이 나온다. 여기서 우측 능선으로 9분을 오르면 지능선에 닿고, 지능선에서 왼쪽으로 10분을 오르면 삼거리 이정표가 나온다. 삼거리에서 우측 능선을 따라 25분을 오르면 수도암에서 오르는 길과 만나서 주능선을 따라 50분을 가면 수도산 정상에 닿는다.

수도산에서 서쪽 능선으로 조금 가면 서봉이다. 서봉에서 양각산, 흰대미산은 서남쪽 능선을 탄다. 서남쪽 능선길을 따라 바윗길 흙길을 번갈아 가면서 40분 거리에 이르면 우두령에 닿고, 우두령에서 계속 이어지는 능선을 따라 1시간 20분을 더 가면 양각산 정상이다.

양각산에서 서남쪽 주능선을 따라 50분을 가면 흰대미산 정상에 닿는다. 흰대미산에서 능선이 갈라지는데 왼편 급경사 길을 따라 17분 내려가면 아홉사리고개가 나온다.

아홉사리고개에서 우측 길을 따라 50분을 내려가면 우량동 마을 앞 쌍 소무가 나온다. 여기서 소형차로를 따라 4km 1시간을 내려가면 채석장을 경유하여 산포교 3번 국도에 닿는다.

자가운전

수도산 : 경부고속도로 김천IC에서 빠져나와 거창 방면 3번 국도를 타고 대덕에서 좌회전⇨30번 국도를 타고 10km 청암사 입구에서 우회전⇨7.6km 수도리마을회관 주차장. 또는 1.1km 더 들어가서 수도암 주차장.

청암사 쪽은 평촌 입구에서 우회전⇨청암사 주차.

대중교통

김천에서 증산행 버스 1일 3회(08:40 11:40 15:30) 이용, 청암사 입구 하차.
버스 편이 평촌리 청암사 입구까지 이므로 교통편을 참고하여야 한다.

식당

수도민박 식당
김천시 증산면 수도리 355
010-5458-9230

정자나무집
증산면 수도리 380
054-437-1698

숙박

석촌민박
증산면 수도리
054-437-7797

대구민박
증산면 수도리 402
054-437-2905

명소

수도암
청암사

증산장날 2일, 7일

금오산(金烏山) 977m

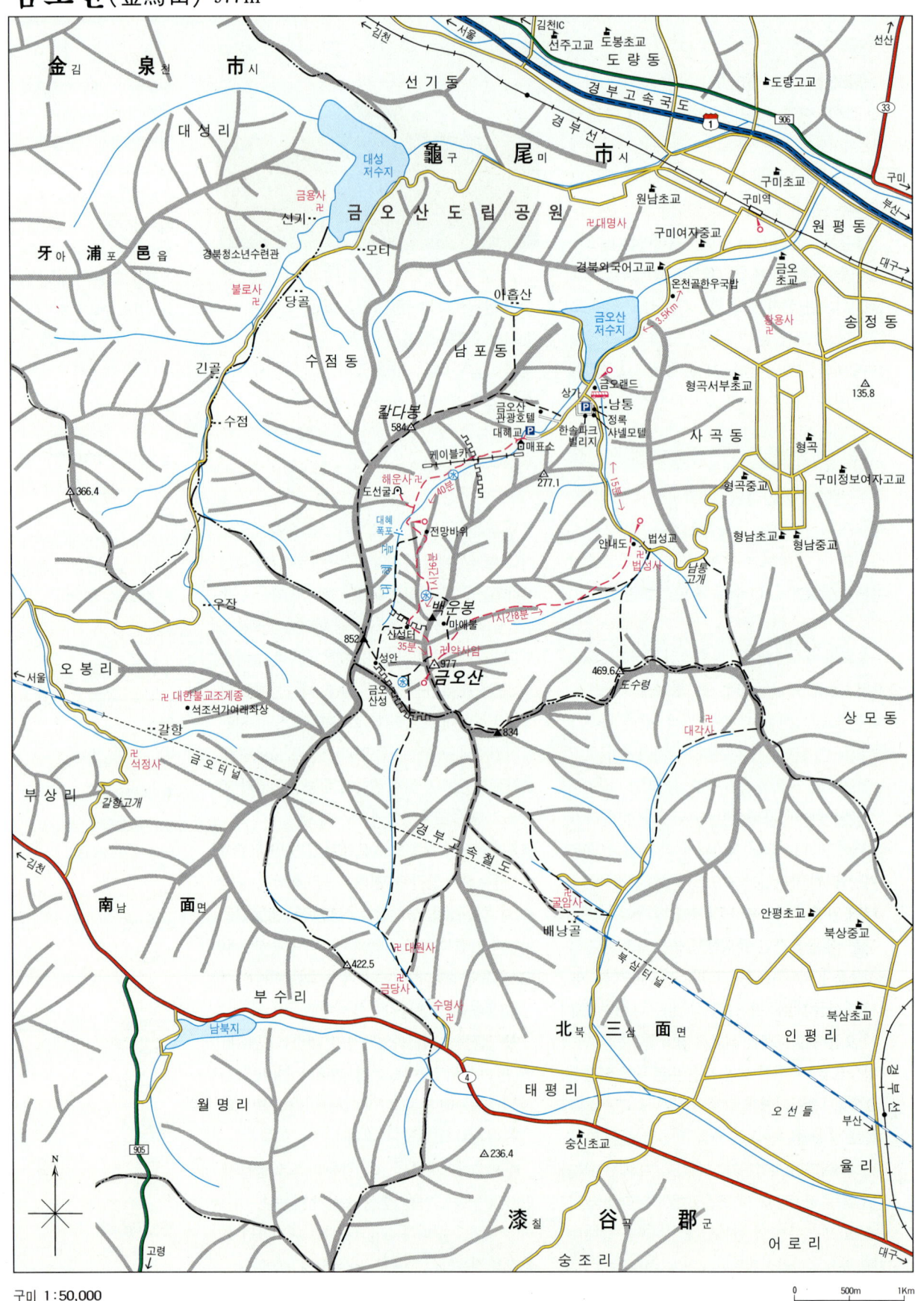

구미 1:50,000

금오산 경상북도 구미시(慶尙北道 龜尾市)

📖 개요

금오산(金烏山. 977m)은 산 전체가 기암절벽으로 이루어져 있고, 정상일대는 거대한 암릉으로 이루어져 있다. 산정에는 내성(內城)이 있고, 금오산성(金烏山城)이 있으며, 북쪽 등산로 입구에는 조선 건국 이후 이 산에 숨어산 야은(冶隱) 길재(吉再)를 추모하는 채미정(採薇亭)이 있다. 북쪽 등산로 변에는 신라의 승려 도선이 세웠다는 해운사가 있고, 28m의 대혜폭포가 있으며, 폭포 오른편에는 도선굴(道詵窟)이 있고, 마애보살입상(보물 제490호) 등이 있다. 정상 남쪽편 바위틈에는 약사암이 있다.

영남 8경의 하나로 1970년 6월 도립공원으로 지정되었다.

산행은 주차장에서 케이블카 승차장 해운사 대혜폭포 깔딱고개를 경유하여 정상에 오른 다음, 하산은 약사암 동쪽지능선 법성사 쪽으로 하산 다시 주차장으로 원점회귀 산행이다.

표지석이 새워진 금오산 정상

🥾 등산로 (총 4시간 44분 소요)

주차장 → 40분 → 대혜폭포 → 66분 → 마애불갈림길 → 35분 → 정상 → 68분 → 법성사 입구 → 15분 → 주차장

주차장에서 차도를 따라 직진하여 9분 거리에 이르면 마지막 소형주차장이 나온다. 소형주차장에서 산책로를 따라 50m 거리 대혜교를 건너면 왼편에 케이블카승차장 앞을 통과하여 21분을 더 올라가면 금오산성 문을 통과한다. 산성문을 통과하여 6분을 올라가면 해운사를 지나서 도선굴 대혜폭포 갈림길이 나온다. 갈림길에서 오른쪽은 도선굴 왼쪽은 대혜폭포를 지나서 정상으로 가는 길이다. 도선굴은 왕복 30분 소요된다. 갈림길에서 왼쪽으로 4분을 가면 대혜폭포 광장에 닿는다.

대혜폭포에서 왼쪽 능선으로 올라서면 비탈길로 이어져 15분을 가면 갈림길이 나온다. 갈림길에서 왼쪽으로 4분을 올라가면 깔딱고개에 닿는다. 깔딱고개에서 계속 능선길을 따라 22분을 올라가면 등산로는 왼편 비탈길로 이어진다. 비탈길을 따라 16분을 가면 샘이 있고 구급약 박스가 있다. 여기서 우측으로 산길이 이어져 9분을 올라가면 마애불 갈림길이 나온다.

갈림길에서 우측으로 2분 거리 능선에 올라서면 왼쪽 능선으로 등산로가 이어진다. 왼쪽 길을 따라 가면 산길은 오른쪽 비탈길로 이어져 5분 거리에 이르면 성터가 나온다. 성터를 통과하여 15분을 가면 성안 갈림길이 나온다. 성안 갈림길에서 왼쪽으로 9분을 올라가면 헬기장을 지나서 이정표 삼거리가 나온다. 삼거리에서 오른쪽 길을 따라 4분을 올라가면 표지석이 있는 금오산 정상이다. 정상은 안테나 3개가 있고 약간 낮은 곳에 정상표지석이 새워져 있다.

하산은 올라왔던 이정표삼거리로 되 내려간 다음 오른편 남쪽으로 내려간다. 오른편으로 100m 내려서면 약사암 마당에 내려진다. 약사암 마당에서 왼쪽으로 끝까지 가면 마당 끝 왼쪽 편으로 하산길이 있다.

이 하산길을 따라 내려가면 화장실 앞을 통과하여 내려가게 되는데 비탈길로 이어진다. 비탈길을 따라 23분을 내려가면 동쪽으로 뻗어나간 작은 지능선에 닿는다. 지능선에서부터는 동쪽 지능선길을 따라 하산을 하게 되어 18분을 내려가면 계곡에 닿는다. 여기서부터 왼편 비탈길로 이어지는 하산길을 따라 12분을 내려가면 갈림길이 나온다. 갈림길에서 왼쪽 길을 따라 12분을 더 내려가면 법성사 200m 북쪽 편 차도에 닿는다.

여기서 왼쪽 차도를 따라 15분 거리에 이르면 버스종점 주차장에 닿는다.

자가운전

경부고속도로 구미IC에서 빠져나와 좌회전⇨김천 방면 906번 지방도로를 따라 약 4km 거리 금오교에서 좌회전⇨약 3km 거리 대형주차장 또는 3.7km 거리 소형주차장.

대중교통

12번 시내버스 구미역에서-금오산-시청-시외터미널 간 약 1시간 간격으로 운행하는 버스를 이용하거나 택시를 이용한다.

식당

온천골한우국밥
구미시 남통동 155-1
054-453-6555

정록(오리전문)
구미시 남통동 305-8
054-464-70229

숙박

새녤모텔
구미시 남통동 305 주차장
054-456-9000

한솔파크빌리지모텔
구미시 남통동 312-7
054-442-8772

명소

박정희대통령 생가
구미시 상모동

선산장날 2일, 7일

금오산 등산로 입구

팔공산(八公山) 1193m

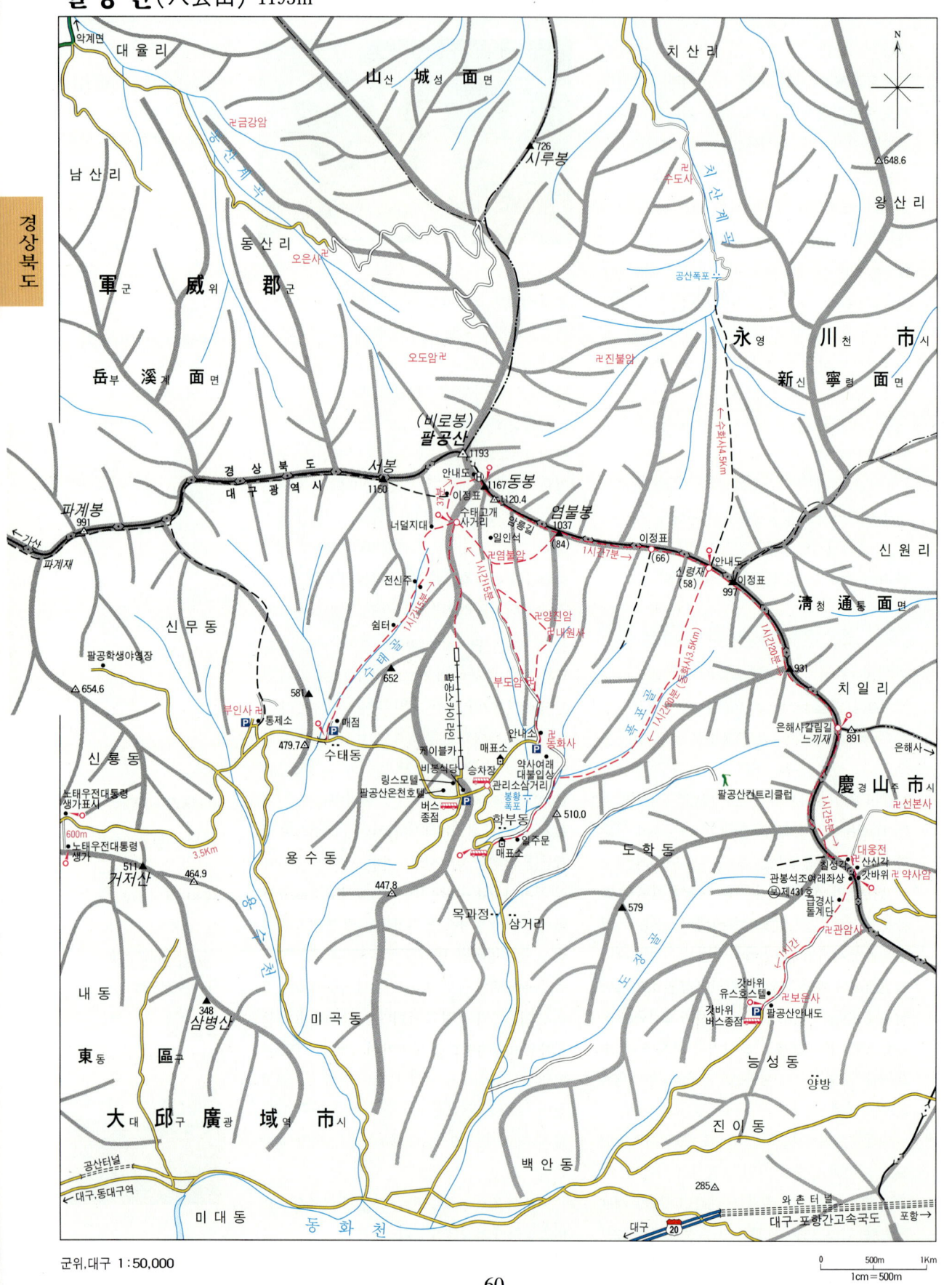

팔공산

대구광역시 · 경북 영천시, 군위군(大邱廣域市 · 慶尙北道 永川市, 軍威郡)

개요

팔공산(八公山 1193m)은 신라시대에는 부악(父岳), 중악(中岳) 또는 공산(公山)이라 했으며, 고려시대에는 공산이라 했다가 조선시대에 들어 지금의 팔공산이라는 이름으로 불리어지고 있다. 또한 불교문화의 중심지로서 대한불교 조계종 제9교구 본사인 동화사가 있다.

산행은 수태골에서 시작하여 수태고개 사거리를 경유하여 동봉에 오른다. 하산은 보통 다시 수태고개로 내려가서 수태골 또는 염불암을 경유하여 동화사로 하산한다. 종주산행은 동봉에서 동쪽 주능선을 타고 염불봉, 신령재, 느패재, 갓바위, 갓바위주차장으로 하산한다.

등산로 (총 7시간 24분 소요)

수태골주차장 → 75분 → 수태고개 → 37분 → 동봉 → 67분 → 신령재 → 80분 → 은해사갈림길 → 65분 → 갓바위 → 60분 → 주차장

동화사 버스종점에서 서쪽 2차선도로를 따라 약 1.5km 거리에 이르면 우측에 수태골 등산로 입구 주차장이 나온다. 주차장을 출발 11분을 가면 왼쪽으로 계곡을 건너게 되고, 계곡길을 따라 20분을 가면 소나무군락지가 있는 쉼터가 나온다. 쉼터를 지나서 8분을 가면 전신주가 있는 합수곡을 지난다. 여기서부터 다소 경사가 있기 시작하면서 30분을 올라가면 너덜지대를 통과하고 오른쪽으로 비탈길로 이어져 6분을 가면 수태고개 사거리에 닿는다.

고개에서 왼편 서쪽 방면 비탈길을 따라가면 이정표가 있는 거리가 나온다. 삼거리에서 우측길을 따라 가면 주능선 갈림길이 나온다. 우측은 동봉 왼편은 헬기장 서봉 길이다. 고개사거리에서 28분 거리다. 주능선삼거리에서 오른쪽 계단을 따라 9분을 더 오르면 동봉이다. 동봉은 협소하고 바위봉이다.

동봉에서 하산은 다시 올라왔던 코스 그대로 하산하여 수태고개 사거리로 내려간 수태고개

천년고찰 팔공산 동화산 대웅전

에서 왼쪽은 동화사 오른쪽 수태골 주차장이다.

종주 코스는 동봉에서 동쪽 주능선 암릉을 탄다. 처음부터 암릉길로 시작된다. 겨울철에는 위험할 정도인 바윗길을 따라 27분을 가면 84번 이정표가 있는 염불봉에 닿는다. 계속 이어지는 동쪽 바위주능선을 타고 25분을 가면 66번 이정표를 통과하고 15분을 더 가면 신령재(도마재) 사거리에 닿는다.

여기서 동화사로 하산은 우측 동화사 이정표 대로 가면 된다. 종주산행은 계속 동쪽 주능선을 타고 9분을 가면 이정표가 있는 느파재이며 14분을 가면 37번 노적봉에 닿고, 35분을 가면 23번 이정표가 있으며 11분을 더 가면 은해사 갈림길에 닿는다.

은해사 갈림길에서 24분을 가면 봉우리를 통과하고 13분을 더 내려가면 이정표가 있는 사거리가 나온다. 사거리에서 왼쪽으로 내려가면 비탈길로 이어져 8분을 내려가면 칠성각 앞 갓바위 선불사 가는 길에 닿는다. 여기서 우측으로 올라가면 칠성각을 통과하고 대웅전을 통과하여 관봉 석조여래좌상 앞이다.

갓바위에서 남서 방면으로 내려서면 비탈길로 내려가다가 급경사 돌계단으로 이어진다. 돌계단을 따라 1시간을 내려가면 갓바위 버스 종점에 닿는다.

동화사 방면 코스는 버스종점에서 북동쪽 1km거리 삼거리에서 북쪽으로 가면 일주문을 통과하면 주차장이 나온다. 여기서 이정표를 따라 여러 암자를 거쳐 수태고개로 오른다.

자가운전

경부고속도로 팔공산IC에서 빠져나와 동화사 입구를 통과 관리소삼거리에서 동화사 쪽은 우회전⇒700m 거리 주차장. 수태골 방면은 좌회전⇒2km 거리 수태골 주차장.

대중교통

동화사 : (좌석급행 1번) 성서공단-계대동문-서문시장-칠성시장-동화사 (10분 간격).
(일반 팔공1번) 칠성시장-파티마병원-동구청-아양교역-대구공항-동화사(10분 간격).

갓바위 : (일반 401번) 범물동-봉덕시장-칠성시장-동대구역-대구공항-갓바위(12분 간격).

숙식

동화사

비봉식당
동구 용수동 59-31
053-982-1257

수태골휴게소식당
용수동 수태골 등산로입구
011-508-7587

링스모텔
동구 용수동 버스종점
053-981-3321

갓바위

도솔식당
동구 지인동 123-42
053-982-4231

갓바위모텔
동구 지인동 갓바위 지구
053-982-0027

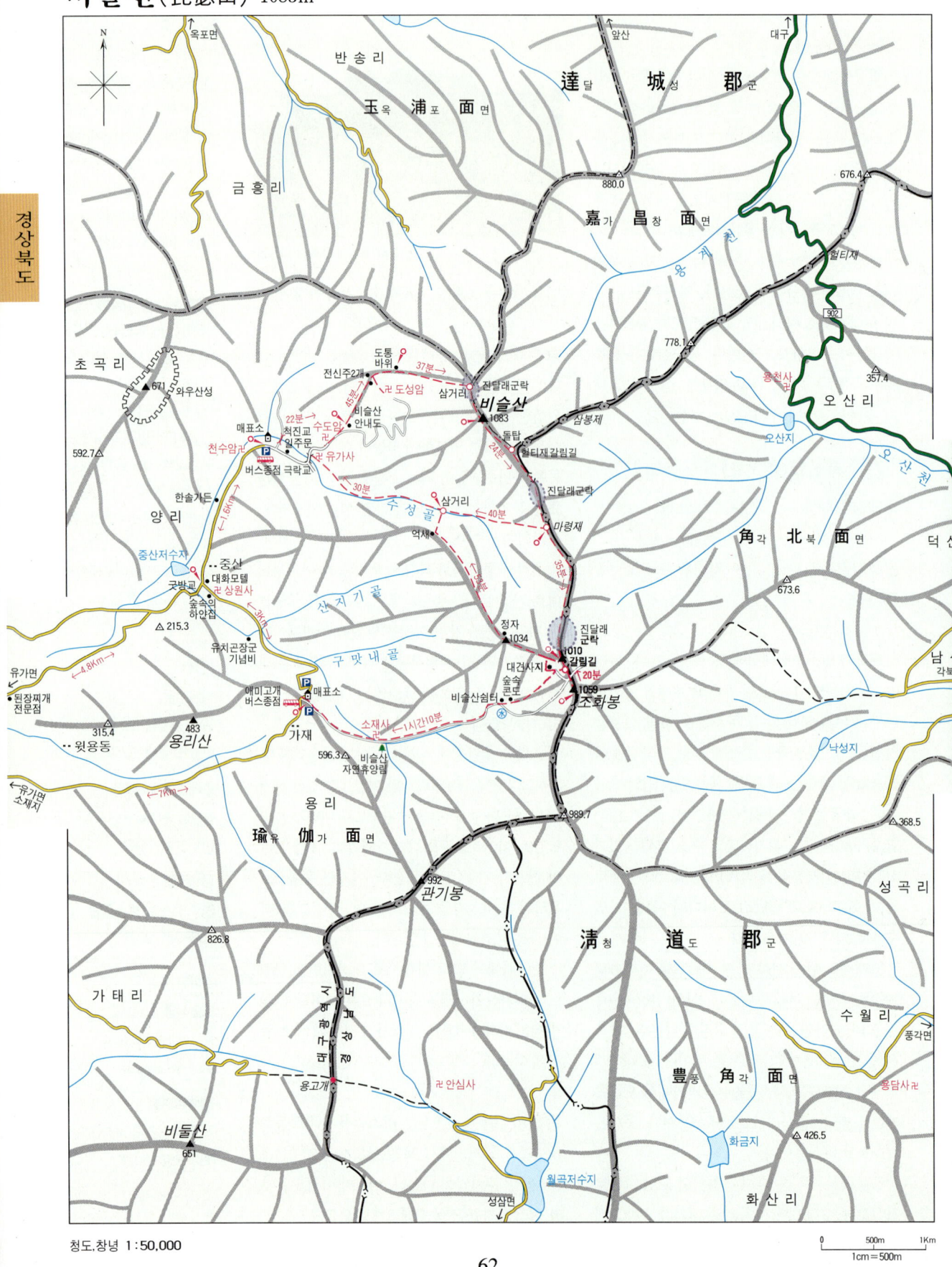

비슬산

대구광역시 · 경상북도 달성군 유가면, 청도군 (大邱廣域市 · 慶尙北道 達成郡 瑜伽面, 淸道郡)

개요

비슬산(琵瑟山, 1083m)은 비파 비(琵) 거문고 슬(瑟) 자를 써 신선이 앉아 비파를 타는 형상이어서 "비슬"이란 지명을 지닌 산으로 알려져 있다. 정상 남쪽 면은 바위 절벽이고 북쪽 면은 편안한 능선이 기묘한 조화를 이룬다. 비슬산 정상 북쪽 면을 비롯하여 남쪽 마령재에서 1010봉에 이르는 주능선 서쪽 면 일대가 진달래(참꽃) 밭이다.

산행은 유가사에서 도통바위를 경유하여 지능선을 타고 정상에 오른 뒤, 하산은 남쪽 진달래군락지 주능선을 따라 1010봉에 이른 다음, 대견사지를 돌아보고 유가사로 하산한다. 또는 대견사지를 경유하여 소재사, 애미고개로 하산한다.

아름다운 소재사와 비슬산

등산로(총 5시간 4분 소요)

유가사종점→ 22분→ 산길 시작→
45분→ 바위봉능선→ 37분→ 비슬산→
24분→ 마령재→ 33분→ 1010봉→
53분→ 계곡삼거리→ 30분→ 주차장

버스종점 유가사주차장에서 8분을 가면 유가사가 나온다. 유가사 왼쪽 소형차로를 따라 수도암을 지나 14분을 가면 왼쪽에 등산로 갈림길이 나온다. 갈림길에서 왼쪽 산길로 들어서 20분을 올라가면 전신주 2개가 있고, 오른쪽으로 도성암 갈림길이 나온다. 갈림길에서 왼쪽 길을 따라 올라가면 너덜지대가 나타나고, 경사가 가팔라지면서 바윗길이 연속 이어진다. 계속 이어지는 바윗길을 따라 25분을 올라가면 바위봉 능선에 닿는다. 여기서부터 완만한 능선길로 이어지면서 27분 거리에 이르면 이정표가 있는 삼거리가 나온다. 삼거리에서 오른쪽으로 10분을 더 오르면 대형 표지석이 있는 비슬산 정상이다. 정상은 거대한 절벽위에 바위봉이고 넓은 공터이며 사방이 막힘이 없다.

하산은 남쪽 조화봉 방면 능선을 탄다. 남쪽 능선을 따라 8분 거리에 이르면 돌탑들이 있는 갈림길이 나온다. 왼쪽은 헐티재, 직진은 조화봉이다. 갈림길에서 직진하여 16분 거리에 이르면 마령재 삼거리가 나온다.

오른쪽은 유가사 하산길이고, 직진은 조화봉이다. 직진능선을 따라 14분 거리에 이르면 오른편 비탈길로 이어지다가 다시 능선으로 이어진다. 여기서부터 진달래 밭이 시작되어 19분 거리에 이르면 1010봉 삼거리에 닿는다.

남쪽은 조화봉, 휴양림 소재사로 가는 길이고, 오른편 서쪽은 대견사지, 유가사로 하산길이다. 서쪽 유가사 방면으로 2분 거리에 이르면 대견사지로 내려가는 길이 연속 3곳이 있고, 이어서 전망장소가 나온다. 여기서 나무계단 길로 이어지는 서쪽 유가사 길을 따라 9분 정도 내려가면 정자가 나온다. 정자에서 계속 외길로 이어지는 유가사 하산 길을 따라 22분을 내려가면 왼쪽은 절벽 우측은 진달래 밭이고, 오른편으로 휘어지는 급경사 밧줄 하산 길을 따라 8분을 내려가면 억새가 자란 지역이 나온다. 여기서 오른편으로 11분을 내려가면 계곡 삼거리가 나온다.

삼거리에서 20분을 내려가면 유가사를 통과하고, 10분을 더 내려가면 유가사 주차장이다.

*1010봉 삼거리에서 소재사 쪽은 오른쪽으로 2분 거리에서 대견사지로 내려서, 대견사지에서 동쪽으로 100m 정도 가면 임도 갈림길이 나온다. 갈림길에서 하산길표시가 있는 오른쪽으로 내려가면 30분 거리에 비슬산쉼터가 나온다. 여기서부터 임도를 따라 20분을 내려가면 소재사가 나오고, 15분을 더 내려가면 주차장 애미고개 버스정류장이다.

자가운전

45번 중부내륙고속도로 현풍IC에서 빠져나와 좌회전⇨1.4km 5번 (구)도로에서 좌회전⇨100m 에서 우회전⇨유가사 길을 따라 3.4km에서 좌회전⇨3.4km에서 직진⇨2km 유가사 주차장.

대중교통

대구 대곡역(지하철 1호선)-유가사(비슬산)행 5번 버스(1일 10회 : 06:00~20:10. 토요일과 일요일은 20회) 이용, 유가사 하차.

대구 유천교에서-휴양림(애미고개) 5번, 600번 시내 버스 1일 9회 (06:45~20:45) 이용.

식당

현풍할매집곰탕
달성군 현풍면 하리 128-1
053-614-2143

된장찌개전문점
달성군 유가면 봉리 68-3
053-615-1147

숙박

엘레강스모텔
현풍면 현풍사거리
053-611-4533

대화모텔
유가면 유가사 입구
053-615-5336

명소

유가사

비슬산 자연휴양림
053-614-5481

현풍장날 5일, 10일

화악산(華岳山) 930.4m 철마산(鐵馬山) 627.3m 남산(南山) 870m

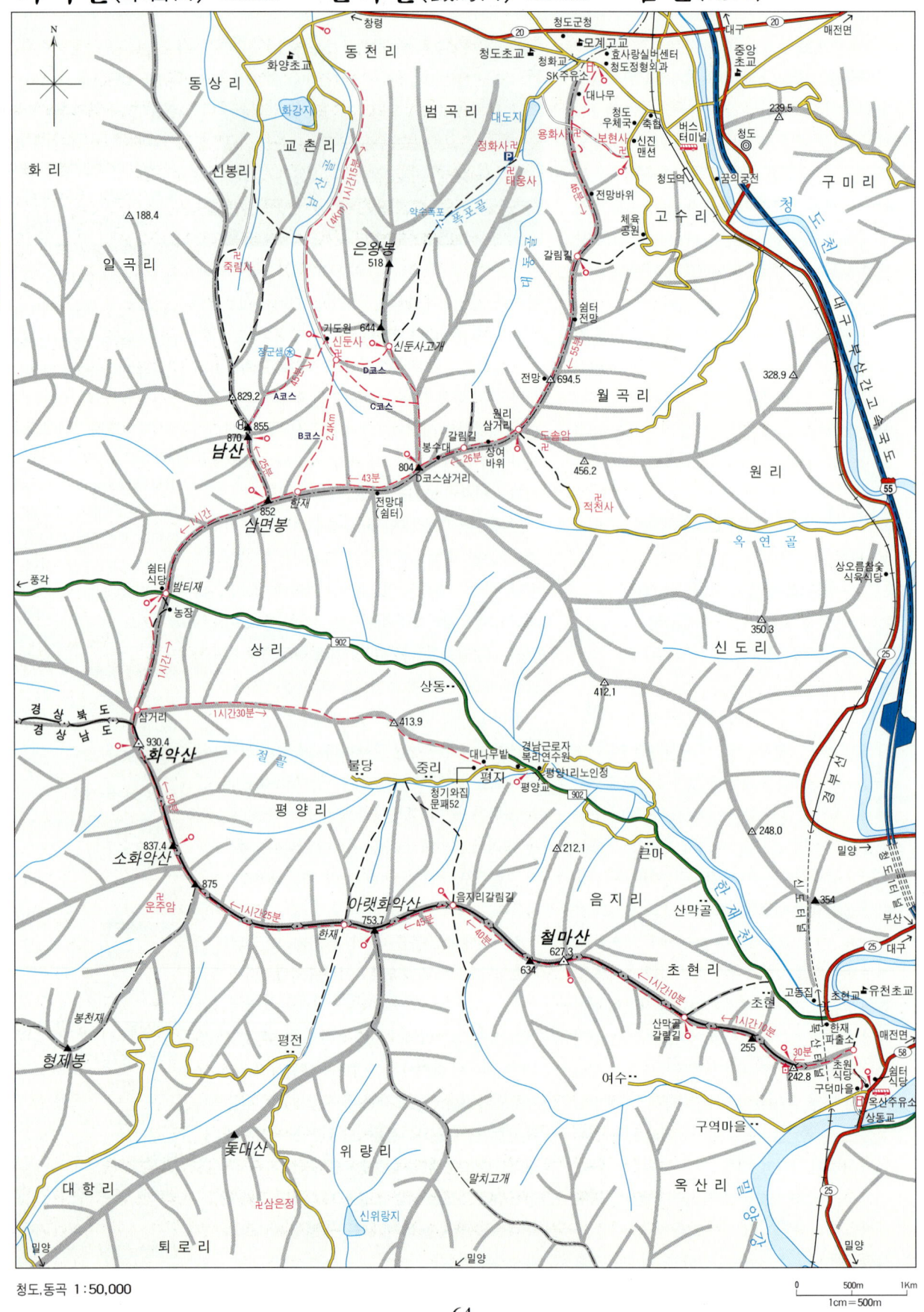

화악산 · 철마산 · 남산

경북 청도군 청도읍 · 경남 밀양시(慶北 淸道郡 淸道邑 · 慶南 密陽市)

등산로

철마산-화악산(총 9시간 소요)
상동교 → 30분 → 242.8봉 → 70분 → 산막골갈림길 → 70분 → 철마산 → 40분 → 음지리갈림길 → 45분 → 아래화악산 → 85분 → 소화악산 → 50분 → 화악산 → 90분 → 평양1리회관

남산(총 6시간 15분 소요)
청도정형외과 → 46분 → 갈림길 → 55분 → 원리갈림길 → 26분 → D코스 삼거리 → 43분 → 삼면봉 → 25분 → 남산 → 45분 → 기도원 → 75분 → 동천교

상동교 북단 옥산주유소 뒤 초원식당에서 출발, 오른쪽 50m 거리 언덕에 빨간벽돌집이 있고 전신주 2개 있는 쪽으로 산길이 있다. 이 산길을 따라 가면 밭을 지나 산으로 길이 이어져 15분을 올라가면 안부 삼거리가 나온다. 삼거리에서 왼쪽 능선을 따라 15분을 오르면 왼편에 산불초소가 있는 242.8봉에 닿는다.

여기서 계속 서쪽 뚜렷한 등산로를 따라 1시간 10분을 가면 우측 산막골 갈림길이 나온다.

갈림길에서 서쪽으로 이어지는 주능선을 따라 1시간 10분을 가면 **철마산**(鐵馬山.627.3m) 정상이다.

철마산에서 서쪽으로 이어진 주능선을 따라 가면 오른쪽으로는 깎아놓은 듯 한 벼랑이며 바로 바위가 나타난다. 밧줄을 이용하여 내려가면 능선길로 이어져 40분을 내려가면 사거리가 나온다.

사거리에서 계속 직진 너덜지대를 통과하며 급경사를 타고 45분을 오르면 아래화악산이다.

아래화악산에서 서쪽 주능선을 타고 12분을 내려가면 사거리 한재가 나온다. 오른쪽 길은 평지 방면으로 하산길이다. 사거리에서 계속 직진 서쪽 주능선을 따라 1시간 13분을 가면 소화악산에 닿고, 소화악산에서부터 등산로는 북쪽으로 이어져 50분을 진행하면 **화악산**(華岳山.930.4m)에 닿는다.

화악산에서 북쪽 길로 5분 거리에 이르면 돌탑이 있는 삼거리가 나온다. 삼거리에서 오른쪽은 평양1리, 왼쪽은 밤티재 길이다.

삼거리에서 오른편 지능선을 타고 1시간 25분을 내려가면 평양1리회관에 닿는다.

청도역에서 서쪽으로 1km 효사랑실버센터 전 우측에 청도정형외과가 있다. 여기서 좌회전 100m 가면 2차선도로가 좁아지고 왼쪽으로 꼬부라지면서 20m 거리에 우측으로 골목길이 있다. 여기서부터 산행이 시작된다. 이 골목길을 따라 가면 우측에 대나무밭을 지나면서 양편에 탱자나무사이로 등산로가 이어져 13분을 오르면 왼편에 용화사가 있는 농로 사거리가 나온다. 사거리에서 직진 농로를 따라 7분을 가면 농로가 끝나고 산길로 접어든다. 여기서부터 산길을 따라 8분을 가면 전망바위를 지나고 18분을 가면 체육공원 갈림길이 나온다.

갈림길에서 직진하여 26분을 오르면 전망이 좋은 쉼터를 통과하며 13분을 가면 우측에 전망대를 지나고 16분 거리에 이르면 원리사삼거리가 나온다.

삼거리에서 직진 10분을 지나면 상여바위를 통과하고, 12분 거리 봉수대를 지나 4분을 오르면 D코스 삼거리다.

삼거리에서 왼쪽 주능선을 따라 가면 바윗길로 이어지면서 35분 거리 한재를 지나 8분을 가면 삼면봉 삼거리가 나온다.

삼면봉 삼거리에서 우측 길을 따라 25분을 더 오르면 **남산**(南山. 870m) 정상에 닿는다.

하산은 북쪽 길을 따라 4분을 가면 헬기장 삼거리가 나온다. 삼거리에서 우측 A코스 지능선을 타고 28분을 내려가면 장군샘을 지나면서 하산길은 오른편 비탈길로 이어지면서 17분을 더 내려가면 남산기도원 삼거리에 닿는다. 기도원에서 동천교까지는 4km 소형차로다. 승용차 편으로는 신둔사에 주차하고, B코스, C코스, D코스를 타고 오른 다음, A코스로 하산하면 무난한 산행코스이다.

자가운전
대구-부산고속도로를 타고 **남산**은 청도IC에서 빠져나와 우회전 ⇒ 청도시내로 진입 등산로 입구 주차.

화악산-철마산은 밀양IC에서 빠져나와, 좌회전 ⇒ 1km 사거리에서 직진 청도 방면 25번 국도를 타고 약 10km 상동교 구덕마을 주차.

대중교통
화악산-철마산 : 밀양(구시청 앞)에서→상동면-옥산행 마을버스(1일 9회) 이용, 상동교 건너 구덕마을 하차. **남산**은 열차 이용, 청도역에서 등산로 입구까지 택시를 이용.

식당
고동집
청도읍 화악산 입구
010-2041-1446

삼오로참숯식육식당
청도읍 신도리
054-371-4994

참한우가든
청도읍
054-373-9898

숙박
꿈의궁전
청도읍 고수8리 1034-8
054-371-3197

명소
운문사

청도장날 3일, 8일

단석산(斷石山) 827.2m

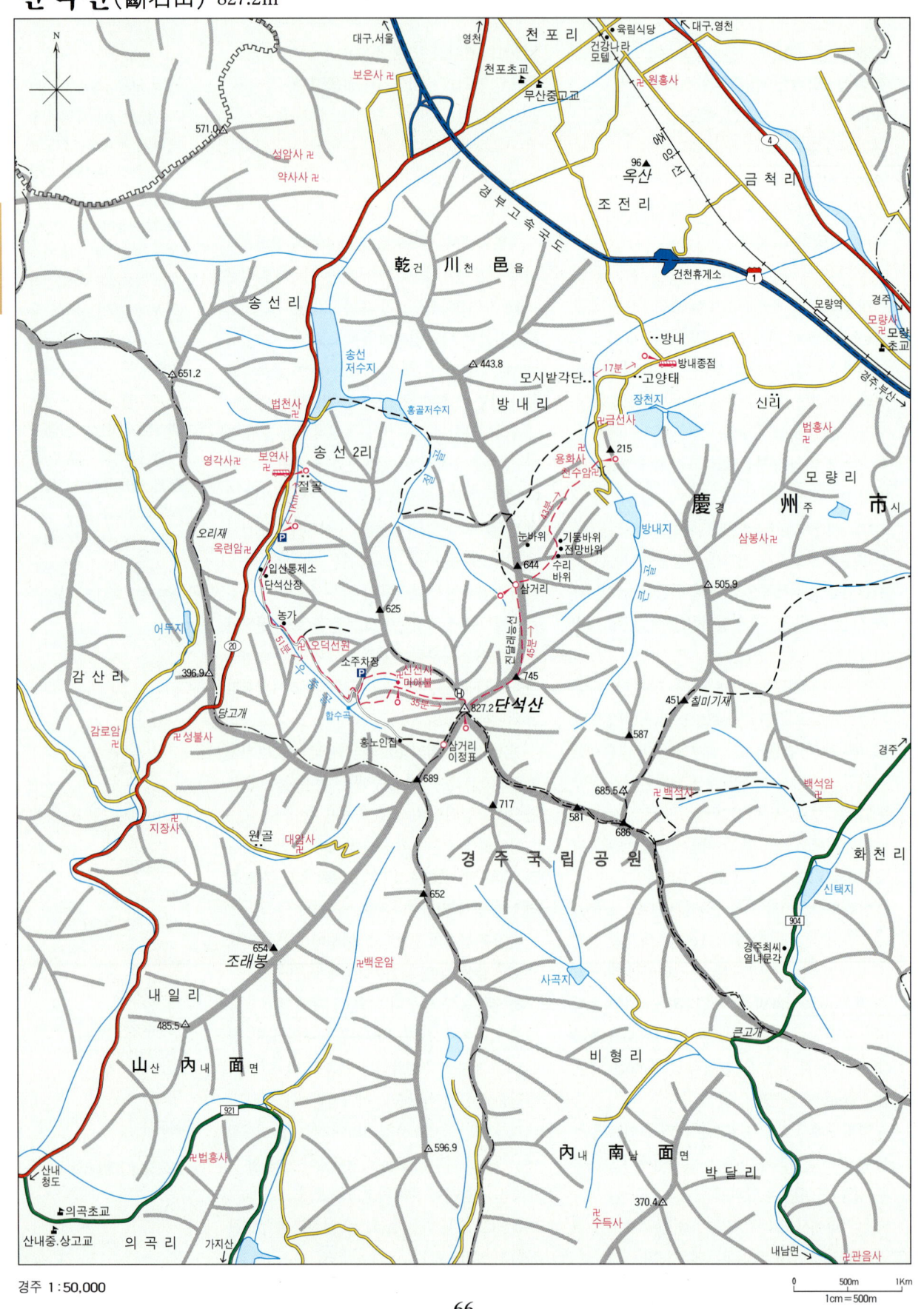

단석산

경상북도 경주시 건천읍, 산내면(慶尙北道 慶州市 乾川邑, 山內面)

개요

단석산(斷石山. 827.2m)은 중악(中岳)이라고도 하였고, 서라벌에서 가장 깊은 산이며 김유신(金庾信)장군의 수도장으로 유명한 산이다. 경주 일원에서 가장 높은 산이며 경주 국립공원에 속해 단석지역의 대표적인 산이다.

완만한 산세를 이루고 있고 정상은 넓은 억새밭에 중간에 갈라진 단석바위가 있다. 이 바위는 김유신 장군이 칼로 내리쳐서 갈라놓은 단석(斷石)이라고 전해온다. 김유신장군이 17세 때 이곳을 찾아와 삼국통일의 위업을 달성토록 기도드린 신선사(神仙寺) 마애불상군이 있고, 6.25사변 시 인민군의 남하를 저지한 산이기도 하다. 단석산 중턱에는 마애불상(磨崖佛像, 국보 제199호)가 있다. 이곳은 거대한 암벽이 ㄷ자 모양으로 높이 솟아 하나의 돌방(石窟)을 이루고 있다. 인공으로 지붕을 덮어 이른바 석굴법당(石窟法堂)을 만든 신라 최초의 석굴사원이다.

산행은 건천읍 송선2리에서 동쪽 우중골을 따라 신선사 마애불상 우측 지능선을 타고 정상에 오른 다음, 하산은 남쪽 서쪽 편 능선을 타고 다시 우중골로 원점회귀 산행을 하거나, 방내리로 하산한다.

1500년 전에 새겨진 단석산 마애불상

등산로(총 4시간 11분 소요)

주차장 → 51분 → 마애석불 → 35분 →
단석산 → 45분 → 삼거리 → 43분 →
천수암 → 17분 → 방내리 버스종점

송선2리 단석산 우중골 입구에서 소형차로를 따라 1km 들어가면 단석산 작은 주차장이 나온다. 주차장에서 소형차로를 따라 4분 더 들어가면 입산통제소가 있고, 단석산장이 나온다. 입산통제소에서 10분 거리에 이르면 오덕선원을 통과하고 10분을 더 가면 갈림길이 나온다. 갈림길에서 왼쪽은 신선사 오른쪽은 샛길로 올라가서 마애석불에서 만난다. 오른쪽 길을 따라 7분을 가면 왼쪽으로 산길이 나온다. 리본이 많이 매달린 왼쪽 산길로 오르면 외길이며 20분을 오르면 신선사 마애석불 50m 우측 지능선삼거리가 나온다.

삼거리에서 서쪽 지능선길을 따라 9분을 올라가면 소나무쉼터를 지나고 5분을 지나면 쌍바위 이정표를 지나며 12분 정도 가면 산길은 왼편 비탈길로 이어져 8분 거리에 이르면 헬기장 삼거리를 통과하고 1분을 더 오르면 단석산 정상이다. 정상은 갈라진 바위와 돌탑 2개 삼각점 표지석이 있는 삼거리이다.

정상에서 하산은 남서 방면 능선길을 따라 7분을 내려가면 이정표가 있는 갈림길이 나온다. 갈림길에서 오른쪽 계곡길을 따라 약 40분 정도 내려가면 신선사 삼거리에 닿고, 20분을 더 내려가면 우중골 단석산 주차장에 닿는다.

방내리 코스는 단석산에서 동쪽 능선으로 100m 거리에 이르면 이정표삼거리가 나온다. 북쪽은 진달래능선을 경유하여 천수암을 거쳐 방내리로 하산길이고, 남쪽은 686봉을 경유하여 백석암, 또는 화천리 후평교로 하산길이다. 삼거리에서 북쪽 능선을 탄다. 북쪽능선은 진달래능선으로 봄철에는 장관을 이룬다. 북쪽 뚜렷한 진달래능선을 따라 45분을 내려가면 이정표가 있는 안부 삼거리가 나온다.

삼거리에서 오른쪽으로 8분을 내려가면 계곡 상단부에 닿고, 하산길은 왼쪽 비탈길로 이어져 7분을 가면 왼편 644봉에서 뻗은 지능선에 묘가 나온다. 묘에서 하산길은 북쪽의 눈바위 쪽으로 하산길이 이어진다. 급경사길을 따라 28분을 내려가면 천주암에 닿는다.

천주암에서 12분 거리 금선사 삼거리에서 왼쪽 길을 따라 5분을 가면 방내리 버스 종점이다.

자가운전

경부고속도로 건천IC에서 빠져나와 우회전 ⇨ 약 3km 거리 단석산 입구(우중골)로 좌회전 ⇨ 1km 거리 단석산주차장.

대중교통

경주 시외버스터미널에서-경주역-건천-우중골 입구-산내행 시내버스 350번(30분~1시간 간격) 이용, 우중골(단석산) 입구 하차.

또는 건천에서 택시 이용. 하산지점 방내리 쪽은 경주 용강-경주역-터미널-방내리 간 334번 시내버스 1일 9회 이용. 건천콜택시 054-351-2077

식당

단석산장
건천읍 송선리 1253 우중골
054-751-1834

육림식당
건천읍 건천리 221-22
054-751-7272

숙박

건강나라모텔
건천읍 건천리 291-1
054-751-003

명소

석굴암

건천장날 5일, 10일

문복산(文福山) 1014m　　고헌산(高獻山) 1034m

문복산 · 고헌산

경상북도 청도군, 경주시, 울주군 상북면(慶尙北道 淸道郡, 慶州市, 蔚州郡 上北面)

개요

문복산(文福山, 1014m)은 영남알프스에서 가장 북쪽에 있고, 전체적으로 육산이며 등산로도 무난한 편이다. 산행은 운문령에서 시작하여 894.8봉, 북쪽능선을 경유하여 정상에 오른 뒤, 북서쪽 능선 계곡을 따라 삼계리로 하산한다.

고헌산(高獻山, 1034m)은 영남알프스 북쪽 낙동정맥이 통과하는 산이다. 정상에서 서봉과 산불초소, 낙동정맥구간은 억새밭이고, 사방이 막힘이 없으며 전체적으로 무난한 산세이다. 산행은 청원주유소에서 1.7km 거리 끝집에서 두 계곡 중간능선을 타고 고헌산에 오른 뒤, 서봉을 다녀온 다음, 동남쪽능선으로 내려와 갈림길에서 고헌사로 하산한다.

사방이 확 트인 고헌산 정상

합수곡에서 계곡 오른편 비탈길로 이어져 5분 거리에 이르면 키가 큰 산죽(비석)을 통과하면서 19분 거리에 이르면 갈림길이 나온다. 갈림길에서 왼쪽으로 3분 내려서면 약초농원이 나오고, 다시 6분 거리에 이르면 삼계리 삼계2교에 닿는다.

등산로

문복산(총 4시간 37분 소요)

운문령 → 45분 → 894.8봉 → 60분 → 삼거리 → 27분 → 문복산 → 52분 → 합수점 → 33분 → 삼계2교

고헌산(총 4시간 31분 소요)

청원주유소 → 25분 → 끝집 → 75분 → 고헌산 → 20분 (서봉왕복) → 고헌산 → 16분 → 갈림길 → 50분 → 끝집 → 25분 → 청원주유소

운문령에서 매점 오른쪽으로 난 등산로를 따라 24분을 오르면 쉼터가 나온다. 쉼터에서 21분을 오르면 낙동정맥인 894.8봉 삼거리에 닿는다.

삼거리에서 왼편 북쪽 능선을 따라 30분을 가면 963봉에 닿는다. 963을 뒤로하고 평지와 같은 능선을 따라 30분을 가면 이정표가 있는 안부 삼거리에 닿는다.

왼쪽은 개살피계곡을 경유하여 삼계2교로 하산길이다. 삼거리에서 직진 북쪽 능선을 따라 24분을 오르면 돌탑이 있는 삼거리봉에 닿는다. 삼거리봉에서 오른쪽으로 3분 거리에 이르면 헬기장을 지나 문복산 정상이다.

하산은 왼편 북서쪽으로 내려가면 지능선 외길로 이어져 19분을 내려가면 계곡 상단부 갈림길이 나온다. 갈림길에서 계곡 우측 비탈길을 따라 28분을 내려가면, 계곡을 건너면서 비탈길로 이어져 1분을 가다가 다시 오른편으로 4분을 내려가면 합수곡에 닿는다.

청원주유소에서 북쪽 고헌사 이정표를 따라 25분을 가면 끝집 삼거리가 나온다. 삼거리 오른쪽과 왼쪽 계곡 사이 능선으로 오른다. 완만한 능선을 따라 32분을 오르면 급경사가 시작되고, 19분을 더 오르면 바위 쉼터가 나온다. 쉼터를 지나 24분을 오르면 고헌산 정상이다.

정상에서 서봉 중간까지 목제 데크 계단길이고 서봉까지는 10분 거리다. 서봉에서 다시 동봉인 고헌산에 되돌아온다. 고헌산에서 하산은 동쪽으로 5분 거리 산불초소 삼거리에서 오른편 남쪽능선을 따라 11분 거리에 이르면 고헌사 갈림길이 나온다.

갈림길에서 오른편 고헌사 하산길을 따라 33분을 내려가면 갈림길이 나온다. 갈림길에서 오른쪽으로 8분을 내려가면 고헌사에 닿고, 9분을 더 내려가면 산행기점 끝집이다.

*주능선 고헌사 갈림길에서 남쪽 주능선 방화선을 따라 내려가면 산전리로 하산한다.

자가운전

고헌산 : 경부고속도로 언양IC에서 빠져나와 우회전하자마자 바로 좌회전 ⇒ 24번 국도를 타고 약 8km 상북면 궁근정리 청원주유소에서 우회전 ⇒ 1.7km 끝집 주차.

문복산 : 청원주유소에서 4km 영빈주유소 지나 69번 군도로 우회전 ⇒ 4km 운문령 주차.

대중교통

문복산 : 대구에서-삼계리-운문령-석남사행(1일 5회) 이용, 운문령 하차. 언양에서 삼계리행(1일 5회) 이용, 운문령 하차.

고헌산 : 언양에서 석남사행 버스 이용, 청원주유소 하차.

식당

다래정식
울주군 상북면 궁근정리
052-254-2248

용화흑돼지
상북면 덕현리 684-8
052-264-6158

숙박

썬파크모텔
상북면 덕현리 799-2
052-254-4613

온천

가지산탄산온천
상북면 덕현리
052-254-3663

명소

석남사, 통도사, 표충사

언양장날 2일, 7일

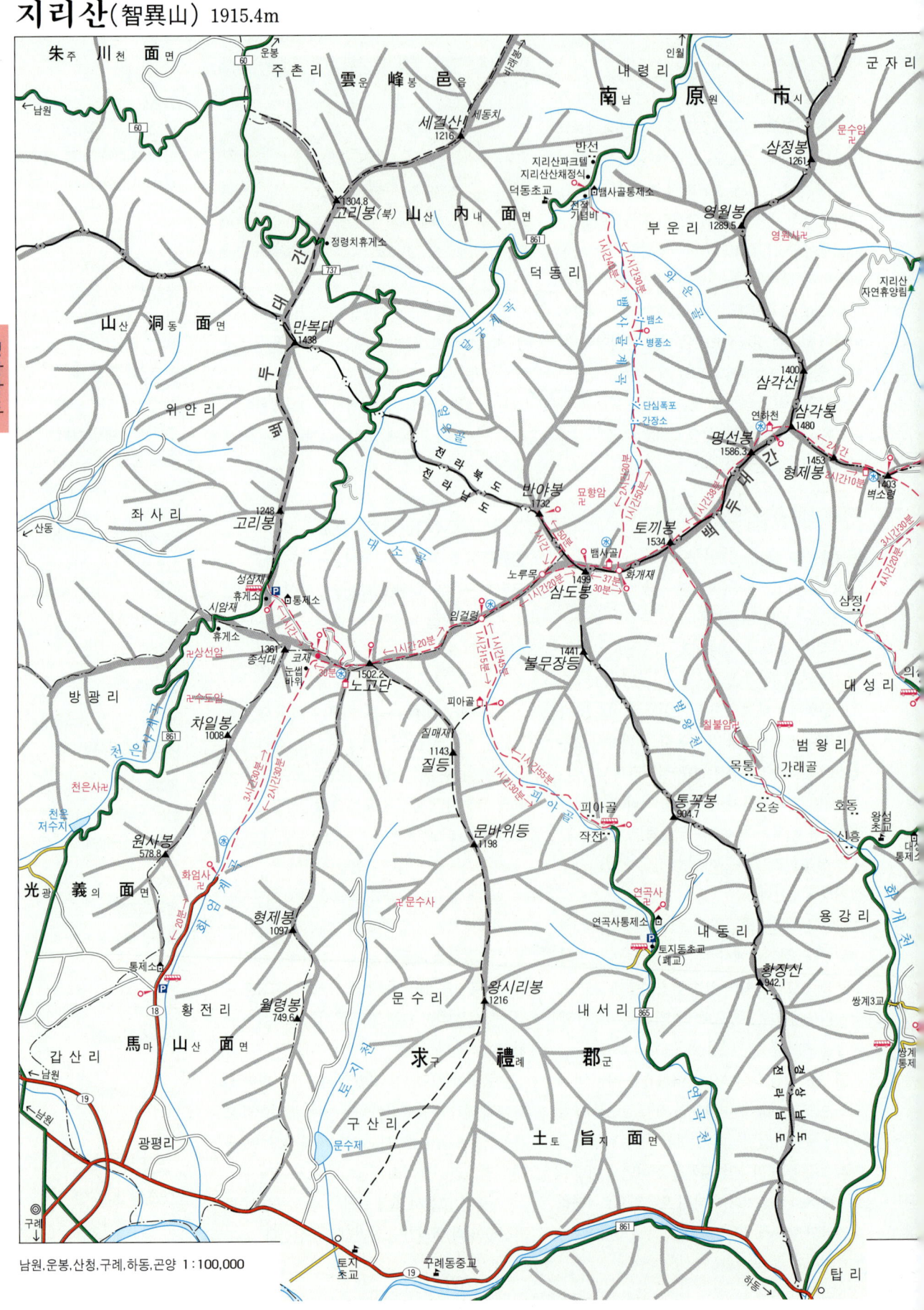

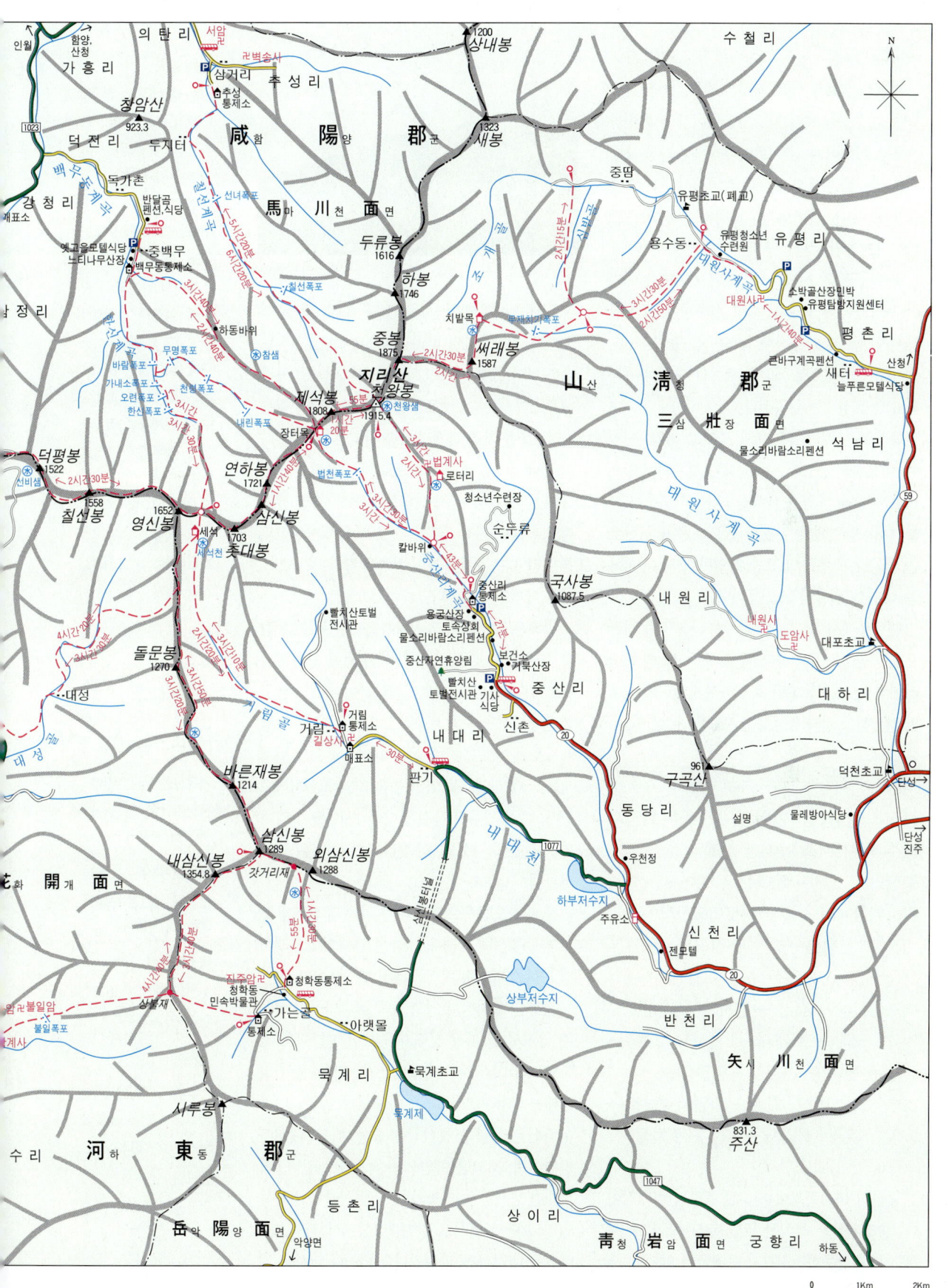

지리산 　전라북도 · 전라남도 · 경상남도 (全羅北道 · 全羅南道 · 慶尙南道)

📖 개요

지리산(智異山, 1915.4m)은 전북, 전남, 경남 3개도 5개 군에 속해 있고, 40km 이상 방대한 능선으로 이루어져 있는 우리나라에서 가장 광범위한 산세를 이루고 있으며 한국에서 한라산 다음으로 높은 산이다. 우리나라에서 최초로 1967. 12. 29일 국립공원 제 1호로 지정되었다.

종주 산행은 2~3일이 소요되고, 주능선에는 노타리, 장터목, 벽소령, 세석, 연하천, 노고단 산장이 있으므로 종주산행 중 숙박을 할 수 있다. 숙박은 인터넷으로 예약을 해야만 숙박이 가능하고 텐트 설치는 금지된다.

등산로는 여러 방면에서 오르고 내릴 수 있다. 대부분의 등산길은 이정표가 설치되어 있으므로 확인을 하면서 산행을 하면 큰 도움이 된다. 여러 방면에서 오를 수 있으나 주요 등산로는 중산리, 백무동, 노고단, 화엄사, 뱀사골, 피아골, 대원사, 칠불사 코스 등이다.

천왕봉에서 노고단까지 주능선은 백두대간으로 등산로가 뚜렷하다. 주요 종주코스인 중산리에서 천왕봉 노고단 화엄사까지 종주등산로만 설명하고 기타 등산로는 지도를 참고한다.

🚶 등산로

중산리-천왕봉-반야봉-노고단-화엄사 종주 등산로 (총 22시간 소요)

중산리 → 27분 → 통제소 → 43분 → 칼바위삼거리 → 63분 → 로터리산장 → 107분 → 천왕봉 → 55분 → 장터목산장 → 1시간 40분 → 세석산장 → 2시간 30분 → 벽소령산장 → 2시간 → 연하천산장 → 1시간 38분 → 화개재 → 37분 → 삼도봉 → 50분 → 반야봉 → 1시간 → 임걸령 → 80분 → 노고단 → 30분 → 화엄사갈림길 → 2시간 30분 → 화엄사 → 20분 → 주차장

중산리 버스종점이 지리산 종주 산행기점이다. 종점왼쪽은 빨치산 토벌전시관이 있고, 뒤에는 지리산문화전시관과 우체국이 있으며, 오

지리산의 여름

른편에는 매점 민박집들이 있다. 등산로는 종점 오른편 포장도로를 따라 간다. 북쪽으로 난 도로를 따라 27분을 가면 차도가 끝나면서 주차장 매표소가 나온다. 매표소를 통과하여 넓은 길을 따라 3분을 가면 범계교 작은 다리가 나오고, 다리 끝에 왼쪽으로 천왕봉으로 가는 갈림길이 있다. 갈림길에서 왼쪽 천왕봉을 향해 가면 본격적인 산행이 시작된다. 돌길로 이어지는 등산로를 따라 37분을 올라가면 왼쪽에 칼바위가 있고, 바로 삼거리가 나온다.

왼쪽은 장터목이고 천왕봉은 오른쪽으로 간다. 오른쪽으로 48분을 가면 우측에 망바위가 있고, 25분을 더 가면 로터리산장이다.

산장에서 식수를 보충하고 바로 위에 있는 법계사를 돌아보고 간다. 해발 1400m에 있는 법계사는 국내 사찰로는 가장 높은 지역에 위치하고 있다. 다시 경사진 돌길을 따라 1시간을 올라가면 개선문이 나오고, 더 올라가면 큰 바위 밑에 천왕샘이 나온다.

샘에서 오른쪽으로 가다가 왼쪽 급경사를 오르면 주능선에 닿는다. 주능선 왼쪽으로 올라서면 드디어 바위봉 지리산 정상 천왕봉이다.

정상은 표지석이 있고 동쪽은 절벽이며 서쪽은 급경사다. 기상 상태가 좋으면 전라북도 경상남도 일대가 시야에 들어오지만, 천왕봉 기상 상태는 좋을 때가 적다.

하산은 동북쪽 능선길은 중봉, 하봉, 대원사 방면이며, 노고단 화엄사는 서쪽으로 간다. 백두대간인 서릉을 타고 가면, 모든 산장을 경유하여 노고단 화엄사로 간다. 정상에서 서쪽으로 바위를 내려서면, 바위지대를 벗어나 고사목 지

대중교통

진주-중산리 : 진주터미널에서 1시간 간격. 중산리 버스종점
055-972-1122

진주-대원사 : 진주버스터미널에서 1일 9회.

구례-화엄사 : 구례시외버스터미널에서 30분 간격.

구례-성삼재 : 구례버스터미널에서 8회.

구례-피아골 : 구례시외버스터미널에서 1일 8회.

구례-쌍계사 : 1일 6회.

함양-백무동 : 함양터미널-백무동(30분~1시간).

동서울-백무동 : 1일 10회.

남원-백무동 : 1일 4회.

남원-반선 : 1일 19회.

남원-달궁 : 1일 3회.

숙식

중산리

기사식당(민박)
산청군 시천면 중산리
055-973-6411

거북산장(식당, 민박)
산청군 시천면 중산리
055-973-9415

용궁산장(식당, 민박)
산청군 시천면 두류동
055-973-8646

물소리펜션
시천면 중산리 664-2
055-972-8360

시천면

우천정(흑돼지, 비빔밥)
산청군 시천면 동당리
055-974-3848

젠모텔
055-973-6002

역을 통과하여 바윗길을 따라 55분을 내려가면 장터목산장이다.

장터목산장에서 중산리나 백무동으로 하산 할 수 있다. 다시 서남쪽으로 주능선을 타고 올라가면, 연하봉 삼신봉을 거쳐 1시간 13분을 가면 촛대봉이다. 촛대봉에서 완만한 길을 따라 27분을 가면 세석산장이다.

여기서 백무동과 거림골로 하산 할 수 있다. 계속된 주능선을 타고 서쪽으로 올라가면 영신봉이며, 영신봉을 끼고 왼쪽으로 돌아간다. 계속된 돌길을 따라가면 칠선봉이 나오고 이어서 선비샘이다. 세석산장에서 1시간 30분 거리다. 선비샘에서 노고단을 향해 올라가면 봉우리 왼쪽으로 산길이 이어져 1시간을 지나면 벽소령산장이다.

샘은 산장동쪽 100m 내려가서 있다. 다시 서쪽 비탈진 돌길을 따라 올라가면 고개 바위사이를 지나서 오른쪽 비탈길로 간다. 다음은 전망대를 지나 오른쪽 형제봉을 끼고 왼쪽으로 돌아서 삼거리 1462봉을 지나 완만한 산길로 올라가면 연하천산장이다.

벽소령에서 2시간 거리다. 연하천산장은 60명 작은산장이나 종주산악인들에게 중요한산장이다. 산장에서 남서쪽 마당 끝 언덕으로 올라서면 나무계단이 시작되어, 약 300m 계단길이 끝나면 고개이고, 다시 낮은 봉우리를 오른쪽으로 돌아가며 능선으로 이어지다가 내려가서 올라가며, 나무계단을 올라가면 1시간 거리에 토끼봉이다. 전망이 매우 좋으며 쉬어가기에 좋다. 토끼봉에서 왼쪽은 칠불사로 가는 길이며 노고단은 오른쪽이다. 오른쪽으로 약 38분을 내려가면 화개재사거리다.

북쪽은 뱀사골이고 남쪽은 칠불사 쪽이다. 뱀사골산장은 서쪽으로 200m 거리에 있었으나 지금은 철거된 상태이다. 화개재에서 계속 서쪽 나무계단 경사구간을 37분 올라가면 삼도봉에 닿는다.

삼도봉은 전북, 전남, 경남 경계이다. 삼도봉에서 서쪽 주능선을 따라 조금가면 묘향암 갈림길이 있고, 왼쪽 넓은 길로 5m 가면 반야봉삼거리 이정표가 나온다. 여기서 우측은 반야봉 왼쪽은 노고단이다. 반야봉을 거쳐 가면 1시간 더 소요된다. 반야봉을 향해 올라가면 노루목에서 올라오는 삼거리를 만나서 우측으로 오르게 된다. 우측으로 오르면 능선이 나오고 철계단을 올라가면 반야봉 정산이다.

반야봉에서 하산은 올라왔던 삼거리까지 내려간 다음, 우측으로 내려가면 노루목 삼거리다. 반야봉에서 40분 거리다. 노루목 삼거리에서 노루목 우측 서남 방면 경사진 길로 내려오다가, 다시 능선으로 올라서 20분 거리에 이르면 임걸령 삼거리다.

왼쪽 길은 피아골 가는 길이고 노고단은 직진한다. 주능선으로 직진하여 가면 돼지평전 지나서 노고단광장 돌탑이다. 임걸령에서 1시간 20분 거리다.

노고단에서 하산은 서남쪽 넓은 길을 따라 내려가면 1시간 거리에 성삼재에 닿는다.

*화엄사는 노고단 돌탑에서 성삼재 방면으로 30분 거리에 이르면 코재 갈림길이 나온다. 여기서 화엄사는 왼편 남쪽 오솔길로 내려간다. 왼쪽으로 접어들면 돌길이 시작되어 34분을 내려가면 눈썹바위를 지나고, 39분을 더 내려가면 중재다. 중재에서 47분을 내려가면 연기암 소형차로가 나오고, 차로를 가로질러 30분을 내려가면 화엄사에 닿고, 20분을 더 내려가면 주차장이다.

관리사무소 · 산장(대피소) 현황

관리사무소 산장(대피소)	전 화	수용인원
로터리산장	055-973-1400	35명
장터목산장	011-1767-1915	138명
세석산장	011-1767-1601	190명
벽소령산장	011-1767-1915	120명
연하천산장	010-6536-1586	60명
노고단산장	061-783-1507	105명
피아골산장	061-783-1928	50명
치밭목산장	전화없음	40명
지리산국립공원관리사무소	055-972-2114	
남부사무소	061-783-9104	
북부사무소	063-625-8910	

백무동

느티나무산장 식당
마천면 강청리 169-3
055-962-5345

지리산흑돼지촌
마천면 가흥리 529-10
055-962-6689

옛고을펜션 식당
함양군 마천면 강청리
055-963-4037

뱀사골

지리산산채정식
남원시 산내면 부운리
063-625-9670

지리산파크텔
산내면 부운리 239-2
063-626-2114

화엄사

그옛날산채식당
구례군 마산면 황전리
061-782-4439

샤넬모텔
마산면 황전리
061-783-6262

대원사

소막골산장 민박
산청군 삼장면 평촌리
055-972-5369

큰바구계곡가든 펜션
삼장면 대원사 입구
055-973-1669

명소

섬진강

중산 자연휴양림
055-972-0675

산청장날 1일, 5일
구례장날 3일, 8일
마천장날 5일, 10일
화개장날 1일, 6일

성제봉(聖帝峰) 1115.5m

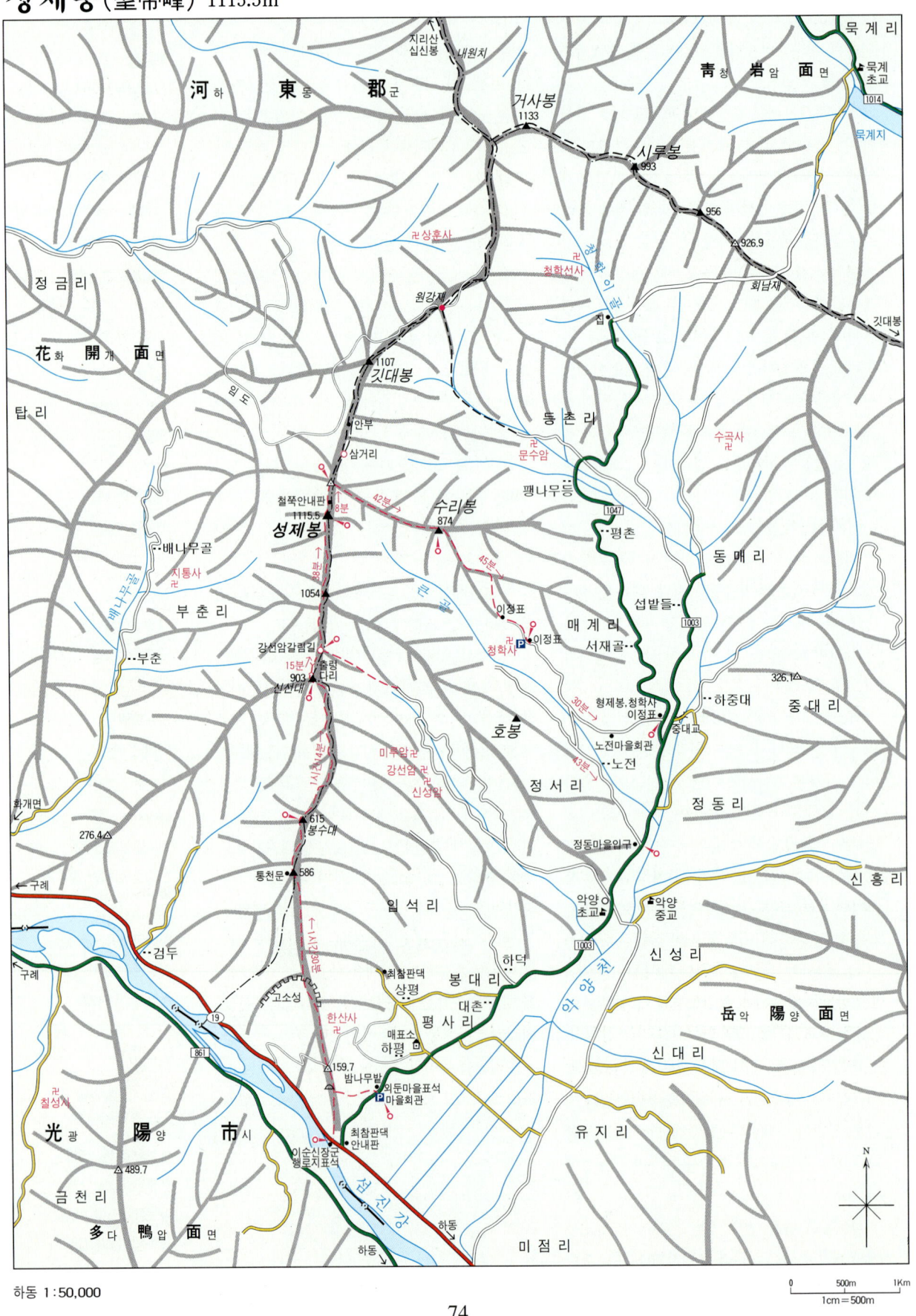

하동 1:50,000

성제봉

경상남도 하동군 악양면(慶尙南道 河東郡 岳陽面)

📖 개요

성제봉(聖帝峰, 1115.5m)은 지리산 영신봉에서 남쪽으로 뻗어가는 능선이 삼신봉, 시루봉을 지나서 솟은 산이다. 소나무가 많고 억새밭 철쭉 등 다양한 형태이며 바위가 많고, 등산로는 뚜렷한 편이며 신선대 출렁다리가 명물이다. 성제봉 동쪽 하동군 악양면은 30개 마을 14리로 구성되어 있으며 하나의 골이 한 면이다. 소설 토지(土地)로 널리 알려진 평사리 상촌마을 최 참판 댁은 옛 모습을 복원하여 관광지가 되었다.

산행은 평사리 외둔마을에서 북쪽 주능선을 타고 정상에 오른 뒤, 하산은 북쪽 삼각점봉에서 동쪽능선을 타고 청학사로 하산한다. 정상에서 큰골을 따라 하산하였으나 상수원 오염관계로 폐쇄되고, 정상에서 북쪽으로 8분 거리 삼각점봉에서 동쪽 능선을 타고 청학사로 내려간다.

🚶 등산로(총 6시간 55분 소요)

외둔마을회관 → 90분 → 봉수대 → 74분 →
신선대 → 15분 → 강선암갈림길 → 38분 →
성제봉 → 8분 → 삼각점봉 → 42분 →
수리봉 → 45분 → 청학사 → 43분 →
정동마을 입구

신선봉에서 성제봉으로 가는 명물 출렁다리

하동 구례 간 19번국도 악양면 평사리 입구에서 북쪽 도로를 따라 약 300m 거리에 이르면 외둔마을 노인정 주차장이 있다. 주차장에서 도로를 건너 오른편으로 마을길을 따라 서쪽 능선을 보면서 농로를 따라 8분을 올라가면 고개가 나온다. 고개에서 북쪽 능선길을 따라 13분을 가면 포장도로가 나온다. 포장도로를 가로질러 능선길을 타고 11분을 가면 한산사로 가는 갈림길이 나온다. 갈림길에서 계속 북쪽 능선길을 따라 11분을 가면 고성문을 통과하고, 5분을 가면 안부를 지나며, 다시 12분을 오르면 철사다리를 통과하고, 3분 거리에 이르면 바위굴 통천문이 나온다. 통천문을 통과하여 25분 거리에 이르면 돌무더기 봉수대에 닿는다.

봉수대에서 18분을 내려가면 갈림길이 나오고, 10분을 오르면 쉼터 너럭바위에 닿는다. 너럭바위를 지나 8분을 오르면 철사다리를 오르고, 4분 거리에 전망바위에 오른다. 전망바위를 지나서 능선길을 타고 34분을 오르면 바위사이로 이어져 신선대에 선다.

신선대에서 북쪽으로 출렁다리를 건너 15분 거리에 이르면 강선암 갈림길에 닿는다.

갈림길에서 계속 북릉을 타고 간다. 이 지역은 철쭉군락 지역으로 18분을 오르면 헬기장을 통과하고, 20분을 더 오르면 표지석이 있는 성제봉 정상이다.

하산은 북쪽 8분 거리 삼거리 삼각점봉에서 동쪽 능선을 탄다. 정상에서 북쪽으로 1분 거리 우측으로 하산길이 있으나, 이 길은 상수원 보호구역으로 출입을 통제한다. 계속 북쪽으로 4분 거리에 이르면 중간 철쭉 안내문이 있는 봉에 닿고, 여기서 3분을 더 진행하면 삼거리 삼각점이 있는 봉에 닿는다.

삼거리에서 오른편 동쪽 청학사 길을 따라 내려가면 바윗길이 시작되어 16분을 가면 너럭바위 쉼터가 나온다. 쉼터를 지나 2분 거리에 이르면 바위굴을 통과한다. 계속 바윗길을 타고 8분을 내려가면 키 큰 산죽밭으로 이어지고, 16분을 내려가면 바위봉 수리봉에 닿는다.

수리봉을 내려서 뚜렷한 능선길을 따라 내려가면 급경사로 이어져 30분을 내려가면 능선에서 오른쪽 계곡으로 내려간다. 물이 없는 계곡을 지나서 지능선으로 이어져 11분 내려가면 임도에 닿는다. 임도를 따라 4분을 내려서면 청학사 주차장이다. 여기서 소형차로를 따라 43분을 내려가면 정동마을 입구에 닿는다.

자가운전

남해고속도로 하동IC에서 빠져나와 우회전 ⇨ 19번 국도를 타고 악양면 평사리 입구에서 우회전 ⇨ 300m 외둔마을회관 주차장.

대중교통

하동에서 1시간 간격으로 운행하는 하동-악양면 간 버스 이용, 19번 국도변 평사리 입구 하차. 호남 방면에서는 구례에서 하동행 버스 이용, 악양면 평사리 입구 하차. 하산 후에는 악양면소재지에서 1시간 간격으로 운행하는 하동행 버스 이용.

식당

여성식당 재첩
하동읍 광택리 하동고교 앞
055-884-0080

강변회식당 민물
하동군 화개면 화개장터
055-883-4280

숙박

월드파크
하동읍 흑룡리 1608
055-883-2022

명소

섬진강
최 참판 댁
화개장터

악양장날 1일, 6일
화개장날 1일, 6일

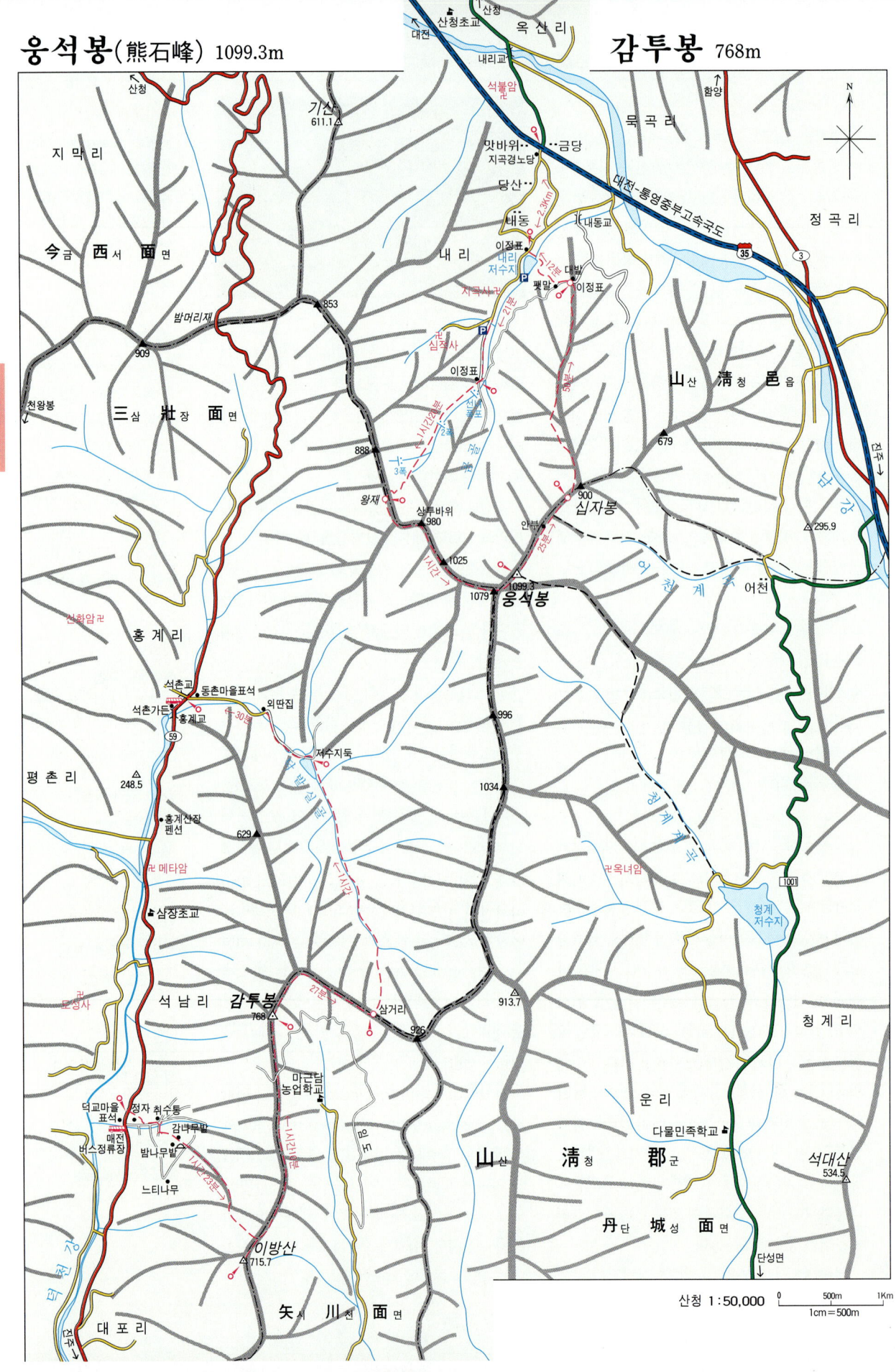

웅석봉 · 감투봉

경상남도 산청군 산청읍, 단성면(慶尙南道 山淸郡 山淸邑, 丹城面)

개요

웅석봉(熊石峰. 1099.3m)은 산청읍 남쪽 편에 높이 솟은 산이다. 동쪽은 남강과 대진고속도로가 지나가고, 서쪽으로 멀리 지리산이다. **감투봉**(768m)은 웅석봉에서 남쪽 능선으로 이어져 약 8km 거리에 위치한 산이다. 닥밭실골은 계곡이 깊고 물이 많아 우기 때는 산행을 삼가야 한다

등산로

웅석봉 (총 5시간 8분 소요)

저수지둑 → 21분 → 선녀탕 → 80분 → 왕재 → 60분 → 웅석봉 → 25분 → 갈림길 → 50분 → 임도 → 12분 → 저수지둑

내리 저수지 둑에서 10분을 가면 지곡사를 지나서 심적사 갈림길이 나온다. 갈림길에서 왼쪽으로 11분을 가면 꼬부라지는 지점에 왕재로 가는 산길이 나온다.

여기서 오른쪽 산길을 따라 가면 두 번째 폭포 위에서 계곡을 건너며 너덜지대가 많은 길로 이어지고, 세 번째 폭포를 지나 가파른 길을 따라 오르면 삼거리 왕재에 닿는다.

왕재에서 왼쪽 뚜렷한 주능선을 따라 가면 상투바위, 1025봉을 지나면 안부가 나오고 안부 공터에서 주능선을 따라 올라가면 삼거리 산불감시초가 있는 웅석봉이다. 왕재에서 1시간 거리다.

하산은 북쪽 능선을 탄다. 급경사인 북릉을 따라 내려가면 안부가 나오고, 이어서 900봉 전에 왼편 비탈길이 나온다. 정상에서 25분 거리인 이 갈림길에서 왼쪽 비탈길로 간다. 왼쪽 비탈길로 가면 다시 북쪽 지능선으로 하산길이 이어진다. 북쪽으로 난 능선을 따라 가면 암릉길을 지나서 완만한 길로 이어져 내려간다. 갈림길에서 50분을 내려가면 임도에 닿는다.

임도에서 왼쪽 임도를 따라 200m 가면 팻말이 있고, 오른쪽으로 내려가는 샛길이 나온다. 샛길을 따라 4분 내려간 갈림길에서 오른쪽으로 5분 거리에 저수지 둑이다.

이방산-감투봉 (총 5시간 28분 소요)

덕교 → 83분 → 이방산 → 70분 → 감투봉 → 30분 → 삼거리 → 25분 → 닥밭실골 → 30분 → 저수지 → 30분 → 홍계리

덕교리 마을표석에서 동쪽으로 마을길을 따라 5분을 가면 상수원물통을 지나서 오거리가 나온다. 오거리에서 맨 오른쪽 길을 따라 다리를 건너가면 농로가 끝나고 왼쪽으로 밭길이 나온다. 양편이 감나무 밭 사이로 밭길을 따라 3분을 올라가면 묘가 나오고 바로 능선으로 오른다. 이 산길은 완만한 능선길로 가다가 경사진 길로 이어져 1시간을 올라가면 주능선 삼거리에 닿는다. 삼거리에서 오른쪽 경사진 길로 15분을 올라가면 이방산 정상이다.

하산은 감투봉을 향해 올라왔던 길로 10분 가면 삼거리가 나온다. 이 삼거리에서 북쪽 능선을 따라 가면 완만한 능선길로 이어진다. 수목이 우거져 하늘이 잘 보이지 않는 주능선 길을 따라 40분을 가면 임도가 나온다. 임도를 가로질러 산길로 올라가면 경사진 길로 이어져 20분을 올라가면 헬기장이 있는 감투봉 정상이다.

하산은 북서 방면으로 20분을 능선 따라 가다가 다시 직각으로 오른쪽으로 꺾어져 길이 이어진다. 10분가량 능선을 따라 내려가면 닥밭실골 삼거리가 나온다. 이 삼거리에서 왼쪽 지능선을 탄다. 북쪽인 왼편 지능선을 따라 내려가면 산죽 밭이 이어지고, 태고적 하산길로 이어져 내려가면 닥밭실골에 닿는다. 고개에서 25분 거리다.

이 계곡은 물이 많고 깊은 곳이 많으며 비가 많이 올 때는 위험하다. 여기서부터 계곡을 따라 하산하는데 계곡을 넘나들면서 태고적 울창한 숲속을 맑은 물과 함께 산행이 계속되어 30분 내려가면 저수지 둑이다. 여기서부터 소형차로를 따라 30분을 내려가면 홍계리 동촌마을 버스 정류장이다.

자가운전

웅석봉: 대진고속도로 산청IC에서 빠져나와 우회전 ⇨ 100m에서 좌회전 ⇨ 산청군청에서 우회전 ⇨ 내리(지곡) 5km 내리 저수지 주차장.

감투봉: 대진고속도로 단성IC에서 빠져나와 우회전 ⇨ 20번 국도를 타고 시천면에서 우회전 ⇨ 59번 국도를 따라 삼장면을 지나서 덕교리 덕교 주차.

대중교통

웅석봉: 서울남부터미널에서 산청행 1일 6회. 부산·진주에서 산청행 버스 이용, 산청에서 산행기점 지곡까지는 택시 이용.

감투봉: 진주에서 홍계행 버스(1일 9회) 이용, 덕교 하차. 산청에서는 택시 이용.

식당

춘산식당(한식)
산청읍 옥산리 444-1
055-973-2804

허준약초골(흑돼지)
산청읍 지리
055-973-0736

숙박

리앙스모텔
산청읍 산청리 192-4
055-972-7756

온천

산청온천
산청읍 지리 166
055-973-2222

산청장날 1일, 6일

둔철산(屯鐵山) 811.7m   정수산(淨水山) 841m

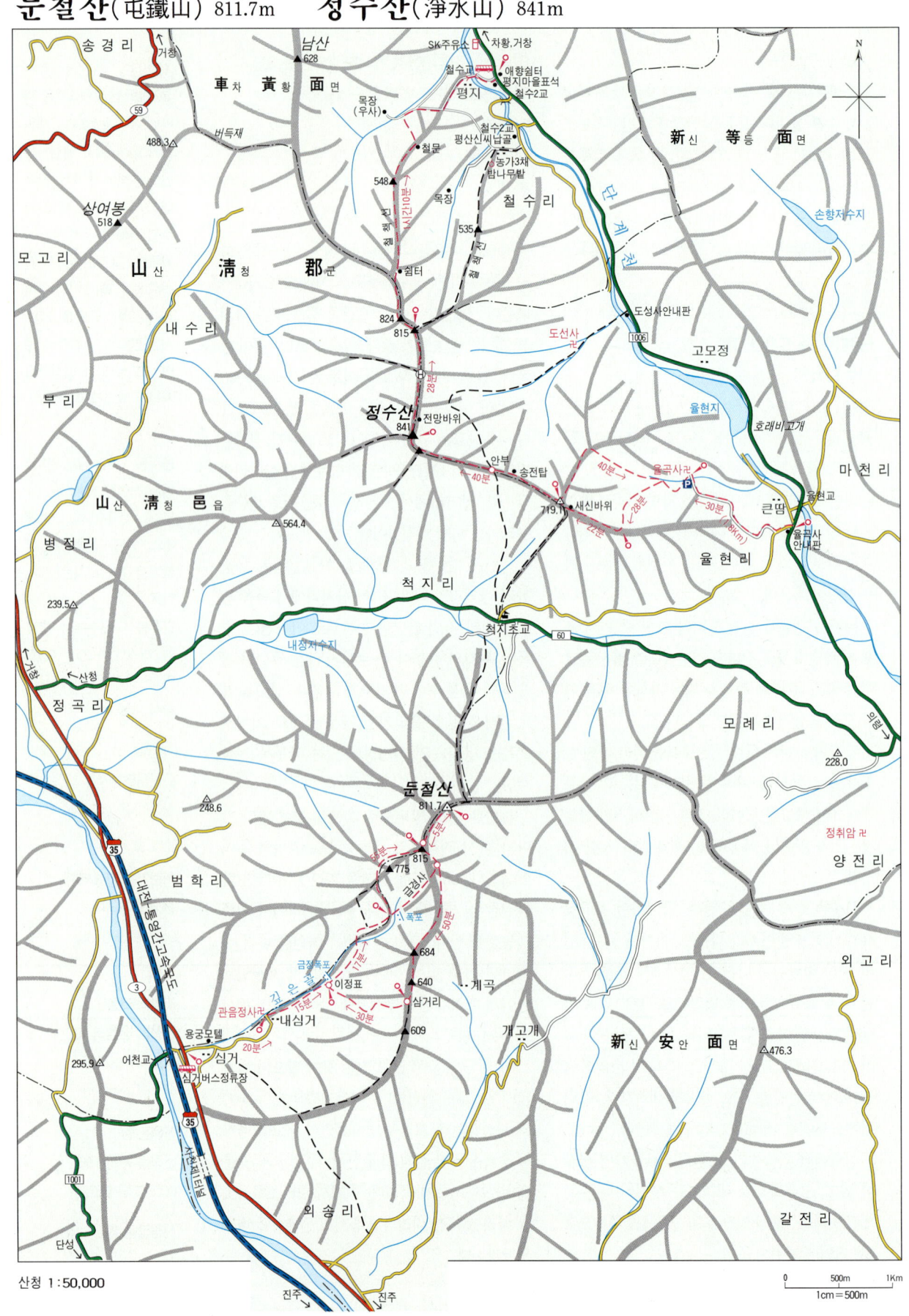

둔철산 · 정수산

경상남도 산청군 산청읍, 신등면, 신안면(慶尙南道 山淸郡 山淸邑, 新等面, 新安面)

개요

둔철산(屯鐵山, 811.7m)은 경호강을 사이에 두고 웅석봉과 동서로 마주하고 있는 산이다.

산행은 내심거마을을 출발 폭포에서 왼쪽 능선을 타고 정상에 오른 다음, 하산은 왼편 남릉을 타고 684봉을 지난 삼거리에서 내심거마을로 원점회귀 산행이다.

정수산(淨水山, 841m)은 정상 남쪽 편에 기암절벽인 새신바위가 있고, 그 아래에는 고찰 율곡사가 자리하고 있다.

등산로

둔철산 (총 4시간 42분 소요)

심거마을 입구 → 35분 → 금정폭포 → 77분 → 둔철산 → 50분 → 능선삼거리 → 30분 → 금정폭포 → 30분 → 심거 입구

3번 국도변 경호강휴게소에서 산청 쪽으로 3km 외송리 심거마을 초입에 들어서면 좌측에 용궁모텔이 있다. 모텔 앞 마을길을 따라 20분을 올라가면 큰 느티나무가 있는 내심거마을 삼거리가 나온다. 삼거리에서 오른쪽 길로 들어가면 계곡과 밭 사이로 산길이 이어져 15분을 가면 왼편에 금정폭포가 있는 삼거리가 나온다.

삼거리에서 직진해서 계곡길을 따라 17분을 올라가면 우측에 폭포가 있는 삼거리가 나온다.

삼거리에서 왼쪽 언덕으로 난 등산로를 따라가면, 경사가 심한 좌측능선으로 이어져 30분을 올라가면 삼거리 첫 번째 봉을 만난다. 삼거리에서 우측 능선을 따라가면 815봉 삼거리다. 삼거리에서 왼편 북쪽 능선을 따라 500m 가면 둔철산 정상이다.

하산은 500m 거리 815봉 삼거리로 되돌아온 다음, 왼쪽 능선을 탄다. 동남쪽 주능선으로 5분을 내려가면 삼거리가 또 나온다. 삼거리에서 우측으로 내려가면 폭포로 쉽게 하산길이다. 삼거리에서 왼쪽 능선을 탄다. 왼쪽 능선을 타고 가면 바윗길로 이어져 사방을 관찰하면서 산행을 할 수 있으며, 40분을 가면 바위를 돌아가고 684봉, 한씨 묘, 640봉을 내려서면 묘가 있는 삼거리가 나온다.

이 삼거리에서 오른편 동쪽으로 내려서 계곡길을 따라 30분을 내려가면 금정폭포 삼거리가 나오고, 여기서부터 올라왔던 코스 그대로 내려간다.

정수산(총 4시간 38분 소요)

율곡사 입구 → 30분 → 율곡사 → 50분 → 719.1봉 → 40분 → 정수산 → 28분 → 815봉 → 70분 → 성황당

율곡사 입구 안내판에서 소형차로를 따라 30분을 올라가면 율곡사 주차장이 나온다. 주차장 왼쪽 등산로를 따라가면 작은 능선을 넘어 비탈길로 가다가 계곡을 지나서 28분을 오르면 주능선에 닿는다. 주능선에서 오른쪽 능선을 따라 16분을 올라가면 새신바위 위에 닿는다. 새신바위에서 북쪽 주능선을 따라 6분을 가면 719.1봉에 닿고 조금 더 내려서면 오른쪽으로 갈림길이 나온다.

갈림길에서 왼편 북쪽 능선을 따라 13분을 내려가면 안부 4거리가 나온다. 안부에서 북쪽능선을 따라 27분을 오르면 정수산 표지석이 있는 삼거리이고, 북쪽으로 60m 거리에 정상 표지석이 또 있다.

표지석에서 계속 북쪽 능선을 따라 14분을 가면 헬기장 갈림길이 나온다. 갈림길에서 오른쪽 주능선을 따라 14분 거리에 이르면 815봉 갈림길이 나온다.

갈림길에서 왼편 북쪽 능선을 탄다. 북쪽 능선 길은 왼편으로 철책과 나란히 이어지며 억새와 잡목이 우거져 보행이 쉽지 않다. 하지만 산길은 뚜렷하고 리본이 많은 편이므로 길 잃을 염려는 없다. 815봉에서 25분 내려가면 잡목이 없고 소나무 길로 이어진다. 다시 36을 더 내려가면 철문을 통과하여 목장에 닿는다. 여기서 목장길을 따라 가면 2번째 갈림길에서 왼쪽 길을 따라 가며 철수교 건너 도로에 닿는다.

자가운전

둔철산은 대진고속도로, 남해고속도로 산청IC에서 빠져나와 산청읍에서 진주 방면 3번 국도를 타고 10km 외송리 고속도로 밑을 통과하자마자 심거마을입구로 좌회전 ⇨ 1.5km 내심거마을 주차.

정수산은 산청에서 진주 방면 3번 국도를 타고 5km 삼거리에서 좌회전 ⇨ 60번 지방도를 따라 신등면 삼거리에서 좌회전 ⇨ 1006번 지방도 2km 율곡사 주차.

대중교통

둔철산 : 산청에서 심거마을입구 1시간 간격 버스 이용, 심거마을 입구 하차.

정수산 : 산청에서-원지 경유-율곡리-철수리행 군내버스(08:00 12:00 13:00 17:00) 이용, 율곡사 입구 하차.

식당

허준약초골(흑돼지)
산청읍 지리
055-973-07369

춘산식당(한식)
산청읍 옥산리 444-1
055-973-2804

숙박

리앙스모텔
산청읍 산청리 192-4
055-972-7756

온천

산청온천
산청읍 지리 166
054-973-2222

산청장날 1일, 5일

필봉산(筆峰山) 858m   왕산(王山) 923.2m

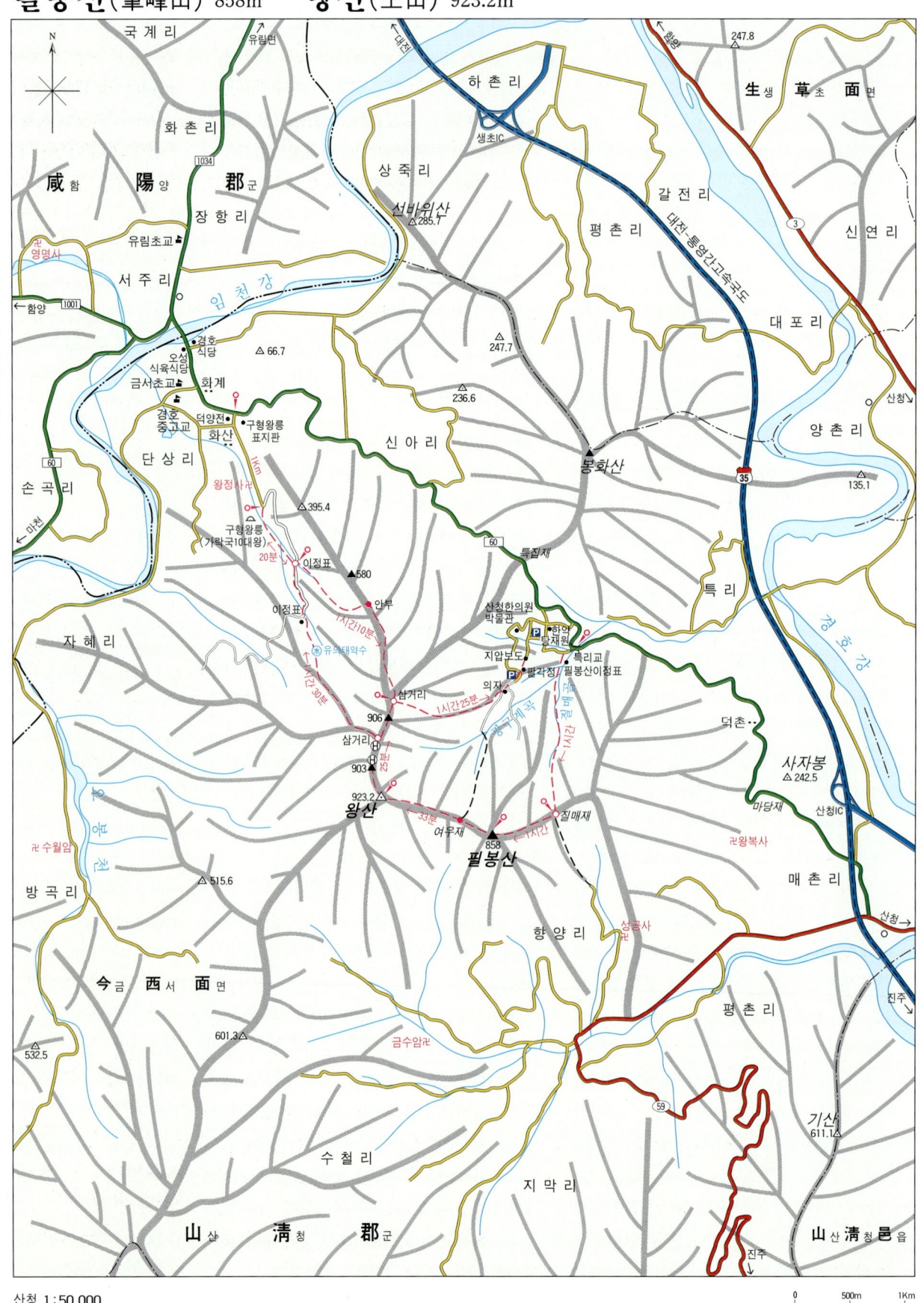

필봉산·왕산
경상남도 산청군 금서면(慶尙南道 山淸郡 今西面)

개요

왕산(王山, 923.2m)은 옛날 가락국의 궁전 이름인 태왕궁의 이름을 따서 태왕산으로 불리기도 했고, 수호왕이 말년에 이 산에서 휴양을 했다고 가락국 양왕신도비에 새겨져 있기도 한 이 산은, 가락국의 왕과 많은 사연이 있음을 알려준다. 당국에서 많은 역사 자료를 기록해 놓았고, 왕산 기슭에는 유의태에 대한 기록과 유의태 약수터가 있으며 구형왕릉이 있다.

필봉산(筆峰山, 858m)은 바위봉이며 왕산과 여우재를 사이에 두고 불과 1.5km 지점에 위치하고 있으며 산기슭에는 산청한의박물관이 있다.

필봉산과 왕산은 가까운 능선에 연결되어 있고, 두 산을 종주하여도 5시간 산행이면 충분하므로 종주산행이 바람직하다.

산행은 필봉산과 왕산 북쪽에 위치한 특리교에서 시작하여 필봉산을 먼저 오른다. 필봉산에서 서쪽 주능선을 타고 왕산에 오른 후에, 구형왕릉으로 하산을 하거나 또는 906봉을 경유하여 산청한의박물관을 거쳐 특리교로 하산한다.

등산로

필봉산-왕산(총 5시간 23분 소요)

특리교 → 60분 → 질매재 → 60분 →
필봉산 → 33분 → 왕산 → 25분 →
삼거리 → 85분 → 특리교

산청군 금서면에서 60번 지방도를 따라 유림면 쪽으로 가면, 약 5km 거리에 특리 강구폭포 위에 특리교가 나온다. 특리교에서 바로 산청한의박물관 입구로 들어가서 약 40m 가면 왼쪽으로 필봉산 등산로가 나온다. 이 지점에서 왼쪽 산길로 간다. 왼쪽 산길로 접어들어 가면 계곡을 건너가게 된다. 이 계곡을 건너서 계곡길을 따라가면 폭포가 나온다. 폭포에서 왼쪽 길로 접어들어 50분을 올라가면 능선 질매재에 닿는다.

질매재에서 오른쪽으로 능선을 따라 1시간을 올라가면 표지석이 있는 필봉산 정상이다.

왕산의 유의태약수터

필봉산 정상에 서면 사방이 막힘이 없다. 주변은 온통 절벽이며 대전통영고속도로가 시원하게 바라보인다. 필봉산에서 왕산을 향해 서쪽 경사진 길로 내려서면, 우거진 숲길로 이어져 8분을 내려가면 여우재에 닿는다. 여우재에서 5분 거리인 무덤을 통과하여 20분을 올라가면 왕산 정상이다.

정상은 사방이 막힘이 없고 조망이 빼어나다. 필봉산은 바위봉에 비해 왕산은 육산으로 번번하다. 왕산 정상에서 서쪽 조망이 일품이다.

왕산 정상에서 하산은 북릉을 탄다. 북릉을 따라 13분을 내려가면 헬기장이 있고, 이어서 다시 헬기장이 나오며 조금 지나면 유의태 약수터로 내려가는 삼거리가 나온다.

삼거리에서 왼쪽은 유의태약수터로 하산길이다. 한의박물관 쪽은 능선으로 직진한다. 계속 능선을 따라 10분 거리에 이르면 906봉이 나오고 100m 더 내려가면 또 삼거리가 나온다. 여기서 직진은 구형왕릉 방면 하산길이고 한의박물관은 오른쪽이다.

이 삼거리에서 오른쪽으로 들어서면 비탈길로 이어진다. 비탈길을 따라 가면 906봉에서 내려오는 지능선을 만난다. 여기서부터 지능선을 따라 내려간다. 능선을 따라 내려가면 전망바위가 나오고, 전망바위를 내려가면 운동시설이 나온다. 운동시설을 내려서 임도를 따라 내려가면 팔각정이 나온다. 갈림길에서 1시간 거리다. 팔각정에서 계단길을 따라 내려가면 산청한의박물관을 통과하여 25분을 내려가면 특리교에 닿는다.

자가운전

경부-대진고속도로, 남해-대진고속도로 산청IC에서 빠져나와 60번 지방도를 타고 금서면에서 유림면 화계리 쪽으로 가다가 특리 산청한의박물관 주차.

대중교통

서울남부터미널에서 산청행 버스(1일 7회) 이용, 부산시외버스터미널에서 함양행 버스 이용, 산청 하차. 산청에서 화계리 간 군내버스(1일 9회) 왕복 운행 이용, 산청한의박물관 하차.
유의태약수터 쪽은 구형왕릉 입구 하차.

식당

경호식육식당(흑돼지)
산청군 금서면 주상리 235
055-973-0059

오성식육식당(흑돼지)
산청군 금서면 주상리
055-943-9996

숙박

리앙스모텔
산청읍 산청리 192-4
055-972-7756

온천

산청온천
산청읍 지리 166
055-973-95979

명소

구형왕릉
덕양전

산청장날 1일, 6일

삼봉산(三峰山) 1186.7m   백운산(白雲山) 902.7m

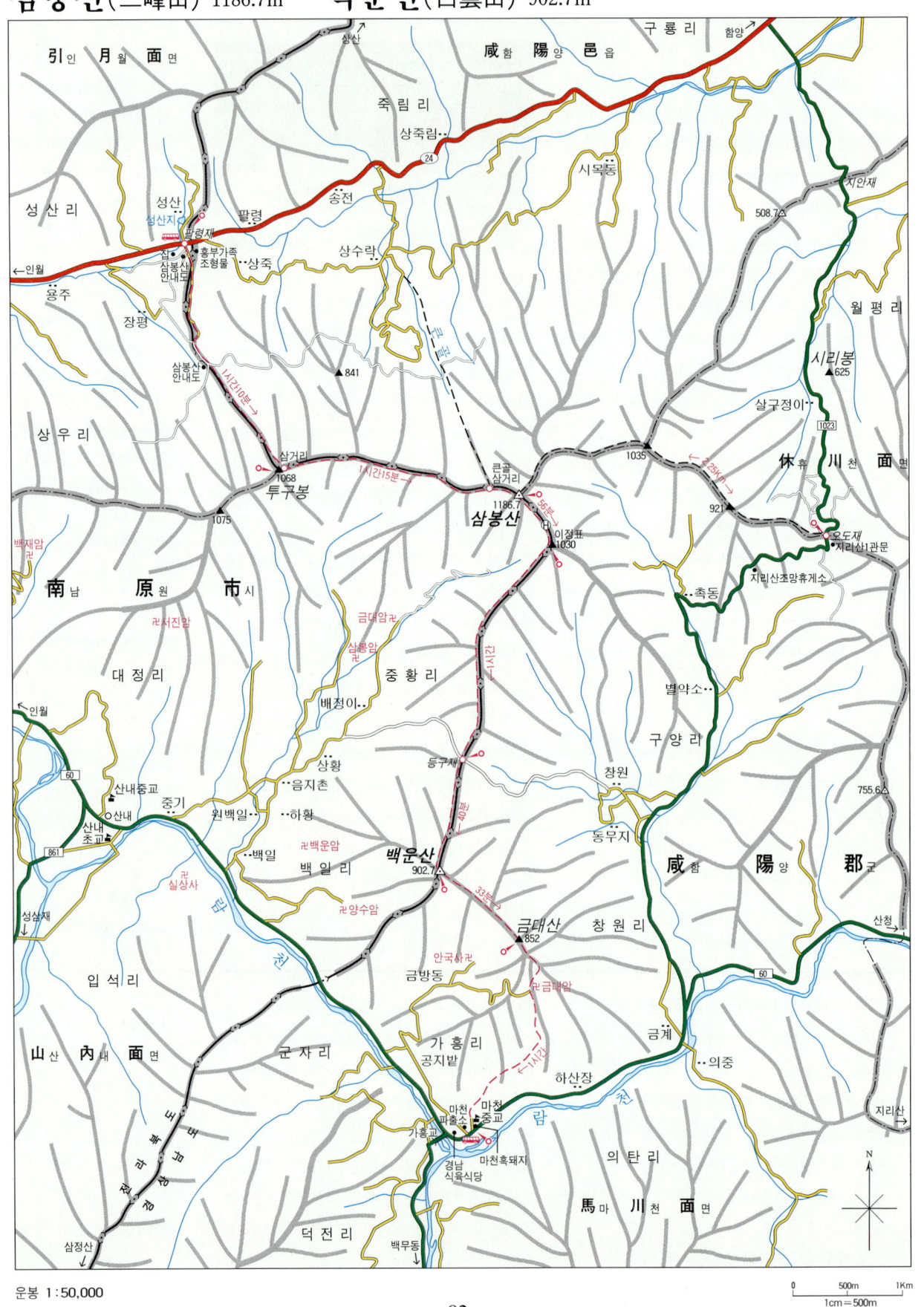

삼봉산 · 백운산

경상남도 함양군 · 전라북도 남원시(慶尙南道 咸陽郡 · 全羅北道 南原市)

개요

삼봉산(三峰山, 1186.7m)과 **백운산**(白雲山, 902.7m)은 지리산 백무동으로 가는 입구 남원시 산내면 실상사 북동쪽에 위치한 산이다. 전체적으로 완만한 산세를 이루고 있으며 주능선에 서면 남쪽으로 거대한 지리산 주능선이 웅장하게 펼쳐 보인다. 산행기점 팔령은 흥부전의 성산마을이 있고, 하산지점인 마천은 지리산 등산기점인 백무동 입구이다.

산행은 팔령재에서 시작하여 투구봉을 경유하여 동릉을 타고 삼봉산에 오른다. 삼봉산에서 하산은 남릉을 타고 등구재를 경유하여 백운산, 금대봉을 거쳐 금대암을 경유하여 마천파출소로 하산한다. 간단한 산행은 팔령에서 투구봉을 경유하여 삼봉산에 오른 뒤, 동쪽 능선을 타고 오도재로 하산하거나 그 반대로 한다.

백운산과 금대봉만의 산행은 산내면 중황리나, 마천면 구양리에서 임도를 따라 동구재에 오른 후에, 백운산, 금대봉을 경유하여 금대암 마천중학교로 하산한다.

삼봉산 정상

등산로

삼봉산-백운산(총 7시간 34분 소요)

팔령재 → 70분 → 투구봉 → 75분 →
삼봉산 → 56분 → 1030봉 → 60분 →
동구재 → 40분 → 백운산 → 33분 →
금대봉 → 60분 → 마천중학교

팔령재 남단 삼봉산 안내도에서 남쪽으로 난 농로를 따라 14분을 가면 임도삼거리가 나온다. 임도삼거리에서 왼쪽 임도로 5분을 가면 삼봉산 이정표 임도갈림길이 나온다. 임도 갈림길에서 직진하여 7분을 올라가면 우측으로 희미한 갈림길이 나오는데 왼쪽 능선으로 오른다. 능선길 왼쪽은 잣나무 길이다. 급경사 능선길을 따라 15분을 오르면 이정표가 있는 쉼터가 나온다. 쉼터를 지나서 29분을 오르면 투구봉 전 안부 삼거리에 닿는다.

삼거리에서 오른쪽으로 2분을 오르면 표지석이 있는 투구봉이다. 투구봉에 오르면 사방이 막힘이 없고 지리산 일대가 시야에 들어온다. 투구봉에서 다시 삼거리로 내려와 동릉을 타고 40분 거리에 이르면 의자가 있는 쉼터가 나온다. 쉼터에서 계속 동릉을 타고 17분을 가면 큰 골에서 오르는 삼거리가 나온다. 삼거리에서 급경사 길을 타고 16분을 더 오르면 삼봉산 정상이다. 정상은 삼거리이며 협소한 편이다.

정상에서 바라보면 지리산 천왕봉 일대가 바로 가까이 시야에 들어오고, 지리산 서부 백무동 일대가 속속들이 내려다보인다.

하산은 두 길이 있다. 삼봉산만을 계획하면 동쪽 능선을 타고 오도재로 하산한다(2.25km 약 1시간 소요).

백운산 금대봉까지 종주산행은 남쪽 능선을 탄다. 동남쪽 능선을 따라 51분을 내려가면 헬기장에 닿고, 5분 거리에 이르면 이정표가 있는 1030봉에 닿는다. 1030봉에서 능선이 서남쪽으로 휘어져 1시간을 내려가면 임도가 있는 등구재에 닿는다.

등구재에서 남쪽으로 임도를 따라 22분 거리에 이르면 오솔길로 좁아지면서 18분을 더 오르면 삼거리에 표지석이 있는 백운산 정상이다.

백운산 정상에서 동남쪽으로 난 능선을 따라 33분을 가면 산불초소가 있는 금대봉이다.

하산은 동남쪽으로 내려가면 50m 거리에 갈림길이 나온다. 갈림길에서 왼쪽 능선길로 간다. 왼쪽 능선을 따라 가면 바위사이로 하산길이 이어지면서 27분을 가면 금대암에 닿는다.

금대암 마당에서 대밭사이로 오솔길을 따라 33분을 내려가면 마천파출소 버스정류장이다.

자가운전

88고속도로 지리산IC에서 빠져나와 우회전 ⇒ 2km 인월사거리에서 좌회전 ⇒ 24번 국도를 따라 약 4km 팔령재 주차.

대중교통

동서울터미널에서 인월 백무동행 직통버스(1일 10회) 이용, 인월 하차(3시간 소요).

부산, 대구, 대전, 광주, 전주에서 함양행 고속버스 이용 후, 함양-인월-백무동 간 시내버스(30~40분) 이용, 팔령재 하차. 하산지점 마천파출소 앞에서 백무동-함양 간 시내버스 이용, 인월, 팔령재, 함양 방면 이용.

식당

고향촌(흑돼지)
남원시 인월면 인월리 210
063-636-2602

마천흑돼지
함양군 마천면 가흥리 529-10
055-962-6689

숙박

비치모텔
남원시 인월면 인월리 212-2
063-636-5686

명소

백무동

뱀사골

인월장날 3일, 8일

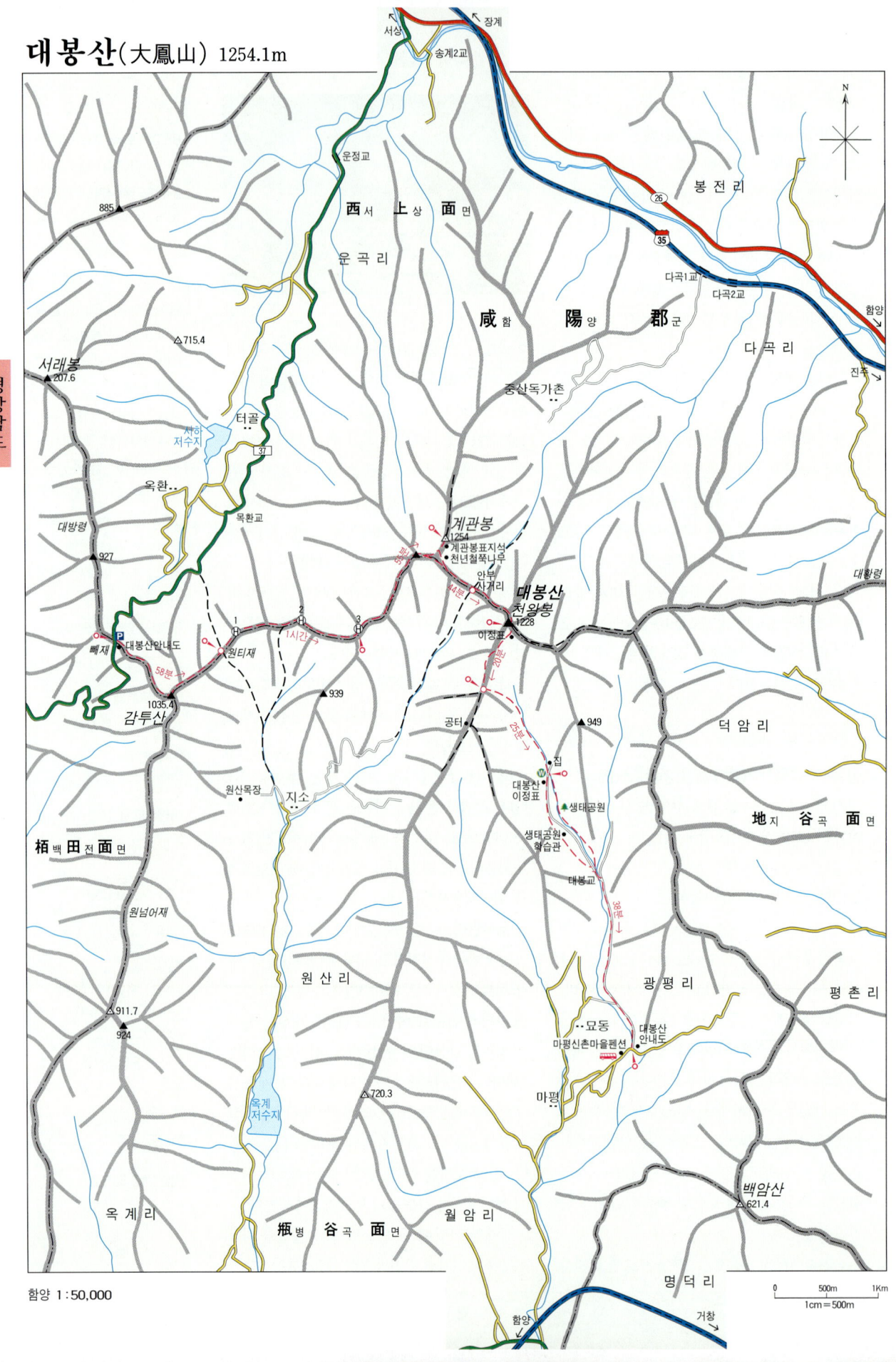

대봉산 (괘관산) 경상남도 함양군 병곡면, 서하면 (慶尙南道 咸陽郡 甁谷面, 西下面)

개요

대봉산(大鳳山. 1254.m)은 백두대간 백운산에서 동쪽 능선으로 뻗어나가 직선거리로 약 6km 지점에 위치한 산이다. 백전면에서 서상면으로 넘어가는 37번 군도 빼재를 사이에 두고 서쪽은 백운산 동쪽은 대봉산이다.

대봉산은 괘관산(掛冠山)으로 명명되어 오다가 2009년 4월 7일 중앙지명위원회에서 산명을 변경하였다. 괘관산은 계관봉으로, 천황봉은 천왕봉으로 명칭을 바꾸고 통합하여 대봉산으로 명명하였다.

대봉산 주능선은 억새가 많고 계관봉은 바위봉이나 전체적인 산세는 육산이라 할 수 있는 산이다.

대봉산은 오르는 곳도 교통이 불편하고 하산지점도 불편하다. 하지만 기점 빼재는 대형차량이 접할 수 있어 그나마 다행이지만, 하산지점은 시멘트 길을 4km 이상 걸어야 대중교통이나 대형버스를 탈 수 있는 불편함이 있다.

산행은 빼재에서 시작하여 주능선을 타고 계관봉에 오른 후에, 천왕(1220m)봉에 오른다.

천왕봉에서 하산은 생태공원 마평, 지소 원산리, 도승산 대광, 지곡면 주안, 서하면 주암 등 다양하다. 그중 생태공원 방면이 여러 지형으로 볼 때 가장 좋은 코스로 본다.

등산로(총 6시간)

빼재 → 58분 → 원터재 → 60분 →
3헬기장 → 55분 → 계관봉 → 44분 →
천왕봉 → 45분 → 생태공원 → 40분 → 마평

빼재에서 동쪽으로 난 뚜렷한 등산로를 따라 38분을 올라가면 감투산에 닿는다. 감투산에서 왼편 능선을 따라 17분을 내려가면 오른쪽 갈림길을 지나서 3분 거리에 이르면 사거리 원터재에 닿는다.

원터재에서 계속 주능선을 따라 17분을 가면

계관봉 정상아래 새워진 계관봉 표지석

첫 번째 헬기장이 나오고, 계속 8분을 가면 갈림길을 통과하며 다시 7분을 가면 두 번째 헬기장이 나온다. 여기서부터 등산로는 경사진 길로 이어져 28분을 오르면 세 번째 헬기장이 나온다.

여기서 서서히 경사진 길은 따라 40분을 오르면 안테나가 있는 봉에 닿고, 여기서 조금 내려서면 삼거리 이정표가 나온다. 삼거리에서 왼쪽으로 8분을 내려가면 안부에 계관봉 표지석이 나온다. 계관봉은 여기서 10분을 오르면 삼각점이 있는 바위봉 계관봉에 닿는다.

계관봉은 협소하고 다소 위험하다. 계관봉에서 하산은 다시 표지석으로 되돌아온 다음, 왔던 길로 조금 가면 왼쪽 비탈길이 나온다. 이 비탈길을 따라 5분을 가면 천년 철쭉나무를 통과하고 다시 9분을 내려가면 주능선으로 이어져 사거리 안부에 닿는다. 사거리 안부에서 직진 23분을 더 오르면 표지석이 있고 돌탑이 많은 천왕봉에 닿는다.

천왕봉에서 하산은 남서쪽으로 30m 내려서면 이정표 삼거리가 나온다. 여기서 생태공원쪽으로 간다. 오른쪽 비탈길을 따라 7분을 가면 오른편 능선으로 이어져 13분을 내려가면 안부 사거리가 나온다. 여기서 왼쪽 생태공원 이정표를 따라 11분을 내려가면 계곡에 닿고, 계곡 오솔길을 따라 14분을 더 내려가면 생태공원 상단부 소형차로에 닿는다.

여기서부터 소형차로를 따라 1시간(3.3km)을 내려가면 마평 버스정류장이다.

자가운전

중부내륙고속도로 서상IC에서 빠져나와 우회전 ⇨ 3km 서하에서 우회전 ⇨ 약 9km 빼재 주차.

대중교통

함양읍 시외버스터미널에서 백전면 신촌행 버스 이용, 신촌 종점 하차(신촌에서 빼재까지 약 3km 1시간 소요).
차는 하산지점에 주차하고 빼재까지 택시 이용.
함양개인택시
011-865-3117

식당

금농
함양읍 교산리 1036-6
055-963-9399

늘봄가든
함양읍 교산리 946-3
055-963-7722

필봉가든
함양읍 교산리 1034-8
055-962-5115

숙박

엘도라도모텔
함양읍 용평리 673-5
055-963-9449

백운산장식당 민박
함양군 백전면 대방 220-1
055-963-7538

명소

상림(함양읍)

함양장날 2일, 7일
안의장날 5일, 10일

백운산(白雲山) 1278.6m 　영취산 1075.6m

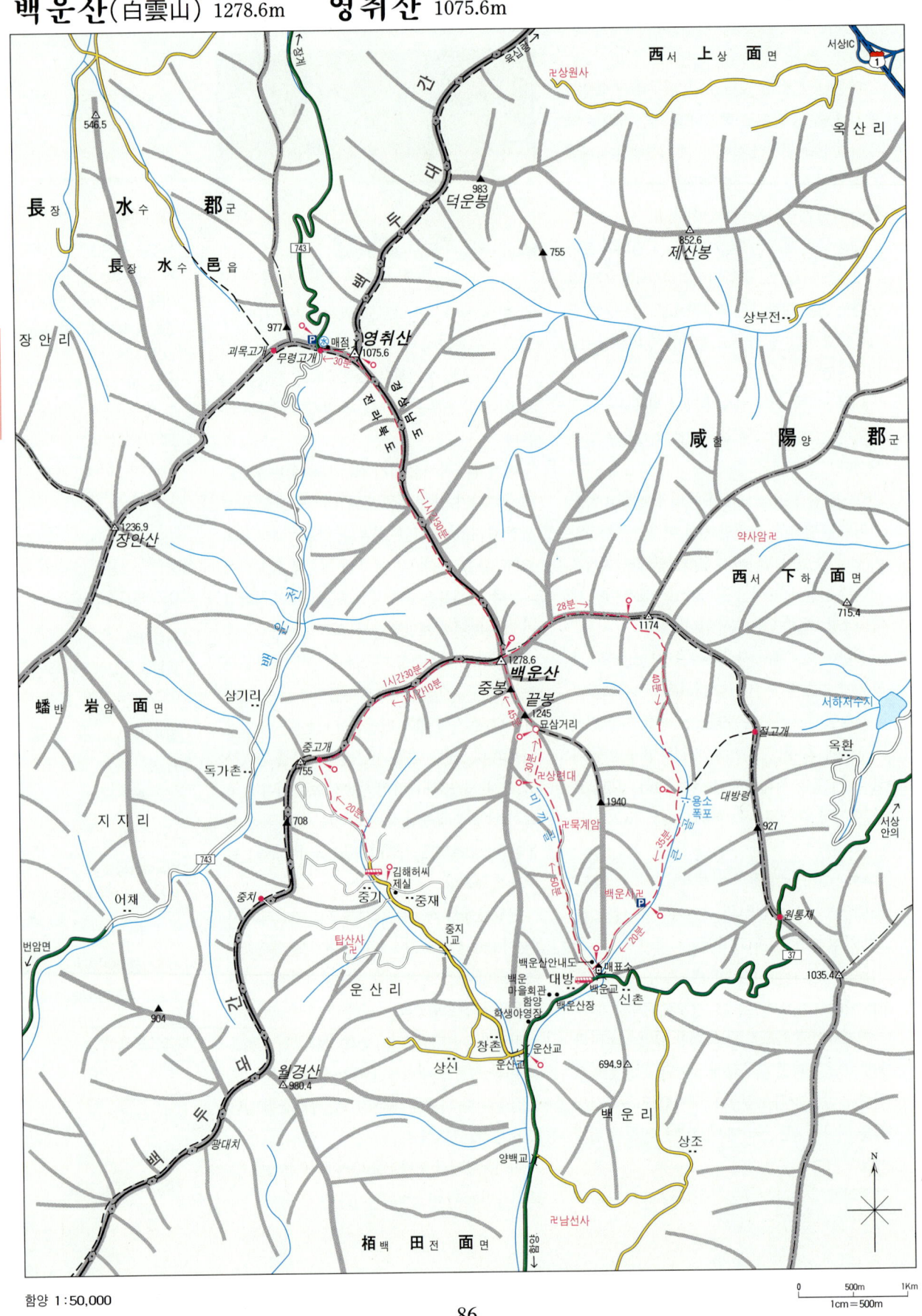

백운산 · 영취산
경상남도 함양군 · 전라북도 장수군(慶尙南道 咸陽郡 · 全羅北道 長水郡)

개요

백운산(白雲山. 1278.6m)은 주능선은 백두대간이며 북쪽으로 영취산, 남덕유산, 덕유산으로 이어지고 남쪽으로 월경산 봉화산으로 이어진다. 백운산 남쪽 산 중턱에는 상련대가 있고, 큰골 입구에는 백운암이 자리하고 있다.

상련대는 대한불교조계종 제 12교구인 해인사의 말사로서 신라 말 경애왕 1년(924) 고운 최치원(孤雲 崔致遠) 선생이 어머니의 기도처로 건립하여 관음 기도를 하던 중 관세음보살이 나타나 상연(上蓮)이라는 이름을 하여 상련대로 부르게 되었다고 전한다.

영취산(靈鷲山. 1075.6m)은 백운산에서 북서쪽으로 뻗어나간 백두대간 주능선 약 3km에 위치하고 있으며, 호남금남정맥의 시작점이다.

백운산으로 오르는 상연대 길

등산로(총 6시간 23분 소요)

백운교 → 50분 → 상련대 → 45분 →
묘삼거리 → 45분 → 백운산 → 28분 →
삼거리 → 40분 → 큰골 → 55분 → 백운교

백운리 백운교 서쪽 초소 뒤 갈림길에서 왼쪽은 상련대 오른쪽은 백운암 이다. 갈림길에서 상련대(上蓮臺) 가는 소형차로를 따라 28분을 가면 묵계암이 나온다. 묵계암을 통과하여 22분을 가면 차도가 끝나면서 상련대가 나온다.

상련대 왼편 뒤 능선으로 등산로가 이어진다. 가파른 능선을 따라 30분을 오르면 묘가 있는 지능선삼거리가 나온다.

묘에서 왼쪽 능선을 따라 26분을 오르면 전망대를 지나서 끝봉에 닿는다. 끝봉에서부터 백운산까지는 평지길이다. 끝봉에서 7분을 가면 전망대 중봉을 지나고, 다시 10분을 가면 중고개에서 올라오는 백두대간 삼거리가 나온다. 삼거리에서 2분 거리에 이르면 헬기장에 대형표지석이 있는 백운산 정상이다.

정상에서 바라보는 조망은 막힘이 없다. 백두대간이 남북으로 펼쳐지고 특히 지리산이 한 폭의 그림처럼 막힘없이 조망된다.

하산은 동릉을 타고 큰골 백운암으로 간다. 동쪽 능선으로 2분 거리에 이르면 이정표가 나온다. 왼쪽은 백운암(원통재)우측은 미개척으로 표시되어 있다. 이정표에서 왼쪽 백운암 방면 능선길을 따라 13분을 내려가면 오른쪽 비탈길로 접어든다. 비탈길을 지나면 오른쪽 능선으로 이어지면서 13분을 지나면 고개 삼거리가 나온다. 삼거리에는 백운암 4.4km 이정표가 있다.

삼거리에서 오른쪽으로 간다. 처음부터 비탈길로 시작하여 8분 정도 가면 너덜지대를 지나서 지능선으로 이어진다. 지능선에서부터 우측 남서 방향으로 하산길이 이어진다. 뚜렷한 지능선 길을 따라 내려가면 가파른 밧줄 지역으로 이어지면서 32분을 내려가면 큰골에 닿는다.

큰골에서부터 계곡을 따라 30분을 내려가면 하과원 갈림길이 나온다. 갈림길에서 계속 직진하여 6분 거리에 이르면 백운암이 나온다. 백운암에서부터 소형차로를 따라 20분 거리에 이르면 백운교에 닿는다.

* 백운산 정상에서 영취산 쪽은 북쪽 주능선을 따라 가면 키를 넘는 산죽밭이 많고 완만한 능선으로 이어져 1시간 30분 거리에 이르면 영취산 정상에 닿는다.

영취산 삼거리에서 오른쪽은 백두대간 육십령 길이고, 왼쪽은 무령고개이다. 금남 호남정맥. 왼편 서쪽능선을 따라 30분을 내려가면 무령고개에 닿는다.

* 중고개 쪽은 백운산 정상에서 남쪽 2분 거리 갈림길에서 우측 서남쪽으로 1시간 10분 거리에 이르면 중고개재에 닿고, 중고개에서 왼쪽으로 15분 내려가면 중기마을에 닿는다.

자가운전

88고속도로 함양IC에서 빠져나와 우회전⇒남원방면 1084번 지방도를 타고 함양을 거쳐 병곡면을 통과한 3km에서 우회전⇒37번 지방도를 타고 백전면을 거쳐 약 8km 거리 백전면 백운리 대방 백운교 입구 주차.

대중교통

동서울-함양 1일 10회 운행하는 고속버스 이용, 대전-함양 1일 3회 운행하는 고속버스 이용, 함양에서 1일 11회 왕복 운행하는 신촌행 버스 이용, 백전면 운산리 백운교 하차.

함양에서 중기행 1일 3회 (06:20, 13:30, 18:20) 버스 이용, 중기에서 함양 1일 (07:00, 14:20, 19:10) 3회 이용.

식당

백운산장식당
함양군 백전면 대방 220-1
055-963-7538

백운산가든
백전면 백운리 302-9
055-963-8123

숙박

백운산장(펜션)
백전면 백운리 302-9
011-9354-8669

명소

상연대

서하장날 3일, 8일
함양장날 2일, 7일

남덕유산(南德裕山) 1507.4m   할미봉 1026.4m

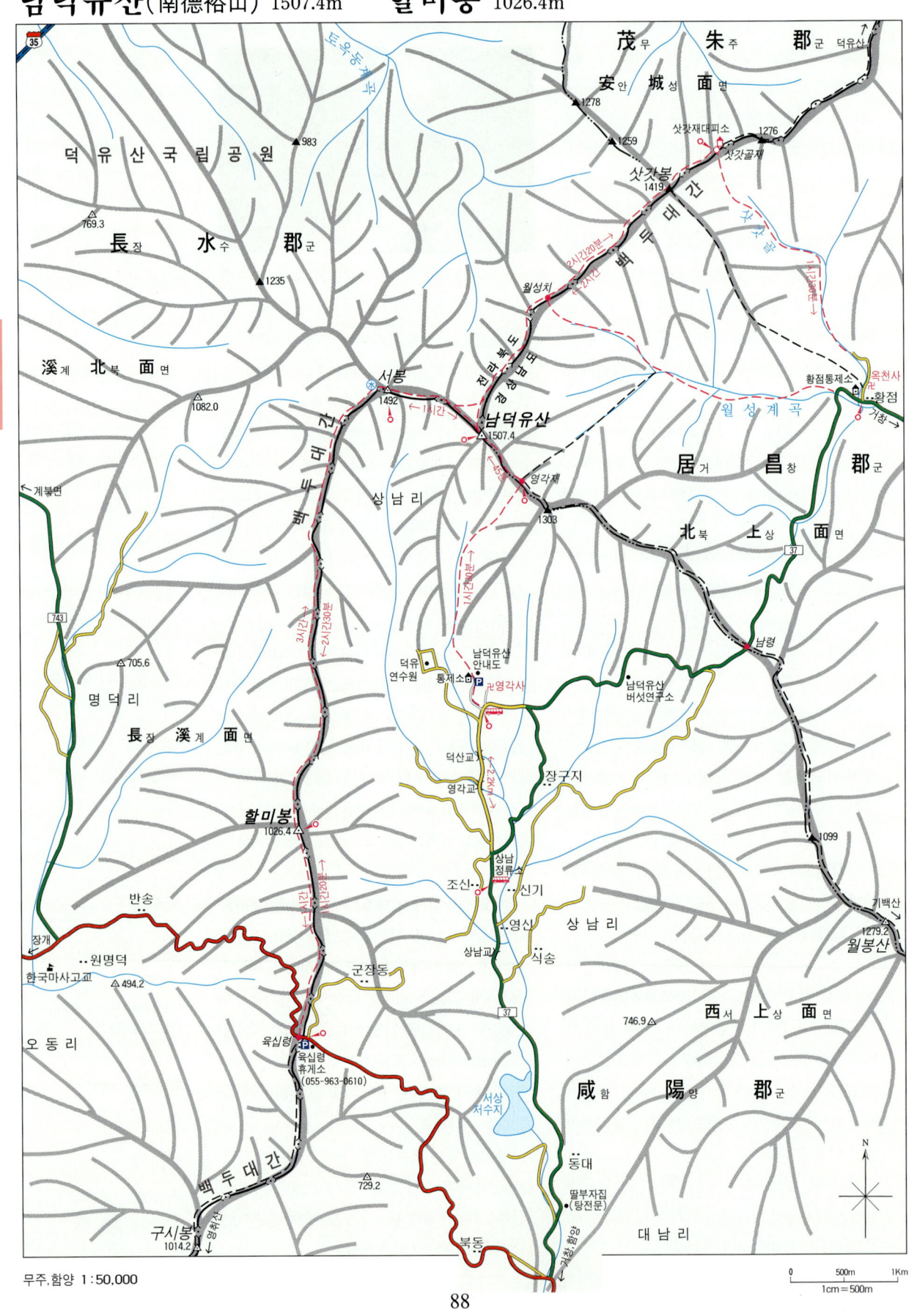

남덕유산 · 할미봉

경남 함양군, 거창군·전남 장수군(慶南 咸陽郡, 居昌郡·全南 長水郡)

📖 개요

남덕유산(南德裕山, 1507.4m)은 덕유산 향적봉에서 남쪽 주능선으로 이어져 약 18km 거리에 위치한 산이다. 경남 거창 함양, 전북 장수군 일대에서 가장 높은 산이며, 정상에 바라보면 북쪽으로는 백두대간이 펼쳐지고, 서남쪽으로는 웅장한 서봉(1492m)을 지나서 남쪽으로 백두대간이 이어지면서 **할미봉**(126.4m)을 지나서 육십령 백운산으로 이어지면서 영호남 경계를 이룬다. 육십령을 넘어 이어지는 백두대간은 영취산 백운산 지리산으로 이어진다. 덕유산국립공원에 속해 있으며 주봉인 덕유산 향적봉까지 종주산행은 매우 스릴 있는 코스이다.

산행은 서상면 영각사에서 시작하여 영각재를 경유하여 남덕유산에 오른 뒤, 서봉 할미봉 육십령으로 하산한다. 또는 북동릉을 타고 월성치에서 거창군 북상면이나, 장수군 계북면으로 하산할 수도 있고, 올라왔던 영각사로 되 내려가는 방법이다. 남덕유산 정상에서 육십령은 4시간 30분 거리이고, 영각사는 1시간 40분 거리다.

남덕유산에서 할미봉을 경유하여 육십령 구간은 백두대간으로서 등산로가 뚜렷하여 장거리이지만 하산 길로는 가장 적합하다. 장거리 산행이므로 장비를 철저히 준비해야 한다. 영각재와 서봉아래에 샘이 있으나 가뭄에는 구하기 어려우므로 특히 물을 충분히 준비해야 한다.

* 북덕유산 무주구천동 매표소에서 향적봉 주능선을 거쳐 남덕유산 영각사로 하산하는 총 산행거리는 32km이고, 12시간이 소요된다.

🥾 등산로

남덕유산-할미봉(총 7시간 45분 소요)

영각사 → 90분 → 영각재 → 45분 →
남덕유산 → 60분 → 서봉 → 150분 →
할미봉 → 60분 → 육십령

서상면 상남리 삼거리에서 영각사 쪽으로 직진하여 2km 거리에 이르면 갈림길이 나온다. 왼쪽은 연수원 오른쪽은 영각사 300m이다. 갈림길에서 오른쪽으로 들어서면 바로 왼쪽으로 소형차로가 있고 남덕유산 이정표가 있다. 여기서 왼쪽 소형차로를 따라 6분 거리에 이르면 작은 주차공간이 있는 국립공원통제소가 나온다.

통제소를 통과하여 국리공원 등산로를 따라 올라간다. 등산로는 뚜렷하고 요소에 이정표가 잘 배치되어 있어 정상까지 길 잃을 염려가 없다. 계곡으로 이어지는 등산로를 따라 30분 거리에 이르면 능선으로 이어진다. 능선길은 급경사로 이어지면서 54분을 올라가면 영각재에 닿는다.

영각재에서는 왼쪽 주능선을 탄다. 주능선은 급경사 철계단으로 이어진다. 철계단은 연속 이어지며 45분을 오르면 사방이 확 트인 남덕유산 정상에 닿는다.

정상에서 바라보는 전망은 막힘이 없다. 북동쪽으로는 삿갓봉 향적봉 덕유산이 시야에 들어오고, 서남쪽으로는 서봉 할미봉 육십령이 가까이 바라보인다.

하산은 서봉을 향해 서쪽 능선을 탄다. 서릉을 따라 내려가면 곧 오른쪽으로 비탈길을 만난다. 여기서 오른쪽은 덕유산으로 가는 길이고 서봉은 왼쪽 길이다. 갈림길에서 직진하여 계속 가면 안부에 내렸다가 다시 오르막길로 이어져 1시간 거리에 이르면 서봉에 닿는다.

서봉에서 서쪽으로 200m 내려가면 참샘이 있다.

다시 서봉에서 서남쪽으로 휘어지는 백두대간 주능선을 따라 내려간다. 백두대간 길은 뚜렷하다. 서봉에서 30분가량 급경사를 내려간다. 급경사를 지나면 평평한 능선이 이어지다가 다시 오름 길이다. 할미봉 쪽으로 오르는 길에 간간이 암릉길이 있고, 헬기장도 지나면서 완만한 길로 이어지다가 할미봉 닿기 전에 험한 암릉길이 있다. 주의를 하여 올라가면 평탄한 길로 이어진다. 서봉에서 약 2시간 30분 거리에 이르면 바위봉 할미봉에 닿는다.

할미봉에서 남쪽 백두대간을 따라 1시간을 내려가면 육십령에 닿는다.

자가운전

대전통영고속도로 서상IC에서 빠져나와 좌회전 ⇨ 37번 지방도를 타고 약 10km 영각사 또는 매표소 주차장.

대중교통

동서울에서 함양 1일 10회(08:20 10:30 12:00 13:20 14:30 15:20 17:30. 19:00 21:00 24:00) 이용, 함양 하차.
동서울에서 서상 경유 함양 1일 3회(12:00 14:30 21:00) 이용, 서상 하차.
함양에서 영각사 1일 6회(06:30 07:30 09:30 13:00 15:30 17:00) 이용, 종점 하차.
서상택시
010-9963-0094

식당

육십령휴게소식당 민박
함양군 서상면 육십령
055-963-0610

신춘식당(한식)
함양군 서상면
055-963-0303

도천식당(추어탕)
함양군 서상면
055-963-0195

딸부자 집
서상면 대남리 1840-1
055-963-0050

숙박

선우장여관
함양군 서상면
055-963-9620

명소

영각사, 상림(함양읍)

황석산(黃石山) 1190m   거망산(擧網山) 1184m

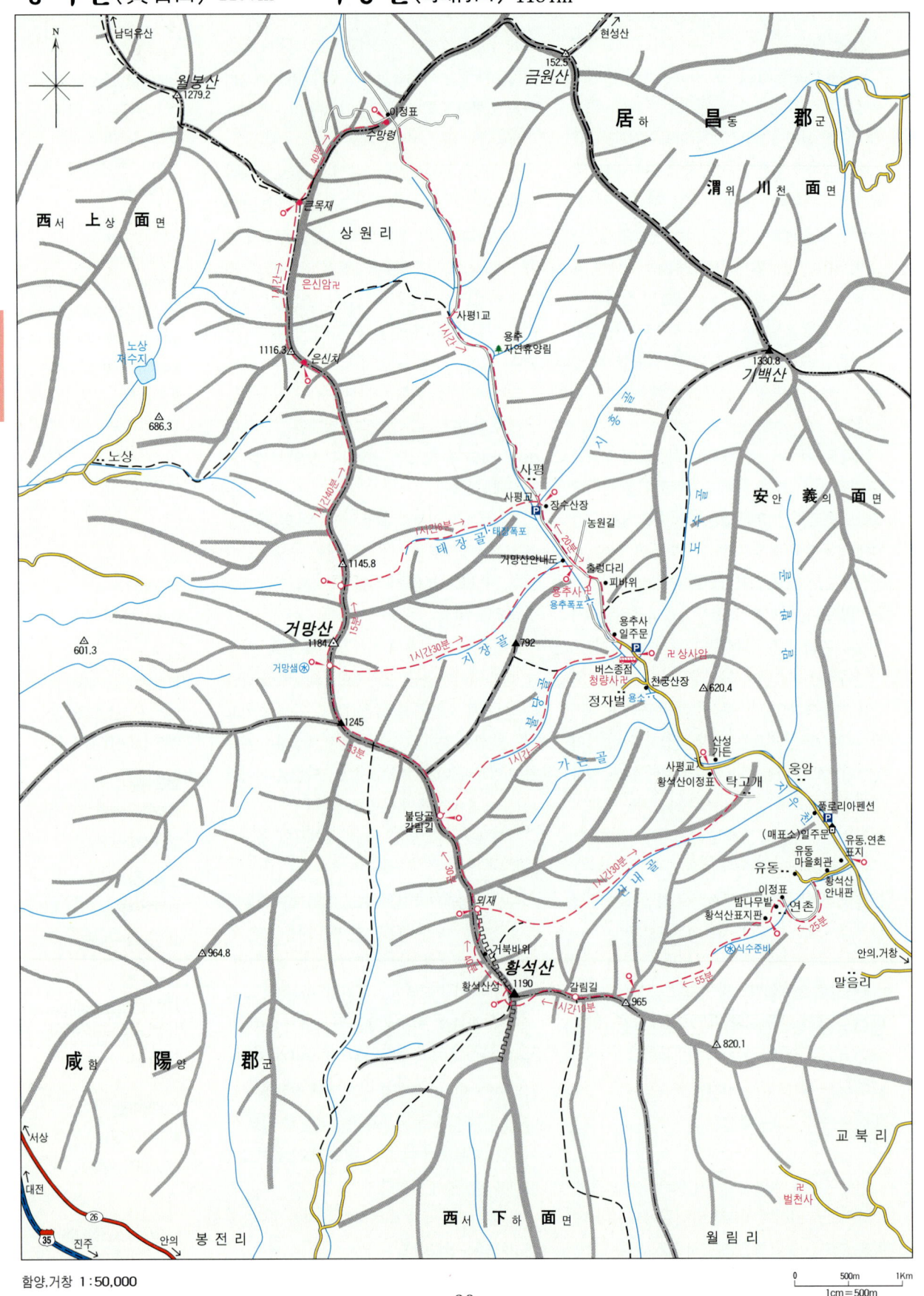

황석산·거망산   경상남도 함양군 안의면(慶尙南道 咸陽郡 安義面)

개요

황석산(黃石山. 1190m)과 거망산(擧網山. 1184m)은 용추계곡을 사이에 두고 거망산 금원산과 마주하고 있는 산이다. 정유재란 때 의병이 왜군과 싸우다 옥쇄한 황석산 피바위는 역사의 비극을 말해주며 정상부에 있는 황석산성은 국가지정문화재 사적 제322호로 지정되었다.

산행은 연천마을에서 시작하여 계곡과 능선을 타고 정상에 오른다. 하산은 북릉을 타고 뫼재삼거리에 이른 다음, 간단한 산행은 동쪽 산내골을 따라 탁현으로 하산 한다.

바위로 이루어진 황석산 정상

등산로

황석산-거망산(총 7시간 16분 소요)

연촌마을 입구→25분→연촌마을→
55분→965봉→70분→황석산→40분→
뫼재→30분→분당골갈림길→53분→
거망산→15분→태장골갈림길→68분→
황석산장→20분→버스종점

용추매표소 500m 전에 유동, 연촌마을 표지판이 있다. 이 표지판이 있는 마을길을 따라 7분 거리 유동마을회관 전 갈림길에서 왼쪽 연촌마을길을 따라 14분을 가면 연촌마을 끝에 샘이 있고, 샘 왼쪽으로 4분을 가면 물탱크가 있는 삼거리가 나온다.

삼거리에서 우측 능선길로 간다. 능선길을 따라 5분 거리에 이르면 준비하는 곳(물)이 나온다. 준비하는 곳을 지나 15분 거리에 이르면 의자 2개가 있는 쉼터가 나온다. 쉼터를 지나 35분을 올라가면 능선갈림길에 닿는다.

갈림길에서 왼쪽 길로 가면 965봉 우측 비탈길로 이어져 28분을 가면 정상이 보이는 주능선봉에 닿고, 12분을 가면 1-4 표시가 있는 안부에 닿는다. 계속 이어지는 주능선을 따라 19분을 가면 왼쪽 비탈길로 이어져 성문에 닿는다. 성문을 통과하여 오른쪽 길을 따라 50m 거리 삼거리에서 오른쪽 암릉길을 타고 50m 더 오르면 황석산 정상이다. 정상으로 오르는 약 50m 길과

하산길은 암릉(밧줄)구간으로 매우 위험하므로 노약자는 정상을 포기하고 왼쪽 우회길을 이용하는 것이 안전하다.

황석산 정상에서 하산은 북쪽 험로 암릉을 타고 60m 정도 내려가면 우회길인 우측 길로 내려서면 성벽이 나온다. 성벽길을 따라 8분을 오르면 거북바위를 지나서 갈림길이 나온다. 갈림길에서 왼쪽 비탈길을 따라 13분을 가면 헬기장을 지나고, 5분을 더 내려가면 뫼재에 닿는다.

뫼재에서 오른쪽 길을 따라 내려가면 산내골로 이어져 1시간 30분을 내려가면 탁현마을에 닿는다.

뫼재에서 거망산까지 종주산행은 계속 북릉을 따라 30분 거리에 이르면 1-6번 지점 장자벌 입구 삼거리가 나온다. 삼거리에서 동쪽으로 1시간 내려가면 청량사 입구에 닿는다.

삼거리에서 계속 북릉을 타고 27분 거리에 이르면 1245봉에 닿고, 22분을 내려가면 삼거리 안부에 닿는다. 안부에서 4분을 더 오르면 표지석이 있는 거망산 정상이다.

정상에서 하산은 북릉을 따라 9분을 가면 갈림능선길이 나오는데 왼쪽 주능선 북릉을 따라 6분을 더 내려가면 태장골 갈림길이 나온다.

갈림길에서 동쪽으로 하산한다. 동쪽 오른편 길로 내려서면 돌밭 산죽길로 이어져 19분을 내려가면 흙길로 변하여 16분을 내려가면 태창폭포에 닿는다. 태창폭포를 지나 17분을 내려가면 밭 상단에 갈림길이 나온다. 갈림길에서 우측 길을 따라 16분을 내려가면 사평 황석산장에 닿는다. 여기서부터 소형차로를 따라 20분 거리에 이르면 버스종점에 닿는다.

자가운전

대전-통영고속도로 지곡IC에서 빠져나와 우회전⇨24번 국도를 타고 안의에서 거창 쪽 3번 국도를 타고 2km 거리 용추계곡주유소 삼거리에서 좌회전⇨3km 거리 대형주차장.

대중교통

거창에서 안의 경유 용추계곡행 매시 50분 출발. 용추 유동마을 앞 하차.

숙식

용추

천궁산장(민박·식당)
안의면 상원리 851
055-962-0082

풀로리아펜션
안의면 하원리 1366
055-963-7733

황토민박
안의면 신안리 1015
055-963-7515

거창

거창축협한우팰리스
거창읍 김천리
055-943-9204

구주추어탕
거창읍 대평리 1485-50
055-942-7496

리베라모텔
거창읍 대평리 1496-3
055-944-9920

명소

용추계곡
용추 자연휴양림
055-963-8702

안의장날 5일, 10일

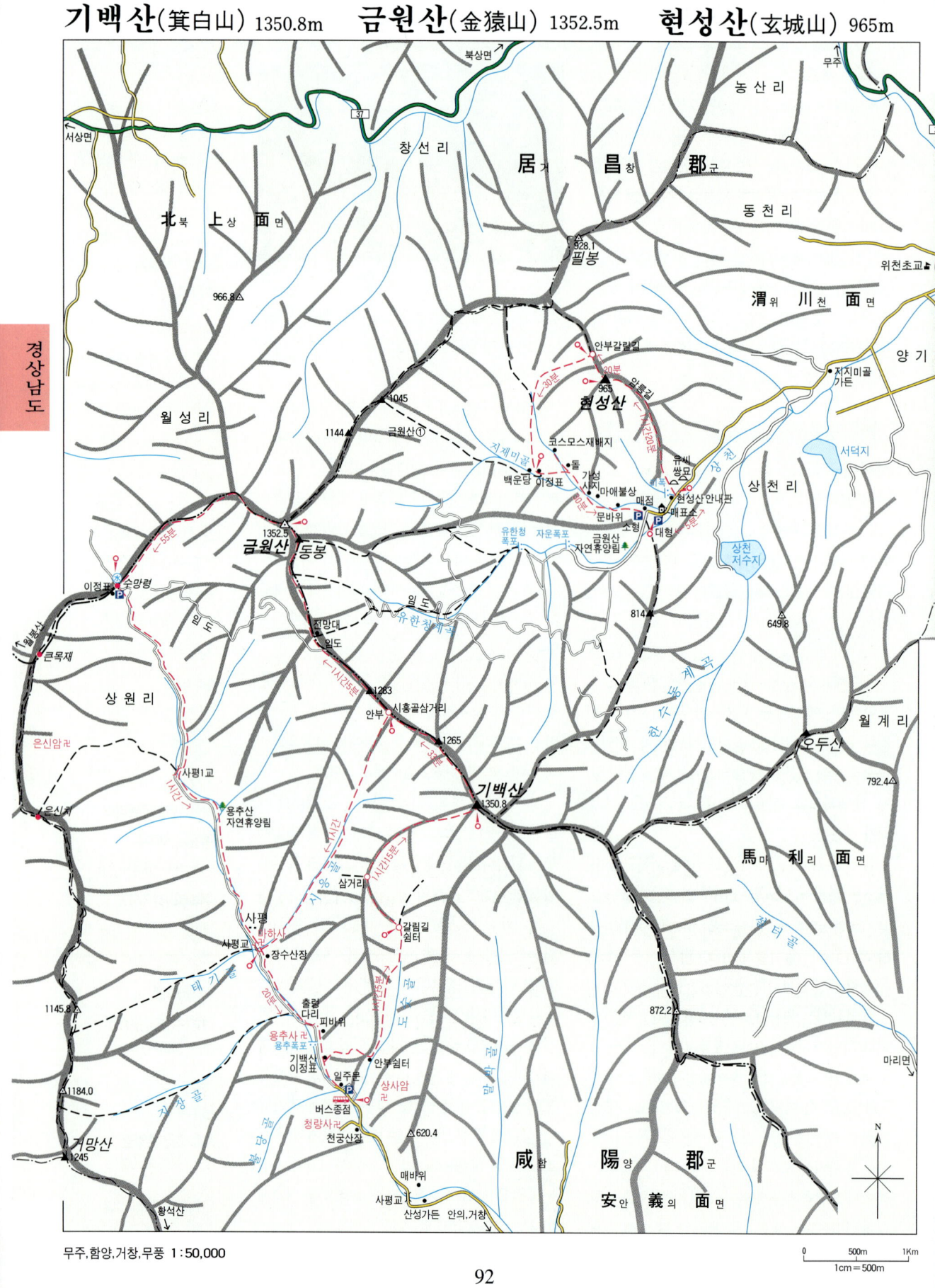

기백산 · 금원산 · 현성산
경남 거창군 위천면, 함양군 안의면(慶南 居昌郡 渭川面, 咸陽郡 安義面)

개요

기백산(箕白山. 1350.8m)과 **금원산**(金猿山. 1352.5m)은 용추계곡을 사이에 두고 남쪽은 황석산, 거망산, 북쪽은 기백산, 금원산이다.

산세가 웅장하면서도 완만한 산세를 이루고 있고 기암괴석, 폭포등 암반과 소가 많으며 기백산 정상에는 기묘한 바위들이 누룩을 포개 놓은 것과 같아 누룩덤이라고 하며 억새밭이 장관이다.

현성산(玄城山. 965m)은 금원산에서 북동릉으로 이어져 약 4km 지점에 위치한 산이다.

등산로

기백산-금원산 종주(총 7시간 16분 소요)

일주문 → 65분 → 갈림길 쉼터 → 85분 → 기백산 → 33분 → 시흥골삼거리 → 65분 → 금원산 → 53분 → 수망령 → 60분 → 마하사 → 20분 → 일주문

용추계곡 버스종점(일주문)에서 북쪽 차도를 따라 200m 거리에 이르면 기백산, 안내도가 나온다. 여기서 오른쪽 등산로를 따라 18분을 올라가면 안부 쉼터가 나온다. 쉼터에서 비탈길을 따라 34분을 올라가면 계곡을 건너 돌담이 나온다. 돌담지역을 지나 13분 거리에 이르면 119 1-3쉼터가 나온다.

여기서 왼쪽 지능선으로 길이 이어져 19분을 오르면 능선 갈림길에 나온다. 갈림길에서 우측 능선길을 따라 57분을 오르면 전망장소에 닿고, 9분을 더 오르면 기백산 정상이다.

정상은 표지석이 있고 삼각점과 돌담이 있으며 사방이 막힘이 없다. 남쪽 용추계곡 건너편에 황석산, 거망산이 가까이 보이고, 북서쪽으로는 금원산 능선이 현성산으로 이어진다.

하산은 서북릉을 탄다. 서북쪽 등산로는 바위봉 왼편 비탈길로 이어져 33분을 가면 시흥골삼거리가 나온다.

삼거리에서 왼쪽 길은 시흥골이고, 직진은 금원산이다. 왼쪽길을 따라 내려가면 시흥골로 이어져 1시간을 내려가면 마하사, 사평교에 닿는다. 사평교에서 남쪽 소형차로를 따라 20분 거리에 이르면 버스종점에 닿는다.

시흥골삼거리에서 금원산을 향해 북서쪽 주능선을 따라 21분을 가면 임도에 닿는다. 임도를 가로질러 21분을 오르면 헬기장이고, 1분 내려가면 안부 갈림길에 닿는다. 오른쪽 길은 금원산 자연휴양림으로 하산 길이다. 계속 주능선을 타고 10분을 오르면 동봉 삼거리에 닿는다. 우측은 금원산 자연휴양림으로 하산길이다. 동봉에서 왼쪽 주능선을 따라 7분 거리에 이르면 삼거리 표지석이 있는 금원산 정상이다. 정상은 삼거리이며 서쪽은 수망령, 동북쪽은 현성산이다.

하산은 서쪽 능선을 따라 15분을 내려가면 능선이 갈라지는 지점이 나온다. 여기서 서남쪽으로 휘어지는 주능선을 따라 38분을 내려가면 수망령 임도에 닿는다.

수망령에서는 남쪽 임도를 따라 휴양림 사평교를 거쳐 1시간을 내려가면 마하사이고, 20분 더 내려가면 일주문에 닿는다.

현성산(총 3시간 42분 소요)

미폭 → 80분 → 현성산 → 20분 → 안부 → 32분 → 백운당 → 30분 → 매표소

금원산휴양림 매표소 300m 전에 미폭이 있는 오른쪽 등산로를 타고 오르면 곧 바윗길이 시작된다. 와폭에서 30분을 올라가면 넓은 바위가 나오고 우측은 절벽이다. 이어서 큰 바위를 우회하여 30분을 오르면 가파른 길로 이어지면서 20분을 더 오르면 현성산 정상이다.

하산은 북서쪽 주능선을 타고 20분을 내려가면 갈림길이 나온다. 갈림길에서 왼편 남쪽 길을 따라 20분을 내려가면 계곡에 닿고, 12분을 더 내려가면 삼거리 백운당에 닿는다.

백운당에서 5분 내려가면 임도가 나오고, 임도를 따라 25분을 내려가면 매표소에 닿는다.

자가운전

기백산 · 금원산 : 대전-통영고속도로 지곡IC에서 빠져나와 우회전 ⇨ 24번 국도를 타고 안의면 통과 2km 용추계곡주유소에서 좌회전 ⇨ 6km 버스종점 주차.

현성산 : 자가운전 37번 국도 거창군 위천면에서 금원산자연휴양림 이정표를 따라 3.7km 매표소 휴양림주차장.

대중교통

기백산 · 금원산 : 거창-안의-용추계곡행 버스 매시 50분 출발 종점 하차.

현성산 : 거창에서-금원산행 버스 1일 4회 이용, 휴양림 하차.

숙식

용추

천궁산장민박 식당
함양군 안의면 상원리 851
055-962-0082

풀로리아펜션
안의면 하원리 1366
055-963-7733

현성산

지자미골가든
거창군 위천면
055-942-7358

명소

수승대, 용추계곡
금원산자연휴양림
055-943-0340

안의장날 5일, 10일
거창장날 1일, 6일

비계산(飛鷄山) 1130m 의상봉(義湘峰) 1032m 장군봉(將軍峰) 956m

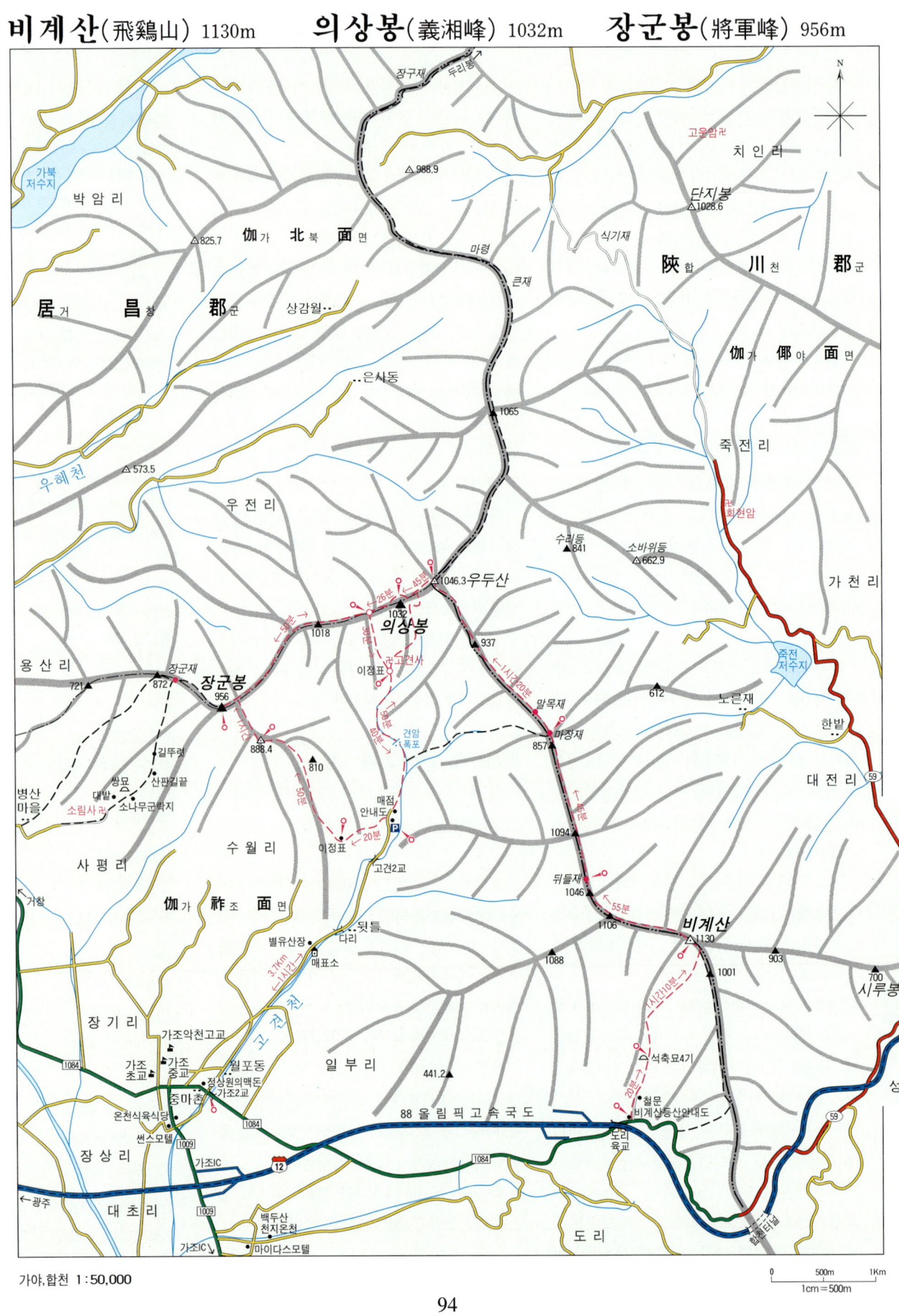

가야,합천 1:50,000

비계산 · 의상봉 · 장군봉

경상남도 거창군 가조면, 합천군(慶尙南道 居昌郡 加祚面, 陜川郡)

개요

비계산(飛鷄山, 1130m), **의상봉**(義湘峰, 1032m), **장군봉**(將軍峰, 956m)은 가야산과 수도산 주능선인 두리봉에서 남쪽으로 가지를 쳐 뻗어 내려간 능선이 우두산에 이른 다음, 동남쪽은 비계산, 서남쪽은 의상봉, 장군봉으로 이어진다. 비계산, 우두산, 의상봉, 장군봉으로 이어지는 주능선은 대부분 암릉으로 이루어져 있으며 의상봉은 거대한 바위봉이다. 의상봉 남쪽 중턱에는 고찰 고견사가 자리하고 있다.

산행은 비계산-의상봉을 함께 하고, 장군봉을 따로 하는 산행이 일반적이다. 비계산-의상봉은 88고속도로 도리육교 동쪽 100m에서 시작하여 비계산에 오른 다음, 북쪽 주능선을 타고 우두산을 경유하여 서쪽 의상봉에 오른 다음, 남쪽 고견사를 경유하여 주차장으로 하산한다.

장군봉은 고견사 주차장에서 북서능선을 타고 정상에 오른 후, 동릉을 타고 고견사 주차장으로 하산 한다.

등산로

비계산-의상봉 (총 7시간 51분 소요)

대학동육교 → 90분 → 비계산 → 55분 → 뒤틀재 → 45분 → 마당재 → 80분 → 우두산 → 45분 → 의상봉 → 26분 → 고견삼거리 → 30분 → 고견사 → 40분 → 주차장

가조면 도리 88고속도로가 지나가는 대학동육교 밑에서 동쪽으로 100m 거리에 이르면 북쪽으로 농로가 있고 비계산 안내도가 있다. 여기서 북쪽 농로를 따라가면 낡은 철문을 통과하고 20분을 가면 석화묘 4기가 나온다. 농로는 여기서 끝나고, 본격적인 산길이 시작된다. 지능선으로 이어지는 뚜렷한 등산로를 따라 1시간을 올라가면 주능선에 닿는다. 주능선에서 왼쪽 주능선을 따라 10분을 더 오르면 비계산 정상이다.

비계산에서 서북쪽으로 이어진 주능선을 따라 35분을 가면 1106봉 갈림능선에 닿는다. 1106봉에서 주능선은 북쪽으로 휘어진다. 북쪽 주능선을 따라 20분을 가면 사거리 뒤틀재가 나온다.

뒤틀재에서 왼쪽길은 가조면 방면이다. 계속 북릉을 따라 가면 바윗길로 이어진다. 바위능선 길을 따라 45분을 가면 마당재사거리가 나온다.

마당재에서 북쪽 바윗길 능선을 따라 1시간 20분을 올라가면 삼거리 우두산 정상에 닿는다.

우두산에서는 서쪽 능선을 탄다. 서쪽능선을 타고 35분을 내려가면 의상봉 아래 안부가 나온다. 안부에서 철사다리를 타고 10분을 오르면 바위봉 의상봉이다.

하산은 북서 방면으로 하산길이 있으나, 위험하므로 동쪽 철사다리로 다시 안부로 내려간다. 안부에서 북서쪽으로 이어지는 비탈길을 따라 26분을 가면 고견사 삼거리가 나온다.

삼거리에서 왼쪽길을 따라 30분을 내려가면 고견사에 닿고, 고견사에서 40분을 내려가면 주차장이다.

장군봉 (총 5시간 10분 소요)

주차장 → 70분 → 888.4봉 → 60분 → 장군봉 → 50분 → 고견삼거리 → 30분 → 고견사 → 40분 → 주차장

고견사 주차장 동쪽(이정표) 장군봉 등산로를 따라가면 비탈길로 가다가, 왼쪽 계곡으로 내려가서 주차장에서 20분 거리에 이르면 다시 우측 능선으로 오르는 지점 이정표가 나온다. 이정표에서 지능선으로 오르는 등산로를 따라 올라가면 바윗길과 숲길을 번갈아 통과하게 되며 1시간 10분을 올라가면 888.4봉에 닿는다.

여기서부터 암릉길이 많은 구간이므로 주의를 하면서 50분을 올라가면 주능선에 닿고, 왼쪽으로 10분을 더 오르면 장군봉이다.

하산은 동쪽 주능선을 타고 삼거리에서 직진 50분을 가면 고견 삼거리가 나온다.

삼거리에서 우측으로 30분을 내려가면 고견사에 닿고, 40분 더 내려가면 주차장에 닿는다.

자가운전

88고속도로 가조IC에서 빠져나와 우회전 ⇒ 1km 가조면에서 우회전 ⇒ 4km 도리육교 지나 100m 주차. 고견사 쪽은 가조면 가조교에서 북쪽 고견사 쪽으로 4km 가서 고견사주차장.

서울 대전 방면에서는 김천IC에서 빠져나와 거창 쪽 3번 국도를 타고 거창읍 진입 전에 좌회전 ⇒ 1084번 지방도를 타고 가조면으로 간다.

대중교통

거창에서 가조는 10~20분 간격 버스 이용 후, 가조에서 도리 비계산 등산 기점까지는 택시를 이용.
가조택시
055-933-8166

식당

정상원의맥돈
가조면 수월리 457-6
055-942-0075

온천식육식당
가조면 마상리 184-1
055-942-0436

숙박

마이다스모텔
가조면 일부리 1365
055-941-1183-4

온천

백두산천지온천
가조면 마상리 184-1
055-941-0721

명소

고견사
가조장날 4일, 9일
거창장날 1일, 6일

금귀산(金貴山) 837m   보해산(普海山) 911.5m

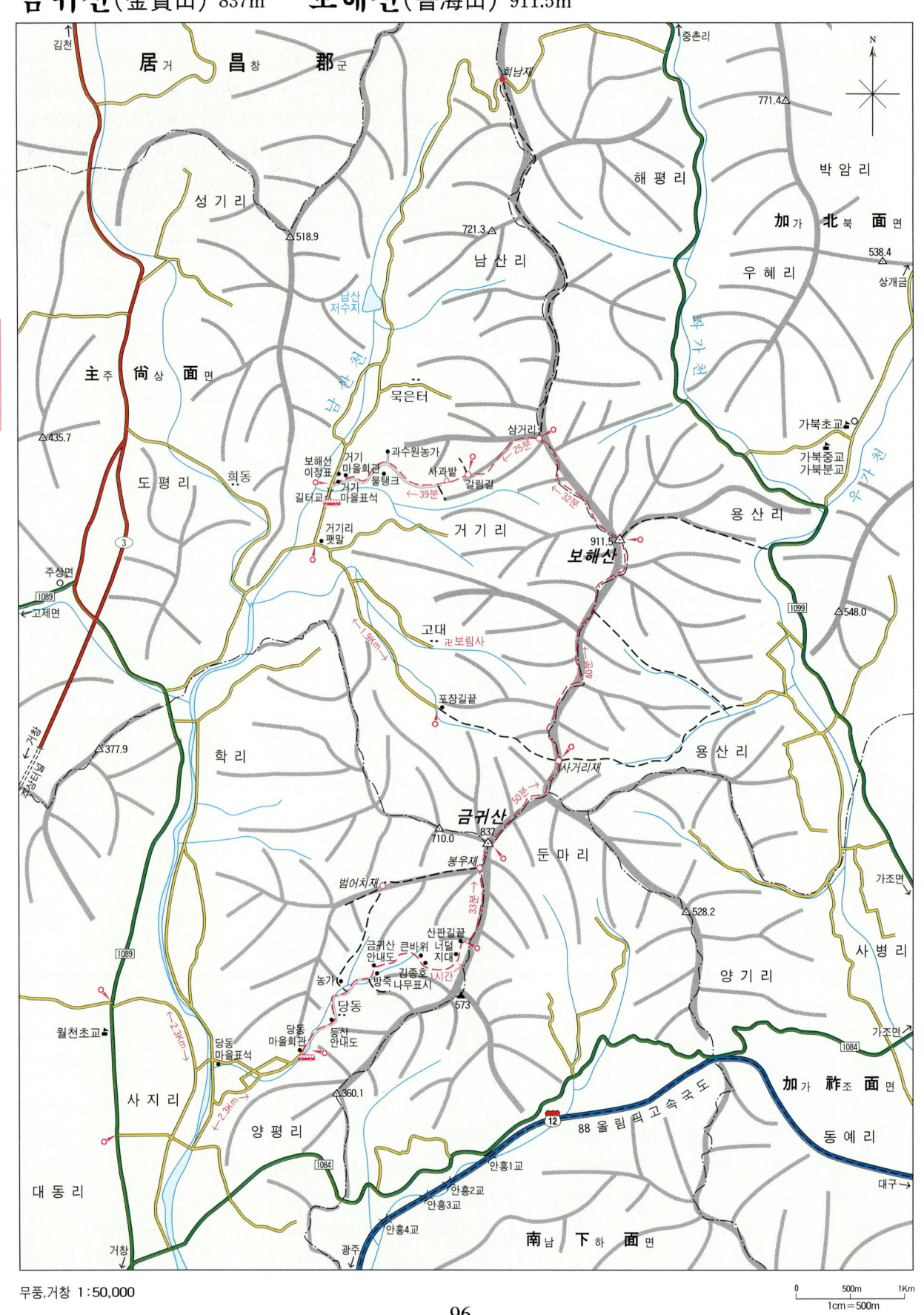

금귀산 · 보해산

경상남도 거창군 주상면, 가북면 (慶尙南道 居昌郡 主尙面, 加北面)

개요

금귀산(金貴山. 837m)과 **보해산**(普海山. 911.5m)은 수도산에서 남쪽으로 뻗어 내려간 능선이 양각산, 흰대미산, 회남령을 넘어 보해산을 이루고, 다시 4km 거리에 금귀산을 끝으로 가라앉는다. 금귀산, 보해산 정상주변에는 암릉으로 이루어져 있고, 주능선 서쪽은 육산으로 완만한 편이며, 동쪽은 급경사에 바위가 많은 산세다. 등산로는 다소 희미한 곳이 있으나 위험한 곳은 없으며 호젓한 산행지로 좋은 산이다. 등산로 전구간은 대체적으로 길이 잘 나 있으나 보해산 삼거리에서 북서쪽으로 가는 주능선길이 다소 희미한 편이다.

지형상 각각 산행보다 보해산 금귀산을 함께 종주하는 산행이 좋으며, 금귀산을 시작으로 보해산으로 하산하는 종주산행이 효율적이다.

산행은 거창에서 당동마을 버스종점에 이른 다음, 당동마을 왼쪽 소형차로를 따라 방죽을 경유하여 오른쪽 지능선을 타고 금귀산 정상에 오른다. 금귀산에서 북쪽 주능선을 타고 거기리와, 용산리로 가는 사거리 재를 통과하여 보해산에 오른 후에, 하산은 보해산삼거리에서 왼편 서북쪽 주능선을 따라 32분 거리에서 왼편 서쪽 지능선을 타고 거기리로 하산 한다.

등산로

금귀산-보해산 (총 5시간 39분 소요)

당동마을회관 → 60분 → 통제소 → 33분 → 금귀산 → 50분 → 사거리재 → 40분 → 보해산 → 32분 → 갈림길 → 64분 → 거기리마을회관

거창읍 북서쪽 양평리 당동마을회관(버스종점)에서 북쪽으로 난 소형차로를 따라 800m 거리에 이르면 마을입구에 금귀산 안내도가 있고 삼거리이다. 삼거리에서 왼쪽 길을 따라 가면 바로 갈림길이 나온다. 갈림길에서 오른쪽 농로를 따라 계속 올라가면 밭이 끝나고 산으로 들어서면서 곧 우측으로 방죽이 있고, 왼편에 금귀산 안내도가 있는 사거리가 나온다. 마을에서 15분 거리다. 여기서 직진하여 산판길을 따라 올라가면 큰 바위가 나타나고 (김정호 나무) 표시가 나온다. 계속 이어지는 산판길을 따라 올라가면 우측 지능선 왼편으로 등산로가 이어지며, 너덜경을 지나면 산판길이 끝나고 산길이 시작된다. 방죽에서 32분 거리다.

산판길을 지나서 지능선으로 이어지는 산길은 바윗길과 흙길이 번갈아 이어지면서 왼쪽에서 오르는 길과 만나는 봉우재에 오른다. 암자터 같은 봉이며 전망이 좋다. 다시 북쪽으로 주능선 왼편으로 난 능선길을 따라 가면 곧 금귀산 정상이다. 산판길 끝에서 33분 거리다.

정상은 산불초소가 있고 북쪽으로 보해산이 바라보인다. 주능선 서쪽은 완만한 육산이고 동쪽은 급경사에 바위산이다. 동남쪽으로 가야산 능선 의상봉 비계산이 시야에 들어온다.

다시 북쪽 주능선을 따라 내려간다. 능선길은 뚜렷하게 이어진다. 소나무숲길로 이어지는 주능선을 따라 50분을 내려가면 사거리재가 나온다. 왼쪽은 주상면 거기리 오른쪽은 가북면 용산리로 하산길이다.

사거리에서 직진하여 올라가면 오른쪽으로 갈림길을 지나면서 보해산은 암산으로 변한다. 암봉으로 이어지는 보해산을 향해 40분을 오르면 보해산 정상이다.

정상은 삼거리다. 오른쪽은 가북면 쪽으로 하산길이고 왼쪽은 주상면 거기리로 하산길이다.

정상에서 왼쪽 주상면 거기리 방면으로 간다. 서북쪽으로 난 주능선 길을 따라 내려가면 오른쪽으로 두 번 갈림길을 지나고, 봉우리를 두 번 지나서 세 번째 봉우리에서 왼쪽 거기리로 하산하는 삼거리가 나온다. 정상에서 32분 거리다.

삼거리에서 왼쪽 거기리 방면으로 지능선을 따라 내려간다. 지능선을 따라 25분을 내려가면 밭이 나온다. 밭에서부터 농로로 이어진다. 농로를 따라 17분을 내려가면 사과밭을 통과하고 22분을 더 내려가면 거기리 마을회관이며 바로 도로에 닿는다.

자가운전

경부고속도로 김천IC에서 빠져나와 거창 방면 3번 국도를 타고 거창에 도착하기 전에 서변리에서 좌회전⇒당동 안내판을 따라 3km 당동마을 주차. 88고속도로에서는 거창IC에서 빠져나와 거창 쪽으로 진입한 다음, 500m에서 우회도로를 따라 4km 서변리에서 당동마을 안내판으로 따라 우회전⇒3km 당동마을 주차.

대중교통

거창-당동행 1일 2회 (08:50 11:50).
거창에서 택시 이용.
거창-거기리행 1일 6회.
거창택시
016-587-7025

식당

거창축협한우팰리스
거창읍 김천리 315-1
055-943-9204

구구추어탕
거창읍 대평리 1485-50
055-942-7496

숙박

리베라모텔
거창읍 대평리 1496-3
055-944-9920

씨에프모텔
거창읍 대평리 1018-2
055-943-9915

명소

거창사건

거창장날 1일, 6일

가야산(伽倻山) 1430m 남산제일봉(南山第一峰) 1054m

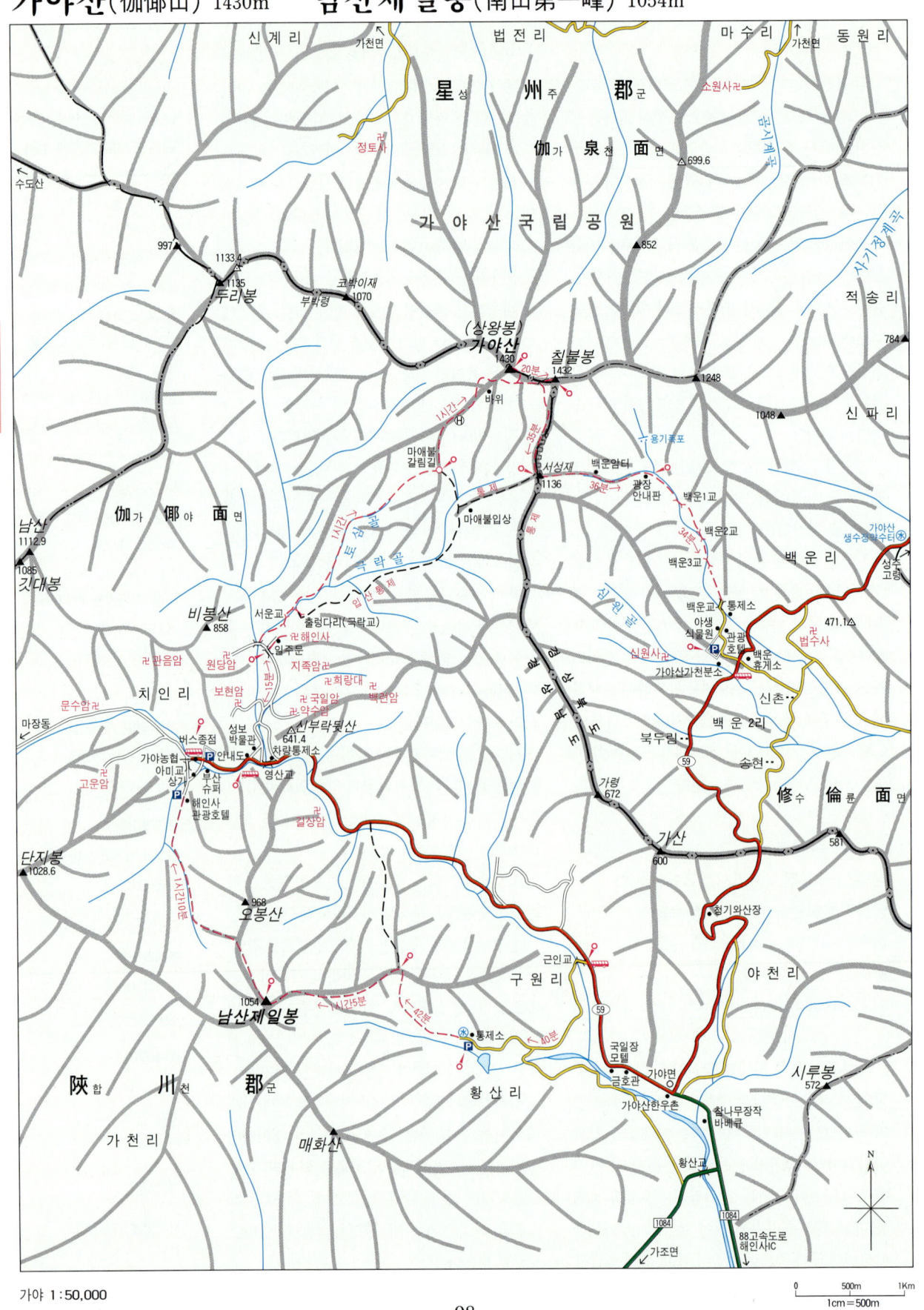

가야산 · 남산제일봉

경상남도 합천군 가야면(慶尙南道 陜川郡 伽倻面)

개요

가야산(伽倻山. 1430m)은 대표적인 상왕봉과 해인사가 있고, 그 다음으로 남산제1봉과 청량사가 있으며, 세 번째로 홍류동계곡은 해인사와 함께 가야산국립공원의 백미라고 하며 붉게 물든 가을 단풍이 흐르는 물에 붉게 투영되어 보인다 하여 홍류동계곡이라 한다.

주변에는 크고 작은 12 암자가 있으며, 해인사에는 팔만대장경과 유네스코에서 지정한 세계문화유산인 장경판전이 있으며 1972년 10월 13일 9번째 국립공원으로 지정되었다.

남산제일봉은 정상주변이 대부분의 등산로가 급경사이고, 정상 부근은 기암절벽이며 정상은 바위봉으로 이루어져 있다. 암릉길은 대부분 철계단 등 안전시설이 설치되어 있다.

등산로

가야산 (총 5시간 20분 소요)

성보박물관 → 75분 → 마애불갈림길 → 60분 → 가야산 → 20분 → 칠불봉 → 35분 → 서성재 → 70분 → 백운주차장

가야면 삼거리에서 해인사 쪽으로 약 6km 가면 해인사 차량 진입로가 나온다. 여기서 계속 왼편 도로를 따라 약 300m 들어가면 등산안내도가 있는 버스정류장이다. 여기가 등산기점이다. 여기서 박물관 우측으로 넓은 산책길을 따라 15분 거리에 이르면 차도와 만나는 해인사 입구가 나온다. 해인사 입구 왼쪽 30m 갈림길에서 오른쪽으로 11분을 가면 서운교를 건너고 우측에 극락교이다. 계속 직진하여 완만하고 물이 없는 계곡길을 따라 49분을 가면 마애불갈림길이 나온다.

갈림길에서 왼쪽 길을 따라 19분을 올라가면 오른편에 헬기장을 지나고, 계속 능선을 따라 20분을 올라가면 왼편에 전망바위를 지나서 거대한 바위봉 아래 이정표가 나온다. 이정표에서 바위봉 왼쪽으로 돌아서 비탈길로 이어져 12분을 올라가면 거대바위 위 이정표에 닿는다. 여기서부터 평평한 길로 이어져 4분 거리에 이르면 삼거리 이정표가 나온다. 삼거리에서 왼쪽으로 5분을 올라서면 상왕봉 가야산 정상이다.

하산은 삼거리로 되 내려간 다음. 왼편으로 15분을 가면 삼거리를 지나서 칠불봉이다.

칠불봉에서 하산은 올라왔던 삼거리로 되 내려간 다음, 왼쪽으로 철계단을 타고 15분 내려가면 계단길이 끝나고 편안한 길로 이어져 20분을 내려가면 서성재 사거리가 나온다.

서성재에서 왼편 동쪽길을 따라 18분을 내려가면 백운암 터를 지나고, 18분을 다시 내려가면 광장안내소를 통과하며, 29분을 더 내려가면 백운동 통제소가 나온다. 여기서부터 소형차로를 따라 5분 내려가면 백운동주차장이다.

남산제일봉 (총 4시간 37분 소요)

청량사 입구 → 40분 → 매표소 → 42분 → 고개 → 65분 → 남산제일봉 → 70분 → 버스종점

가야면 삼거리에서 해인사 차도를 따라 2.4km 가면, 매화산슈퍼 닿기 전 왼쪽에 청량사 입구 안내판 소형차로가 나온다. 여기서 청량사로 가는 차로를 따라 2.6km 가면 통제소가 있고 주차장이다.

매표소를 통과하여 10분을 가면 식수가 있고 갈림길이 나온다. 갈림길에서 왼쪽 등산로를 따라 32분을 올라가면 지능선 고개에 닿는다.

고개에서는 왼쪽 지능선 바윗길 철계단을 타고 45분을 올라가면 905봉에 닿는다. 905봉을 지나서 바윗길을 따라 20분을 올라가면 남산제일봉에 닿는다.

하산은 북릉을 따라 8번째 철계단을 내려서면 집단시설지구 2.5km 라고 안내판이 있다. 이 안내판 방면 북쪽 능선을 따라 15분을 내려가면 안부가 나온다. 안부에서 왼쪽 길을 따라 내려가면 계곡으로 이어져 55분을 내려가면 해인사 관광호텔, 집단상가를 거쳐 해인사버스종점에 닿는다. 여기서 청량사 입구까지는 5km이다.

자가운전

88고속도로 해인사IC에서 빠져나와 1084번 지방도를 타고 7km 가야면 삼거리에서 좌회전 ⇒ 2.4km 청량사 입구에서 청량사 길로 좌회전 ⇒ 2.6km 매표소 주차(**남산제일봉**).

가야산은 청량사 입구에서 직진 ⇒ 약 4km주차장.

대중교통

대구서부주차장에서 해인사 40분 간격 이용, **남산제일봉**은 청량사 입구 하차. **가야산**은 해인사 입구 하차.

백운동쪽은 대구 서부주차장에서 백운동행 606번 버스 이용. 백운동 하차.

식당

참나무바비큐(오리)
합천군 가야면 황산리
055-932-5991

대가식당(일반)
성주군 수륜면 백운리 1369-3 백운동지구
054-931-1189

숙박

청기와산장
가야면 야천리 144-1
055-931-9300

국일장
가야면 야천리 888-7
055-931-9000

명소

해인사

가야산국립공원
055-932-7801

가야장날 5일, 10일

오도산(五道山) 1120m 미녀봉 931m

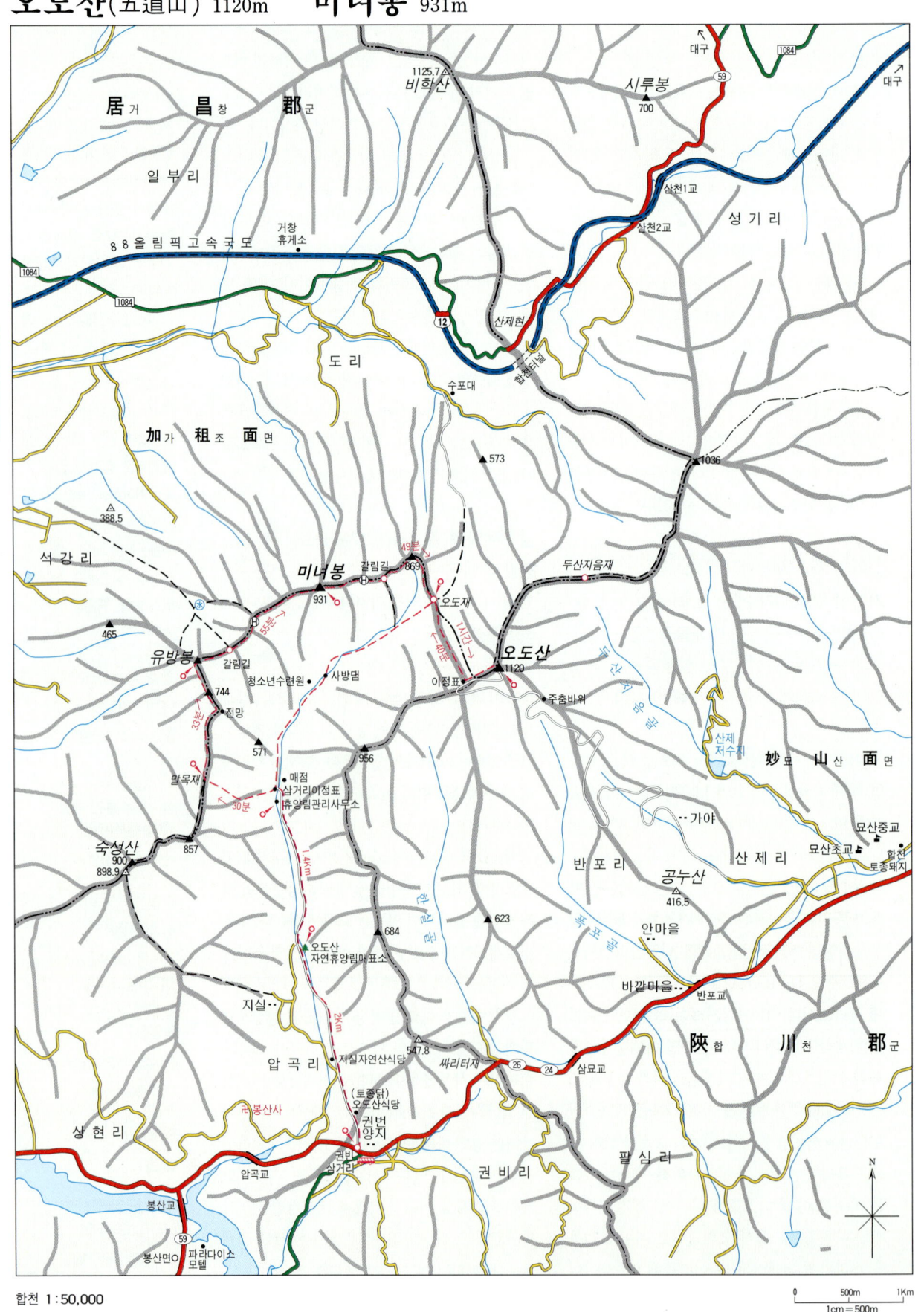

오도산 · 미녀봉

경상남도 합천군, 거창군(慶尙南道 陜川郡, 居昌郡)

개요

오도산(吾道山. 1120m)은 합천호 상류에 위치한 높은 산이다. 미녀봉(931m), 숙성봉(900m), 오도산(1120m)으로 이어지는 거대한 능선과 지실골, 폭포골, 한실골, 두산지음골 등 깊고 긴 계곡이 있는 오지의 산이었다.

언젠가 지실골에 휴양림이 지어지면서 오지의 산세가 훼손되었지만 휴양림에서부터 산행을 시작하게 되고 등산로가 뚜렷하여 산행이 편리하고 원점회귀 산행이 가능하다.

미녀봉(931m)은 거창군 가조면 남쪽에 위치한 산이다. 지실골을 사이에 두고 오도산과 마주하고 있으며 바위가 많은 아기자기한 산세를 이루고 있다.

산행은 휴양림관리소에서 시작하여 말목재, 미녀봉, 오도재, 오도산, 오도재, 휴양림관리소로 원점회귀 산행이다. 미녀봉만의 산행은 오도재에서 휴양림으로 하산한다.

등산로

미녀봉 – 오도산 (총 6시간 7분 소요)

휴양림 → 30분 → 말목재 → 33분 →
유방봉 → 55분 → 미녀봉 → 49분 →
오도재 → 60분 → 오도산 → 40분 →
오도재 → 40분 → 휴양림

봉산면 권빈 삼거리에서 북쪽 오도산휴양림도로를 따라 2km 들어가면 매표소를 통과하고 1.4km 더 들어가면 오도산휴양림관리소가 나온다. 관리소에서 200m 거리에 이르면 삼거리가 나온다. 삼거리에서 왼쪽으로 오르고 오른쪽으로 하산한다. 삼거리에서 왼쪽으로 30m 가서 오른쪽 산길로 접어들어 비탈길을 따라 11분을 가면 작은 고개를 넘어 14분을 더 오르면 말목재에 닿는다.

말목재에서 오른쪽 능선을 따라 17분을 오르면 전망바위가 나온다. 미녀봉, 오도산, 지실골이 시원하게 보인다. 전망바위에서 16분 거리에 이르면 삼거리 유방봉에 닿는다.

유방봉에서 오른쪽 바윗길을 따라 17분을 내려가면 안부 삼거리가 나온다. 안부에서 직진 급경사로 이어지는 주능선을 따라 22분을 오르면 작은봉을 지나 헬기장이 나온다. 정상은 협소하고 시야도 없으므로 잔디밭 헬기장에서 휴식과 점심장소로 이용하면 좋다. 헬기장에서 2분 거리에 이르면 왼쪽으로 갈림길이 나온다. 갈림길에서 직진 14분을 가면 작은봉을 지나서 표지석이 있는 미녀봉(곰재산)에 닿는다.

하산은 계속 동쪽으로 직진 주능선을 따라 17분 거리 헬기장을 지나서 6분을 가면 오른쪽으로 갈림길이 나온다. 오른쪽으로 가면 단거리 휴양림으로 하산길이다. 갈림길에서 왼편으로 직진 주능선을 따라 9분을 가면 마지막봉이다. 마지막봉에서 오른편 동남쪽으로 이어지는 주능선 내리막길을 따라 16분을 내려가면 갈림길이 나온다. 여기서 직진 5분을 더 내려가면 이정표가 있는 사거리 오도재에 닿는다.

오도재에서 오른쪽으로 40분을 내려가면 휴양림관리사무소에 닿는다.

오도산은 직진 동남쪽 능선길을 타고 오른다. 오도산을 향해 17분을 오르면 119-6번 쉼터가 나온다. 쉼터를 지나서부터 급경사로 이어져 30분을 올라가면 임도가 나온다. 임도에서 왼쪽으로 60m 가서 임도를 벗어나 산길을 따라 13분을 올라가면 통신시설이 있는 오도산 정상이다. 통신시설 서쪽 편에 전망 데크가 있어 사방을 조망할 수 있고 쉼터로 좋다.

정상에서 바라보면 거창군 가조면 일대와 비학산, 의상봉, 두무산 남으로는 감악산, 월여산 황매산이 시야에 들어온다.

하산은 올라왔던 오도재로 되돌아간다. 40분을 내려가면 오도재에 닿는다.

오도재에서 왼편 남쪽 지실골을 따라 40분을 내려가면 휴양림관리소에 닿는다.

자가운전

88고속도로 거창IC에서 빠져나와 합천 방면 24번 국도를 타고 12km 봉산교 삼거리에서 직진 ⇒ 2km에서 좌회전 ⇒ 오도산휴양림도로를 따라 3.4km 휴양림주차장.

대중교통

거창에서 묘산 경유 합천행 시내버스 이용, 봉산면 권빈삼거리 하차.

식당

지실자연산식당
합천군 봉산면 오도산 자연휴양림 입구
055-933-6051

백운사성가든
합천군 봉산면 오도산 자연휴양림 입구
055-932-4755

세진숯불갈비
합천군 봉산면 김봉리 344-2
055-933-6453

합천토종돼지
합천군 묘산면 도옥리 109
055-931-1131

숙박

파라다이스모텔
합천군 봉산면 김봉리 420
055-933-2400

오도산자연휴양림
055-930-3733

명소

해인사

거창장날 1일, 6일

감악산(紺岳山) 952m 월여산(月如山) 862.6m

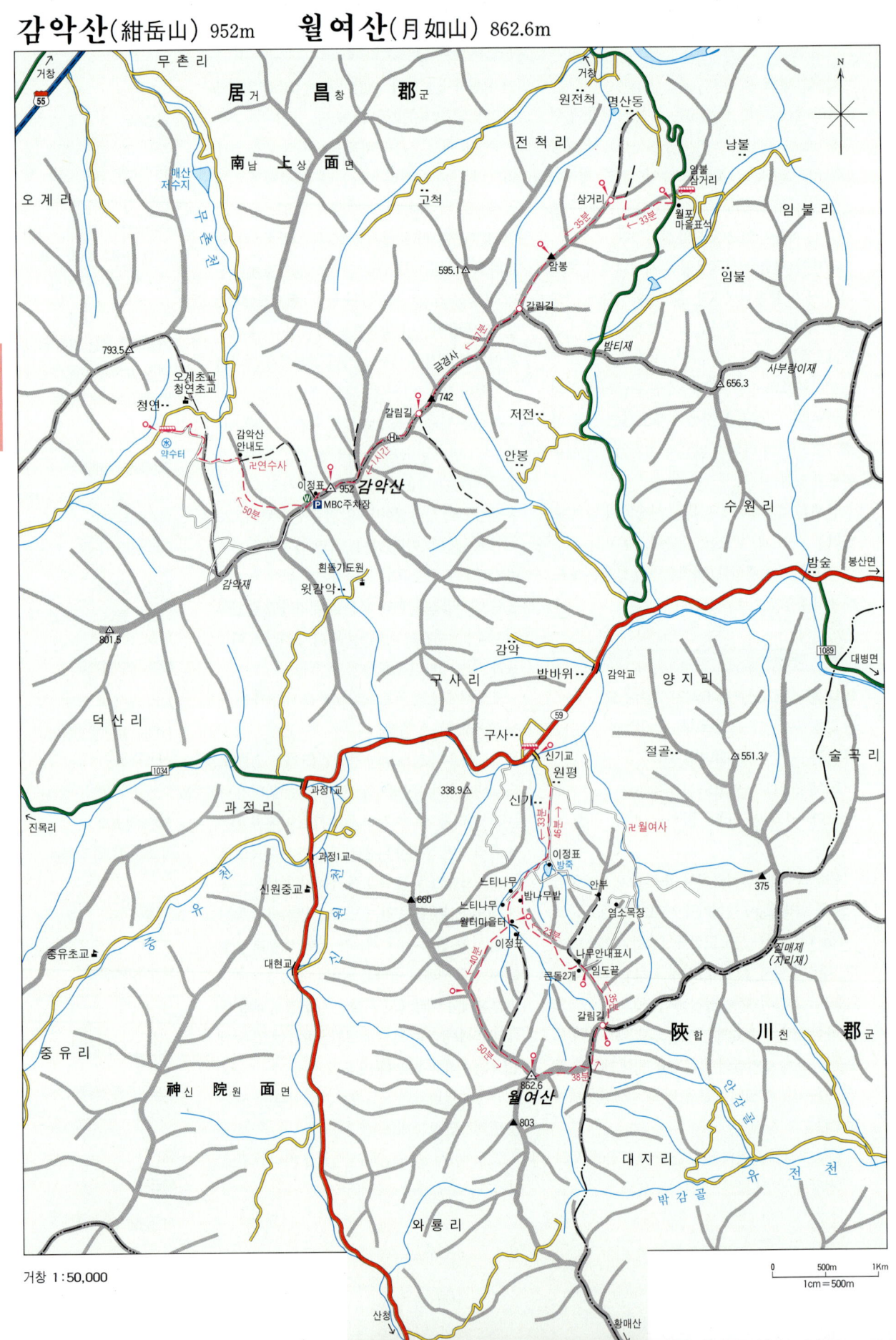

감악산 · 월여산 경상남도 거창군, 합천군(慶尙南道 居昌郡, 陜川郡)

개요

감악산(紺岳山, 952m)은 거창읍 남쪽에 높이 솟아있는 산이다. 정상에서 바라보면 거창군 합천군 일대가 막힘없이 펼쳐진다. 산행은 임불삼거리에서 시작하여 서남쪽 능선을 타고 정상에 오른 다음, 연수사로 하산한다.

월여산(月如山, 862.6m)은 황매산에서 북쪽 능선으로 이어져 약 8km 거리에 위치한 산이다. 산행은 신기마을에서 원만마을 터 우측 능선을 경유하여 정상에 오른 뒤, 하산은 북쪽 능선을 타고 신기마을로 원점회귀 산행이다.

등산로

감악산(총 4시간 55분 소요)

임불삼거리 → 33분 → 명산마을삼거리 → 35분 → 암봉 → 57분 → 갈림길 → 60분 → 감악산 → 50분 → 약수터

1089번 지방도 임불삼거리에서 남쪽 이정표가 있는 산길을 따라 오르면 비탈길로 이어져 21분을 오르면 이정표가 나온다. 여기서 오른쪽으로 내려서 비탈길을 따라 11분을 가면 명산리에서 오르는 삼거리가 나온다.

삼거리에서 왼쪽 능선을 따라 32분을 올라가면 첫 번째 암봉이 나오고, 3분을 더 가면 두 번째 암봉이 나온다.

여기서 계속 능선을 따라 10분을 오르면 갈림길이 나온다. 갈림길에서 계속 직진 평지와 같은 능선을 따라 20분을 가면 급경사 길이 시작되어 21분을 더 오르면 742봉이 나온다. 742봉에서 6분 거리에 이르면 갈림길이 나온다.

갈림길에서 오른쪽으로 간다. 처음에는 약간 내려가다가 뚜렷한 주능선으로 이어진다. 갈림길에서 12분을 가면 정상이 보이는 헬기장이 나오고, 헬기장에서 27분을 오르면 정상 전 봉 삼거리가 나온다. 삼거리에서 왼쪽으로 21분을 오르면 정자가 있는 감악산 정상이다.

하산은 통신시설 오른쪽으로 가면 이정표 갈림길이 나온다. 오른쪽은 연수사 약수터 2.8km 표시가 되어 있다. 여기서 오른쪽으로 하산을 해도 되고, 왼쪽으로 50m 거리에 이르면 MBC 마당을 지나 오른쪽으로 뚜렷한 하산길이 또 있다. 여기서 뚜렷한 오른쪽 길을 따라 27분을 내려가면 연수사 주차장에 닿는다. 주차장에서 왼쪽 소형차로를 따라 20분을 내려가면 약수터를 지나 버스정류장이다.

월여산(총 5시간 2분 소요)

신기교 → 33분 → 원만마을 터 → 40분 → 주능선 → 50분 → 월여산 → 38분 → 갈림길 → 35분 → 임도끝 → 46분 → 신기교

신기마을 버스정류장에서, 남쪽 신기마을길을 따라 12분을 가면 원평마을 삼거리가 나온다. 삼거리에서 오른쪽 마을길을 따라 50m 가서 왼편 농로를 따라 10분을 가면 이정표가 있고 방죽이 있는 농로삼거리가 나온다. 삼거리에서 오른쪽 농로를 따라 12분을 가면 큰 밤나무를 2번 지나서 농로가 끝나는 원만마을 터(집터) 지점이 나온다.

원만마을 터 삼거리에서 오른편 지능선을 타고 오른다. 완만한 지능선을 따라 40분을 올라가면 620봉 주능선에 닿는다.

주능선에서 왼편 능선을 따라 30분을 올라가면 왼쪽에서 올라오는 갈림길을 만난다. 여기서부터는 아기자기한 바윗길 주능선을 따라 50분을 올라가면 삼각점이 있는 월여산 정상이다.

하산은 동쪽 능선을 탄다. 동쪽 능선을 따라 내려가면 암봉을 지나고, 억새능선으로 이어져 38분을 내려가면 780봉 갈림 능선길이 나온다. 갈림길에서 왼편 북쪽 능선길을 따라 35분을 내려가면 안부가 나온다. 오른쪽은 임도가 시작되어 목장 길이다.

안부에서 희미한 왼쪽 길로 간다. 서북쪽으로 뻗은 지능선 비탈길을 따라 8분을 내려가면 묘를 지나고 15분을 더 내려가면 방죽이 나온다. 방죽에서 농로를 따라 올라왔던 그대로 23분을 내려가면 신기교 버스정류장에 닿는다.

자가운전

88고속도로 거창IC에서 빠져나와 신원 방면 1089번 지방도를 타고 **감악산**은 임불삼거리 주차. **월여산**은 신원면 양지리 삼거리에서 우회전 ⇨ 1.5km 신기마을 입구에서 좌회전 ⇨ 신기마을 주차.

대중교통

거창에서 신원 방면 버스 1일 19회 이용, **감악산**은 임불삼거리 하차. **월여산**은 신기마을 하차.

식당

양지가든 (일반식)
거창군 신원면 양지리 299-3
055-945-0080

거창축협한우팰리스
거창읍 김천리 315-1
055-943-6202

구구추어탕
거창군 거창읍 대평리 1485-50
055-942-7496

숙박

리베라모텔
거창읍 대평리 1496-3
055-944-9920

명소

거창사건추모공원
합천호

거창장날 1일, 6일

황매산(黃梅山) 1113m   모산재 767m

거창,합천,산청,삼가 1:50,000

황매산 · 모산재

경상남도 합천군 가회면, 산청군 차황면(慶尙南道 陜川郡 佳會面, 山淸郡 車黃面)

개요

황매산(黃梅山, 1113m)은 철쭉으로 유명한 산이다. 주능선 대부분이 큰 나무가 없고 부분적으로 철쭉군락지가 형성되어있다. 정상 동쪽면은 완만한 지역에 목장이 있었던 곳으로 현재는 대형 주차장이 있고, 서쪽 산중턱에는 영화촬영소가 있다.

산행은 여러 방면에서 오르는 길이 있다. 자가용 편이라면 동쪽 구 목장 주차장에 주차하고, 왼편 능선을 따라 정상에 오른 후에, 오른편 상봉을 경유하여 다시 주차장으로 원점회귀 산행이 좋고, 단체산행이라면 동쪽 장방리에서 정상을 경유하여 영화공원으로 하산하는 코스가 좋다.

모산재(767m)은 황매산에서 남쪽으로 뻗어내려온 능선이 946.3봉에서 동쪽으로 가지를 쳐 모산재를 끝으로 가라앉는다.

산행은 가회면 영암사 입구에서 돗대바위를 경유하여 정상에 오른 뒤, 동쪽 암릉을 타고 영암사로 원점회귀 산행이다. 건각들이라면 황매산까지 종주산행도 좋다.

등산로

황매산(총 5시간 16분 소요)

안내소 → 50분 → 주차장 → 26분 → 주능선 → 38분 → 황매산 → 32분 → 상봉 → 25분 → 안부 → 35분 → 주차장 → 50분 → 안내소

둔내리 안내소에서 서쪽 소형차로를 따라 50분을 올라가면 큰 주차장이 나온다. 주차장에서 왼쪽 길을 따라 6분을 가면 갈림길이다. 갈림길에서 오른쪽 소형차로를 따라 26분을 올라가면 주능선 사거리에 닿는다. 사거리에서 우측 능선을 타고 25분을 올라가면 첫 봉에 닿고, 13분을 더 올라가면 바위봉 황매산 정상이다.

하산은 서북쪽 주능선을 따라 7분을 가면 큰 갈림길이 나온다. 왼쪽은 떡갈재 삼봉 방면이다. 오른쪽으로 5분을 가면 우측으로 갈림길이 나온다. 갈림길에서 왼편 능선길을 따라 바위를 오른쪽으로 돌아서 가면 암릉으로 길이 이어진다. 암릉길을 따라서 15분을 가면 우측으로 갈림길이 있으나 직진 주능선을 따라 5분을 더 오르면 이정표가 있는 상봉에 닿는다.

상봉에서 13분을 더 내려가면 오른쪽으로 이정표가 있는 갈림길이 나온다. 여기서 오른쪽으로 간다. 오른쪽 길은 비탈길로 이어지며 5분을 가면 상봉에서 뻗은 지능선에 닿고, 7분을 더 내려가면 안부가 119 (3-1) 나온다.

안부에서 오른쪽 구 목장길을 따라 10분을 내려가면 왼쪽으로 샛길이 있다. 여기서 임도를 벗어나 샛길을 따라 10분을 내려가면 묵밭이 나오고 길이 없어진다. 여기서 왼쪽 묵밭으로 30m 가면 밤나무가 한 그루 있다. 이 밤나무에서부터 뚜렷한 목장길을 따라 15분을 더 내려가면 큰 주차장에 닿는다.

모산재(총 3시간 30분 소요)

황매식당 → 10분 → 갈림길 → 70분 → 모산재 → 45분 → 노점삼거리 → 25분 → 황매식당

중촌리 황매식당 왼쪽 절길을 따라 10분을 가면 모산안내판이 있고 조금 더 들어가면 계곡 왼쪽으로 모산재 등산로가 뚜렷하게 보인다. 계곡으로 시작하는 등산로를 따라 올라가면 오른쪽 지능선으로 이어진다. 지능선길은 밧줄 철계단 등 바윗길로 가파르게 이어진다.

출발해서 25분을 올라가면 긴 철계단이 있고 계단을 오르면 높이 서있는 돗대바위가 나온다. 돗대바위를 지나서 3분 거리에 이르면 삼거리가 나온다. 삼거리에서 왼쪽은 철쭉군락지 이고 오른쪽으로 3분을 가면 모산재 정상이다.

하산은 계속 동릉을 탄다. 동릉을 타고 22분을 내려가면 순결바위가 나오고, 25분을 더 내려가면 삼거리가 나온다.

삼거리에서 우측으로 10분을 가면 영암사에 닿고, 15분을 더 내려가면 황매식당이다.

자가운전

88고속도로 거창IC에서 빠져나와 남쪽 24번 국도를 타고 모산면에서 59번 국도로 우회전 ⇨ 신원면에서 1089번 지방도로 좌회전 ⇨ 대병면에서 우회전 ⇨ 4km 황매산 안내소에서 우회전 ⇨ 목장길 따라 2.8km 주차장.

대중교통

동쪽 (구)목장 : 합천에서 가회면 둔내리(덕만)행 1일 3회(09:10 14:30 17:30)이용, 덕만 하차.

서쪽 장방리, 영화공원 : 산청−차황 1시간 간격 이용, 차황 하차 후, 택시 이용.

숙식

차황면

들외가든(흑돼지)
산청군 차황면소재지
055-927-7029

황매산식당 민박(일반식)
차황면 법평리 595
055-973-8817

가회면

모산재식당 민박
합천군 가회면
055-933-1101

황매산한우촌 민박
합천군 가회면
055-932-3883

대병면

꽃돌가든(민물탕)
대병면 회양리 855-3
055-932-5904

민들레펜션모텔
배병면 유전리 71-7
054-933-8877

화왕산(火旺山) 758m　　관룡산(觀龍山) 754m

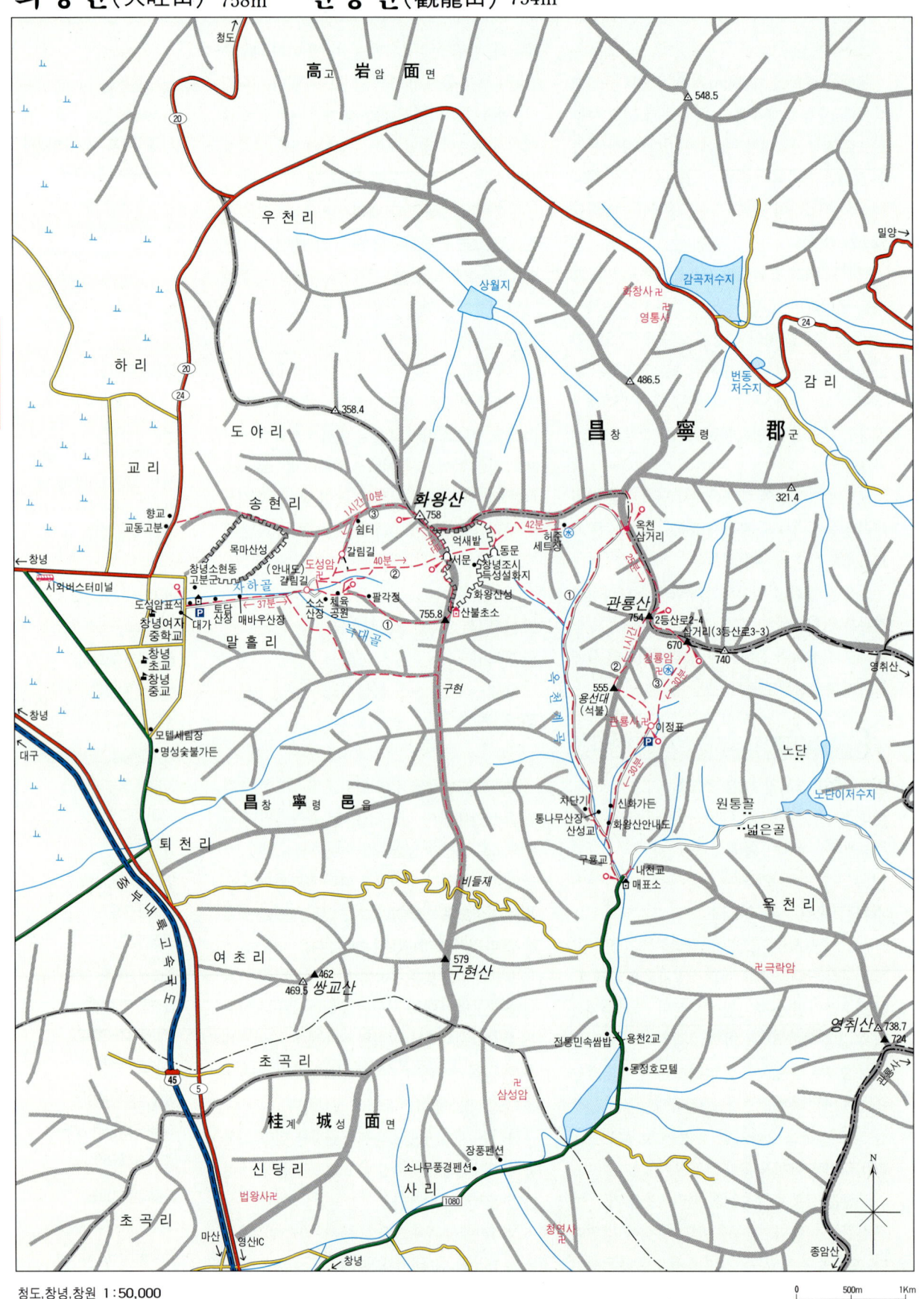

화왕산 · 관룡산

경상남도 창령군 창령읍,고암면(慶尙南道 昌寧郡 昌寧邑, 高岩面)

📖 개요

화왕산(火旺山. 758m)은 창녕의 진산으로 화왕산성내의 대평원에 봄이면 연분홍빛 진달래, 여름이면 드넓은 초원, 가을에는 억새의 황금물결로 장관을 이룬다. MBC TV 드라마 허준, 왕초, 상도의 촬영지이기도 하다.

화왕산 정상부에는 선사시대 화산활동으로 생긴 분화구 3개가 못 형태로 남아 있다. 창녕조씨의 탄생전설이 있는데 아무리 큰 가뭄에도 물이 흘러넘치고 있다.

또한 정상에서 서편으로 목마산성, 창녕소현 동고분군 등이 있으며 동남 편에는 기암괴석으로 둘러싸인 관룡산이 절경을 이루고 있다.

통일과 풍년을 기원하는 신신제를 지내며 3-4년을 주기로 정월 보름에 보름달이 떠오르면 달집을 태우고 56,000평의 화왕산성내 억새를 태워오고 있었으나, 2009년 사고 이후부터는 불을 태우는 것을 중지하기로 했다.

산행은 창녕읍 동쪽 창녕여중고 자하문 매표소 체육공원 서문을 경유하여 정상에 오른다.

화왕산에서 하산은 서쪽 능선 도성암 매표소로 하산하거나, 정상에서 남쪽 755.8봉 1번 등산로인 팔각정을 경유하여 매표소로 하산 한다.

* 관룡산까지 종주 산행은 화왕산에서 서문-동문-옥천삼거리-관룡산-삼거리-청룡암-관룡사-옥천매표소로 한다.

* 관룡산에서 용석대를 경유하여 관룡사로 하산해도 된다.

관룡산(觀龍山. 754m)은 화왕산에서 서쪽 주능선으로 약 6km 지점에 위치한 산이다.

🥾 등산로

화왕산 (총 5시간 9분 소요)

자하곡매표소 → 37분 → 체육공원 → 40분 → 환장고개 → 15분 → 화왕산 → 57분 → 옥천삼거리 → 25분 → 관룡산 → 15분 → 삼거리 → 30분 → 관룡사 → 30분 → 옥천매표소

창녕읍 동쪽 화왕산 자하곡매표소를 통과하여 소형차로를 따라 25분 거리에 이르면 등산안내도가 있는 도성암 갈림길이 나온다. 왼쪽은 도성암 하산길이고, 오른쪽 길을 따라 12분 거리에 이르면 체육공원이 나오고, 공원 끝에 이정표가 있는 갈림길이 있다.

갈림길에서 오른편은 능선 팔각정 제1등산로이고, 환장고개는 왼편으로 간다. 왼편 길은 계곡으로 가다가 급경사로 이어져 40분을 오르면 서문(환장고개)에 닿는다.

서문에서는 왼편 성곽을 따라 13분을 올라가면 주능선에 서고, 왼쪽으로 2분을 더 오르면 표지석이 있는 화왕산 정상이다.

정상에서 성곽을 한 바퀴 돌거나 대평원 억새밭 내 허준 왕초 상도의 영화촬영소를 돌아본 후에, 하산은 제1, 제2, 제3하산로를 선택을 해야 한다.

원점회귀 산행은 제1, 제2, 제3길을 따라 지도와 이정표를 확인하면서 다시 자하곡매표소로 하산 한다.

화왕산 – 관룡산 종주 등산로

화왕산 정상에서 15분 거리 남문으로 내려와서 동쪽 억새밭 길을 따라 8분 거리 동문을 통과하여 계속 동쪽으로 10분을 가면 샘이 있는 허준 세트장을 지나 갈림길이 나온다.

갈림길에서 오른쪽은 옥천계곡으로 하산길이고, 왼쪽으로 18분을 가면 옥천삼거리가 나온다. 옥천삼거리에서 오른쪽은 옥천계곡길이고, 왼쪽으로 25분을 올라가면 삼거리 관룡산이다.

관룡산삼거리에서 오른쪽은 능선길로 용선대를 경유하여 관룡사길이고, 왼쪽으로 가면 바윗길(밧줄)로 이어져 15분을 가면 (표지3 등산로 3-3) 삼거리가 나온다.

삼거리에서 오른쪽으로 급경사(밧줄)를 따라 12분을 내려가면 샘이 있는 청룡암 입구가 나오고 18분을 더 내려가면 관룡사이다. 관룡사에서 소형차로 30분 거리에 옥천매표소이다.

자가운전
구마고속도로 창녕IC에서 빠져나와 좌회전 ⇒ 창녕시내통과 ⇒ 화왕산매표소 주차장.

대중교통
창녕버스터미널에서 남지, 부곡행 버스를 타고 화왕산자하곡매표소 입구 하차.

관룡사 방면은 창녕버스터미널–옥천매표소 간 버스(1일 6회) 이용.

숙식

창녕

대가(한식)
창녕읍 말흘리 45-7
055-532-3301

명성숯불가든
창녕읍 말흘리 694-1
055-533-9400

세림장
창녕읍 말흘리 772-1
055-533-9400

옥천

전통민속(쌈밥)
창녕읍 옥천리 903-1
055-521-3279

장풍펜션
창녕읍 계성면 사리 699
055-521-2353

부곡온천장호텔
창녕읍 부곡면
055-536-5656

명소
화왕산 억새

창녕장날 3일, 8일

함박산 501m   종암산(宗岩山) 547m   덕암산(德岩山) 545m

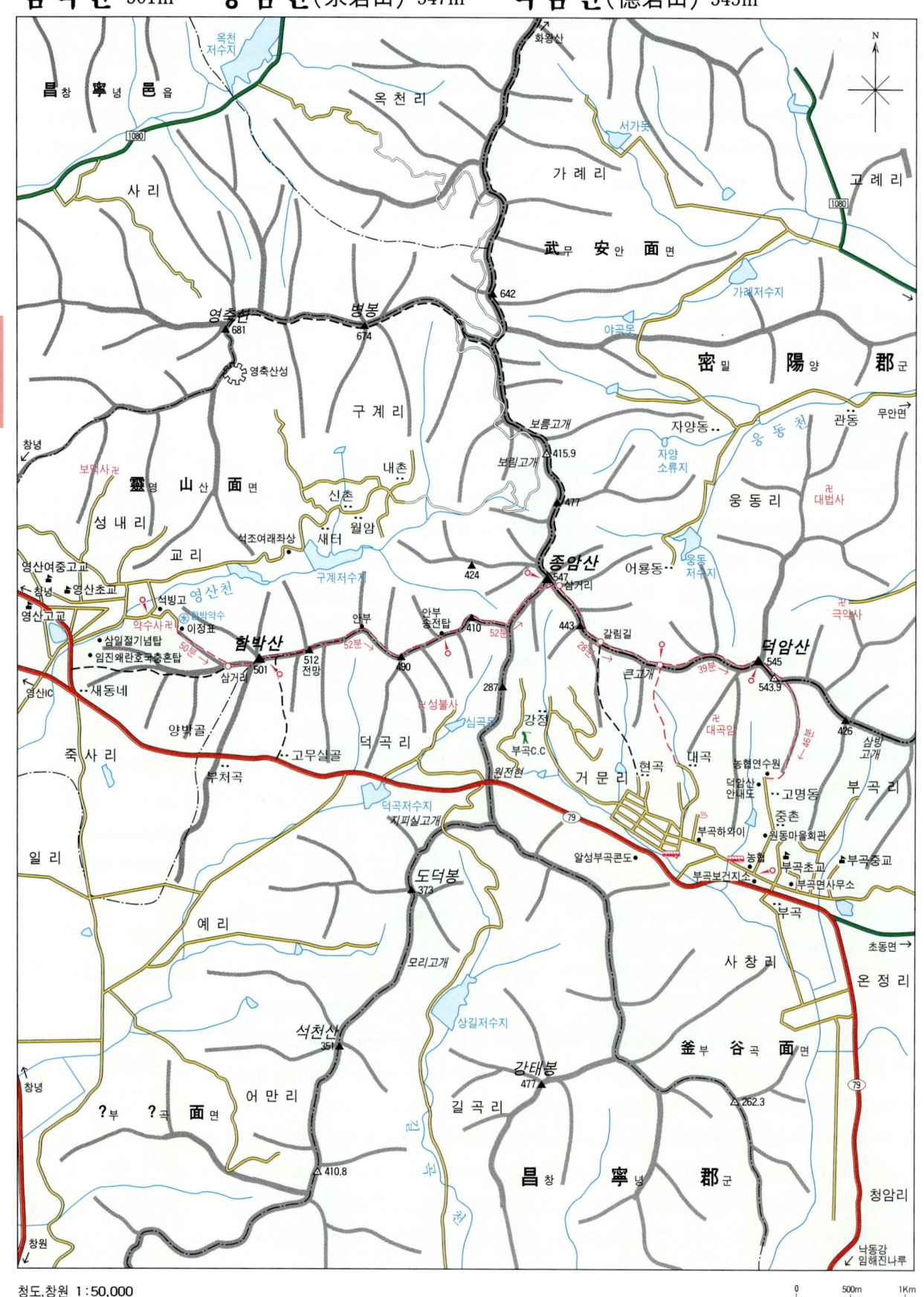

함박산 · 종암산 · 덕암산 경상남도 창녕군(慶尙南道 昌寧郡)

개요

함박산(501m), **종암산**(宗岩山, 547m), **덕암산**(德岩山, 545m)은 500m~600m급 나즈막한 능선이 하나의 작은 산맥을 이루면서 창녕군 영산면, 부곡면과 밀양군 무안면의 경계를 만들고 부곡온천으로 이어진다.

전체적인 산세는 순수한 육산으로 소나무가 많은 편이며 등산로도 무난한 편이다.

종암산에서 영취산 또는 관룡산, 화왕산까지도 등산로가 이어져 있다.

산행기점에는 석빙고와 유명한 함박약수가 있고, 하산 지점에는 유명한 부곡온천이 있다.

산행은 영산면 석빙고에서 시작하여 함박약수터, 함박산, 종암산, 큰고개, 덕암산, 농협연수원을 경유하여 부곡온천으로 하산한다.

주력에 따라 큰고개에서 부곡온천으로 하산하면 좋다.

등산로

함박산 – 종암산 – 덕암산 종주
(총 5시간 27분 소요)

함박약수 → 50분 → 함박산 → 52분 →
송전탑 → 52분 → 종암산 → 28분 →
큰고개 → 39분 → 덕암산 → 46분 →
농협(버스정류장)

영산면사무소에서 영산 석빙고, 함박약수 쪽 도로를 따라 약 1km 거리에 이르면 영산석빙고 50m 전에 함박산 안내도가 있고, 함박약수터와 약수사로 가는 갈림길 소형차로가 나온다.

갈림길에서 오른쪽 약수사 길을 따라 10분을 올라가면 약수터 닿기 전에 갈림길이 나온다. 갈림길에서 왼쪽으로 30m 가면 함박약수터가 나온다.

약수터에서 오른쪽으로 올라서면 이정표가 있는 갈림길이 나온다. 갈림길에서 직진 능선길을 따라 21분을 오르면 갈림길이 나온다. 갈림길에서 직진 12분을 오르면 주능선 삼거리가 나온다. 삼거리에서 왼쪽 주능선을 따라 7분을 오르면 표지판이 있는 헬기장 함박산 정상에 닿는다.

함박산에서 조망은 좋은 편이다. 덕암산, 종남산 주능선이 펼쳐 보인다.

함박산에서는 종암산을 향해 간다. 동쪽 주능선을 따라 9분을 내려가면 우측으로 갈림길을 지나서 12분 거리에 이르면 전망봉이 나온다. 전망봉을 지나서 급경사를 따라 13분을 내려가면 깊은 안부가 나온다. 깊은 안부를 지나서 작은 봉우리를 넘어 18분을 가면 안부에 송전탑이 나온다.

송전탑을 지나서 5분 거리 작은 봉우리를 넘어서 22분을 가면 다시 작은 봉우리가 나온다. 여기서 28분 거리에 이르면 주능선 삼거리가 나온다. 주능선삼거리에서 왼쪽으로 1분을 가면 여러 바위로 이루어진 종암산 정상이다.

종암산에서 북쪽은 영취산 화왕산으로 이어지는 능선길이고, 남쪽으로 이어지는 길은 부곡온천, 덕암산이다.

하산은 덕암산을 향해 1분 거리 삼거리로 다시 내려온 다음, 왼편 남동쪽으로 이어지는 주능선을 따라 13분을 내려가면 부곡온천 하산길이 나온다. 여기서 직진 15분을 더 가면 큰고개 삼거리가 나온다.

큰고개에서 오른쪽으로 30분 내려가면 부곡온천이다.

큰고개에서 덕암산은 동쪽 주능선을 탄다. 급경사로 이어지는 주능선을 따라 39분을 오르면 헬기장에 표지석이 있는 덕암산 정상에 닿는다.

하산은 농협연수원을 향해 내려간다. 동남쪽으로 이어지는 뚜렷한 급경사 외길을 따라 12분을 내려가면 완만한 길로 이어져 23분을 내려가면 농협연수원에 닿는다.

여기서 소형차로를 따라 11분을 내려가면 버스 정류장에 닿고 부곡버스터미널까지는 20분 거리다.

자가운전
중부내륙고속도로 영산IC에서 빠져나와 좌회전 ⇒ 500m에서 우회전 ⇒ 700m 석빙고 주차장.

대중교통
창녕에서 부곡온천으로 운행하는 버스 이용, 영산면 하차.

숙식

영산면

오뚜기식당
창녕군 영산면 서리
055-536-2522

곰돌이식육식당
영산면 동리 영산로타리 앞
055-521-0011

송림식육식당
영산면 동리 노타리내
055-536-7004

썬크루즈모텔
영산면 서리 140-3
0550521-2797

부곡면

대원매기매운탕
부곡면 부곡리 234-8
055-536-5411

솔새뼈다귀전문점
부곡면 부곡리 227-8
055-521-5556

부곡온천

힐튼모텔
창녕군 부곡면
055-536-6111

한성호텔
창녕군 부곡면
055-536-5131

명소
우포늪

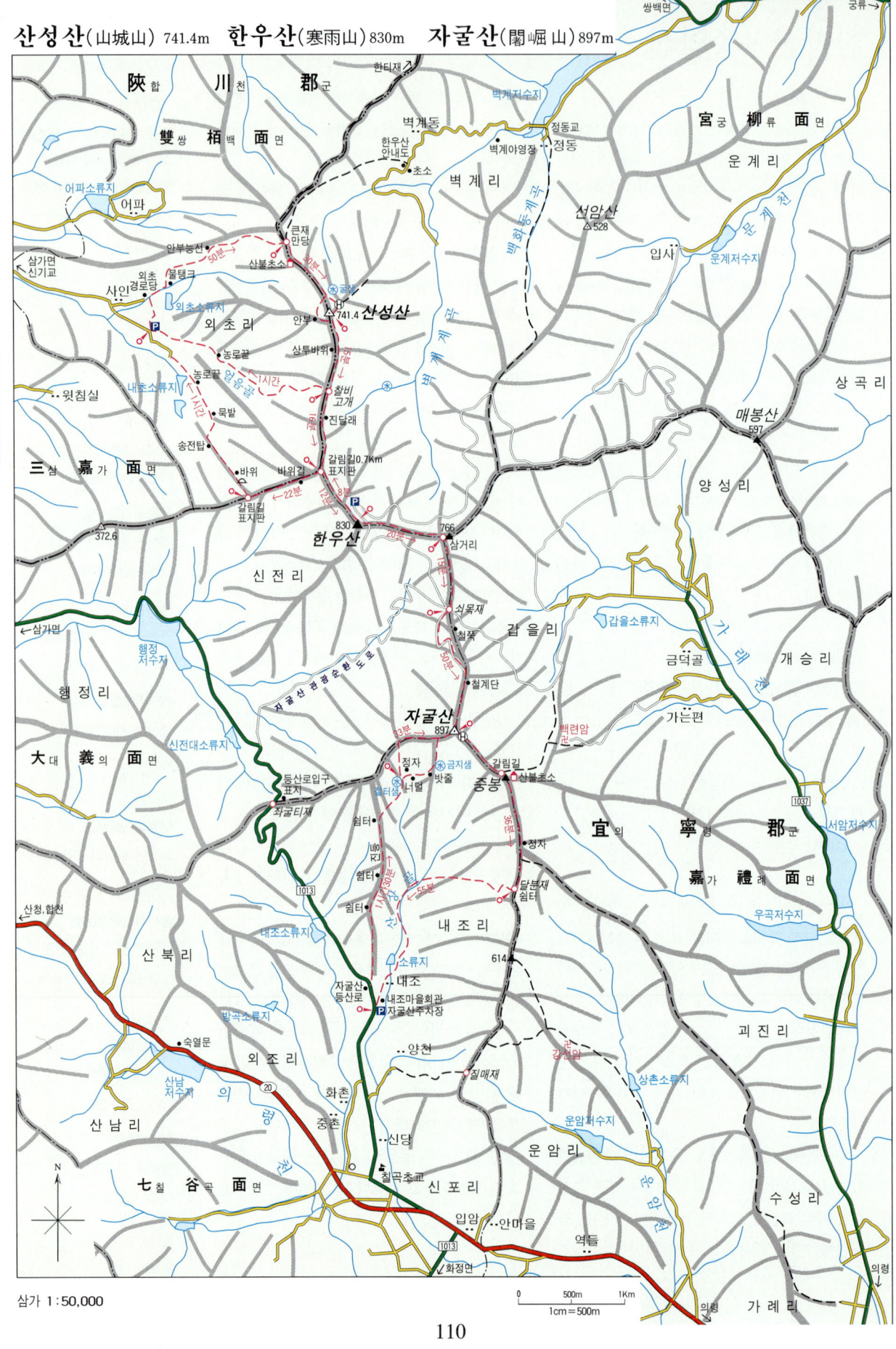

산성산 · 한우산 · 자굴산 경상남도 합천군, 의령군(慶尙南道 陜川郡, 宜寧郡)

개요

산성산(山城山, 741.4m), **한우산**(寒雨山, 830m), **자굴산**(闍崛山, 897m)은 북쪽으로부터 산성산, 한우산, 자굴산이 각각 약 2km 거리를 두면서 하나의 능선으로 이어져 있다. 부드러운 산세에 기암괴석이 많은 그야말로 산자수명(山紫水明)의 명산이다.

어머니 품 같이 느껴지는 산이라서 인심 좋고 살기 좋은 고장 일뿐 아니라 역사에 큰 자취를 남긴 인물이 많이 배출된 전통 반향(班鄕)으로 널리 알려진 명산이다. 정상 일대는 큰 나무가 없어 조망이 매우 빼어나다.

등산로

산성산 – 한우산(총 4시간 33분 소요)

내초주차장 → 50분 → 큰재마당 → 30분 → 산성산 → 15분 → 찰비고개 → 28분 → 한우산 → 30분 → 갈림길 → 60분 → 내초주차장

내초주차장에서 북쪽 소나무를 지나 논길을 통과하면 외초경로당 우측 마을길로 이어져 15분을 가면 마을이 끝나고 왼쪽 물탱크가 있는 산길로 오른다. 산길로 오르면 바로 비탈길로 이어지면서 17분을 가면 지능선 안부에 닿는다. 안부에서 서쪽 방향으로 이어지는 비탈길을 따라 18분을 가면 큰재마당 안부삼거리에 닿는다. 삼거리에서 오른쪽 능선을 따라 14분 거리에 이르면 굴샘 갈림길이 있고, 7분을 더 오르면 갈림길이 나오는데 두 길 다 정상으로 오르는 길이다. 여기서 왼쪽 길을 따라 7분을 오르면 헬기장 삼거리에 닿고, 오른쪽으로 2분 거리에 이르면 산성산 정상이다.

하산은 남쪽 능선을 따라 10분을 내려가면 상투바위를 지나고, 5분을 더 내려가면 찰비고개가 나온다. 여기서 우측 하산길을 따라 1시간을 내려가면 내조리 주차장에 닿는다.

한우산은 찰비고개에서 계속 남릉을 타고 15분을 오르면 갈림길이 나온다. 갈림길에서 왼쪽 길을 따라 12분을 더 오르면 표지석이 있는 한우산 정상이다.

하산은 올라왔던 12분 거리 갈림길에서 왼편 서쪽 지능선으로 간다. 지능선을 조금 내려가면 암릉 사이사이로 하산길이 이어져 22분을 내려가면 갈림길이 나온다.

갈림길에서 북서 방향으로 15분을 내려가면 밧줄지역 바위를 내려서게 되고, 16분을 더 내려가면 송전탑을 지나면서 오른쪽 비탈길로 이어져 13분을 내려가면 농로가 나온다. 농로를 따라 23분을 가면 내초 주차장이다.

자굴산(총 4시간 28분 소요)

주차장 → 82분 → 절터 샘 → 33분 → 자굴산 → 36분 → 달분재 → 57분 → 주차장

내조리 마을회관에서 우측 진등으로 이어지는 등산로를 따라 21분을 올라가면 (1)쉼터가 나오고, 17분을 가면 (2)쉼터가 나오며, 27분을 오르면 (3)쉼터가 나온다. 여기서 우측 비탈길로 이어져 17분을 가면 절터 샘 정자가 있는 삼거리다.

삼거리에서 우측으로 가면 너덜지대를 통과하여 급경사 철계단을 타고 12분을 오르면 공터이다. 공터에서 능선을 타고 17분을 올라가면 삼거리에 닿는다. 여기서 4분을 더 오르면 사방이 확 트인 자굴산 정상이다.

하산은 남동쪽 능선을 타고 6분을 내려가면 삼거리가 나온다. 삼거리에서 왼쪽은 백련사 내조리 방면이고 오른쪽으로 간다. 오른쪽 길을 따라 우회하여 12분을 내려가면 배틀바위를 지나서 6분을 더 내려가면 정자가 나오며 4분을 더 내려가면 갈림길이 나온다. 갈림길에서 오른쪽 길을 따라 8분을 내려가면 달분재에 닿는다.

달분재에서 오른쪽으로 간다. 하산길은 지그재그로 이어져 16분을 내려가면 계곡에 닿고, 이어서 비탈길로 이어지면서 19분을 내려가면 계곡을 건너 4분을 가면 저수지가 나온다. 여기서 15분을 내려가면 내조마을이다.

자가운전

자굴산은 남해안고속도로 군복IC에서 빠져나와 북쪽 방면 79번 국도를 타고 약 6km에서 좌회전 ⇒ 20번 국도를 타고 의령을 통과 약 7km 칠곡면에서 우회전 ⇒ 1013번 지방도를 따라 약 2km 내조리 주차장.

산성산 – 한우산은 33번 국도 삼가면에서 합천 방면 2km에서 우회전 ⇒ 3km 외초리 주차장.

대중교통

자굴산 : 의령에서 내조리행 버스(06:40 10:10 13:00 17:30) 이용.

산성산 · 한우산 : 삼가면에서 내조리행 버스(07:20 09:20 13:20 18:00) 이용.

식당

자굴산

종로식당(쇠고기국밥)
중동 삼천리사진관 앞
055-573-0303

아비송모텔
서동리 시외버스터미널 앞
055-573-1065)

삼가면

삼간우장터육식당
삼가면 일부리 927-2
055-934-2001

이병철 생가

부자한우촌
의령군 정곡면 중교리 420-8 호암생가 앞
055-572-0957

명소

호암 이병철 선생 생가

금산(錦山) 701m

금산

경상남도 남해군 상주면, 이동면(慶尙南道 南海郡 尙州面, 二東面)

개요

금산(錦山, 701m)은 한려해상국립공원의 일부로 정상에 서면 다도해의 절경 수많은 섬들이 한눈에 들어온다. 정상 남쪽 편에는 보리암(菩提庵)이 있다. 정상에서 앞을 보면 남해의 푸른 물이 수를 놓은 듯하고, 수목이 우거진 좌우 룡은 힘이 넘쳐흐르면서 망망대해로 이어진다.

보리암은 원효대사가 창건하였다는 설이 있는데 의상대사와 함께 신라불교를 대표하는 원효대사가 강산을 유행하다가 승경에 끌려들어 왔는데, 온 산이 마치 광망하는 듯 빛났다고 한다. 초옥을 짓고 수행하던 원효는 이곳에 보광사를 세웠다는 것이다. 이후에 이성계가 보광사에서 백일간 기도를 올리며 조선의 개국을 기원하게 되고, 태조의 뜻대로 조선이 개국되자 그 보답으로 산을 온통 비단으로 덮겠다고 하였으나 금산으로 이름만 바뀌었다고 한다.

이성계가 조선을 개국하고 공신들에게 논공행상을 바친 후, 자신의 기도를 받아준 영험한 산에 하사품으로 비단을 내릴 것이니 온 산을 비단으로 덮으라는 명을 내렸다. 그때 중 한 사람이 이성계에게 이르기를 비단이란 것이 처음 두를 때는 아름답고 보기 좋지만, 세월이 지남에 따라 그 빛은 퇴색하고 나중에는 보기 흉한 꼴이 되기 쉬우니 세세손손 비단을 두른 듯 이름을 비단 금(錦)자를 붙여 주는 것이 좋을 것 같다고 하였고, 이성계가 그 뜻을 받아들여 금산이란 산명을 하사하니 그 때부터 보광산을 금산으로 바뀌어 부르게 되었다.

산행은 남쪽 상주리에서 오르고 다시 그대로 내려온다. 또는 북쪽 복골에서 소형버스를 타고 주차장에서 정상까지 오른 다음 남쪽 상주리로 하산하거나, 다시 소형버스 편으로 복골 주차장으로 하산한다.

등산로 (총 3시간 53분 소요)

매표소 → 36분 → 음수대 → 37분 →
보리암 → 25분 → 금산 → 15분 →
보리암 → 60분 → 매표소

남쪽 상주리에서 바라본 아름다운 금산 전경

남쪽 상주리 주차장에서 보면 북쪽으로 금산으로 오르는 등산로 입구가 있다. 이 등산로를 따라 올라서면 오른쪽에 재두산장이 있고 이어서 왼쪽에 매표소가 나온다. 매표소를 지나서 100m 가면 갈림길이 나온다. 오른쪽은 자연관찰로이고, 왼쪽은 금산 등산로이다. 왼쪽 길을 따라 36분을 올라가면 음수대가 나온다.

이정표가 있는 음수대를 지나면 등산로는 점점 가팔라지면서 돌무더기를 지나고, 큰 바위를 지나면 바다가 보이기 시작한다. 계속 등산로를 따라 올라가면 쌍홍문이 나온다. 쌍홍문을 통과하고 길 왼편에 용굴이 있으며 그 위에 보리암이 올려다 보인다. 음수대에서 37분 거리다.

보리암에서 야외 기도 터를 돌아보고 다시 보리암에서 식수가 있는 오른쪽으로 100m 정도 올라가면 매점이 나온다. 매점에서 오른쪽은 보리암 주차장이고 왼쪽은 금산 정상이다.

왼쪽으로 5분 올라가면 정상으로 오르는 능선이 나온다. 능선에서 오른쪽으로 올라가면 바위가 있기 시작하고 이어서 15분을 올라가면 금산 정상이다. 보리암에서 25분 거리다. 정상에서 조망은 사방이 막힘이 없다. 남쪽으로는 국립공원 한려수도 섬들이 시야에 들어온다.

하산은 보리암 쌍홍문을 거쳐 다시 올라왔던 남쪽 상주리로 하산하거나, 동쪽 주차장으로 가서 소형버스를 타고 복골 주차장으로 하산한다. 금산 등산로는 단순하고 요소에 이정표가 있어서 길 잃을 염려는 없다. 정상 보리암 주변 가까운 곳에 단군성전, 암자 등 여러 곳이 있는데 안내판을 보고 해당하는 곳을 가면 된다. 보리암에서 모두 10분 거리에 있다.

자가운전

남해고속도로 사천IC에서 빠져나와 좌회전 ⇒ 3번 국도를 타고 삼천포대교 창선교 통과 후, 1024번 지방도로 우회전 ⇒ 이동면에서 좌회전 ⇒ 19번 국도를 타고 상주면 상주리 금산 입구 주차장.

복골은 이동면 신전리 삼거리에서 좌회전 ⇒ 복골 주차장,

또는 남해고속도로 하동IC에서 빠져나와 좌회전 ⇒ 19번 국도를 타고 상주면 상주리 금산 입구 주차장.

복골은 이동면 신전리에서 좌회전 ⇒ 복골주차장.

대중교통

남해-상주 버스(1일 12회) 이용, 상주리 금산 입구 하차.

숙식

상주리

상주횟집
상주면 상주리 543-2
055-863-5226-7

서포횟집
상주면 양아리 1915-4
055-863-0588

펜션영상그린하우스
상주면 상주리 1143-5
055-862-6047

복골

파도횟집
이동면 신전리 1043 복골
055-862-0710

통나무산장
이동면 신전리 복골
055-862-4651

※ 남해장날 2일, 7일

와룡산(臥龍山) 797.7m

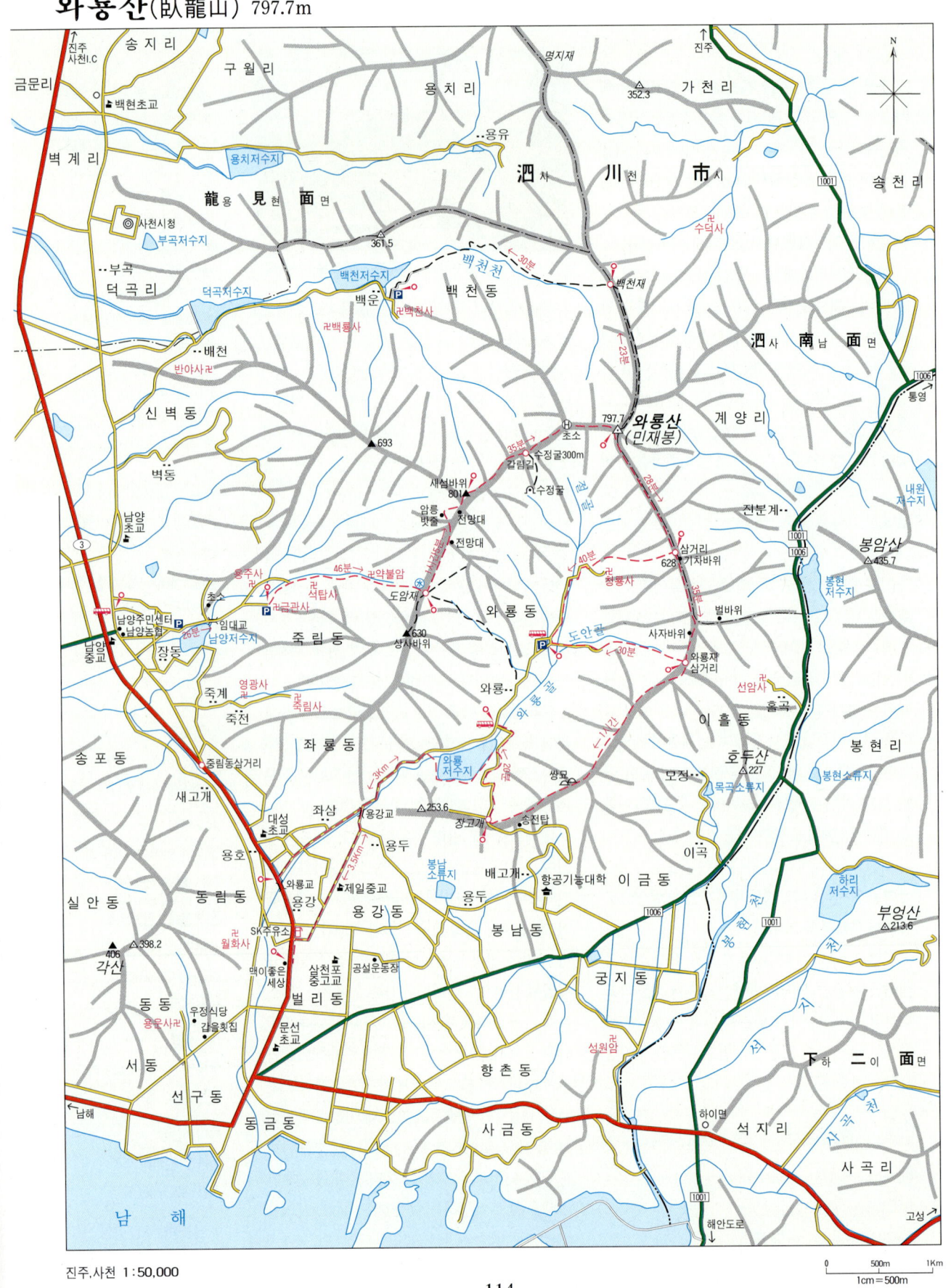

진주, 사천 1:50,000

와룡산

경상남도 사천시, 사남면(慶尙南道 泗川市, 泗南面)

개요

와룡산(臥龍山 797.7m)은 사천시 일대에서 가장 높은 산이며 주능선에 서면 한려수도 크고 작은 섬들이 한눈에 조망되고, 육지의 산에서 보기 어려운 아름다운 경치가 펼쳐진다. 바위와 너덜지대가 많으며 주능선 새섬바위에서 정상까지는 철쭉이 많은 산이다.

주능선에는, 상사바위, 새섬바위, 기차바위, 사자바위가 있다.

산행은 보통 중림동 남양동주민센터에서 출발하여 용주사, 도암재, 새섬바위, 민재봉, 청룡사 삼거리에서 청룡사를 거쳐 와룡동으로 하산하거나, 계속 주능선을 타고 와룡재에서 주차장으로 하산한다. 좀 더 길게 타는 산행은 계속 남쪽 주능선을 타고, 용두봉 닿기 전에 북쪽 임도를 따라 와룡저수지로 하산한다.

와룡산 새섬바위

등산로(총 6시간 15분 소요)

남양동주민센터 → 72분 → 도암재 →
65분 → 새섬바위 → 35분 → 와룡산 →
28분 → 삼거리 → 35분 → 와룡재 →
80분 → 와룡저수지

중림동 남양농협 오른편 동쪽으로 마을길을 따라 8분 거리에 이르면 저수지 둑 아래 주차장을 지나고, 5분 정도 더 가면 초소 삼거리가 나온다. 삼거리에서 우측 임대교 건너 13분을 올라가면 갈림길이 나오고, 오른편으로 조금 가면 금관사 주차장이 나온다. 주차장에서 왼쪽으로 조금가면 갈림길이 나오는데, 오른쪽 산길로 접어들어 20분을 가면 석탑사에 닿는다. 석탑사를 뒤로하고 4분을 가면 약불암이다. 약불암에서 22분을 더 오르면 도암재에 닿는다.

도암재에서 북쪽 주능선을 따라 11분을 오르면 너덜지대를 지나고, 21분을 더 오르면 전망바위 아래에 닿는다. 전망바위를 돌아보고 다시 등산로를 따라 올라가면 바위를 통과하는데 철재와 밧줄이 설치되어 있으나 주의를 해야 한다. 바위를 통과하면 너덜지대를 오르게 되어 11분을 오르면 전망바위 위 쉼터에 닿는다. 쉼터를 지나서 23분을 더 오르면 새섬바위에 닿는다.

새섬바위를 통과하여 17분을 내려가면 수정골로 가는 삼거리가 나온다. 삼거리에서 계속 철쭉능선을 따라 8분을 올라가면 산불초소 헬기장이 나오고, 10분을 더 오르면 민재봉(와룡산) 정상이다. 정상은 나무가 없어 막힘이 없다. 사천시가지가 발 아래로 내려다보이고 한려수도 일대 많은 섬들이 한눈에 내려다보인다.

하산은 남쪽 능선을 따라 28분을 내려가면 청룡사로 내려가는 갈림길이 나온다.

오른쪽으로 내려가면 청룡사를 경유하여 주차장으로 내려가는 길이며 약 50분 소요된다.

삼거리에서 계속 남쪽 능선으로 따라 가면 5분 거리에 기차바위를 통과하고, 다시 22분을 더 가면 왼쪽으로 갈림길이 나온다. 갈림길에서 오른쪽 길을 따라 가면 바로 오른쪽에 사자바위가 있고, 8분을 내려가면 안부 와룡재 삼거리에 닿는다.

와룡재에서 오른쪽 도암골을 따라 30분을 내려가면 와룡동 주차장에 닿는다. 다시 와룡재에서 계속 남쪽능선을 타고 가면 작은 봉우리를 넘어 36분 거리에 이르면 쌍묘가 나온다. 쌍묘를 지나서 20분을 내려가면 송전탑을 통과하고, 4분을 더 내려가면 임도 고개에 닿는다.

고개에서는 오른편 북쪽 임도를 따라 내려간다. 임도를 따라 15분 정도 내려가면 저수지 위 산책로 입구에 닿는다. 여기서 계속 임도를 따라 5분 더 내려가면 버스 정류장 도로에 닿는다. 산책로 입구에서 산책로를 따라 내려가면 저수지변과 저수지 둑을 통과하여 도로에 닿는다.

자가운전

남해안고속도로 사천IC에서 빠져나와 우회전⇒사천 방면 3번 국도를 따라 사천시내에 진입하기 전 중림동 삼거리에서 좌회전⇒약 1km 거리 남양농협에서 우회전⇒약 1km 거리 저수지 둑 아래 주차장.

대중교통

서울에서 삼천포 9회, 부산·마산에서 삼천포 30~40분 간격, 진주에서 삼천포 8분 간격) 운행.

사천시 부두에서 수시로 왕래하는 중림동 방면 버스를 타고 남양주민센터 하차.

식당

갑을횟집(해물찌개)
사천시 우리은행 뒤편
055-833-4025

우정식당(매운탕)
사천시 동동 156-11
055-833-2960

숙박

사천시 보건위생과문의
055-831-3620

명소

삼천포대교
한려해상관광
삼천포항

사천장날 5일, 10일

연화산(蓮花山) 524m

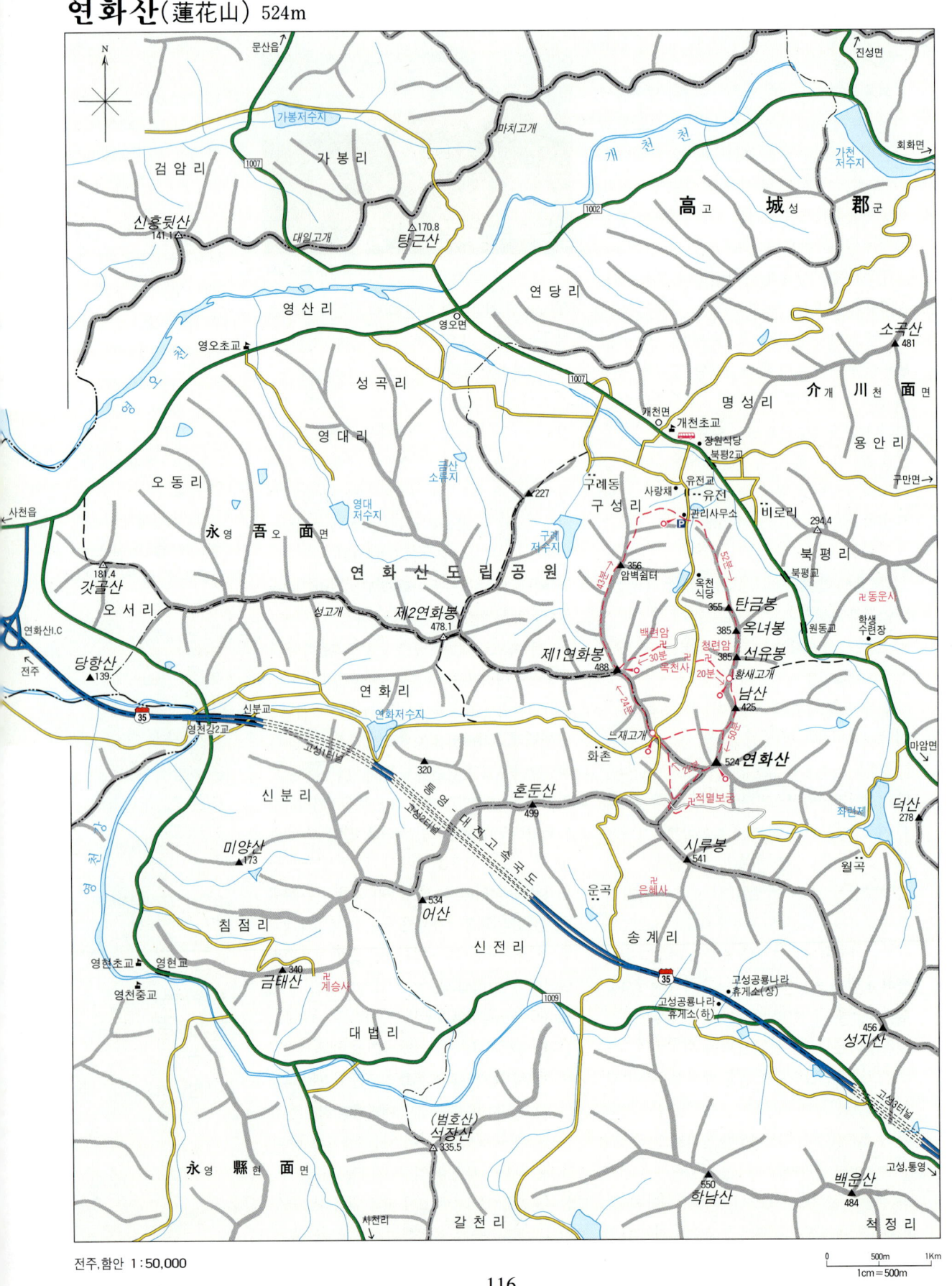

연화산

경상남도 고성군 개천면, 영오면, 영현면(慶尙南道 固城郡 介川面, 永吾面, 永縣面)

개요

연화산(蓮華山, 524m)은 1983년 9월 경상남도 도립공원으로 지정되었다. 연화산은 본래 비슬산(琵瑟山)이었으나 조선 인조 때 연꽃을 닮았다 하여 지금의 연화산으로 바뀌었다.

산세가 수려하고 아기자기한 산으로 선유봉, 옥녀봉, 탄금봉 등 10여개의 봉우리와 신라천년의 고찰 옥천사, 백련암, 청련암, 연대암, 청담스님의 사리탑 등이 빼어난 조형미를 이루고 있다.

연화산은 주변에서 바라볼 때는 단순한 야산으로 보이지만 정상에서 바라보면 일대가 겹겹이 산으로 둘러싸인 산중이다. 전체적으로 부드러운 육산이며 가족산행으로 적합한 산이다. 옥천사 대웅전 뒤에는 사시사철 마르지 않고 항상 수량과 수온이 일정한 옥천샘이 있다. 특히 이 샘의 물은 위장병, 피부병에 효능이 있다고 전해진다.

옥천사(玉泉寺)는 대한불교 조계종 제 13교구 본사인 쌍계사의 말사(末寺)로 (670년 신라문무왕 10년) 의상(義湘 625~702년)이 창건하였다. 대웅전 뒤에 맑은 물이 나오는 샘이 있어 옥천사라고 불리게 되었다.

연화산 중턱에 자리한 적멸보궁

등산로(총 4시간 11분 소요)

주차장 → 52분 → 황새고개 → 50분 →
연화산 → 22분 → 늦재고개 → 24분 →
제1연화봉 → 43분 → 주차장

관리사무소가 있는 주차장에서 동쪽 남산 이정표를 따라 올라가면 비탈길로 가다가 주능선으로 이어진다. 등산로는 순수한 흙길로 이어져 32분을 오르면 장군봉에 닿는다. 장군봉에서 계속 이어지는 능선을 따라 7분 거리에 이르면 옥녀봉이 나온다. 옥녀봉에서 6분을 가면 선유봉이다. 선유봉에서 6분을 내려가면 사거리 황새고개 넓은 쉼터가 나온다.

황새고개에서 오른쪽으로 내려가면 청련암 옥천사이다. 황새고개에서 계속 직진 주능선을 따라 17분을 오르면 남산에 닿는다. 남산에서도 계속 이어지는 주능선을 따라 28분을 더 오르면 운암고개를 지나 돌탑과 표지석이 있는 연화산 정상에 닿는다.

연화산에서 하산은 계속 북쪽 능선을 따라 12분을 내려가면 이정표 삼거리가 나오고, 바로 내려서면 소형차로 월곡(싸리)제가 나온다. 여기서 왼쪽으로 5분(300m) 거리에 이르면 적멸보궁이 나온다. 적멸보궁에서 다시 월곡제로 되돌아온 다음, 임도 위 산속 이정표에서 늦재고개로 간다. 이정표에서 비탈길을 따라 10분을 내려가면 늦재고개에 닿는다.

늦재고개에서 오른쪽 도로를 따라 내려가면 옥천이다.

제1일연화봉은 도로 건너 북서쪽 능선으로 오른다. 제1연화봉을 향해 24분을 오르면 제1연화봉에 닿는다.

하산은 이정표 연화산 주차장 방면으로 간다. 정 북쪽 방향 능선을 따라 내려가면 순수한 흙산 등산길로 이어져 23분을 내려가면 작은 바위들이 많은 암벽쉼터가 나온다.

암벽쉼터에서 계속 주차장을 향해 내려가면 능선에서 계곡으로 하산길이 이어져 20분을 더 내려가면 주차장에 닿는다.

짧은 코스로는 옥천사에 주차를 하고 청련암을 경유하여 연화산에 오른다. 하산은 적멸보궁을 다녀와서 황새고개에 이른 다음, 옥천사로 하산한다.

제1연화봉은 옥천사에서 백련암에 오른 다음, 제1연화봉에 오른다. 하산은 황새고개로 내려와서 다시 옥천사로 하산한다.

자가운전

대전-통영고속도로 연화산IC에서 빠져나와 우회전 ⇨ 6km 영오면에서 우회전 ⇨ 2.5km 개천면 옥천교에서 우회전 ⇨ 약 1km 연화산 주차장.

대중교통

진주에서 개천면행 버스 이용, 개천면 하차. 진주에서 금곡면행 26-3번, 50번 시내버스 이용 후. 금곡에서 개천 경유 고성행 시내버스 이용, 개천 하차. 또는 택시 이용.
금곡 화성택시
010-6686-1191

식당

장원식당
고성군 개천면 명성리
055-672-2992

사랑채
개천면 북평리 507
055-672-0153

희야식당(아침식사)
진주시 금곡면 두문리 608
055-759-6541

숙박

에쿠스모텔
개천면 북평리 301-5
055-672-8580
010-3993-0351

똘레랑스모텔
영오면 오서리 1611-178
055-674-0552

명소

당황포
옥천사
고성장날 1일, 6일

사량도 지리산(智異山) 399m 　 칠현산(七絃山) 349m

지리산 · 칠현산

경상남도 통영시, 사량면(慶尙南道 統營市, 蛇梁面)

개요

지리산(智異山, 399m)은 사량도 상도(윗섬)에 있는 산이다. 사량도는 원래 두 섬 사이를 흐르는 해협을 일컬었던 옛 이름에서 유래되었다. 옛 이름은 박도였으나 상도와 하도를 가로 흐르는 물길이 가늘고, 긴 뱀처럼 구불구불한 형세에서 유래하여 이 해협을 사량이라 일컬었다. 주능선은 대부분 바위로 이루어져 있다. 등산로는 우회길과 밧줄이 있지만 주의를 해야 한다.

칠현산(七絃山, 349m)은 사량도 하도(아랫섬)에 있는 산이다.

사량도 산행은 통영 시외버스터미널 부근에 숙박한 뒤, 통영(시외버스터미널)-가오치(사량호 선착장) 버스 편을 이용한 다음, 가오치-금평항 배편을 이용 한다. 금평항과 덕동항에서 마을버스가 배편 도착시간에 대기하고 있다가 등산로 입구까지 안내해준다.

등산로

지리산(총 5시간 41분 소요)

돈지 → 37분 → 주능선 → 52분 → 지리산 → 35분 → 내지 갈림길 → 41분 → 사거리 → 41분 → 옥녀봉 → 75분 → 금평항

돈지선착장에서 돈지초교 길을 따라 10분 거리 밭이 끝나면 산행기점이 나온다. 이정표가 있는 등산로를 따라 12분을 오르면 능선에 닿고, 능선에서 15분을 오르면 주능선에 닿는다.

주능선에서 우측으로 간다. 처음부터 바윗길을 따라 23분을 오르면 삼거리가 나온다. 삼거리에서 우측 능선을 타고 29분을 오르면 지리산 정상이다.

하산은 계속 동쪽 능선을 타고 20분을 가면 촛대봉에 이르고, 15분을 내려가면 사거리 안부에 닿는다. 안부에서 계속 능선을 타고 18분을 가면 불모산 입구 우회길이다. 여기서 우회길을 따라 5분을 가면 불모산 밑에 이르고, 18분을 내려서면 안부 사거리에 닿는다.

사거리에서 계속 능선을 타고 16분을 가면 밧줄을 약 30m 오르고, 10분을 지나면 가마봉이다. 가마봉에서 5분 거리 연지봉을 지나면 철사다리가 나온다. 사다리 또는 우회길을 따라 내려서 10분 거리에 이르면 옥녀봉 아래에 이른다.

여기서 왼편 밧줄을 타고 다시 직벽 줄사다리를 타고 내리거나, 우회길을 따라 가서 10분 거리에 이르면 바위 쉼터가 나온다. 옥녀봉은 바위 경험자가 아니면 반드시 우회하여야 한다. 쉼터에서 10분을 가면 끝봉이고 다시 10분 내려서면 삼거리가 나온다. 왼편은 대항마을금평항이다. 오른편 능선을 타고 33분을 내려가면 KT 철탑이고 금평항까지는 9분 거리다.

칠현산(총 4시간 26분 소요)

통포 → 40분 → 봉수대 → 35분 → 임도 → 61분 → 삼거리 → 20분 → 칠현산 → 50분 → 읍포

버스종점 통포 도로끝집에서 산길을 따라 10분을 올라가면 안부 사거리가 나온다. 안부에서 왼쪽 능선을 따라 30분 거리 바위 계단을 오르면 돌무더기 있는 첫봉 봉수대에 닿는다.

봉수대에서 북쪽 방면 능선을 따라 12분을 가면 두 번째 봉이다. 여기서 서북 방면 능선을 따라 33분을 가면 임도가 나온다.

임도를 가로질러 20분을 가면 이정표 봉이 나오고, 10분을 가면 갈림길 칠현산 1.6km 이정표가 나온다. 여기서 7분을 가면 바윗길이 시작되고, 다시 19분을 가면 바위를 지나서 안부에 닿는다. 여기서 능선을 타고 5분을 오르면 주능선 삼거리다. 삼거리에서 왼쪽 능선을 따라 20분을 가면 표지석이 있는 칠현산 정상이다.

하산은 계속 서쪽 능선을 따라 8분을 내려가면 고개 갈림길이 나온다. 갈림길에서 진진 능선길을 따라 7분을 가면 또 우측으로 갈림길이 나온다. 여기서도 계속 직진 능선을 따라 24분을 가면 바위가 나온다. 바위 왼쪽으로 돌아서 다시 능선을 따라 11분 내려가면 읍포마을 표지석에 닿는다.

자가운전

대전-통영간 고속도로 북통영IC에서 빠져나와 좌회전 ⇒ 14번 국도 5km 도산면에서 좌회전 ⇒ 4km 가오치선착장.

대중교통

통영종합시외터미널-가오치선착장(08:00 10:40 12:40 14:40 16:40 18:40).

배편 : 가오치선착장-사량도(금평항-덕동항) 07:00 09:00 11:00 13:00 15:00 17:10).

금평항 덕동항에서 등산 기점까지 마을버스 대기.

고성(용암포)-사량도
하계 : 07:00~9:30분(내지) 11:00 13:00 15:00 16:30(내지) 17:30.
동계 : 07:00~09:30(내지) 11:00 13:10(내지) 14:00 15:30(내 지) 16:50.

숙식

통영

마이홈(고기)
광도면 죽림리 1570-37
055-642-6616

사이존모텔
광도면 죽림리 1571-2
055-646-2508

금평항

우리식당(일반식)
055-642-6103

동애민박
055-642-7302

돈지

우리식당(자연산 회)
055-644-9331

지리산민박
055-641-7992

계룡산(鷄龍山) 569m   선자산(扇子山) 519m

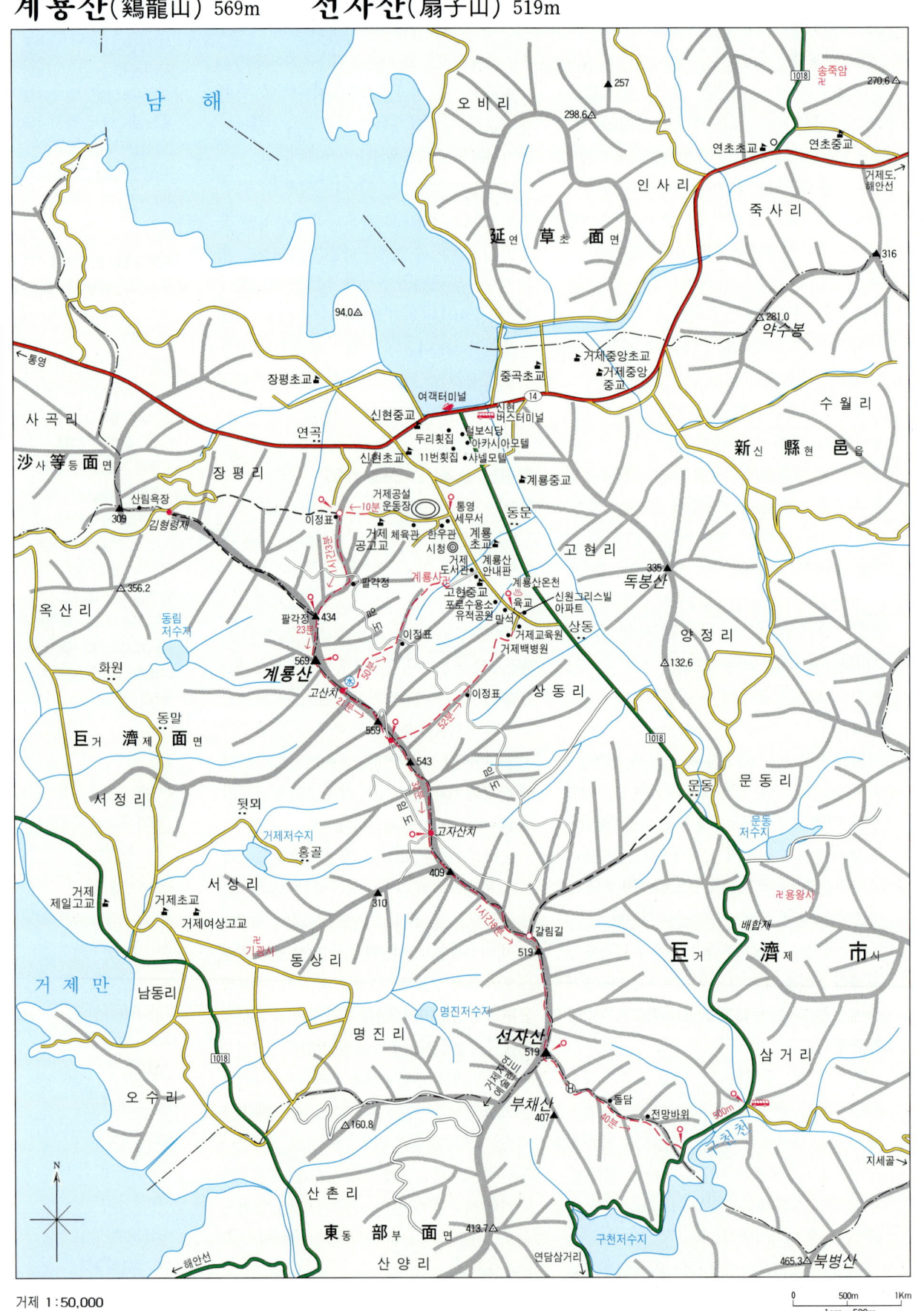

계룡산 · 선자산 경상남도 거제시(慶尙南道 巨濟市)

📖 개요

계룡산(鷄龍山. 569m)은 거제시내 서남쪽 거제도 정 중앙에 위치하고 있는 산이다. 계룡산 정상의 모양이 닭 벼슬과 같이 생겼고 몸뚱이는 용같이 생겼다 하여 계룡산이라고 한다. 북극성을 향해 비상하는 형국을 한 계룡산은 닭의 울음소리가 하늘나라까지 울려 퍼지고 있는 듯 기상이 장엄하고, 정상에 오르면 의상대사가 절을 지었던 의상대사의 불이문바위, 장군바위, 장기판바위 등이 있으며 6.25 동란 때 포로수용소 통신대의 잔해가 남아 있다.

거제도는 6.25 사변 때 인민군의 포로수용소 17만 명의 포로가 수용되어 있었으며, 많은 포로들의 생명이 보호된 곳이기도 하다. 계룡산 동쪽 산기슭에는 포로수용소 터가 보존되고 있다. 등산을 마친 후에 거제수용소와 거제 일원을 돌아보고 오면 더 좋은 추억의 산행이 될 것이다.

선자산(扇子山. 519m)은 계룡산에서 남동쪽 방면 주능선으로 이어져 약 6km 거리에 위치한 산이다. 거제도에서 여섯 번째로 높은 산이며, 봄이면 주능선으로 계룡산 정상에 이르기까지 철쭉이 피어 장관을 이룬다.

계룡산 선자산 산행은 같은 능선 6km 거리에 위치하고 있으므로 산행 계획을 함께 잡는 것이 좋다. 산행 기점 공설운동장에서 시작 지능선을 타고 계룡산에 오른 다음, 남동쪽 능선을 따라 포로수용소잔해에 이른 다음, 계룡산만의 산행은 동쪽 백병원 쪽 이정표를 따라 하산한다.

선자산까지는 포로수용소잔해에서 계속 남동쪽 주능선을 타고 고산자치를 경유하여 선자산에 오른 다음, 서남 방면 구천저수지 상류로 하산 한다.

🥾 등산로

계룡산-선자산(총 5시간 7분 소요)

공설운동장 → 63분 → 팔각정 → 23분 → 계룡산 → 21분 → 포로수용소 잔해 → 32분 → 고산자치 → 68분 → 선자산 → 40분 → 삼거리

거제공설운동장 약수터에서 식수를 준비하고 서쪽 도로를 따라 5분을 올라가면 차도가 끝나고 계룡산 안내판이 나온다. 안내판 갈림길에서 왼쪽 능선으로 오른다. 뚜렷한 능선길을 따라 10분을 오르면 도로 공사 지점이 나온다. 여기서 도로를 건너 다시 지능선을 따라 23분을 오르면 임도가 나온다. 임도를 가로질러 능선을 따라 30분을 오르면 팔각정 삼거리가 나온다.

팔각정에서 남쪽 주능선 바윗길을 타고 8분을 가면 바위봉이 나오고, 다시 8분을 가면 철탑을 지나며 5분을 더 오르면 바위봉 계룡산 정상이다. 정상에서 사방을 바라보면 막힘이 없고 거제도 일원이 시야에 들어온다.

하산은 남쪽 주능선 갈림길에서 오른편 길을 따라 2분 거리 절터를 경유하여 13분을 내려가면 계룡사 갈림길이 나온다.

갈림길에서 왼쪽으로 50분 정도 내려가면 계룡사이다.

갈림길에서 계속 남쪽 능선을 타고 통신대를 경유하여 8분 거리에 이르면 포로수용소 잔해가 있는 임도가 나온다.

여기서 왼편 동쪽으로 백병원 이정표를 따라 52분을 내려가면 백병원을 지나 거제교육원에 닿는다.

선자산은 포로수용소 잔해에서 계속 남쪽능선을 따라 7분을 오르면 바위봉에 오르고, 25분을 더 내려가면 대피소가 있는 고산자치 사거리에 닿는다.

여기서 계속 도로를 건너 능선을 따라 37분을 오르면 삼거리 팔각정에 닿는다. 삼거리에서 오른편 주능선을 따라 8분을 가면 519봉을 지나고, 계속 주능선을 따라 23분을 더 가면 표지석이 있는 삼거리 선자산 정상이다.

선자산에서 하산은 왼편 구천저수지 방면 능선을 타고 21분을 내려가면 전망이 트이는 바위가 나온다. 여기서 16분을 더 내려가면 등산안내판이 있는 삼거리 도로에 닿는다. 여기서 왼쪽 500m 거리 삼거리에 버스정류장이 있다.

자가운전
대전-통영간고속도로 통영IC에서 빠져나와 좌회전 ⇨ 14번 국도를 타고 거제대교 통과 거제시 공설운동장 주차.

대중교통
(서울남부-고현 40분 간격) (대전-고현 19회) (부산 사상-고현 13회) (진주-고현 18회) 이용, 거제 하차.
마산-통영 방면에서 수시로 운행하는 고현행 버스 이용, 고현 하차. 고현터미널 앞에서 120, 110, 100번 순환버스 이용 거제시청 하차.

식당
만석 (멍게비빔밥)
거제시 고현동 620
055-636-9295

11번횟집
거제시 고현동 고현시장
055-633-7473

우리횟집
거제시 고현동 고현시장
055-574-7783

숙박
아카시아모텔
고현동 고현리 691-179
055-636-5810

온천
계룡산온천
신현읍 상동리 997-24
055-638-0002

명소
거제포로수용소

고현장날 5일, 10일
거제장날 4일, 9일

베틀산 436.5m   서북산(西北山) 738.3m   여항산(艅航山) 770m

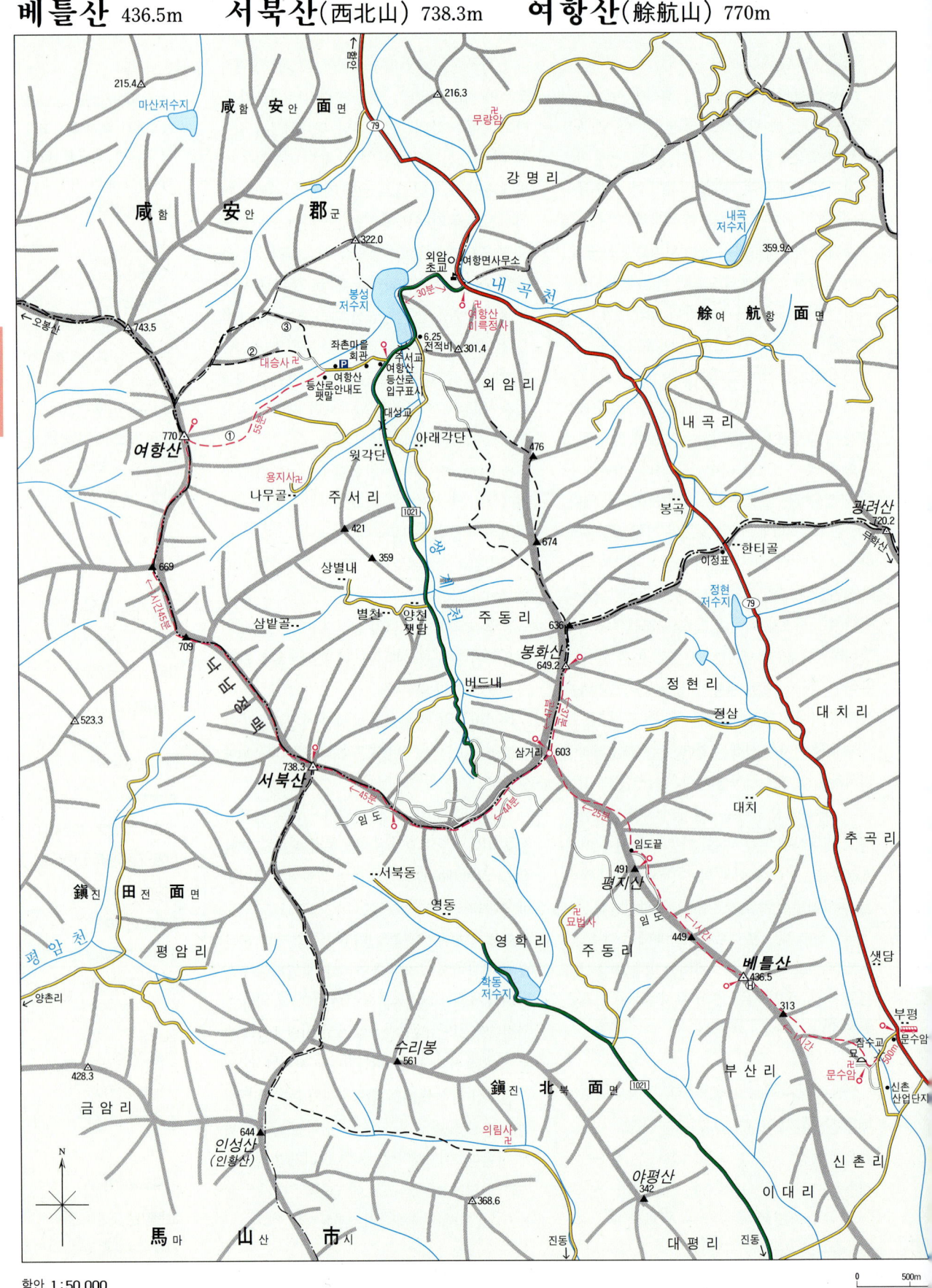

베틀산・서북산・여항산 경상남도 함안군, 창원시(慶尙南道 咸安郡, 昌原市)

개요

베틀산(436.5m)은 진북면에 위치한 나지막한 산이다. 순수한 육산으로 진달래가 많고 완만한 산세를 이루고 있는 산이다. **서북산**(西北山. 738.3.m)과 **여항산**(艅航山. 770m)은 함안군 진북면과 진전면 경계에 위치한 낙남정맥이다.

낙남정맥은 동쪽 무학산에서 광려산, 봉화산을 거쳐 서북산, 여항산을 지나 지리산 영신봉으로 이어진다. 베틀산, 평지산, 서북산은 완만한 육산이고, 여항산은 바위가 많은 산이다. 이곳에서는 여항산은 각데산 또는 곽데미산으로 불린다. 6.25사변 때는 낙동강 방어전선으로 치열한 격전을 치룬 곳이다. 여항면 봉성저수지 위에 6.25전적 기념비가 새워져 있다.

여항산 주변은 등산로가 정비되어 있고, 좌촌마을에 여항산 안내도가 있으며, 주차장이 정비되어 있다. 베틀산 쪽은 정비되지 않아 산길이 희미하지만 산행하는데 큰 어려움은 없다.

산행은 진북면 문수암에서 베틀산-평지산-서북산-여항산을 종주하는 산행이 있고, 낙남정맥인 한치고개-봉화산-베틀산삼거리-서북산-여항산 산행이 있으며, 좌촌마을에서 여항산만의 산행이 있다. 비교적 낮은 산이므로 가능한 세 산을 종주 하는 것이 바람직하다.

등산로

베틀산-서북산-여항산 종주
(총 7시간 34분 소요)

문수암 → 60분 → 베틀산 → 60분 →
평지산 → 25분 → 큰삼거리 → 44분 →
임도 → 45분 → 서북산 → 105분 →
여항산 → 55분 → 주차장

진북면 신촌리 농공단지 북쪽 부평마을 입구 버스정류장에서 서쪽 문수암으로 가는 소형차로가 있고 문수암 팻말이 있다. 여기서 79번 국도를 벗어나 서쪽 문수암 표지판을 따라 500m 들어가면 문수암 입구가 나온다. 문수암 입구에서 오른쪽으로 보면 묘가 있고, 묘 옆으로 등산로가 있다. 처음에는 산길이 희미하지만 점점 뚜렷해지고, 지능선으로 산길이 이어진다. 뚜렷한 산길을 따라 올라가면 첫 번째 송전탑을 지나면서 진달래나무가 있기 시작 한다, 진달래능선을 따라 가면 송전탑을 지나고 헬기장을 지나면서 1시간 거리에 이르면 베틀산 정상에 닿는다.

베틀산에서 계속 이어지는 서북쪽 능선을 따라 가면 전망바위봉을 지나고, 숲길과 초원지역을 통과하면서 17분 거리에 이르면 임도가 나온다. 임도에서 오른쪽으로 휘어져 올라가면 임도 삼거리가 나온다. 임도삼거리에서 표지판 오른쪽 길을 따라 11분을 오르면 임도가 끝나고 넓은 잔디밭에 닿는다. 여기서 평지산을 우회하게 된다. 베틀산에서 1시간 거리다.

여기서 광장을 가로질러 능선으로 간다. 숲길 능선으로 접어들어 25분 거리에 이르면 송전탑을 지나서 큰 삼거리에 닿는다.

큰 삼거리에서 오른쪽으로 이어진 능선을 따라 37분 거리에 이르면 봉화산 정상이다.

봉화산 정상에서 큰 삼거리까지 되돌아오는 시간은 47분이 소요된다.

다시 큰 삼거리에서 서쪽 서북산을 향해 내려가면 급경사로 이어져 44분을 내려가면 임도 농로사거리가 나온다.

농로에서 왼쪽 산길로 접어들어 45분을 올라가면 서북산에 닿는다. 서북산은 표지석이 있고 서북산전적비가 있다.

서북산에서 여항산은 북서쪽 능선을 탄다. 낙남정맥인 북서쪽 능선길은 평탄하고 무난하며 뚜렷하다. 다소 오르내리는 구간이 있지만 큰 어려움은 없다. 평탄한 능선길을 따라 1시간 45분 거리에 이르면 여항산 정상에 닿는다. 정상은 바위지대이고 표지석이 있으며 사방이 막힘이 없다.

하산은 동쪽 좌촌마을로 한다. 정상에서 남쪽으로 조금 내려서 동쪽 1등산로를 따라 내려가면 무난한 하산길로 이어지면서 55분 거리에 이르면 좌촌마을 주차장에 닿는다.

자가운전

남해고속도로 함안IC에서 빠져나와 우회전⇒79번 국도를 타고 **여항산**은 여항면에서 우회전⇒좌촌마을 **베틀산**은 진북면 신촌농공단지 부평마을 입구에서 우회전⇒문수암길 500m 무수암 입구. 마산 쪽에서 2번 국도 진동면에서 우회전⇒79번 국도를 타고 4km 신촌농공단지⇒문수암 주차.

대중교통

남마산에서 함안행 버스나 72번 버스를 타고 진동-부평마을 하차. **여항산 좌촌마을**은 남마산에서-외암마을-여항간 1시간 간격 이용, 외암초교 하차(좌촌마을까지 30분).

식당

정우농장(생고기)
마산시 진동면 진동리 288-1 백양상가 1층
011-882-6602

바글바글식당(일반식)
진동면 진동리 진마트 앞
055-271-1913

울릉도회요리전문
마산시 창포3가 8-2 롯데빌리지 107호
055-223-0666

해운찜
마산시 창포동3가 8-2 롯데빌리지 101
055-224-3365

숙박

타임모텔
마산시 해운동 45-2
055-241-8732

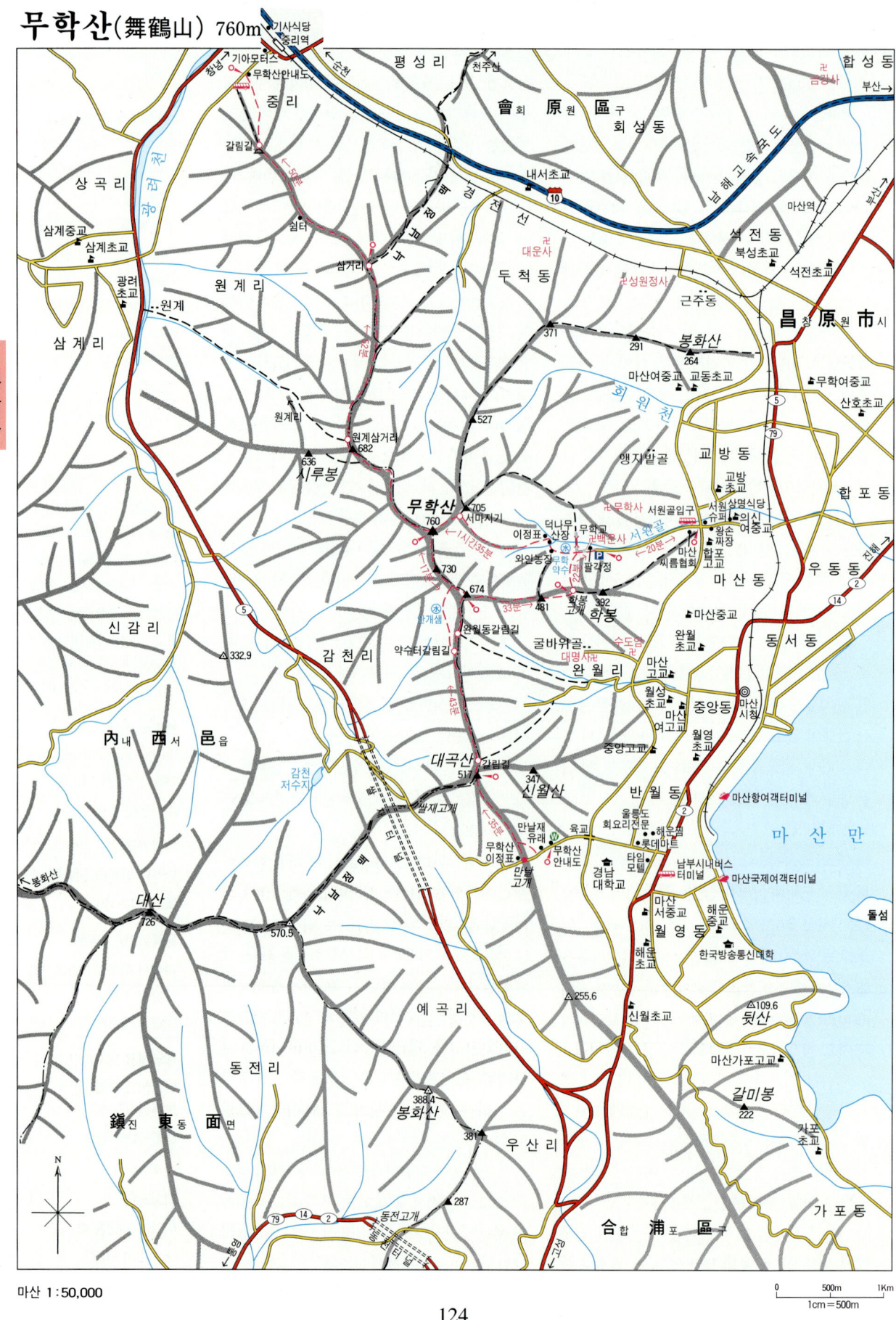

무학산

경상남도 창원시 마산(慶尙南道 昌原市 馬山)

개요

무학산(舞鶴山, 760m)은 학이 날개를 펴 춤을 추고 있는 듯 형상의 산으로 보여 무학산이라 부르게 된 것으로 전해진다. 진달래 밭이 광범위하고 조밀하며 키가 작아 물감을 쏟아 부은 듯하여 해마다 4월 10일부터 4월 말일까지는 수많은 인파로 장관을 이룬다. 또한 만날고개에 오르면 오랫동안 헤어진 사람과 만나게 된다는 전설이 있어 해마다 4월 17일이면 많은 인파로 몰리고, 주능선에 서면 마산 시내가 한눈에 내려다보인다.

대표적인 코스는 만날고개에서 대곡산에 오른 다음, 남남정맥인 주능선 타고 정상에 오른다. 하산은 정상에서 북서 방면 중리 코스가 있고, 북동 방면 5분 거리 서마지기 광장에서 서원골, 마산여중, 관해정으로 하산길이 있다.

바위로 이루어진 무학산 정상

등산로

만날재-중리 코스 (총 4시간 23분 소요)

만날재 → 35분 → 대곡산 → 60분 → 무학산 → 52분 → 낙남삼거리 → 56분 → 중리

무학산 남쪽 만날고개 안내판에서 만날고개 쪽 소형차로를 따라 3분을 가면 우측으로 등산로가 있고 4분을 더 올라가면 만날고개가 나온다. 만날고개에서 우측 등산로를 따라 가면 능선으로 이어져 28분을 올라가면 삼거리 대곡산에 닿는다.

대곡산에서 오른쪽 낙남정맥을 타고 2분을 내려가면 오른쪽 갈림길을 지나고, 주능선을 계속 따라 24분을 가면 왼편으로 약수터 갈림길이 나온다. 갈림길에서 오른편 주능선 길을 따라 5분을 가면 우측에 완월동 갈림길이 나온다. 계속 주능선을 따라 12분을 가면 614봉 아래 이정표가 있는 사거리가 나온다. 사거리에서 북서 방면으로 직진 주능선을 따라 17분을 더 오르면 바위봉 무학산 정상이다.

하산은 먼저 북서 방면 중리 코스를 소개한다. 이정표를 확인하고 북서쪽 낙남정맥인 주능선을 따라 28분을 내려가면 왼쪽으로 시루바위 갈림길이 나오고, 1분 거리 봉우리를 지나면 왼쪽 월계리 갈림길이 나온다. 갈림길에서 계속 직진 능선을 따라 23분을 가면 낙남정맥 갈림길이 나온다.

갈림길에서 왼쪽 중리 방면 능선을 따라 23분을 내려가면 의자가 있는 쉼터가 나온다. 쉼터를 지나서 13분을 내려가면 묘가 있고 오른편으로 길이 이어진다. 여기서 20분을 더 내려가면 중리 버스정류장이다.

서원골 코스 (총 3시간 47분 소요)

주차장 → 45분 → 덕나무산장 → 50분 → 무학산 → 17분 → 674봉갈림길 → 33분 → 학봉고개 → 22분 → 주차장

서원골 주차장에서 통제소를 통과하여 24분을 올라가면 무학교 갈림길이 나온다. 갈림길에서 우측으로 직진 16분 거리 갈림길에서 우측으로 5분을 가면 덕나무산장 위에 갈림길이 나온다.

갈림길에서 왼쪽 계단길로 올라가면 다소 가파른 지능선으로 이어져 40분을 올라가면 서마지기 광장이 나오고 10분을 더 오르면 무학산 정상에 닿는다.

정상에서 하산은 남쪽 주능선을 따라 17분을 내려가면 674봉 사거리 갈림길이다. 갈림길에서 왼편 지능선을 따라 33분을 내려가면 송전탑을 지나서 674봉 갈림길이 나온다. 갈림길에서 왼쪽으로 22분을 내려가면 무학교에 닿고, 24분을 더 내려가면 서원골 주차장에 닿는다.

자가운전

남해고속도로 서마산IC에서 빠져나와 마산시내로 진입 후, 서쪽 산복도로를 따라 서원골 입구-경남대 방면으로 가다가 경남대 입구에서 우회전 ⇨ 소형차로를 따라 약 1km 만날고개 주차장.

대중교통

경남대 입구(만날고개)-서원골 입구-중리까지는 20분 간격으로 운행하는 254번 시내버스 이용. 남마산시외버스터널에서는 만날고개까지 택시를 이용한다.

식당

울릉도회요리전문
창원시 마산합포구 창포3가 8-2 롯데빌리지 상가 107호. 055-223-0666

해운찜
마산합포구 창포동 3가 8-2 롯데빌리지상가 101
055-224-3365

청기와해장국
마산합포구 해운동 35-4
055-242-8859

왕손짜장
창원시 마산합포구 교방동 서원골 입구
055-223-0533

삼영식당 돼지국밥
마산합포구 교방동 209-16.
055-221-2728

숙박

타임모텔
마산합포구 해운동 45-2
055-241-8732

장복산(長福山) 593m   웅산(熊山) 710m

장복산 · 웅산 경상남도 진해시, 창원시(慶尙南道 鎭海市 昌原市)

개요

장복산(長福山, 593m)은 진해와 창원 경계에 위치한 해변의 산이다. 주능선에서 바라보면 남쪽으로 진해시가지와 남해바다가 시원하게 펼쳐지고 북쪽으로 거대한 창원공단이 한눈에 내려다보인다. 봄에는 벚꽃과 진달래로 온산이 꽃산으로 변하여 아름다운 경치를 이룬다. 산행은 서쪽 장복터널 검문소에서 시작하여 장복산에 오른 후, 덕주봉 안민고개로 하산한다.

웅산(熊山, 710m)은 진해시 동북쪽에 위치한 산이며 장복산과 같이 진해시가지를 감싸고 있는 산이다. 산행은 안민고개에서 시작하여 동쪽 주능선을 타고 웅산에 오른다. 하산은 남쪽 주능선을 타고 시리바위를 경유하여 바람재 삼거리에 이른 다음, 오른편 자은초교로 하산한다. **장거리 코스**로는 계속 남쪽 능선을 타고 천자봉을 경유하여 대발령 또는 소망공원으로 하산한다. **종주 코스**는 장복터널-장복산-안민고개-웅산-시리봉-천자봉-대발령 또는 소망공원.

등산로

장복산(총 3시간 48분 소요)

검문소 → 28분 → 안부사거리 → 44분 → 장복산 → 60분 → 덕주봉 → 36분 → 안민고개

진해 장복산터널 검문소에서 오른쪽 (구)도로를 따라 가면 장복산휴게소를 지나면서 15분을 가면 마진터널 입구 순직비가 있고 등산로가 있다. 터널 오른쪽 초소 옆 등산로를 따라 13분을 오르면 안부사거리가 나온다.

사거리에서 오른쪽 능선을 따라 44분을 오르면 장복산 정상이다.

하산은 계속 동쪽 주능선을 따라 11분을 가면 삼각점봉에 닿고 7분을 더 내려가면 사거리 안부가 나온다. 계속 동쪽 능선을 따라 22분을 가면 헬기장이 나오고, 10분을 더 내려가면 예비군훈련장 갈림길이며 여기서 5분 오르면 덕주봉에 나온다.

덕주봉에서 계속 동쪽 능선을 따라 36분을 내려가면 안민고개 도로에 닿는다. 안민고개 북쪽은 창원시, 남쪽은 진해시다.

웅산(총 4시간 58분 소요)

안민고개 → 60분 → 갈림길 → 45분 → 웅산 → 38분 → 시리바위 → 20분 → 바람재 → 45분 → 천자봉 → 30분 → 소망공원

진해 쪽 석동이나 창원 쪽 천선동에서 안민고개로 이른 다음, 안민고개 주차장에서 능선에 올라서면 넓은 공터가 나온다. 공터에서 동쪽으로 가면 능선으로 이어져 13분을 가면 헬기장을 지나고 23분을 오르면 철탑이 나온다. 계속 24분을 가면 석동 갈림길이 나온다.

갈림길에서 계속 동쪽 능선을 따라 45분을 오르면 삼거리에 나오고 오른편으로 조금 더 오르면 웅산이다.

웅산에서 계속 남릉을 타고 12분을 가면 웅산가교를 건너가며, 다시 26분을 가면 시리바위가 나온다.

시리바위에서 나무계단을 따라 20분을 내려가면 바람재에 닿는다. 바람재에서 오른쪽으로 50분을 내려가면 자은초등학교 입구에 닿는다.

장거리코스는 바람재에서 계속 남쪽 능선을 따라 13분을 가면 철탑이 나오고, 다시 24분을 가면 갈림길이 나온다. 갈림길에서 오른편 능선을 따라 8분을 오르면 천자봉에 닿는다.

천자봉에서 나무계단을 따라 8분을 내려가면 넓은 공터가 나온다. 공터에서 육모정 오른쪽으로 내려서면 바로 임도가 나온다. 임도에서 10m 오른쪽 샛길을 따라 11분을 내려가면 임도를 다시 지나 이정표가 나온다. 이정표에서 왼쪽 임도를 따라 11분을 내려가면 대발령에 닿는다. 또는 이정표에서 임도를 벗어나 계속 능선을 타고 3분을 내려가면 철탑을 지나고 4분 내려가면 묘가 나온다. 묘에서 오른편으로 4분 내려가면 소망공원 차도에 닿는다.

자가운전

남해고속도로 서마산IC에서 빠져나와 좌회전 ⇨ 진해 방면 2번 타고 장복산터널 통과 검문소에서 좌회전 ⇨ 화장실 부근 주차.

대중교통

장복산 : 진해시외터미널-남마산 간 160번, 161번, 163번 시내버스 이용, 장복터널 남쪽 검문소 하차.

웅산 : 진해시외터미널에서 115번 시내버스 이용, 석동하차. 석동에서 안민고개로 오른다. 하산지점 대발령과 소망공원에서 시외터미널까지 115번 시내버스 이용.

식당

마진기사식당
진해시 인의동 21-6
055-546-5036

토종순대국
진해시 자은동
055-551-1856

황토마을(생고기)
자은동 929-28
055-547-6806

부성식당(국수)
자은동 자은초교 앞
055-574-4356

숙박

세원장
진해시 인의동 시외버스터미널 앞
055-546-2196

명소

진해해군사관학교
진해해양공원

천주산(天柱山) 641m   청룡산 647m

천주산 · 청룡산   창원광역시(昌原光域市)

개요

천주산(天柱山. 641m)은 창원시 북쪽에 위치한 산이다. 서울에 북한산이 있고, 부산에 금정산과 같이 대도시를 포용하고 있는 산이다. 산 전체가 큰 나무가 없고 소나무 지역이며 대부분 진달래 밭이다. 특히 주능선으로 진달래가 많으며 봄이면 온통 진달래꽃 밭이다. 전망대에서 용지봉으로 가는 주등산로는 대부분 경운기가 지나갈 만큼 넓은 길이며, 대도시 뒷산으로 창원시민들의 체력단련과 휴식 공간으로 좋은 산이다.

산행은 천주암 입구 굴현고개에서 만남의 광장, 전망대를 경유하여 용지봉에 오른 다음, 고개사거리를 경유하여 달천계곡으로 하산한다. 또는 달천계곡 주차장에서 임도를 따라 만남의 광장으로 올라 같은 코스로 하산한다.

청룡산(靑龍山. 647m)은 용지봉에서 북쪽 주능선으로 이어져 약 4km 거리에 위치한 산이다. 등산로는 뚜렷하지만 아직 호젓한 산길이며 장거리 산행으로 매우 좋은 산이다.

산행은 천주산을 먼저 오른 다음, 북쪽 능선을 타고 고개사리, 상봉, 고구사 고개, 578봉, 청룡산에 오른 다음, 북쪽 칠원면 무기동으로 하산한다.

등산로

천주산(총 2시간 30분 소요)

천주암 입구 → 33분 → 만나의 광장 → 40분 → 천주산 → 10분 → 함안경계고개 → 40분 → 달천계곡주차장

굴현고개 전 천주암 입구 주차장에서 천주암 길을 따라 33분을 오르면 만남의 광장에 닿는다. 여기서 오른쪽으로 18분을 오르면 전망대가 나온다.

전망대에서 다시 만남의 광장으로 내려온 다음, 남쪽능선을 따라 41분을 오르면 헬기장을 두 번 지나서 천주산(용지봉)에 닿는다.

하산은 북쪽으로 10분을 내려가면 북면 경계 사거리 고개가 나온다.

넓은 초원에 정자가 세워진 청룡산 정상

고개 오른쪽으로 30m 거리에서 왼쪽 산길로 접어들어 내려가면 능선 비탈길로 이어져 40분을 내려가면 달천계곡 주차장에 닿는다.

청룡산(총 6시간 소요)

천주암 입구 → 74분 → 천주산 → 40분 → 상봉 → 30분 → 양미재 → 75분 → 579봉 → 22분 → 청룡산 → 32분 → 갈림길 → 27분 → 무기동 안내도

천주산 정상에서 북쪽으로 10분 내려가면 고개사거리가 나온다. 고개사거리에서 북쪽 청룡산을 향해 능선을 따라 30분을 오르면 상봉(659m)에 닿는다.

상봉에서 25분을 내려가면 철탑이 나오고, 5분 더 가면 고개사거리가 나온다. 왼쪽은 산정 1.5km이고, 오른쪽은 외암리 2.1km이다.

고개에서 계속 주능선을 따라 28분을 올라가면 473봉이 나오고, 10분을 내려가면 깊은 안부가 나온다. 깊은 안부에서 37분을 오르면 작대산(578봉) 표지석 삼거리가 나온다.

삼거리에서 왼쪽으로 22분을 가면 넓은 헬기장에 정자가 있는 청룡산 정상이다

하산은 가장 뚜렷한 북서쪽 능선길로 간다. 완만한 북서쪽 능선을 따라 10분을 가면 서봉이다. 서봉에서 계속 이어지는 북서쪽 능선길을 따라 22분을 내려가면 삼거리가 나온다.

삼거리에서 왼쪽 무기 3로 능선을 따라 27분을 내려가면 청룡산 안내도에 닿는다. 여기서 16분을 가면 무기마을회관을 지나서 큰 도로 버스정류장이다.

자가운전

남해고속도로 동마산IC에서 빠져나와 좌회전 ⇒ 2.5km에서 좌회전 ⇒ 1km 천주암 입구 주차장.

대중교통

창원버스터미널에서 북면 마금산 온천행 시내버스 이용 굴현고개 전 천주암 입구 하차.

식당

자연농원
창원시 북면 지개리 676-3
055-298-8856

진달래집
북면 외감리 543
055-298-0233

외감식육식당
북면 외감리 93-18
055-292-8940

우리이웃
북면 외감리
055-298-9355

갑조매생이굴국밥
북면 신촌리 황토방온천 앞
055-299-1475

숙박

통나무펜션
창원시 소답동 708-3
018-579-0786

마금산온천

북면황토방온천
북면 신촌리
055-298-9890

마금산신촌온천
북면 신촌리
055-299-8080

억산(億山) 954m　　북암산(北岩山) 806m　　구만산(九萬山) 785m

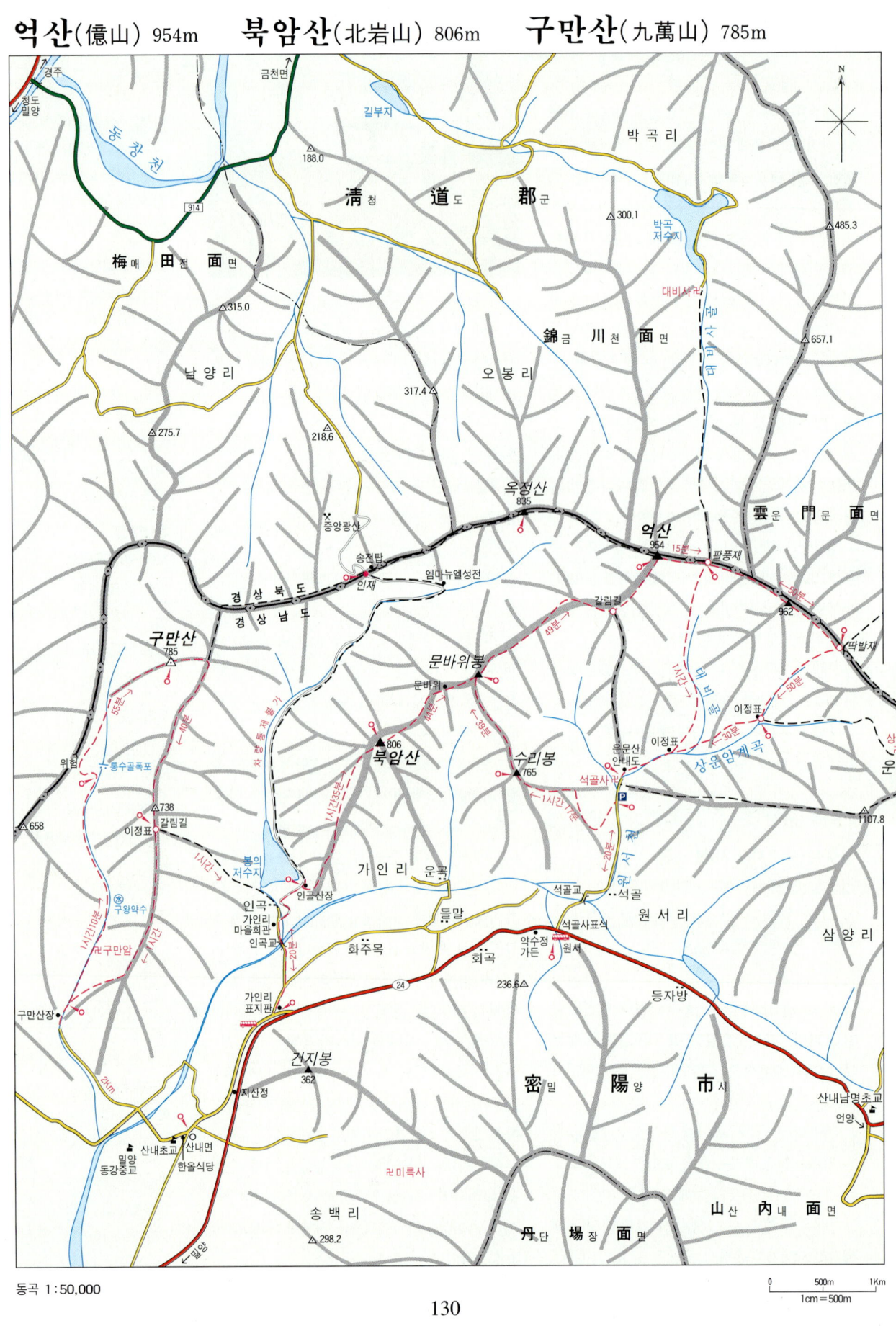

동곡 1:50,000

억산 · 북암산 · 구만산

경상남도 밀양시 산내면(慶尙南道 密陽市 山內面)

📖 개요

억산(億山. 954m)은 영남알프스 서북쪽 가장 끝머리에 위치하고 있는 산이다. **북암산**(806m)은 억산에서 남서쪽으로 뻗은 능선으로 약 3km 지점에 위치한 산이다. 산행은 봉의저수지 둑 인골산장에서 동북쪽 지능선을 타고 북암산에 먼저 오른 다음, 북동쪽으로 이어지는 능선을 타고 억산으로 오른다. 억산에서 하산은 동쪽 팔봉재로 내려가서 동쪽 대비골을 따라 석골사로 하산한다.

* 원점회귀 코스는 석골사 주차장에서 시루봉, 문바위봉을 경유하여 억산으로 오른다.

구만산(九萬山. 785m)은 구만암에서 통수골폭포까지 이어지는 계곡주변이 기암절벽이며 협곡에 굽이굽이 비경을 이룬다.

🥾 등산로

북암산-억산 (총 5시간 24분 소요)

인골산장 → 95분 → 북암산 → 44분 → 문바위봉 → 49분 → 억산 → 15분 → 팔봉재 → 60분 → 석골사주차장

인곡리 마을회관을 지나 봉의저수지 둑 오른쪽 인골산장이 산행기점이다. 인골산장 동쪽 등산로를 따라 오른다. 초입은 다소 급경사이나 완만해지면서 간간이 바윗길이 나타난다. 바윗길 험로에는 우회하면서 1시간 35분을 올라가면 표지석이 있는 북암산 정상에 닿는다.

북암산에서 억산을 향해 바윗길을 따라 35분을 가면 문바위(표지석)이 나온다. 문바위에서 9분을 가면 문바위봉 삼거리가 나온다.

삼거리게서 왼쪽 주능선을 따라 4분을 가면 사자봉 갈림길이 나온다. 갈림길에서 오른쪽 뚜렷한 길을 따라 32분을 가면 석골사 갈림길이 나온다. 갈림길에서 왼쪽으로 13분을 가면 헬기장을 지나서 억산 정상에 닿는다.

하산은 동쪽 팔봉재를 향해 내려가면 급경사로 이어져 15분을 내려가면 팔봉재에 닿는다.

팔봉재에서 오른쪽 석골사 하산길을 따라 31분을 내려가면 갈림길이 나온다. 갈림길에서 오른쪽 비탈길을 따라 12분을 내려가면 삼거리가 나온다. 삼거리에서 오른쪽으로 17분을 가면 석골사를 지나 주차장에 닿는다. 주차장에서 20을 가면 버스정류장에 닿는다.

석골사주차장-시루봉-문바위봉-억산 코스

석골사주차장 입구 갈림길에서 왼쪽 등산로를 따라 32분을 오르면 전망대가 나온다. 전망대에서 6분을 가면 석골사에서 오르는 갈림길을 만나서 왼쪽으로 39분을 오르면 시루봉이다.

시루봉에서 바윗길을 통과하고 급경사로 이어져 26분을 오르면 문바위봉 삼거리에 닿는다.

구만산 (총 4시간 55분 소요)

구만산장 → 70분 → 통수골폭포 → 55분 → 구만산 → 40분 → 삼거리 → 60분 → 구만산장

구만산장에서 계곡길을 따라 11분을 가면 구만암을 통과하고, 7분 거리에 이르면 계단길을 오른다. 계단길을 지나서부터 계곡길을 따라 52분 거리에 이르면 통수골폭포가 나온다.

폭포 왼쪽으로 난 험로(주의)를 따라 15분을 가면 폭포 상류 계곡이다. 여기서부터 능선을 길을 따라 40부을 오르면 표지석이 있는 구만산 정상에 닿는다.

하산은 동쪽으로 5분을 가면 주능선 삼거리가 나온다. 삼거리에서 오른편 남쪽길을 따라간다. 평지와 같은 주능선을 따라 40분을 내려가면 727봉을 지나 삼거리가 나온다.

* 삼거리에서 왼쪽은 봉의저수지, 오른쪽은 인곡산장이다(봉의저수지, 인곡버스정류장 60분).

삼거리에서 오른편으로 직진 주능선을 따라 35분을 가면 갈림길이 나온다. 갈림길에서 오른쪽 능선을 따라 4분을 가면 하산길은 오른편 서쪽으로 꼬부라진다. 여기서부터 급경사로 이어져 20분을 내려가면 구만산장이다.

자가운전

구만산은 밀양-언양 간 24번 국도 산내면사무소에서 북쪽 구만산장 이정표 따라 2km 구만산장 주차.

억산-북암산은 산내면소재지에서 언양 쪽 2km 가인리 입구에서 빠져나와 600m 가인리 노인정 주차.

수리봉-억산은 석골사 입구에서 1.4km 석골사 주차장.

대중교통

밀양에서-산내면-석남 사행 1시간 간격 이용, **구만산**은 산내면소재지. **북암산-억산**은 가인리, **수리봉-억산**은 석골사 입구 하차.

식당

인골산장 민박 식당
산내면 가인리 가인3동
055-353-6531

약수정가든
산내면 원서리 936
055-352-2625

구만산장 식당 펜션
산내면 봉의리 935
055-535-7252-3

한올식당
산내면 송백리 1318-5
055-353-8757

숙박

가지산온천가족탕
울주군 상북면 덕현리
052-254-3663

명소

표충사

언양장날 2일, 7일

가지산(加智山) 1241m 운문산(雲門山) 1195m

가지산 · 운문산

경상남도 · 경상북도 · 울산광역시(慶尙南道 · 慶尙北道 · 蔚山廣域市)

개요

가지산(加智山. 1241m)과 **운문산**(雲門山. 1195m)은 영남알프스의 10여 개의 봉우리 가운데 가장 높은 대표적인 산이다. 동쪽은 가지산 서쪽은 운문산이 어깨를 나란히 하고 있고, 가지산 동쪽에는 쌀바위가 있으며 동쪽 산록에는 천년고찰 석남사(石南寺)가 자리하고 있고 운문산 하산길에는 석골사가 있다.

산행은 석남사에서 상운산 쌀바위를 경유하여 가지산에 오른 다음, 남동쪽 석남고개를 경유하여 석남사 주차장으로 원점회귀 산행이다. 운문산까지 종주산행은 가지산에서 서릉을 타고 운문산에 오른 다음, 석골사로 하산한다.

영남알프스에서 가장 높은 가지산 정상

등산로(총 6시간 10분 소요)

석남주차장 → 50분 → 갈림길 → 50분 → 상운산 → 80분 → 가지산 → 60분 → 석남고개 → 50분 → 석남주차장

석남사 매표소를 통과하여 8분 거리에 이르면 청운교 삼거리가 나온다. 삼거리에서 오른쪽 길을 따라 5분 거리에 이르면 민가 3채가 있는 마을이 나온다. 마을을 통과하여 북쪽 방면으로 난 넓은 길을 따라 가면 능선으로 등산로가 이어진다. 능선을 따라 올라가면 수차례 갈림길이 나온다. 갈림길이 나올 때 마다 언제나 리본이 많이 매달리고 산길이 더 뚜렷한 길을 따라 57분을 올라가면 임도가 나온다.

임도에서 왼쪽 산길을 따라 12분을 가면 임도를 다시 만나고, 임도를 건너 4분을 더 가면 또 임도가 또 나온다. 여기서도 임도를 가로질러 능선으로 오르게 되며 능선을 따라 26분을 오르면 귀바위를 지나고 8분을 더 오르면 상운산 정상에 닿는다.

상운산에서 북쪽으로 내려서면 바로 갈림길이 나오는데 왼쪽 남서쪽 길로 간다. 왼쪽 길을 따라 14분을 내려가면 학심이고개 임도에 닿는다. 임도를 가로질러 능선을 따라 19분을 가면 매점이 있는 쌀바위 아래에 닿는다. 여기서 쌀바위 우측으로 돌아 올라가게 되며, 비탈길로 이어지는 등산로를 따라 13분을 오르면 나무계단 길로 올라서고, 다시 5분을 오르면 헬기장에 닿는다. 헬기장을 지나서 바위 능선길을 따라 29분을 더 오르면 바위봉 가지산 정상이다.

하산은 동남쪽 능선을 따라 1시간을 내려가면 석남고개 사거리에 닿는다. 사거리에서 왼편 동쪽으로 능선을 따라 50분을 내려가면 석남사 입구 주차장에 닿는다.

운문산까지 종주산행

가지산 정상에서 서남쪽 주능선을 따라 36분 거리에 이르면 왼쪽에 전망대가 있고, 9분을 더 가면 제일농원 갈림길이 나온다. 갈림길에서 오른쪽 주능선길을 따라 10분을 가면 바위를 통과하고 급경사로 이어져 30분을 내려가면 아랫재 사거리에 닿는다. 왼쪽은 남명리 오른쪽은 운문사 방향이다.

사거리에서 직진 주능선을 타고 1시간 10분을 오르면 표지석이 있는 운문산 정상이다.

운문산에서 하산은 오른쪽 북서능을 따라 11분을 내려가면 상운암 갈림길이 나온다. 왼쪽은 상운암-석골사 오른쪽은 딱밭재-석골사 길이다. 오른쪽 능선길을 따라 12분을 가면 갈림길이 나온다. 갈림길에서 왼쪽 비탈길을 따라 19분을 가면 119-08지점이 나온다. 계속 주능선을 따라 10분을 내려가면 딱밭재 사거리에 닿는다.

딱밭재에서 왼편 서쪽으로 간다. 서쪽으로 30분을 내려가면 상우암 갈림길이 나온다. 갈림길에서 오른쪽으로 30분을 내려가면 석골사에 닿고 20분을 더 내려가면 24번 국도이다.

자가운전

경부고속도로 서울산(언양)IC에서 빠져나와 우회전⇨1km에서 좌회전⇨24번 밀양 방면 국도를 타고 성남사 주차장.

대중교통

부산-언양 간 12번 버스 이용, 언양 하차 한 다음, 울산-언양-성남사 간 1173번 버스 이용, 성남사 하차.
밀양-성남사 간은 1시간 간격 버스 이용. 석남사 하차.

식당

다래정식(정식)
울주군 상북면 궁근정초교 옆
052-254-1134

휴게소식당(일반식)
울주군 상북면 덕현리 앞
052-254-0877

숙박

알프스모텔
울주군 상북면 덕현리 799-7
052-254-5666

온천

가지산유황온천
울주군 상북면
052-254-3663

명소

석남사
얼음골
표충사

언양장날 2일, 7일

천황산(天皇山) 1189m 재약산(載藥山) 1119m

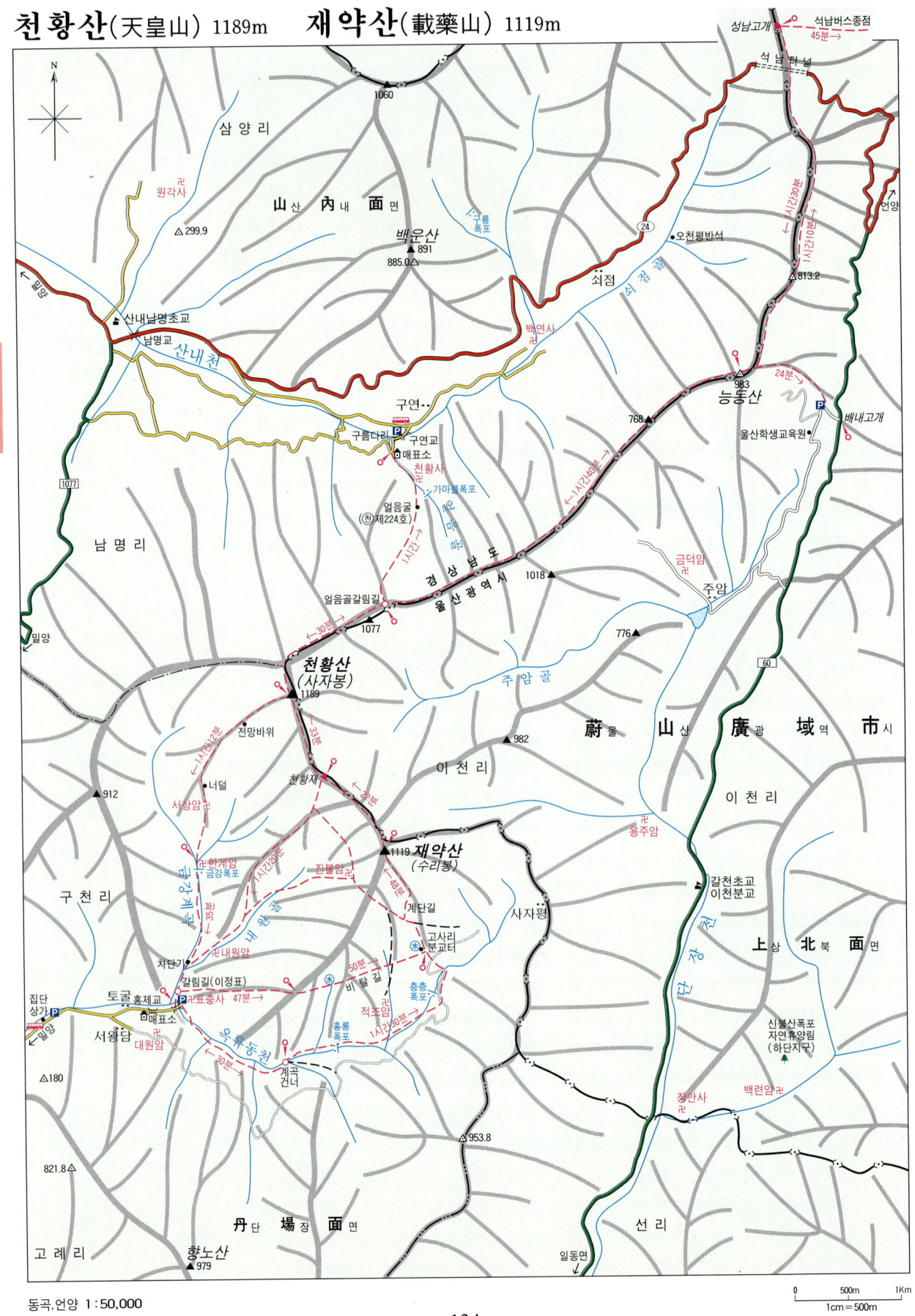

천황산 · 재약산

경상남도 밀양시 · 울산광역시(慶尙南道 密陽市 · 蔚山廣域市)

개요

천황산(天皇山, 1189m), 재약산(載藥山, 1119m)은 영남알프스 서쪽에 위치하여 영남알프스의 한 축을 이루고 있는 산이다. 국내에서는 억새가 가장 많이 분포되어 있으며 억새가 가장 아름다운 시기 매년 10월이면 인산인해를 이룬다. 천황산, 재약산 서쪽 기슭에는 천년고찰 표충사가 있고, 북쪽 중턱에는 얼음골이 있으며, 얼음골 주변 산내면 남명리 일대는 고랭지 사과로 유명하다.

표충사는 신라무열왕 원년(654년) 원효대사가 창건하였고, 이름을 죽림사(竹林寺)라 하였다가 영정사로 바뀌었고, 신라와 고려에 걸쳐 보우국사, 일연선사 등 많은 고승들이 머물렀다. 특히 표충사는 임진왜란 당시에 승려(僧侶)로서 조국을 구하신 사명대사의 유적지로 임진왜란 때 의승대장인 서산 · 사명 · 기허 등 3대사의 영정을 봉안한 표충서원을 사찰 안에 둠으로써 사명(寺名)이 표충사라고 고쳐 부르게 되었다.

산행은 표충사 뒤 능선을 따라, 혹은 옥류동천을 따라 고사리분교 터를 경유하여 재약산을 거쳐 천황산에 오른다. 하산은 서쪽 능선을 한계암을 경유하여 다시 표충사로 하산한다.

표충사에서 바라본 구름 낀 천황산

등산로(총 5시간 34분 소요)

표충사 → 47분 → 비탈길 시작 → 50분 → 고사리분교 → 48분 → 재약산 → 22분 → 천황재 → 33분 → 천황산 → 72분 → 한계암 → 35분 → 표충사

표충사 버스종점에서 800m 거리에 이르면 매표소가 나오고, 200m 더 들어가면 표충사 입구 삼거리가 나온다. 삼거리에서 왼쪽은 능선길, 오른쪽은 계곡길인데 소요시간은 같고 고사리분교에서 만난다. 왼쪽 길을 따라 200m 거리에 이르면 삼거리 이정표가 나온다. 삼거리에서 왼쪽은 하산길 오른쪽은 등산길이다. 오른쪽 길을 따라 11분을 올라가면 표충사 800m 이정표가 나온다. 계속 이어지는 능선길을 따라 33분을 올라가면 우측 계곡 물소리가 들리는 비탈길이 시작되는 지점이 나온다.

여기서부터 고사리분교까지 비탈길이 이어진다. 비탈길을 따라 14분 거리에 이르면 우측으로 전망지점이 나오고 바로 물이 흐르는 작은 계곡 절벽이 나온다. 오른쪽 절벽을 조심하면서 통과한다. 비탈길을 따라 25분을 가면 갈림길이 나온다. 갈림길에서 오른쪽으로 30m 거리에 이르면 적조암 갈림길이 나온다. 적조암 갈림길에서 왼쪽 길을 따라 11분을 가면 돌담 흔적이 있는 고사리분교 터가 나오고, 50m 거리에 이르면 표충사 계곡에서 올라오는 삼거리가 나온다.

삼거리에서 왼쪽으로 1분 거리에 식수가 있다 식수를 보충하고 11분을 오르면 진불암 갈림길이 나온다. 갈림길에서 왼쪽 30m 거리에서 오른쪽 나무계단을 따라 12분을 오르면 나무계단이 끝나면서 왼쪽으로 휘어져 24분을 오르면 표지석이 있는 재약산 정상이다.

재약산에서 하산은 북쪽 길을 따라 3분 거리에 이르면 갈림길이 나오는데 왼쪽으로 간다. 천황산을 향해 22분을 내려가면 간이매점이 있는 천황재가 나온다.

천황재에서 북쪽 길을 따라 33분을 오르면 돌탑과 표지석이 있는 삼거리 천황산 정상이다.

천황산에서 하산은 왼편 서쪽 능선길을 따라 22분을 내려가면 전망 지점이 나오고, 24분 거리에 이르면 너덜지대가 나온다. 너덜지역을 통과하여 26분을 내려가면 한계암 출렁다리를 건너게 된다. 출렁다리를 건너 계곡을 따라 이어지는 하산길을 따라 27분을 내려가면 내원암 갈림길이 나오고, 8분 더 내려가면 표충사에 닿는다.

자가운전

부산-대구고속도로 밀양 IC에서 빠져나와 24번 국도로 우회전 ⇨ 단장면에서 우회전 ⇨ 1077번 지방도를 타고 14km 표충사 주차장.

대중교통

시내버스 밀양-표충사 1일 13회(07:30~20:20) 이용, 표충사 하차.
밀양-얼음골(30분~40분 간격).

식당

안동민속촌
밀양시 단장면 구천리 2052-3
055-354-0866

토박골식당
단장면 구천리 602
055-353-1511

청산장호텔식당(토속음식)
단장면 구천리 2005-6
055-352-1079

사자평명물식당 민박
단장면 구천리 662
055-352-1603~1

숙박

발렌타인모텔
단장면 구천리 685-3
055-351-2745

명소

표충사
얼음골

밀양장날 2일, 7일

신불산(神佛山) 1159.3m   간월산(肝月山) 1037m   영축산 1081m

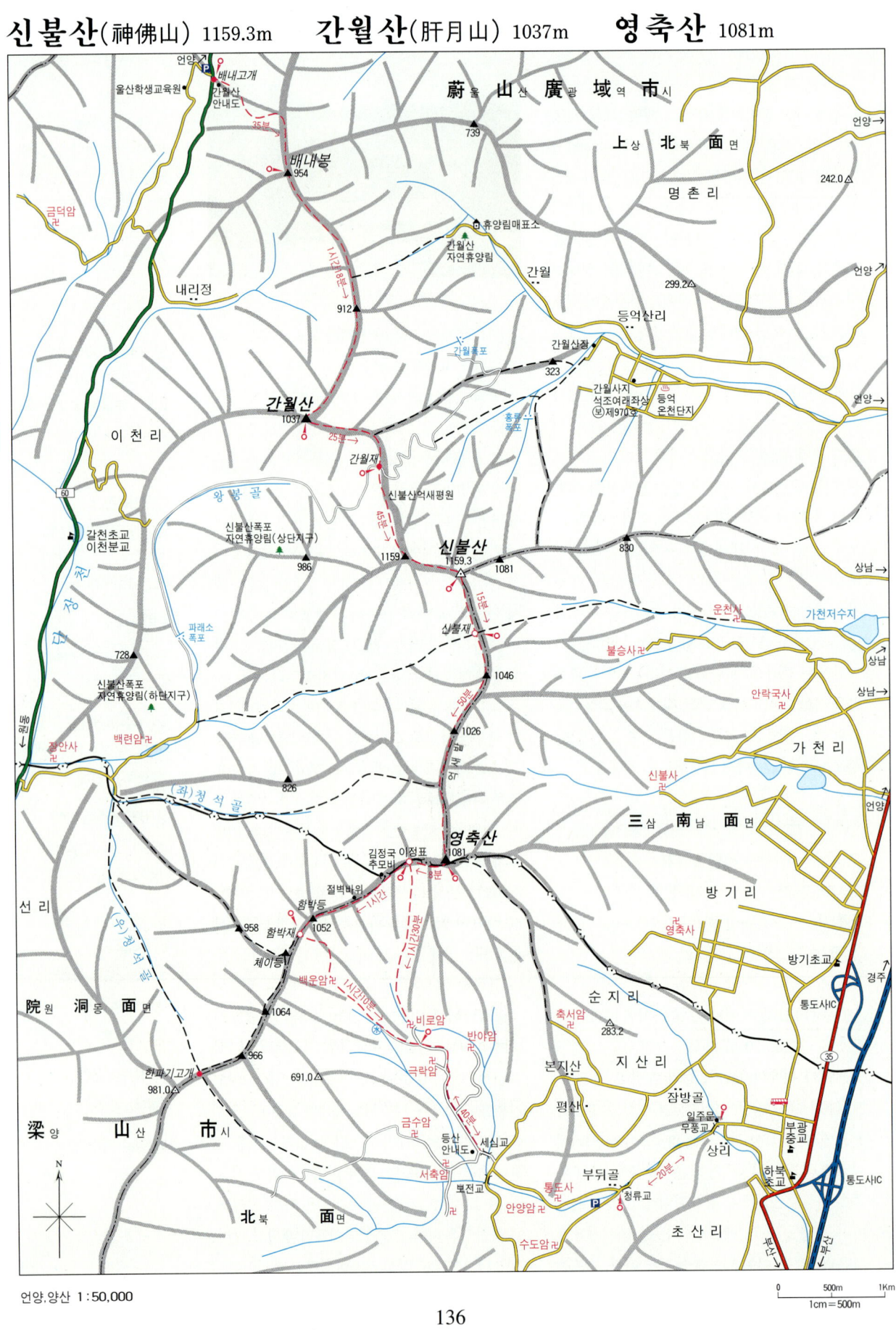

신불산 · 간월산 · 영축산

경상남도 양산시 · 울산광역시(慶尙南道 梁山市 · 蔚山廣域市)

개요

신불산(神佛山. 1159.3m), **간월산**(肝月山. 1037m), **영축산**(1081m)은 영남알프스의 한 축을 이루는 억새로 유명한 산이다.

영남알프스는 가지산(1241m)·운문산(1195m)·천황산(1189m)·재약산(1119m)·간월산(1037m)·신불산(1159m)·영축산(1081m)·고헌산(1032.8m)·능동산(983m) 등 고봉들이 일정한 간격을 두고 위치하고 있어, 마치 유럽의 알프스와 흡사하다 하고, 영남지방에 위치해 있어 영남알프스라 부른다. 이 일대를 1979년 11월 가지산 도립공원으로 지정되었다. 주능선인 간월산에서부터 신불산 영축산에 이르기까지 억새능선으로 이어진다. 영축산 동남쪽 기슭에는 고찰 통도사가 위치하고 있다.

통도사는 선덕여왕 15년(646)에 대국통이었던 장률스님에 의해 창건되었다. 스님은 이곳 통도사에 부처님 정골사리를 모심으로써 불지종가의 위상을 갖게 되었다.

산행은 배내고개에서 남쪽으로 이어지는 낙동정맥을 따라 간월산, 신불산, 영축산에 오른 다음, 비로암 또는 함박재와 백운암을 경유하여 통도사로 하산한다.

신불산 주능선 억새 군락지

등산로

간월산-신불산-영축산(총 8시간 30분 소요)

배내고개 → 35분 → 배내봉 → 80분 →
간월산 → 25분 → 간월재 → 45분 →
신불산 → 15분 → 신불재 → 50분 →
영축산 → 60분 → 함박재 → 70분 →
비로암삼거리 → 40분 → 통도사

배내고개에서 동남쪽 간월산 이정표를 따라 가면 나무계단으로 시작하여 27분을 오르면 표지석이 있는 갈림길 봉우리가 나온다. 봉우리에서 남쪽 능선을 따라 8분을 더 오르면 배내봉에 닿는다.

배내봉에서 남쪽으로 이어지는 능선을 따라 46분을 가면 쉼터가 나오고, 다시 23분을 가면 억새밭이 시작되며 11분을 더 오르면 표지석이 있는 간월산 정상이다.

간월산에서 계속 남쪽 능선을 따라 가면 억새밭이 시작되어 13분을 가면 헬기장이 나오고 12분을 더 내려가면 사거리 간월재에 닿는다.

간월재에서 계속 남쪽 주능선을 따라 45분을 올라가면 돌탑이 있는 신불산 정상이다.

신불산에서 계속 남쪽 능선을 따라 가면 억새밭이 시작되어 15분 거리에 이르면 억새 천지인 사거리 신불재에 닿는다.

신불재에서 계속 이어지는 억새 능선 나무계단 길을 따라 50분을 오르면 영축산 정상이다.

하산은 오른편 서남쪽 능선을 탄다. 서남쪽 능선을 따라 8분 거리에 이르면 이정표 갈림길이 나온다. 왼쪽은 비로암을 경유하여 통도사 길이고, 직진은 함박재를 경유하여 통도사로 가는 길이다. 갈림길에서 함박재 쪽 능선을 따라 12분을 가면 김정국추모비가 나오고, 19분을 가면 절벽 바위길 고개를 넘어 16분을 가면 밧줄이 있는 바위봉을 오르고, 5분 내려서면 함박재에 닿는다.

함박재에서 왼쪽 백운암 길을 따라 25분을 내려가면 백운암이 나온다. 백운암에서 급경사 하산길을 따라 25분을 내려가면 식수가 있고 5분 더 내려서면 소형차로가 시작된다. 여기서부터 소형차로를 따라 15분을 내려가면 비로암삼거리다.

삼거리에서 계속 소형차로를 따라 25분을 가면 세심교를 건너 삼거리가 나온다. 삼거리에서 오른쪽 50m 거리 삼거리에서 왼쪽 차로를 따라 15분을 내려가면 통도사 천왕문에 닿는다.

자가운전

경부고속도로 언양IC에서 빠져나와 서쪽 24번 국도를 타고 성남사 입구로 빠져나와 배내고개 방면 구 도로를 타고 3km 삼거리에서 왼쪽 69번 지방도를 따라 2km 배내고개 주차.

자가운전

울산-언양-석남사 간 30분 간격으로 운행하는 1173번 버스 이용, 석남사 종점 하차 후, 배내고개까지 렌터카 이용. 렌터카 052-254-1141~2

숙식

석남사

다래정식
울주군 상북면 궁근정초등학교 옆
052-254-2248

살티농원청국장
상북면 덕현리 584-4
052-254-4945

선파크모텔
상북면 덕현리 799-2
052-254-4613

통도사

창영식당
하북면 통도사 정문
055-384-6706

온천

가지산탄산온천
상북면 덕현리
052-254-3663

명소

석남사, 통도사
신불산 폭포휴양림
052-254-2124

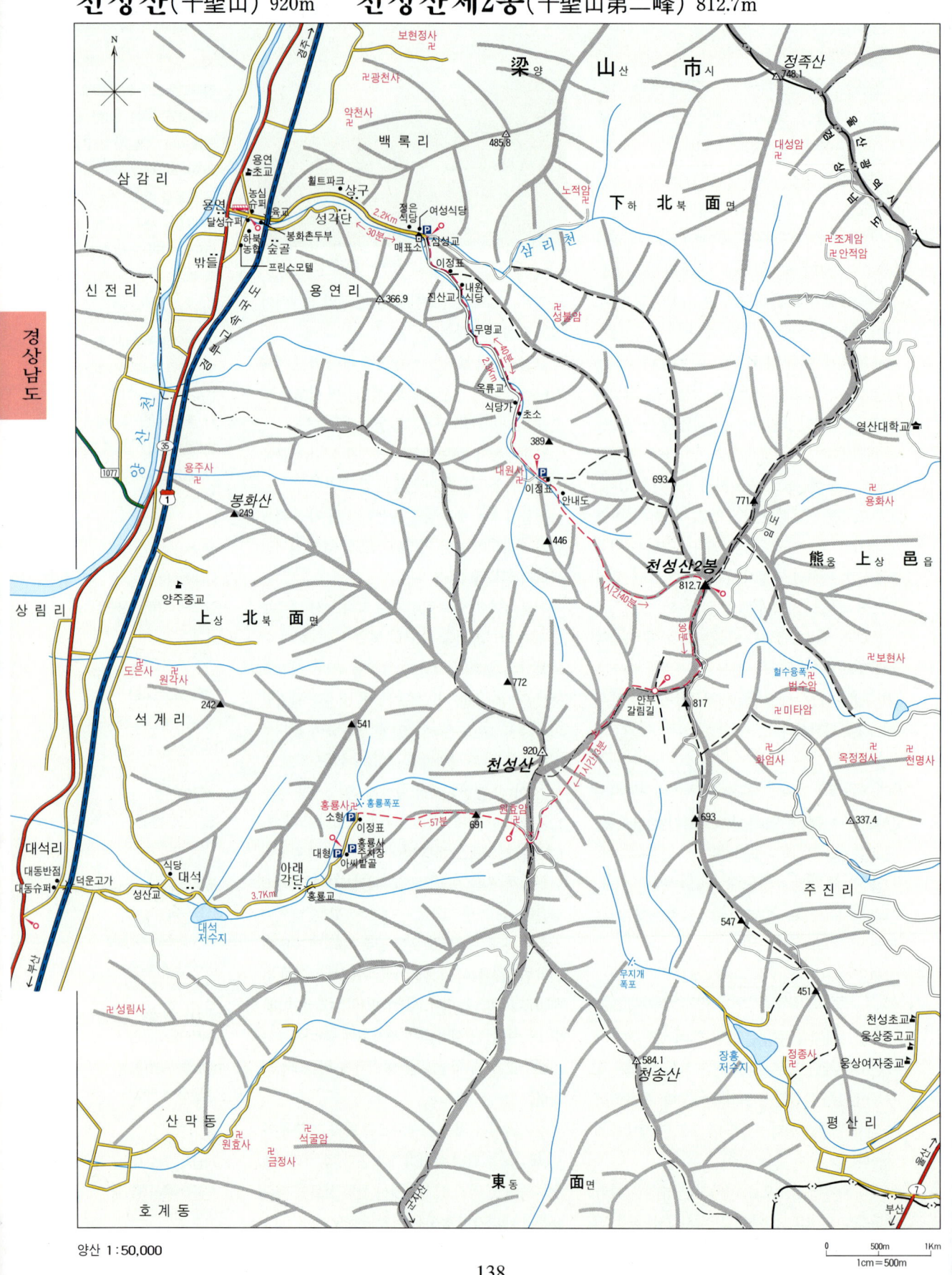

천성산·천성산제2봉　경상남도 양산시(慶尙南道 梁山市)

개요

천성산(千聖山, 920m)과 천성산제2봉(千聖山第2峰, 812.7m)은 양산시 동쪽에 위치한 산이며 가지산 도립공원에 속한 산이다. 원효산으로 표기되어 오다가 1999년 12월 9일 양산시 지명위원회의 심의를 거쳐, 원효산을 천성산으로 지명 변경(국립지리원고시 제 2000-119)하고, 구 천성산은 천성산제2봉으로 명명하였다. 전체적으로 완만한 산세를 이루고 있으며 정상은 통신시설이 있어 오르지 못한다.

천성산은 남북으로 길게 이어져 있으며 북쪽은 천성산제2봉이 있고, 제2봉에서 남쪽으로 주능선으로 이어져 약 2.5km 거리에 천성산이 위치하고 있다.

주능선 동쪽 면은 가파르게 이루어져 있고, 서쪽 면은 비교적 완만한 편이다. 주능선을 중심으로 북서쪽 내원계곡 상류에 내원사가 자리하고 있고, 천성산 서쪽 8부 능선에 원효암이 있으며, 원효암 아래 하산지점에는 홍룡사가 자리하고 있다. 주능선 동쪽 과 북쪽 주변에 암자들이 많이 산재에 있다.

산행은 북서쪽 하북면 용연리 하북농협에서 동쪽으로 2.2km 거리 천성산매표소에 이른 다음, 남쪽 계곡을 따라 3km 거리 내원사에 이른 후에 본격적인 산행이 시작된다. 내원사까지 소형차로이며 승용차가 무난히 진입할 수 있다.

내원사 주차장에서 남서쪽으로 난 계곡을 따라 천성산제2봉에 오른 다음, 제2봉에서 남서쪽 주능선을 타고 천성산 남쪽 편으로 원효암을 경유하여 홍룡사로 하산한다.

등산로(총 5시간 13분 소요)

천성산-천성산제2봉 종주(총 6시간 소요)

매표소 → 40분 → 내원사 → 100분 → 천성산제2봉 → 30분 → 안부사거리 → 73분 → 원효암 → 57분 → 홍룡사

하북면 용연리 하북농협 달성슈퍼에서 동쪽으로 난 도로를 따라 2.2km 거리에 이르면 천성산매표소가 있고 주차장이 나온다. 주차장에서 오른편 남동쪽으로 난 심성교를 건너 소형차로를 따라 500m 거리에 이르면 왼쪽 능선으로 오르는 등산로가 있고 이정표가 나온다. 이정표에서 계속 이어지는 소형차로를 따라 1.8km 가면 산골짜기에 식당들이 모여 있는 넓은 공터가 나온다. 식당가를 지나면 소형차로는 약간 왼쪽 편으로 이어지면서 500m 거리에 이르면 오른편에 내원사가 있고, 왼편에 주차장이 있으며 주차장 오른편에 천성산 이정표가(천성산제2봉, 2.6km) 있다. 매표소에서 40분 거리다.

여기서부터 산길이 시작되며 본격적인 산행이 시작된다. 계곡 따라 이어지는 이정표 왼편 길을 따라 올라가면 계곡을 건너기 시작하여 수차례 계곡을 오가면서, 40분을 올라가면 계곡이 끝나고 지능선으로 이어진다. 지능선으로 올라가면 가파르기 시작하고 바윗길이 나타나면서 급경사로 오르게 된다. 계곡에서 능선길을 따라 1시간을 오르면 천성산제2봉에 닿는다.

천성산제2봉에서 하산은 남쪽 주능선을 탄다. 남쪽으로 이어지는 주능선을 따라 내려가면 바윗길을 통과하고 바윗길을 내려서 25분 거리에 이르면 임도 갈림길이 나온다. 갈림길에서 오른편 서쪽으로 주능선을 따라 5분 거리에 이르면 안부사거리가 나온다.

안부에서 직진한다. 계속된 주능선을 따라 40분을 가면 천성산 정상으로 가는 길에 철조망이 나온다. 통행금지구간이다. 여기서 왼편 비탈길로 간다. 왼편 비탈길을 따라 가면 임도가 나오고(우측 정상 쪽은 통제) 임도를 따라 내려가면 우측 원효암으로 가는 갈림길에 닿는다. 철조망에서부터 30분 거리다. 갈림길에서 오른쪽 원효암길을 따라 3분 내려가면 원효암에 닿는다.

원효암에서는 오른편 지능선을 탄다. 원효암에서 하산길은 오른편 비탈길로 이어지다가 오른편 지능선으로 하산길이 이어진다. 지능선을 따라 내려가면 경사진 길로 이어지면서 57분을 내려가면 홍룡사에 닿는다. 홍룡사에서부터 대석리 버스정류장까지는 3.7km 1시간 거리이다.

자가운전

경부고속도로 양산IC에서 빠져나와 홍룡사 쪽은 우회전 ⇒ 2km 대석리에서 우회회전 ⇒ 4km 홍룡사 주차장.

내원사 쪽은 양산IC에서 경주 쪽으로 35번 국도를 따라 8km 하북면 용연리에서 우회전 ⇒ 2.2km 매소에서 우회전 ⇒ 3km 내원사주차장.

대중교통

부산-양산 12번 버스 이용, 내원사 쪽은 하북면 용연리 내원사 입구 하차. 홍룡사 쪽은 12번 버스 이용, 상북면 대석리 하차.

숙식

내원사

도성식당(오리전문)
양산시 하북면 용연리
055-374-5292

정은식당
양산시 하북면 용연리 279-1
055-375-9955

프린스모텔
양산시 하북면 용연리
055-375-1800

홍룡사

아래각단(일반식)
양산시 상북면 대석리 241
055-774-7978

명소

통도사

양산장날 1일, 6일

금정산(金井山) 801m

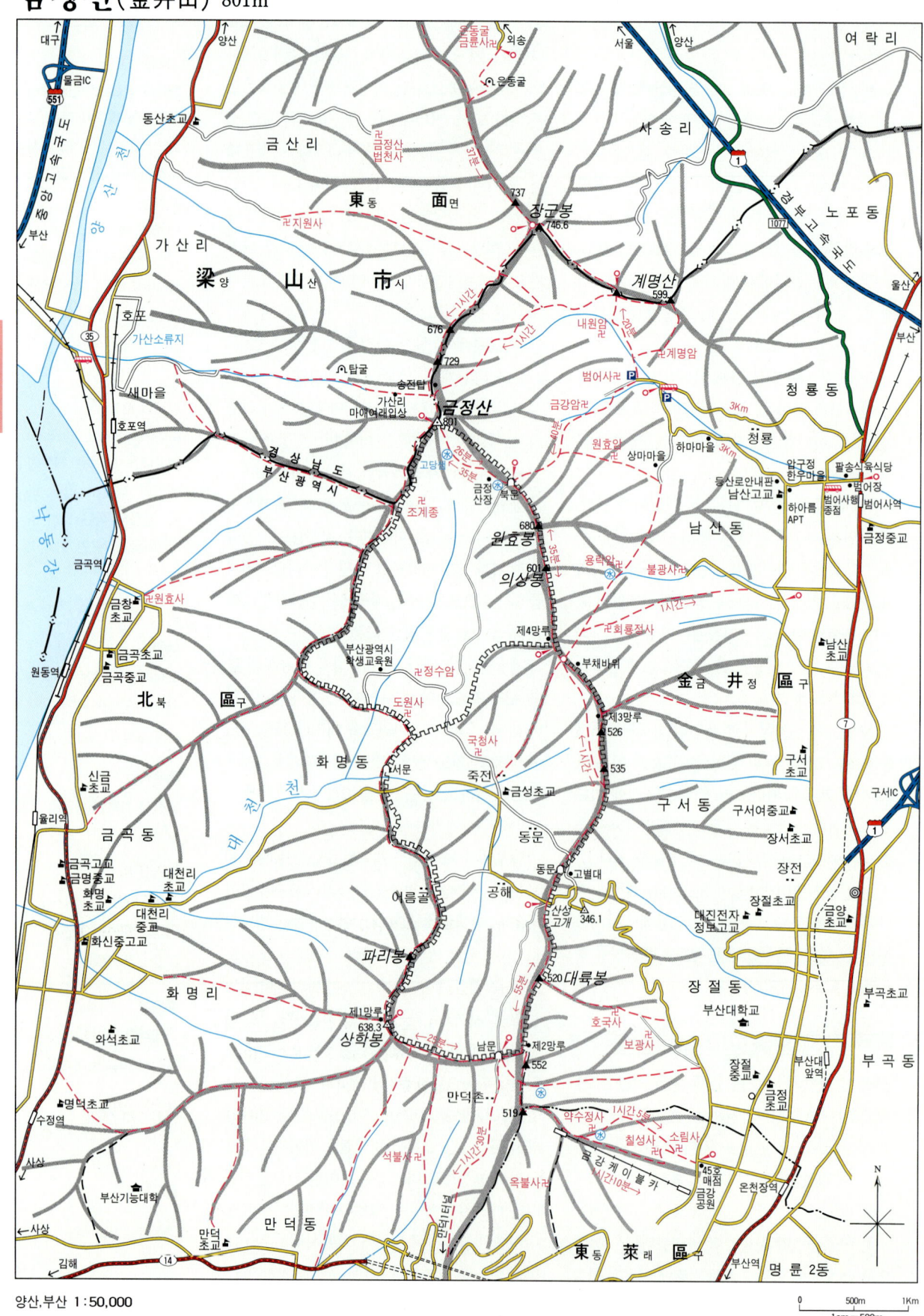

금정산 부산광역시 금정구, 북구(釜山廣域市 金井區, 北區)

개요

금정산(金井山, 801m)은 기암괴석과 수려한 산세 유서 깊은 금정산성과 범어사가 있으며, 낙동정맥 최남단에 위치한 항구도시 부산을 상징하는 명산이다.

금정산성(사적 제215호)은 국내산성 중에서 가장 큰 성곽으로 길이 17,377m 성벽높이 1.5m에 달한다. 왜구의 침범을 막기 위해 신라시대 축성된 것으로 추정된다.

해인사, 통도사와 더불어 영남의 3대 사찰인 범어사는 약 1300여 년 전 신라 문무왕 18년(678년)에 의상대사가 창건하였고, 홍덕왕 때 중건하였다고 기록되어 있다.

금정산과 범어사의 유래를 동국여지승람(同國輿勝地覽)에는 한 마리 금빛 나는 물고기가 오색구름을 타고 범천(梵天)에서 가뭄에도 마르지 않는 황금색의 우물로 내려와 그 속에서 놀았다고 하여, 금빛우물(金井)이라는 산 이름과, 하늘나라 물고기가 살았다고 하여 하늘 범, 고기 어 곧 범어사(梵魚寺)라는 사명(寺名)이 지어졌다고 한다.

산행은 여러 방면에서 등산로가 있다. 주요 등산로는 범어사에서 내원암 또는 북문을 거쳐 금정산(고당봉)에 오른 후에, 북문-의상봉-제4망루-동문-산성고개-남문-금강공원으로 하산한다. 주능선에서 동서 방면으로 갈림길이 많으며 1시간 정도 내려가면 대중교통편에 닿는다.

자연스러운 바위군 금정산 암괴류

등산로 (총 8시간 23분 소요)

범어사 → 82분 → 고당봉 → 25분 → 북문 → 35분 → 4망루 → 60분 → 산성고개 → 55분 → 남문 → 60분 → 금강공원

범어사 버스종점 매표소 삼거리에서 왼쪽은 북문, 오른쪽은 고당봉 길이다. 삼거리에서 오른쪽으로 5분을 가면 범어사이다 범어사에서 오른쪽으로 5분을 가면 계명암 갈림길이다. 갈림길에서 왼쪽으로 4분을 가면 내원암 갈림길이다. 갈림길에서 오른쪽으로 4분을 가면 이정표 갈림길이다. 갈림길에서 왼쪽으로 4분 거리에 식수가 있는 쉼터가 나온다. 여기서부터 옛 산판길로 이어진다. 갈림길이 3~4차례 나오는데 언제나 왼쪽 고당봉을 향해간다. 고당봉 이정표를 따라 50분을 가면 정상 300m 전 능선에 닿는다. 능선에서 왼쪽으로 30m가서 오른쪽 급경사 바윗길을 따라 10분을 오르면 금정산 정상이다.

정상에서 하산은 동남 방면 나무계단을 타고 11분을 내려가면 고당샘이 나오고, 15분을 더 내려가면 금정산장을 지나서 북문이다.

북문에서 남쪽 능선을 타고 12분 거리에 원효봉을 지나고, 23분을 가면 의상봉을 지나서 제4망루가 나온다.

제4망루에서 50분을 가면 제3망루를 통과하여 동문에 닿고, 동문에서 10분 거리에 시내버스가 왕래하는 산성고개에 닿는다.

산성고개에서 계속 남쪽 능선을 타고 18분을 가면 대륙봉에 닿고, 22분 거리에 이르면 제 2망루 아래 삼거리가 나온다. 삼거리에서 서쪽 샛길을 따라 15분을 가면 남문이다.

남문에서 동남쪽 케이블카 방면 이정표를 따라 17분을 가면 매점이 있고 케이블카 승차장이 나온다. 여기서 비로암과 직진길로 갈리는데 다시 만나게 된다. 직진길을 따라 23분을 내려가면 석탑이 있고, 왼쪽으로 내려서면 칠성사가 나온다. 칠성사에서 20분을 내려가면 소림사에 닿는다. 여기서부터 소형차로를 따라 5분을 내려가면 갈림길 45호 매점이 나온다. 매점에서 오른쪽은 금강공원, 왼쪽은 온천장이다.

왼쪽으로 내려가면 육교를 지나서 시내로 접어들어 20분 거리에 이르면 온천장역이다.

자가운전

경부고속도로 구세IC에서 빠져나와 1km 거리에서 우회전⇨7번 국도를 타고 3km 거리 범어사 입구에서 좌회전⇨3km 거리 범어사 주차장.

대중교통

지하철 1호선 범어사역 하차 후, 범어사역 5번 출구에서 직진 100m 거리, 범어사행 90번 버스를 타고 범어사 종점 하차.

숙식

범어사

팔송식육식당
금정구 청룡동 22-13
051-508-5600

하능가(한우)
금정구 남산동 954-1
051-583-1411

범어장
금정구 청룡동 28-5
051-508-5804

온천장

산성불갈비
동래구 온천1동 152-5
051-552-1990

꿈의궁전
동래구 온천1동
051-721-7488

온천

녹천온천호텔
동래구 온천1동 96-10
051-553-1005

명소

범어사

대둔산(大芚山) 878.9m   바랑산 555.4m

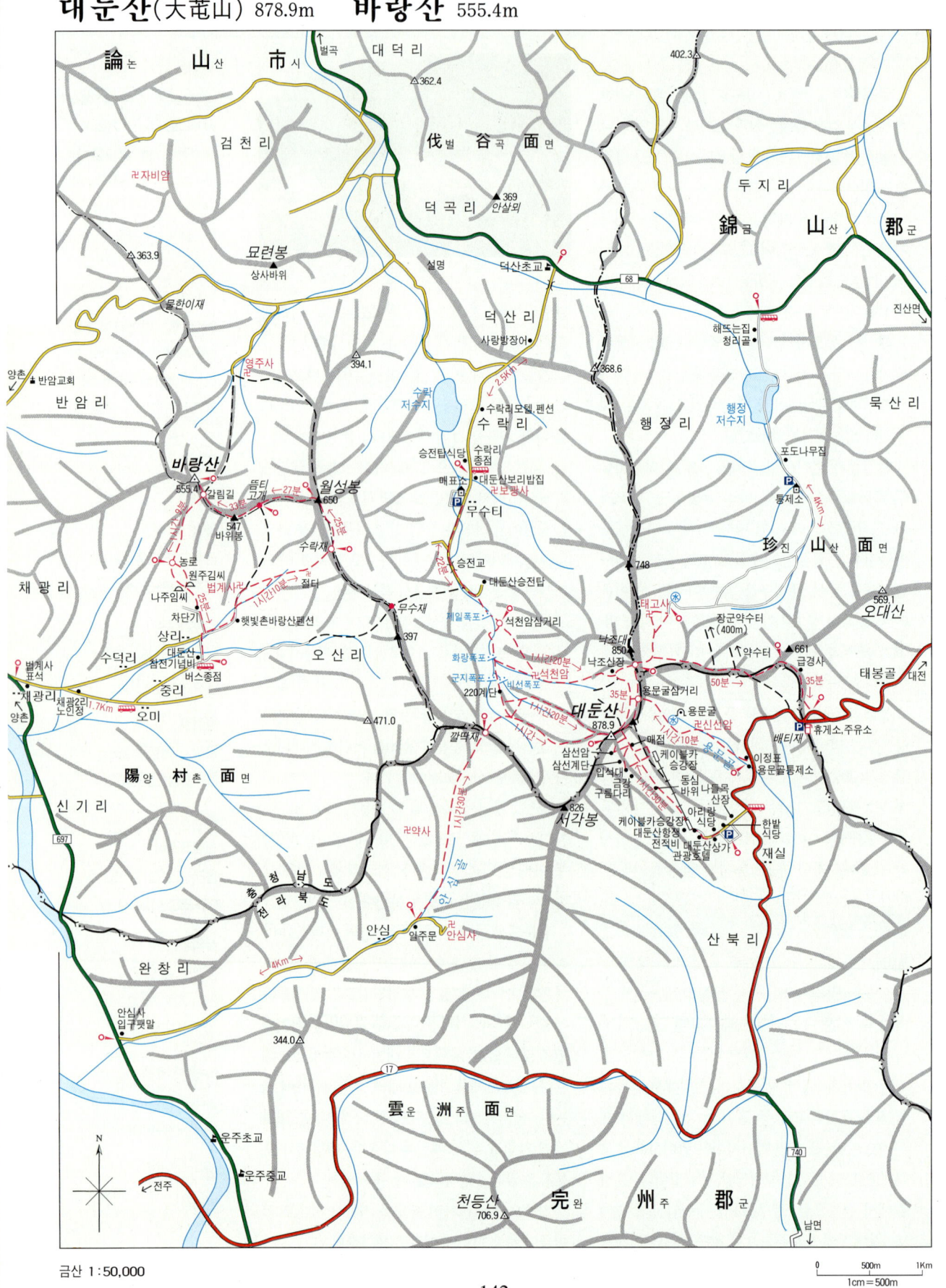

금산 1:50,000

대둔산 · 바랑산 전라북도 완주군 운주면 · 충청남도 논산시(全羅北道 完州郡 雲洲面 · 忠淸南道 論山市)

개요

대둔산(大芚山, 878.9m)은 정상인 마천대(摩天臺)를 분수령으로 하여 남쪽은 급경사 암릉으로 이루어져 있고, 북쪽은 완만한 산세이다. 마천대 남쪽 운주면 코스는 케이블카가 운행되고 7부 능선에는 구름다리가 있고, 삼선철계단이 있다. 기암괴석이 절경인 전북, 계곡이 절경인 충남의 도립공원이 되었다.

바랑산(555.4m)과 월성봉(650m)은 대둔산 서쪽 양촌면 북쪽에 위치한 산이다.

등산로

대둔산(총 4시간 30분 소요)

주차장 → 90분 → 대둔산 → 35분 → 낙조대사거리 → 50분 → 661봉 → 35분 → 배티재

운주면 코스 주차장에서 식당가를 통과하여 14분을 가면 대둔산 항쟁전적비가 나온다. 여기서 뚜렷한 돌계단 넓은 길을 따라 23분을 오르면 동심바위 밑 동심휴게소에 닿는다. 휴게소에서 23분을 더 오르면 구름다리 밑 광장이다. 광장에서 오른편 케이블카 타는 곳을 지나 구름다리를 경유하거나, 직진하여 조금 오르면 매점이 나온다. 매점에서 왼편 삼선계단을 경유하거나, 직진하여 조금 더 오르면 주능선 사거리에 매점이 나온다. 매점에서 왼쪽으로 6분을 오르면 마천대 대둔산 정상이다(1.7km 1시간 30분).

용문골 코스 주차장에서 북쪽으로 약 700m 용문골통제소에서 서쪽계곡을 따라 신선암, 용문굴을 지나서 1시간 15분을 오르면 주능선 용문골 삼거리다. 삼거리에서 왼쪽으로 24분을 오르면 마천대에 닿는다(2.2km 1시간 30분 소요).

하산은 6분 거리 사거리매점으로 다시 내려와서, 북쪽 낙조대를 향해 35분을 가면 낙조대산장을 지나서 사거리 고개에 닿는다. 고개에서 동쪽으로 직진 4분을 내려가면 이정표 삼거리가 나온다. 삼거리에서 오른쪽 장군약수터 길을 따라 13분을 가면 장군약수터 갈림길을 통과하고, 5분 거리에 또 약수터 갈림길을 지나며, 5분 거리에 갈림길이 나온다. 갈림길에서 계속 왼편 능선길을 따라 20분을 가면 661봉 전 갈림길에 닿는다. 여기서 오른편으로 간다. 남쪽 급경사 길을 따라 35분을 내려가면 배티재에 닿는다.

수락리 220계단 코스 매표소를 지나 석천암삼거리에서 오른쪽 길을 따라 220계단을 거쳐 능선을 타고 오르면 정상에 닿는다(1시간 42분)

기타 수락리 석천암 코스, 안심사 코스, 태고사 코스 등이 있다.)

월성봉–바랑산(총 5시간 9분 소요)

버스종점 → 70분 → 고개 → 25분 → 월성봉 → 60분 → 바랑산 → 69분 → 임도 → 25분 → 버스종점

양촌면 채광2리 버스종점에서 왼쪽으로 200m 가서 오른쪽으로 5분을 가면 법계사입구에 갈림길이 나온다. 여기서 오른쪽 등산로를 따라 1시간을 오르면 주능선 고개에 닿는다.

고개에서 왼쪽 주능선을 따라 25분을 오르면 넓은 공터인 월성봉 정상이다.

월성봉에서 북쪽으로 100m 거리 갈림길에서 왼편 서쪽 급경사 길로 27분을 내려가면 고개 갈림길에 닿는다. 고개에서 서쪽능선을 따라 9분을 오르면 547봉 암봉에 서고, 계속 이어지는 주능선을 따라 15분 거리에 이르면 왼쪽으로 갈림길이 나온다. 갈림길에서 9분을 더 오르면 삼각점이 있는 바랑산 정상이다.

하산은 9분 거리 올라왔던 갈림길로 되돌아간 다음, 오른쪽으로 내려가면 우측 비탈길로 가다가 지능선으로 내려간다. 바윗길인 지능선을 따라 1시간을 내려가면 계곡을 건너, 왼편 지능선으로 이어져 애림농원 농로에 닿고, 300m 더 내려가면 두 번째 왼쪽으로 농로가 나온다. 여기서 왼쪽 농로를 따라 25분을 내려가면 버스종점이다.

자가운전

대둔산 : 대전–통영고속도로 추부IC에서 빠져나와 좌회전 ⇨ 17번 국도를 타고 대둔산 주차장. 전주 방면에서는 17번 국도를 타고 운주면 대둔산 주차장.

대중교통

운주면 : 전주에서 6회, 대전서부터미널에서 7회, 논산에서 4회 버스 이용, 대둔산 하차.

수수락리 : 논산에서–연산–벌곡–수락리행 버스(1시간 간격)를 타고 수락리 종점 하차.

바랑산 : 논산에서 양촌 경유 채광2리행 시내버스(1일 4회) 이용, 종점 하차.

숙식

운주면

아리랑식당
완주군 운주면 대둔산공원 내
063-263-9120

나들목산장
운주면 신북리 611-4
063-261-1260

수락리

대둔산보리밥집
논산시 별곡면 수락리
041-733-9855

수락산모텔
별곡면 수락리 162
041-733-5816

양촌

평화식당(백반전문)
논산시 양촌면 인천리
041-741-2079

명덕봉(明德峰) 845.5m 명도봉(明道峰) 869m

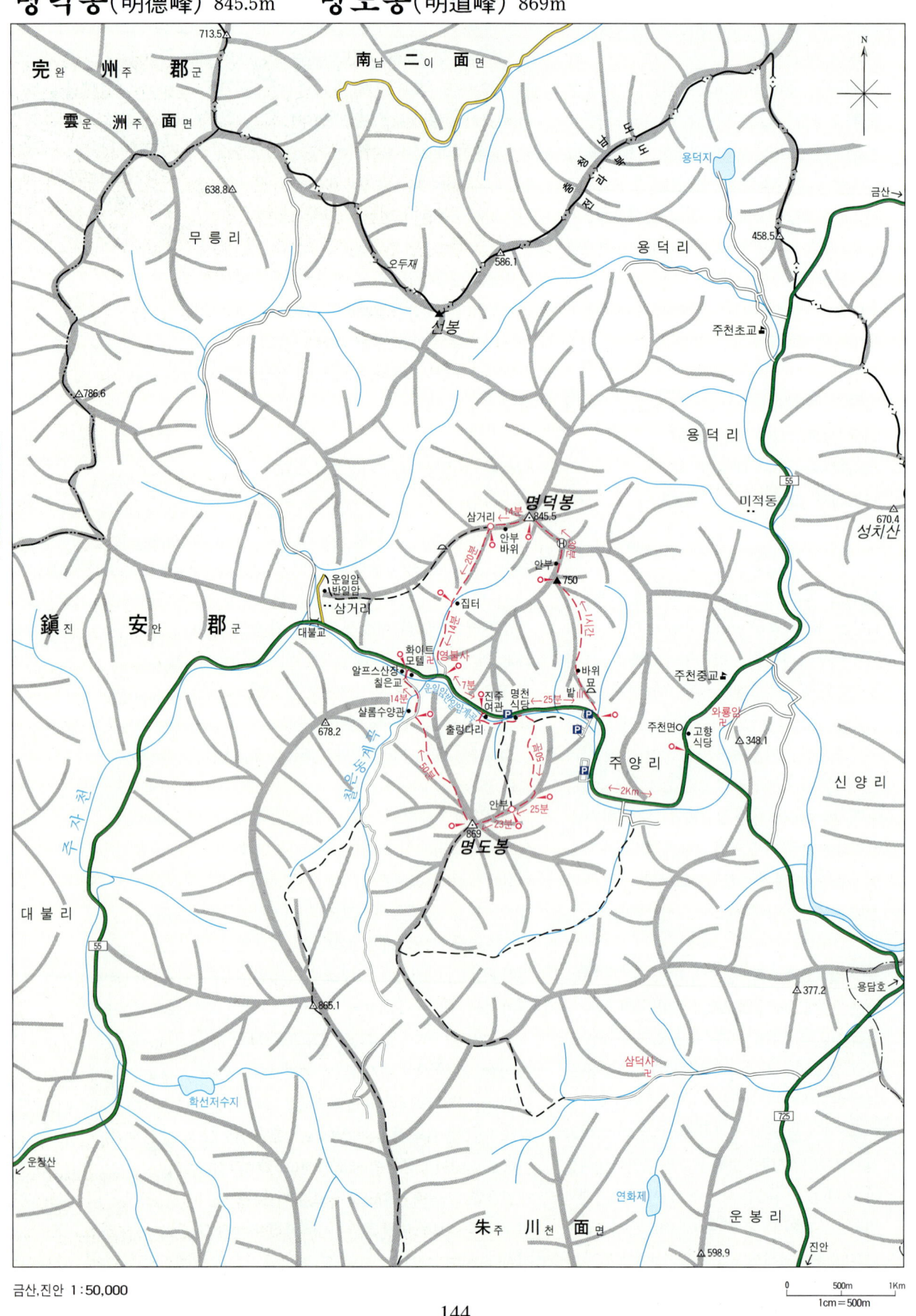

명덕봉 · 명도봉
전라북도 진안군 주천면(全羅北道 鎭安郡 朱川面)

개요

명덕봉(明德峰. 845.5m)은 주자천 계곡을 사이에 두고 북쪽은 명덕봉, 남쪽은 명도봉이 남북으로 마주하고 있는 산이다. 주자천은 자연스러운 거대한 바위로 이루어진 계곡이며 유명한 운일암, 반일암이 있고, 피서 관광지로 유명하다.

산행은 반일암 대형주차장 도로 우측 합수곡에서, 중간 지능선을 타고 정상에 오른 뒤, 서쪽 능선을 타고 13분 거리 삼거리에서, 남쪽 지능선을 타고 계곡을 따라 영불사로 하산한다.

명도봉(明道峰. 869m)은 주자천 남쪽에 뾰족하게 솟은 산이다. 급경사를 이루고 있고, 정상은 바위봉이며 다소 험한 산이다. 바윗길이 있고 산길이 희미한 지역이 있어서 경험자와 동행을 해야 한다.

등산로

명덕봉(총 3시간 18분 소요)
운일암교 → 60분 → 750봉 → 30분 →
명덕봉 → 14분 → 능선삼거리 → 20분 →
계곡 → 14분 → 운일암 정자

운일암 매표소에서 약 100m 거리 우측으로 농로가 나온다. 농로로 접어들어 5m 이내에서 바로 왼쪽 계곡을 건너 지능선으로 8분을 가면 묘가 나온다. 묘에서부터 약 100m 정도까지 길이 거의 없다. 묘 상단부에서 바로 우측으로 들어가 왼쪽으로 희미한 길을 따라 50m 정도 가면 직선으로 바위가 올려다 보인다. 여기서 바위를 보고 직진하여 바위 우측으로 올라서면 능선길이 나타난다. 능선을 따라 16분 정도 가면 완만해 지다가 급경사로 이어져, 21분 정도 오르면 정상이 보이는 능선에 올라선다. 여기서부터 완만한 능선길로 이어져 15분을 오르면 750봉에 닿는다.

750봉에서 17분을 가면 안부를 지나서 헬기장에 닿는다. 헬기장에서 13분을 더 오르면 삼거리 바위봉 명덕봉이다.

하산은 서능을 탄다. 서쪽능선을 따라 11분을 내려가면 안부에 작은 바위가 능선길을 가로 막은 곳이 나온다. 작은 바위를 올라서 능선을 따라 3분 거리에 이르면 삼거리가 나온다.

이 삼거리에서 왼편 남쪽 지능선을 탄다. 지능선은 옛길로 뚜렷한 편이며 20분을 내려가면 집터 계곡에 닿는다. 여기서부터 14분을 내려가면 영불사를 거쳐 도로에 닿는다.

명도봉(총 3시간 42분 소요)
명천식당 → 50분 → 지능선 → 25분 →
삼거리 → 23분 → 명도봉 → 64분 →
알프스산장

운일암 관리소에서 남쪽 계곡을 보면 계곡을 건너는 보가 있다. 이 보를 건너면 T자 갈림길이 나온다. 갈림길에서 왼쪽으로 100m 가면 오른쪽 골로 산길이 나온다. 이 산길을 따라 11분을 올라가면 오른쪽에서 오르는 합길이 나온다. 합길에서 왼편으로 이어지는 길을 따라 12분을 가면 넝쿨사이로 이어져 4분을 가면 세능선으로 산길이 이어진다. 세능선길은 억지로 낸 길이며 급경사로 이어져 20분을 오르면 지능선에 닿는다.

지능선에서 오른쪽 지능선을 따라 가면 8분 정도 가다가 왼쪽 비탈길로 이어져서 4분 거리 왼편 지능선에서 우측 지능선을 따라 오르면 바위 사이로 산길이 이어져 13분을 오르면 삼거리 안부에 닿는다.

삼거리에서 지능선을 따라 11분 오르면 바위 밑을 지나면서 밧줄을 통과하고 암릉지대를 오르면 완만한 능선으로 이어져 12분을 오르면 삼거리 표지석이 있는 명도봉 정상이다.

하산은 북쪽 능선길을 따라 내려가면 바윗길로 이어지면서 10분 거리에 이르면 왼편으로 가다가 바로 오른편 큰 바위 사이로 내려가게 된다. 여기서부터 너덜지대가 시작되어 26분을 오르면 너덜길이 끝나고, 14분을 더 내려가면 살롬수양관이 나온다. 여기서 우측 도로를 따라 10분가면 55번 도로에 닿는다. 여기서 명천식당까지는 14분 거리다.

자가운전

명덕봉은 대전-통영고속도로 금산IC에서 빠져나와 우회전⇨금산에서 좌회전⇨진안 방면 13번 국도를 타고 6km 삼거리에서 우회전⇨55번 지방도를 타고 주천면에서 우회전⇨55번 지방도를 따라 2km 반일암 주차장.

명도봉은 주차장에서 1km 거리 관리사무소 주차장.

대중교통

진안-주천에서 운행하는 대불리행(1일 5회) 버스 이용, **명덕봉**은 대형주차장 매표소 하차.

명도봉은 매표소에서 1km 거리 반일암 관리사무소 하차.

식당

고향식당
주천면 사무소 앞
063-432-6550

전주여관 식당 슈퍼
주천면 대불리 1-5
063-432-7026

명성식당 숙박
주천면 대불리
063-432-7216

숙박

화이트모텔
주천면 대불리 운일암
063-432-5330

명소

운일암
반일암

주천장날 5일, 10일

운장산(雲長山) 1125.8m   연석산(硯石山) 925m

운장산 · 연석산
전라북도 진안군 주천면, 완주군 동상면(全羅北道 鎭安郡 朱天面, 完州郡 東上面)

개요

운장산(雲長山, 1125.8m)은 전체적인 산세는 육산으로 보이나 정상과 주능선 일대는 바위로 구성되어 있다. 정상에서 동쪽으로는 복두봉 구봉산으로 이어지고, 서쪽으로는 연석산, 북쪽 성재산으로 이어진다. 정상에서면 사방이 막힘이 없다.

산행은 북쪽 내처사동에서 앞산날배기능선을 타고 동봉을 거쳐 정상에 오른 다음, 서봉을 경유하여 활목재에서 동북쪽 계곡을 따라 내처사동으로 하산한다.

연석산(硯石山, 925m)은 운장산과 만항재를 사이에 두고 동서로 약 3km 거리에 위치한 산이다. 산행은 연석사 입구에서 연골을 경유하여 마당바위능선을 타고 연석산에 오른 뒤, 서북릉을 타고 917봉에서 남서쪽 지능선을 타고 다시 연석사 입구로 원점회귀 산행이다.

등산로

운장산(총 4시간 28분 소요)
주차장 → 90분 → 동봉 → 20분 →
운장산 → 38분 → 활목재 → 60분 → 삼거리

내처사동 버스종점에서 운장산장을 향해 계곡을 건너서면 바로 갈림길이 나온다. 갈림길에서 우측길을 따라 5분을 올라가면 갈림길이 또 나온다. 갈림길에서 우측으로 가면 작은 계곡을 건너 가다가 바로 우측 능선으로 이어진다. 뚜렷하고 외길이며 무난한 앞산 능선을 따라 1시간 30분을 올라가면 동봉삼거리에 닿는다.

동봉삼거리에서 왼쪽은 복두봉, 구봉산으로 이어지는 능선이며 운장산은 우측으로 간다. 우측 서남쪽 주능선을 따라가면 등산로는 지그재그로 이어지며 20분을 올라가면 운장산 정상이다. 정상은 사방이 막힘이 없다.

하산은 서쪽 주능선을 따라 18분을 가면 서봉에 닿는다. 서봉에서 서쪽 능선길은 연석산으로 연결된다. 서봉에서 오른편 북쪽 능선을 따라 20분을 내려가면 삼거리 활목재에 닿는다.

활목재에서 직진하면 금남정맥으로 이어지며 내처사동은 오른쪽으로 내려간다. 오른쪽으로 내려가면 계곡 길로 이어져 40분을 내려가면 감나무 밭에 닿고, 이어서 소형차로를 따라 20분을 내려가면 내처사동 차도 삼거리에 닿는다.

연석산(총 4시간 15분 소요)
주차장 → 50분 → 삼거리 → 50분 →
연석산 → 25분 → 917봉 → 70분 → 주차장

연석사 입구 연석산 주차장 오른쪽에 계곡으로 이어지는 승용차가 갈 수 있는 넓은 산길이 있다. 차단기가 있는 이 산길을 따라 10분 거리에 이르면 연석사에서 오르는 길과 합해져 오솔길로 이어져 계곡을 건너 연골과 나란히 등산로가 이어진다. 계곡을 건너 5분을 가면 합수곡에 갈림길이 나온다. 갈림길에서 왼쪽길로 가면 계곡을 건너 이어지며 35분을 올라가면 삼거리가 나온다.

삼거리는 큰 돌이 많아 갈림길이 잘 보이지 않으므로 참고하여 살펴야 한다. 갈림길에서 오른쪽으로 간다. 오른쪽 길을 따라 30m 가면 오른쪽 지능선으로 등산로가 이어진다. 지능선 길은 뚜렷하다. 지능선을 따라 50분을 올라가면 오른쪽 능선에서 올라오는 길과 만나 연석산 정상에 닿는다.

하산은 북서릉을 탄다. 북서릉을 타고 25분을 가면 큰 바위를 지나서 917봉에 닿는다.

917봉에서 남서쪽 능선을 따라 내려서면 바로 양 갈림 능선길이 나온다. 여기서 왼편 815봉 남서 방면 지능선을 타고 내려간다. 왼편 능선을 따라 내려가면 큰 바위가 나온다. 여기서 바위를 왼쪽으로 돌아가면 갈림길이 나온다. 갈림길에서 오른쪽으로 간다.

*왼쪽으로 내려가면 연골로 내려간다. 오른쪽으로 돌아가면 다시 815봉 지능선으로 등산로가 이어진다. 여기서부터 뚜렷한 지능길이 이어지고, 917봉에서 1시간 10분을 내려가면 연석사 입구에 닿는다.

자가운전

운장산 : 대전-통영고속도로 금산IC에서 빠져나와 우회전 ⇒ 금산읍에서 13번 국도로 좌회전 ⇒ 6km 묵암교에서 우회전 ⇒ 725번 지방도 약 15km 주천면 남쪽 삼거리에서 우회전 ⇒ 55번 군도를 타고 외처사교에서 좌회전 ⇒ 약 1.5km 주차장.

연석산 : 익산-포항 간 고속도로 소양IC에서 빠져나와 좌회전 ⇒ 4km 회심교에서 좌회전 ⇒ 55번 군도 약 15km 연석산 주차장.

대중교통

운장산 : 진안에서 1일 6회 대불리행 버스 이용 종점 하차.

연석산 : 전주 모래내시장에서 1일 5회 동상면 연동리행 버스 이용, 연석사 하차.

숙식

운장산
고향식당(백반)
주천면 주천면사무소 앞
063-432-6550

운장산장
완주군 주천면 내처사동
063-432-5458

연석산
한백상회 식당 민박
완주군 동상면 사봉리
063-244-8023

명소
운일암 · 반일암
운장산자연휴양림
063-432-1193
주천장날 5일, 10일

구봉산(九峰山) 1002m

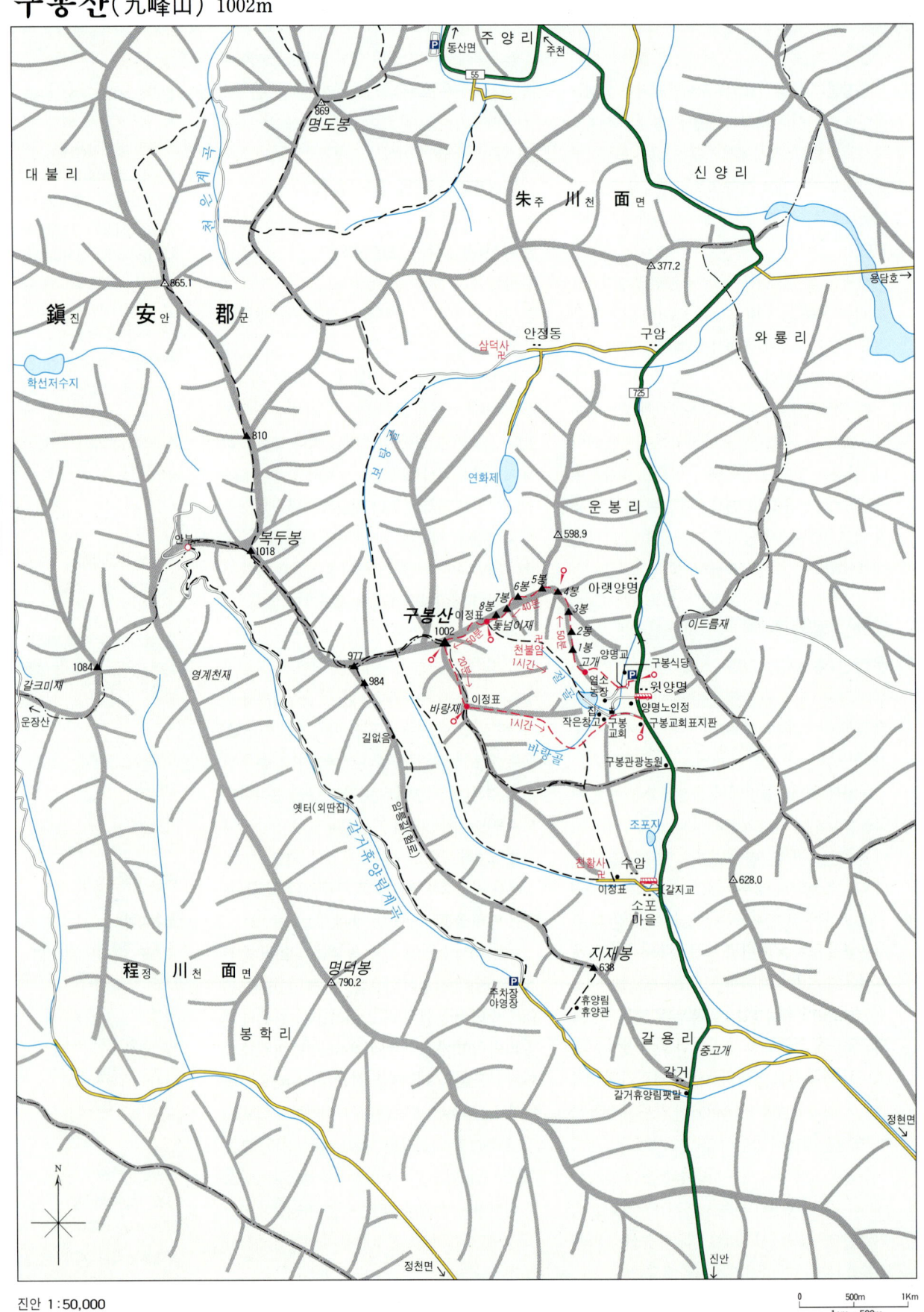

구봉산

전라북도 진안군 주천면, 정천면(全羅北道 鎭安郡 朱川面, 程川面)

📖 개요

구봉산(九峰山. 1002m)은 운장산에서 동쪽으로 뻗어 내려온 능선이 복두봉을 지나서 높이 솟은 산이다. 구봉산 정상에서 동쪽으로 이어진 능선에 8개의 작은 암봉과 정상의 장군봉을 합해 아홉 개의 바위 봉우리로 이루어져 있다.

여덟 개의 바위봉은 마치 병풍처럼 이어져 있고, 바위능선 양편은 절벽으로 이루어져 있다. 바위절벽 사이사이로 등산로가 이어지는데 매우 험로구간이다. 하지만 험로에는 안전 설치가 되어있어서 산행에는 크게 위험하지 않은 편이다.

산행은 구봉산 동쪽 주천면 운봉리 윗양명에서 시작하여 북서쪽으로 이어진 바위봉을 타고 제1봉부터 8봉을 통과하여 돛넘이재 삼거리를 경유하여 정상에 오른다. 하산은 남릉을 타고 바랑재에서 동쪽 바랑골을 따라 다시 주차장으로 원점회귀 산행이다. 중간 돛넘이재에서 남쪽 절골을 따라 주차장까지는 1시간 거리다.

🚶 등산로(총 4시간 40분 소요)

주차장 → 50분 → 4봉 → 40분 →
돛넘이재 → 50분 → 구봉산 → 20분 →
바랑재 → 60분 → 주차장

운봉리 윗양명에서 북쪽으로 500m 거리에 구봉산 주차장이 있다. 주차장이 구봉산 산행기점이다. 구봉주차장에서 안내도 왼편 서쪽으로 난 등산로를 따라 50m 가면 양명교가 나온다. 양명교를 건너 100m 거리에 이르면 갈림길이 나온다. 갈림길에서 구봉산은 오른쪽 언덕으로 오른다. 오른쪽 언덕길을 올라서면 하동정씨 묘를 지나서 계곡 길로 이어져 20분을 올라가면 왼쪽 지능선 고개에 닿는다. 고개에서부터 북쪽으로 이어지는 능선을 따라간다. 북쪽 능선을 따라 10분을 오르면 1봉 삼거리에 닿는다.

1봉에서부터 2봉 3봉 4봉으로 이어지는 등산로는 바위봉으로 이어지며 곳곳에 밧줄이 설치되어 있어서 산행에 큰 위험은 없다. 지능선 등산로를 따라 15분을 오르면 넓은 바위에 전망이 좋은 4봉에 닿는다.

4봉에서부터 등산로는 서쪽으로 꼬부라지면서 5봉, 6봉을 지나 20분을 가면 안부에 갈림길이 나온다. 갈림길에서 오른편 능선쪽 길을 따라 간다. 7봉, 8봉으로 이어지는 등산로는 남쪽 사면길로 이어져 20분을 내려가면 삼거리 돛넘이재에 닿는다.

돛넘이재에서 남쪽으로 내려가면 절골로 이어져 윗양명 주차장에 닿는다(1시간 소요).

다시 돛넘이재에서 구봉산 정상으로 이어지는 등산로는, 매우 가파르고 바위능선으로 이어진다. 돛넘이재 북쪽으로 높이 솟은 바위 아래로 등산로가 이어진다. 매우 가파르고 협소한 골짜기로 이어지는 등산로를 따라 올라서면 주능선으로 이어진다. 주능선은 바윗길로 이어지며 서쪽은 깊은 골이 내려다보이고, 날카로운 암릉길로 이어진다. 암릉길을 매우 주의하여 오르고 나면 바로 장군봉 정상이다. 돛넘이재에서 50분 거리다.

정상은 숲에 가려 있으므로 정상을 조금만 비켜나면 조망을 바라볼 수 있다. 서쪽으로 이어지는 주능선으로 복두봉 운장산 연석산이 가까이 보이고, 북쪽으로는 명덕봉 명도봉이 남쪽으로는 마이산이 시야에 들어온다.

정상에서 하산은 남서릉을 탄다. 왼편 남서쪽 능선을 따라 20분을 내려가면 삼거리 이정표가 있는 바랑재에 닿는다.

바랑재에서 왼편 동쪽 지능선을 탄다. 왼편 지능선을 따라 내려가면 하산길은 완만하게 이어지며 40분을 내려가면 지능선이 끝나면서 계곡으로 이어진다. 계곡에서부터는 평탄한 길로 이어져 10분을 더 내려가면 절골에서 내려오는 소형차로 사거리가 나온다. 사거리에서 바로 아래에 있는 구봉교회 길로 들어가 교회 뒤로 난 길을 따라 내려가면 마을길로 이어져, 10분을 내려가면 윗양명 마을 입구에 닿고 주차장까지는 5분 거리이다.

자가운전

대전-통영고속도로 금산IC에서 빠져나와 우회전 ⇨ 금산에서 좌회전 ⇨ 남쪽 13번 국도를 타고 6km 묵암교 삼거리에서 우회전 ⇨ 725번 지방도를 타고 약 15km 주천에서 좌회전 ⇨ 3km에서 우회전 ⇨ 4km 윗양명 주차장.

대중교통

서울강남고속터미널에서 1일 5회 운행하는 진안행 고속버스 이용, 또는 각 지방에서 버스 편을 이용, 진안에 이른 다음, 진안에서 주천 경유 윗양명까지 운행하는 버스(1일 9회) 이용, 윗양명마을 하차.

식당

구봉산관광농원식당 민박
진안군 주천면 운봉리 801-3
063-432-5110

구봉산식당
주천면 운봉리 양명마을 676
063-433-9090

고향식당
주천면 주천면사무소 앞
063-432-6550

숙박

전주산장
주천면 대불리 1-5
063-432-7026

명소

운일암·반일암

주천장날 5일, 10일

써레봉 660m   운암산(雲岩山) 605m

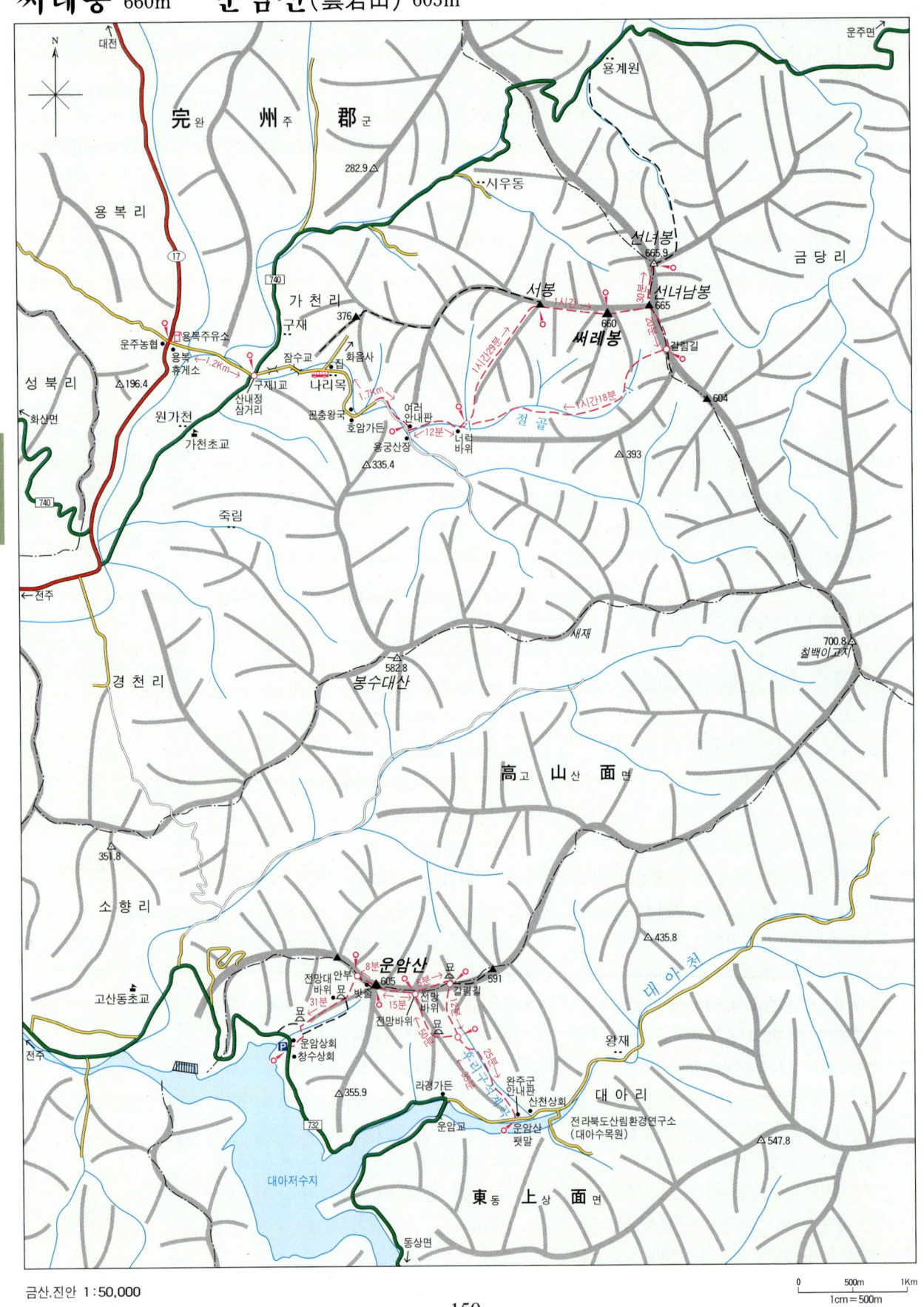

써레봉 · 운암산   전라북도 완주군 경천면, 동상면(全羅北道 完州郡 庚川面, 東上面)

개요

써레봉(660m)은 전라북도에서는 오지에 속한 산이며 평범한 육산이지만 아기자기한 바윗길 등산로가 많은 편이다. 산행은 경천면 가천리 국도에서 3km 거리 용궁산장에서 시작하여 계곡을 따라 12분 거리 너럭바위에서 왼편 중간 지능선을 타고 서봉으로 올라 동쪽 주능선을 타고 써레봉에 오른 다음, 동릉을 타고 선녀봉 선녀남봉을 경유한 후에, 남쪽 능선을 타고 10분 거리 안부에서 서쪽으로 절골을 따라 다시 용궁산장으로 원점회귀 산행이다.

운암산(雲岩山, 605m)은 남쪽은 대아저수지가 있고 북봉 일대에는 기암절벽으로 이루어져 있다. 산행은 대아리 산천상회에서 후리계곡 왼쪽 능선 전망바위를 경유하여 운암산 정상에 오른 다음, 서쪽 안부에서 서남쪽으로 지능선을 타고 운암상회로 하산한다.

등산로

써레봉 (총 6시간 소요)

용궁산장 → 12분 → 너럭바위 → 89분 → 서봉 → 60분 → 써레봉 → 30분 → 선녀봉 → 20분 → 갈림길 → 90분 → 용궁산장

경천면 용복주유소에서 동쪽으로 용복교를 건너 1.2km 거리에 이르면 삼거리가 나온다. 삼거리에서 우측으로 1.7km 가면 용궁산장 닿기 전에 삼거리가 나온다. 삼거리에서 왼쪽으로 간다. 왼쪽으로 50m 가면 왼쪽에 수신관표시가 있는 집이 나온다. 여기서부터 오솔길이 시작되어 절골 왼쪽으로 난 길을 따라 12분을 가면 합수곡 오른쪽에 너럭바위가 나온다.

합수곡에서 10m 거리에 이르면 삼거리가 나온다. 오른쪽 계곡길은 하산길이며 왼쪽으로 간다. 지능선 등산로를 따라 19분을 가면 묘가 있는 공터가 나온다. 공터를 뒤로하고 1시간 10분을 오르면 서봉 삼거리에 닿는다.

여기서부터 동쪽 주능선을 타고 간다. 아기자기한 주능선 암릉길을 따라 1시간을 가면 써레봉 정상이다.

정상에서 하산은 일단 동릉을 따라 20분을 가면 삼거리 선녀남봉이며, 북쪽으로 10분 거리에 선녀봉이다. 선녀봉에서 다시 선녀남봉으로 되돌아온 다음, 남쪽으로 능선을 따라 10분 내려가면 우측으로 갈림길이 나온다.

이 갈림길에서 우측으로 간다. 우측길을 따라 내려가면 급경사 길로 이어지다가 계곡으로 길이 이어진다. 계곡길은 다소 희미한 곳이 있지만 길 잃을 염려는 없다. 계곡길을 따라 1시간 30분을 내려가면 용궁산장에 닿는다.

운암산 (총 3시간 19분 소요)

산천상회 → 35분 → 갈림길 → 50분 → 전망바위 → 15분 → 운암산 → 8분 → 안부 → 31분 → 운암상회

동산면 대아호 상류 동쪽 우암교 삼거리에서, 동쪽으로 2차선 도로를 따라 800m 가면 산천상회 50m 전에 왼쪽으로 운암산 등산로 표지판이 있다. 이 표지판이 있는 산길을 따라 올라가면 계곡을 두 번 건너면서 35분을 오르면 송림지역 갈림길이 나온다.

갈림길에서 왼쪽으로 20분을 오르면 능선에 닿는다. 능선길을 따라 10분 거리에 이르면 묘가 나오고 20분을 더 오르면 삼거리 전망바위에 닿는다. 전망바위에서 왼쪽 주능선을 따라 15분을 더 오르면 운암산 정상이다.

하산은 서쪽 안부에서 남쪽 지능선을 타고 대야호 상류 운암상회로 하산한다.

정상에서 서쪽 주능선을 타고 내려가면 왼쪽은 절벽이므로 주의를 하면서 밧줄을 이용하여 8분을 내려가면 안부에 닿는다.

안부에서 왼편 급경사 돌길을 따라 10분을 내려가면 돌길이 끝나고, 우측 비탈길로 이어져 능선을 따라 3분을 내려가면 평묘를 지나서 전망바위에 닿는다. 여기서 왼편 하산길을 따라 15분을 내려가면 묘 삼거리에 닿고, 왼쪽으로 3분 내려가면 운암상회에 닿는다.

자가운전

써레봉 : 익산-포항 간 고속도로 완주IC에서 빠져나와 좌회전 ⇨ 17번 국도를 타고 용복주유소에서 우회전 ⇨ 1.2km에서 직진 ⇨ 17km 용궁산장 주차.

운암산 : 익산-포항간고속도로 완주IC에서 빠져나와 좌회전 ⇨ 17번 국도를 타고 고산면에서 우회전 ⇨ 732번 지방도를 타고 대아저수지 상류 우암교에서 직진 ⇨ 800m 창수상회 주차.

대중교통

써레봉 : 전주에서 고산행 버스 이용 후, 고산에서 화엄사행 1일 6회 산내정삼거리 하차.

운암산 : 전주에서 고산행 버스 이용 후, 고산에서 동산면행 1일 5회 이용, 우암교 하차.

숙식

써레봉

용궁산장식당 민박
완주군 경천면 가천리 구제
063-251-2994

운암산

운암상회
완주군 동상면 대야리
063-263-4020

※고산장날 4일, 9일

위봉산(威鳳山) 525.2m 원등산(遠登山) 713m 대부산(貸付山) 602.4m

전주,진안 1:50,000

152

위봉산 · 원등산 · 대부산

전라북도 완주군 동상면, 소양면(全羅北道 完州郡 東上面, 所陽面)

개요

위봉산(威峰山. 702m)은 주능선은 위봉산성으로 이루어져 있으며 고찰 위봉사가 자리하고 있다. 전체적으로 무난한 산세에 성곽을 따라 등산로가 이어진다. **원등산**(遠登山. 713m)은 위봉산 되실봉에서 남쪽 직선거리로 6km 거리에 위치해 있다. **대부산**(貸付山. 601.7m)은 삼면이 수만리 수만리계곡, 동상저수지, 사봉천계곡으로 에워싸여 있다.

등산로

위봉산(총 3시간 12분 소요)

공가 → 37분 → 위봉산 → 65분 → 삼거리 → 30분 → 서문

위봉사 입구 외딴 공가 오른편에 위봉산 등산로가 뚜렷하게 있다. 이 등산로를 따라 30분을 오르면 삼거리가 나온다. 삼거리에서 오른쪽 성벽을 따라 7분을 더 가면 위봉산이다.

하산은 올라왔던 삼거리로 되돌아간 다음, 우측 주능선 성곽을 따라 5분가량 경사진 길을 내려가면 안부 갈림길이 나온다. 갈림길에서 우측 주능선길을 따라 가면 무명봉을 두 번 지나고, 40분 거리에 이르면 안부 갈림길이 또 나온다. 갈림길에서 우측 주능선을 따라 20분을 더 올라가면 능선 삼거리가 나온다.

삼거리에서 남쪽 성곽을 따라 30분을 내려가면 서문을 통과 고개 714번 지방도에 닿는다.

원등산(총 5시간 소요)

종점 → 20분 → 갈림길 → 45분 → 송곳재 → 65분 → 원등산 → 35분 → 갈림길 → 15분 → 원등사 → 60분 → 재활원삼거리

다리목 버스종점에서 동북쪽으로 10분을 들어가면 마을 끝집이 나온다. 합수곡인 끝집에서 오른쪽 골을 건너 50m 가면 갈림길이 나온다. 갈림길에서 왼쪽 묵밭을 지나 산길을 따라 가면 오른쪽은 철망으로 이어지면서 5분을 가면 묘를 지나서 바로 왼쪽 능선으로 희미한 산길이 있다.

여기서 왼쪽 희미한 지능선길을 따라 가면 바윗길이 이어지면서 45분을 오르면 송곳재에 닿는다.

송곳재에서는 오른쪽 능선길을 따라 28분을 가면 사거리가 나온다. 계속 동쪽으로 이어지는 주능선을 따라 19분을 더 오르면 무명봉 삼거리에 닿는다. 삼거리에서 오른쪽 능선을 따라 10분 내려가면 원등사로 내려가는 갈림길이 나온다. 갈림길에서 급경사인 동릉을 타고 9분을 오르면 삼거리가 나온다. 삼거리에서 왼쪽으로 4분 거리에 이르면 원등산 정상이다.

하산은 올라왔던 삼거리로 되 내려간 다음, 왼편 남릉을 타고 28분 거리에 이르면 전망바위가 나오고, 급경사 길인 동쪽 아래로 돌아 7분을 내려가면 안부에 갈림길이 나온다.

갈림길에서 우측으로 20분을 내려가면 원등사 해우소가 나온다. 여기서 소형차로를 따라 4.2km 약 50분을 내려가면 청량사 갈림길이 나온다. 여기서 직진하여 18분 내려가면 다리목으로 가는 큰 삼거리가 나온다. 여기서 오른쪽으로 1km 가면 버스종점이다.

대부산(총 3시간 41분 소요)

외딴집 → 55분 → 임도 끝 → 60분 → 대부산 → 46분 → 동광초교

수만리 삼거리에서 다자미 쪽으로 1km 거리에 이르면 빨간벽돌 외딴집이 나온다.

외딴집에서 다리를 건너 화장골로 이어지는 임도만을 따라 55분을 올라가면 주능선 임도가 끝나는 안부에 닿는다. 여기서 왼쪽 산길로 오른다. 능선에 오르면 왼쪽이 절벽이므로 매우 조심을 해야 한다. 계속 이어지는 절벽길을 따라 1시간을 올라가면 대부산 정상에 닿는다.

하산은 서쪽으로 4분 내려서면 삼거리가 나온다. 삼거리에서 왼편 비탈길로 내려가서 세능선과 계곡을 따라 46분을 내려가면 입석교를 건너 동광초교에 닿는다.

자가운전

위봉산은 익산-포항 간 고속도로 소양IC에서 빠져나와 좌회전 ⇨ 1km에서 좌회전 ⇨ 1km 마수교 건너 삼거리에서 우회전 ⇨ 741번 지방도를 타고 위봉사 입구 주차. **원등산**은 위봉산과 같이 마수교 건너기 전에 우회전 ⇨ 2.8km 거리 다리목종점 주차. **부귀산**은 위봉사에서 계속 직진 수만리 동광초교 앞 주차.

대중교통

위봉산 : 전주에서 1일 8회 운행하는 806번 위봉산성행 버스 이용, 위봉사 입구 하차. **부귀산** : 전주 모래내시장에서 위봉산성-수만리행 버스 1일 5회 이용, 수만리 하차. **원등산** : 전주에서 2시간 간격으로 운행하는 다리목행 807번을 이용, 다리목 종점 하차.

식당

전주

향토식당
전주신 산정동 873-2
063-244-0818-9

짬모텔
덕진구 산정동 875-1
063-245-5852

원등산

흥부곰탕
소양면 황운리 655-1
063-244-3376

부귀산

산여울가든
완주군 동상면 수만리
063-243-8545

서방산(西方山) 612.3m   종남산(從南山) 608m

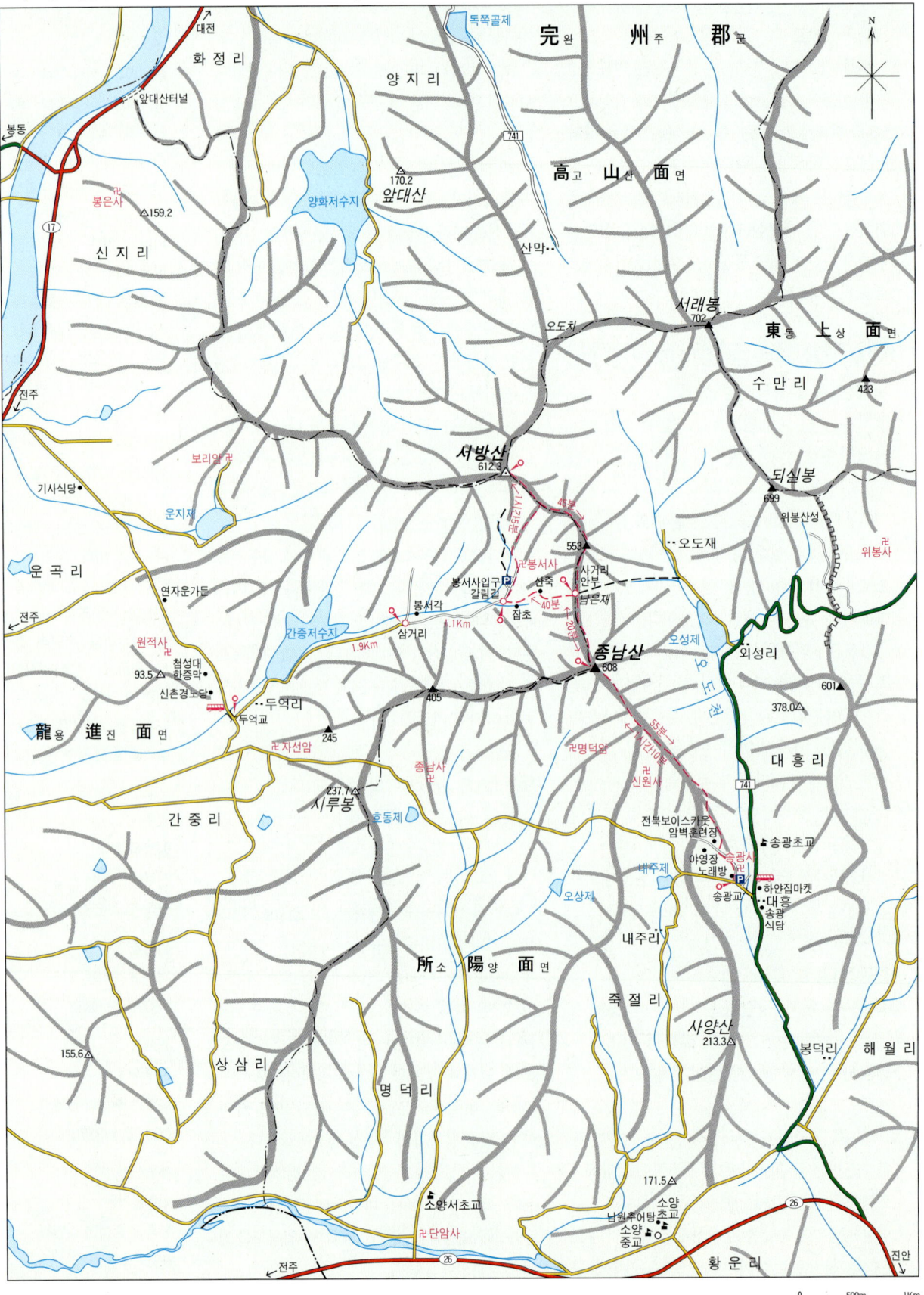

서방산 · 종남산

전라북도 완주군 용진면, 고산면, 소양면(全羅北道 完州郡 龍進面, 高山面, 所陽面)

개요

서방산(西方山. 612.3m) 북쪽으로는 서래봉 남쪽으로는 종남산으로 이어진다. 전체적으로 육산이며 완만한 산세를 이루고 있으며, 산행기점에는 봉서사가 자리하고 있다. 산행은 두억교에서 소형차로 약 3.5km 거리 봉서사에서 능선을 타고 서방산에 오른 후, 남쪽 능선을 타고 남은재에서 봉서사 입구로 하산한다.

종남산(從南山. 608m)은 서방산에서 남쪽으로 이어진 능선에 약 6km 거리에 위치한 평범한 육산으로 무난한 산세를 이루고 있는 산이다. 산행은 송광사에서 북쪽으로 이어진 능선을 타고 송광산에 오른다음, 다시 송광사로 하산을 하거나 서방산을 경유하여 봉서사로 하산한다.

* 서방산 종남산은 야산이며 산행시간도 4시간 정도면 가능하므로 종주산행이 바람직하다. 승용차를 이용할 경우 서방산과 종남산 중간지점인 봉서사에 주차하고 서방산을 먼저 오른 다음, 남릉을 타고 남은재를 경유하여 종남산에 오른다. 하산은 다시 올라왔던 남은재로 되돌아가서 서쪽 봉서사 입구로 원점회귀 산행이다.

* 송광사를 기점으로 할 때에는 전주에서 수시로 왕래하는 송광사행 버스를 이용, 송광에서 산행을 시작하여 종남산에 오른 다음, 남은재에서 서쪽으로 하산을 하거나 계속 주능선을 타고 서방산에 이른 다음, 봉서사로 하산하여 간중리에서 전주행시내버스를 이용한다.

등산로

서방산–종남산(총 4시간 10분 소요, 송광사에서 종남산 70분 소요)

봉서사 입구 → 65분 → 서방산 → 45분 → 남은재 → 20분 → 종남산 → 20분 → 남은재 → 40분 → 삼거리

간중리 버스정류장에서 소형차로를 따라 1.9km 거리에 이르면 삼거리가 나온다. 삼거리에서 봉서사 쪽으로 직진 1.1km 가면 공터 갈림길이 나온다.

오른쪽은 하산길로 하고 왼쪽으로 100m 가면 봉서사 주차장이 나온다. 주차장에서 일단 오른쪽 봉서사에 오른 뒤, 봉서사 해우소 갈림길에서 오른쪽 능선으로 오른다. 능선에 오르면 지능선으로 등산로가 뚜렷하다. 지능선을 따라 45분을 오르면 주능선 삼거리에 닿는다. 삼거리에서 왼쪽으로 10분을 더 오르면 서방산 정상이다.

하산은 10분 거리 올라왔던 삼거리로 되돌아간 다음, 계속 직진 남쪽 주능선을 따라 35분을 내려가면 사거리안부 남은재에 닿는다.

남은재에서 오른쪽 하산길을 기억해두고 직진으로 남쪽 주능선을 타고 20분을 더 오르면 종남산 정상이다.

하산은 올라왔던 20분 거리 남은재로 되 내려간 다음, 남은재에서 왼편 서쪽 길로 내려간다.

서쪽 하산길은 계곡으로 이어져 산죽군락지역을 통과하면서 하산을 하게 된다. 하산길은 사람들이 많이 다니지 않아 희미한 편이고, 남은재에서 40분을 내려가면 봉서사 입구 삼거리에 닿는다.

* 종남산 정상에서 송광사를 향해 동남쪽 능선을 타고 1시간을 내려가면 송광사에 닿는다.

송광사 코스

소양면 대흥리 741번 지방도 변에 하얀집마켓이 있다. 마켓 건너편 소형차로를 따라 200m 들어가면 송광사입구에 대형주차장이 나온다. 주차장 북쪽 밭 사이로 샛길이 있다. 이 샛길을 따라 50m 가면 왼쪽 노래방 쪽에서 오는 길을 만나서 오른쪽으로 50m 더 들어가면 암벽훈련장 전에 야영장 공터가 나온다.

공터에서 오른쪽으로 난 산길을 따라 1분을 오르면 지능선에 닿는다. 지능선에서 왼쪽 능선을 따라 5분을 가면 중계탑이 나온다. 중계탑을 뒤로하고 6분을 오르면 묘가 나오고 암릉으로 이어지며, 암릉길을 따라 9분을 오르면 숲길로 이어져 23분을 올라가면 종남산 남봉에 닿고, 계속 능선을 따라 오르내리면서 14분을 더 오르면 종남산 정상이다.

자가운전

익산–포항 간 고속도로 완주IC에서 빠져나와 우회전 ⇨ 바로 용진면에서 좌회전 ⇨ 간중리 방면 도로를 따라 약 3km 간중리에서 좌회전 ⇨ 200m 두억교에서 우회전 ⇨ 봉서사 이정표를 따라 직진 ⇨ 약 3km봉서사 주차장.

대중교통

전주에서 54번 신봉리행 54-1 소천리행 시내버스를 타고 간중리 두억교에서 하차. 두억교에서 봉서사 입구까지 도보로 1시간 거리이다.

송광사 쪽은 전주교도소에서 806번 838번 송광사행. 시내버스를 타고 송광사 하차.

숙식

서방산

연자운가든(닭, 오리)
완주군 용진면 운곡리 77-1
063-242-8442

기사식당
완주군 용진면
063-243-2622

송광사

송광식당
완주군 소양면 대흥리 555
063-243-8093

남원추어탕
완주군 소양면 황운리 655-1
063-244-3376

만덕산(萬德山) 763.3m 묵방산(墨房山) 530m

만덕산 · 묵방산

전라북도 완주군 상관면(全羅北道 完州郡 上關面)

개요

만덕산(萬德山. 763.3m)은 일만만(萬), 큰덕(德)을 써서 만인에게 덕을 베푸는 산이란 뜻이다. 지역주민들에 의하면 임진외란, 6.25를 비롯한 많은 전란을 겪으면서도 지역주민들이 전화를 입지 않았는데 그 이유는 만덕산이 덕을 베풀었기 때문이라고 한다.

주능선은 호남정맥이 통과하며 육산으로 무난한 산세를 이루고 있다. 산행은 정수리에서 시작하여 만덕암 전망바위를 경유하여 만덕산에 오른 다음, 서남쪽능선 제5쉼터를 지난 삼거리에서 정수리로 하산 한다.

묵방산(墨房山. 530m)은 전주시 동쪽에 위치한 나지막한 산이다. 무난한 산세로 가족 산행지로 적합한 산이다.

산행은 아중역에서 시작하여 동쪽 주능선을 타고 두리봉을 경유하여 묵방산에 오른 다음, 숯재를 경유하여 재전으로 하산한다.

등산로

만덕산(총 4시간 16분 소요)

버스종점 → 18분 → 삼거리 → 43분 →
주능선 → 65분 → 만덕산 → 30분 →
헬기장 → 60분 → 버스종점

정수리 버스종점 50m 전 삼거리에서 오른쪽으로 들어가면, 바로 오른쪽에 정수사 있고 계속 농로로 이어진다. 농로를 따라 18분을 가면 이정표 삼거리가 나온다.

삼거리에서 오른쪽으로 10분을 가면 기도터가 나오고 급경사 능선으로 이어진다. 갈지자로 이어지는 등산로를 따라 33분을 오르면 주능선 삼거리에 닿는다.

삼거리에서 왼쪽 주능선을 따라 17분을 가면 6쉼터를 지나고, 5분 거리에 이르면 장군바위 갈림길이 나온다. 갈림길에서 오른쪽 비탈길을 따라 6분을 가면 다시 주능선으로 이어진다. 주능선을 따라 가면 왼쪽으로 두 번 갈림길을 지나면서 27분을 올라가면 호남정맥이 끝나는 삼거리가 나온다. 삼거리에서 왼쪽으로 10분을 가면 표지석이 있는 만덕산 정상이다.

하산은 북쪽 능선을 탄다. 바윗길로 이어지는 능선을 따라 30분을 가면 헬기장 삼거리다.

삼거리에서 왼편 서쪽으로 50m 내려가면 왼쪽 비탈길로 이어지다가 계곡 세능선으로 이어진다. 헬기장에서 30분을 내려가면 농로가 나오고, 10분을 내려가면 표고버섯재배지를 지나 대흥리가 나온다. 여기서 정수리 버스종점까지는 20분 거리다.

묵방산(총 5시간 17분 소요)

아중역 → 36분 → 행치봉 → 30분 →
송전탑 → 55분 → 두리봉 → 30분 →
안부사거리 → 36분 → 묵방산 → 20분 →
숯재 → 50분 → 재전

아중역에서 왼쪽 소형차로를 따라 70m 거리 굴다리를 통과 후, 바로 오른쪽으로 가면 행치경로당을 지나 50m 거리 마을 끝집에서 오른편 등산로로 오른다.

뚜렷한 등산로를 따라 36분을 오르면 탑이 있는 봉을 지나서 전망대 행치봉에 닿는다.

행치봉에서 오른쪽 급경사를 내려서면 평지와 같은 길로 이어지면서 3번 갈림길을 지나면서 30분을 가면 철탑이 나온다. 철탑을 지나 20분을 가면 무명봉을 통과하고, 35분 거리에 이르면 표지석이 있는 두리봉이다.

두리봉에서 30분 거리에 이르면 오른쪽으로 3번 갈림길을 지나서 안부사거리가 나온다.

안부사거리에서 직진 주능선을 따라 36분을 더 오르면 묵방산 정상이다.

하산은 남쪽 주능선을 따라 20분을 내려가면 갈림길을 지나서 숯재에 닿는다.

숯재에서 오른쪽 비탈길을 따라 6분을 가면 넓은 계곡 길을 만나서 9분을 내려가면 저수지 상류 삼거리가 나온다. 여기서부터 소형차로를 따라 18분을 가면 묵방산 안내도가 나오고, 17분을 더 내려가면 재전 버스종점이다.

자가운전

묵방산은 순천-완주 간 고속도로 동전주IC에서 빠져나와 전주 쪽으로 진입 ⇨ 1.5km에서 좌회전 ⇨ 2km 아중역 주차.

만덕산은 아중역에서 상관면 쪽으로 계속 직진 ⇨ 8km 상관면에서 좌회전 ⇨ 2km에서 우회전 ⇨ 3km 정수사 주차.

대중교통

만덕산 : 전주시내-정비공단-전북대-팔달로-남부시장-교육대-정수리행 785번 1일 6회 이용, 정수리 하차.

묵방산 : 전주대-효자동-남부시장-시청-재전행 121번 버스 이용, 아중역 하차.

숙식

만덕산

대가(한식전문)
상관면 죽림리 776-179
063-284-6050

내고향가든
상관면 죽림리 362-1
063-231-1120

회심순두부
상관면 죽림리
063-287-8031

모텔 밀라노
상관면 죽림리 776-156
063-321-1241

묵방산

재전휴게소
덕진구 우아동 1가 167
063-241-5738

명소

마이산

덕태산(德泰山) 1155m   선각산(仙角山) 1142m

임실 1:50,000

1cm = 500m

덕태산 · 선각산   전라북도 진안군 백운면(全羅北道 鎭安郡 白雲面)

개요

덕태산(德泰山. 1155m)은 전체적으로 육산이며 백운계곡을 사이에 두고 선각산과 마주하고 있는 산이다.

산행은 점전폭포에서 지능선을 타고 정상에 오른 뒤, 동쪽 시루봉 홍두깨재를 경유하여 점전폭포로 하산한다.

선각산(仙角山. 1142)은 백운계곡 남쪽에 위치한 산이며 전체적으로 완만한 산세를 이루고 있는 산이다.

산행은 백운계곡 임도삼거리에서 우측 임도 한밭재를 경유하여 정상에 오른 뒤 동쪽 1024봉에서 북쪽 사당골을 경유하여 점전폭포로 하산한다.

등산로

덕태산(총 5시간 32분 소요)

버스종점 → 30분 → 점전폭포 → 75분 → 1103.2봉 → 40분 → 덕태산 → 20분 → 시루봉 → 33분 → 홍두깨재 → 44분 → 점전폭포 → 30분 → 버스종점

백운면에서 동쪽 2차선 도로 2.8km 거리 버스종점에서 소형차로를 따라 1.2km 가면 덕태사 갈림길을 통과하고 점전폭포가 나온다. 점전폭포에서 50m 거리에 화장실이 있고, 50m 더 가면 왼쪽 지능선으로 오르는 덕태산 등산로가 있다.

특별한 표시가 없고 숲에 가려 지나치기 쉬운 곳이다. 여기서부터 본격적인 덕태산 산행이 시작된다. 왼쪽 산길로 접어들면 능선으로 등산로가 이어져 1시간 15분을 오르면 전망바위를 지나서 1113.2봉에 닿는다.

1113.2봉에서 10분 더 오르면 1103봉 삼거리가 나온다. 삼거리에서 우측 주능선을 따라 30분을 가면 덕태산 정상이다.

정상에서 하산은 동쪽 능선을 따라 20분 거리에 이르면 시루봉에 닿는다.

시루봉에서 남릉을 따라 33분을 내려가면 잣나무가 많은 삼거리 홍두깨재에 닿는다.

홍두깨재에서 오른편 서쪽으로 5분 내려가면 임도가 나온다. 왼쪽 임도를 따라 23분을 내려가면 차단기를 통과하여 18분을 내려가면 점전폭포가 나오고, 6분 더 내려가면 (구)매표소에 닿는다.

선각산까지 종주산행은 홍두깨재에서 계속 남릉을 탄다. 남릉을 따라 1시간을 가면 1114봉에 닿고, 1114봉에서 우측 서릉을 따라 40분을 가면 안부에 닿으며 직진하여 40분을 오르면 선각산 정상이다. 이후 선각산 참고.

선각산(총 5시간 22분 소요)

버스종점 → 30분 → 점전폭포 → 70분 → 한밭재 → 43분 → 선각산 → 19분 → 안부 갈림길 → 70분 → 점전폭포 → 30분 → 버스정류장

백운계곡 버스종점에서 백운계곡길을 따라 30분을 가면 점전폭포를 지나고 20분을 더 가면 임도 갈림길이 나온다.

임도 갈림길에서 오른쪽 계곡을 건너 임도를 따라 50분(2km) 올라가면 한밭재에 닿는다.

한밭재에서 왼쪽 절개지를 올라서 잡목 수림지대를 통과하고 산죽군락지역으로 이어져 24분을 올라가면 헬기장이 나온다. 헬기장에서 동쪽으로 이어지는 능선길을 따라 가면 억새군락을 지나고 안부를 지나서 19분을 오르면 선각산 정상이다.

정상에서 조망은 막힘이 없다. 하산은 동릉을 따라 19분 거리에 이르면 북쪽 열두골로 내려가는 갈림길이 나온다.

갈림길에서 왼편 북쪽 지능선을 따라 간다. 왼쪽 길을 따라 23분을 내려가면 합수곡이 나온다. 합수곡을 지나서 계곡길을 따라 10분을 내려가면 양철지붕 잔해가 나오고, 바로 계곡을 건너 10분 더 내려가면 화장실이 있는 백운계곡 임도에 닿는다. 여기서부터 왼쪽 임도를 따라 27분을 내려가면 점전폭포가 나오고 30분을 더 내려가면 버스정류장이다.

자가운전
익산 포항 간 고속도로 진안IC에서 빠져나와 좌회전 ⇒ 30번 국도를 타고 백운면에 이른 다음, 백운면 소재지에서 좌회전 ⇒ 백운계곡 도로를 따라 약 4km 구 매표소 주차장.

대중교통
서울, 부산, 광주, 대구, 대전에서 진안행 버스 이용 후, 진안에서 백운면 경유 백운계곡행 버스(1일 3회) 이용, 백운계곡 종점 하차.
백운택시
063-432-5209

식당
통나무산장식당 민박
진안군 백운면 백암리 백운동 87-2
063-432-9990

우리회관(한식)
진안군 백운면 백암리
063-432-3332

삼산옥
진안군 백운면 백암리
063-432-4568

숙박
백운회관 식당 민박
진안군 백운면 백암리 662-4
063-432-4552

명소
마이산 돌탑

백운장날 5일, 10일
임실장날 1일, 6일

마이산(馬耳山) 686m   광대봉 608.8m

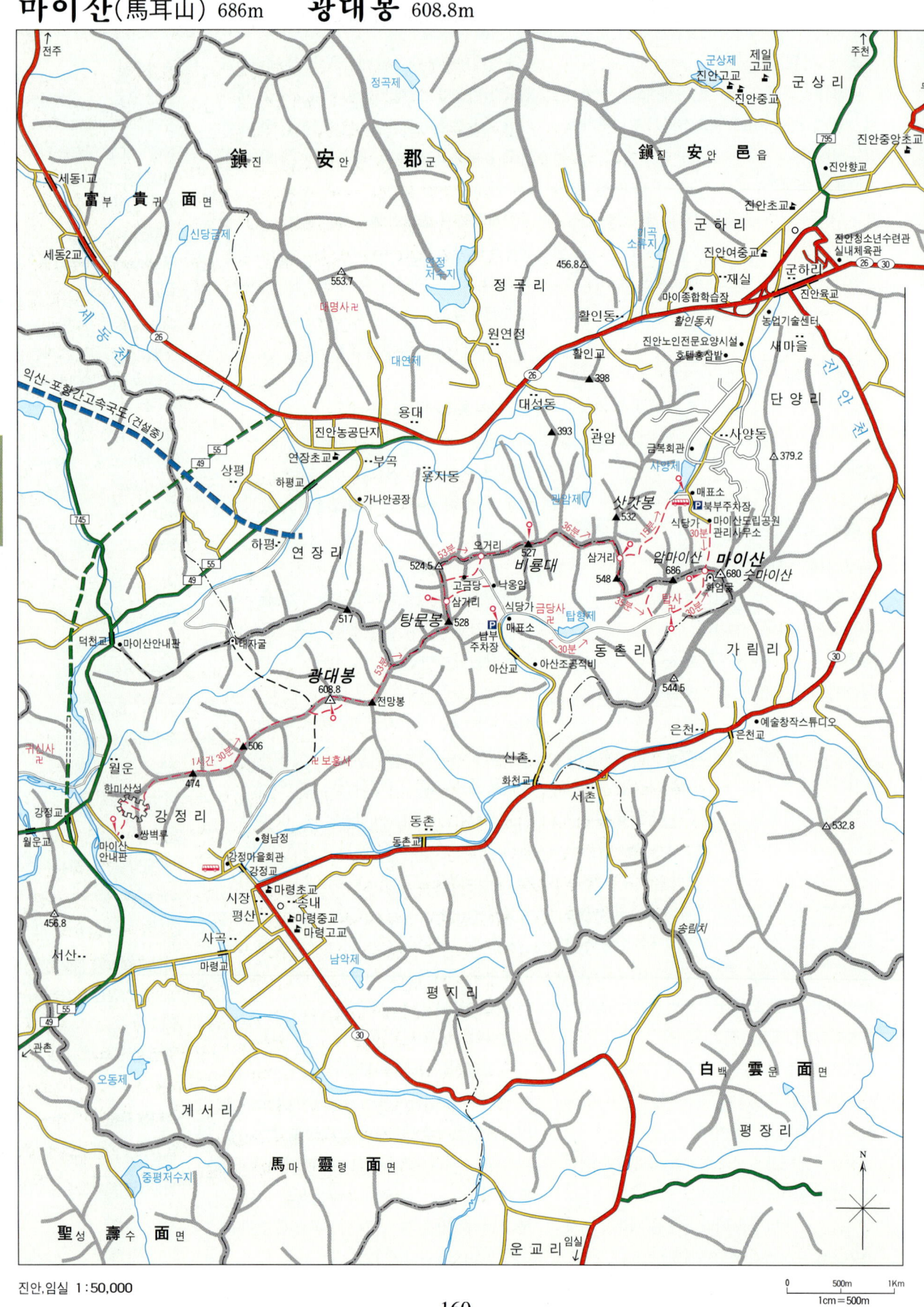

마이산 · 광대봉

전라북도 진안군 진안읍(全羅北道 鎮安郡 鎮安邑)

개요

마이산(馬耳山)은 암마이봉(686m)과 숫마이봉(680m)으로 이루어진 거대한 수성암으로 형성된 바위봉이다. 마이산 동쪽으로는 삿갓봉, 비룡대, 광대봉으로 이어지고, 남쪽에는 탑사, 은수사, 금당사, 마이산 돌탑 등 명소가 많아 명승 제12호로 지정된 도립공원이다.

돌탑들은 음향오행의 조화에 맞춰 팔진도법에 의해 배열 축조한 것으로서, 마치 송곳처럼 정교하고 태산처럼 위엄 있게 조화의 극치를 이루며 천지탑을 정점으로 줄줄이 도열하고 있다.

산행은 마령 강정리에서 시작 합미산성, 광대봉, 비룡대, 삼거리, 북부주차장, 또는 탑사 남부주차장으로 하산한다. 산책 코스는 북부주차장에서 암마이산과 숫마이산 사이 안부를 통과하여 은수사, 탑사를 거쳐 남부주차장으로 하산을 하거나, 그 반대로 한다(1시간 30분 소요).

광대봉(608.8m)은 마이산에서 서쪽 능선으로 약 6km 거리에 위치한 바위봉이다. 마이산 도립공원으로 지정되면서 마이산과 같이 연결하여 산행을 하게 된다.

마이산의 아름다운 돌탑

등산로

마이산-광대봉(총 5시간 7분 소요)

합미산성 입구 → 90분 → 광대봉 → 53분 → 삼거리 → 53분 → 비룡대 → 36분 → 삼거리 → 15분 → 북부주차장

마령면 강정리 마을회관에서 서쪽 49번 지방도를 따라 약 1km 거리에 이르면 도로 왼편에 건물이 있고 오른편에 마이산안내도가 있다.

마이산안내도를 따라 15분을 오르면 합미산성 터가 나온다. 합미산성 터에서 뚜렷한 주능선길을 따라 간다. 주능선길은 바윗길이 많은 편이며 바윗길은 철이나 밧줄 등 안전설치가 되어있어서 큰 어려움이 없다. 주능선을 따라 34분을 가면 496봉에 닿는다. 496봉에서 계속 이어지는 주능선을 따라 25분 거리에 이르면 광대봉 200m 전 철망이 있고 노약자는 우회하라는 안내문이 있는 갈림길이 나온다. 갈림길에서 능선길은 광대봉, 우측은 광대봉을 우회하는 비탈길이다. 두 길은 광대봉에서 내려서면 다시 만나게 된다(노약자는 우회길로 간다).

갈림길에서 능선길을 따라 7분을 가면 태자골 갈림길 이정표가 나온다. 갈림길에서 능선길을 따라 5분을 가면 바위가 나온다. 안전설치가 되어있는 바위를 타고 4분을 오르면 표지석이 있는 광대봉이다.

광대봉에서 바라보면 동쪽으로 마이산이 멀리 바라보이고 마이산 일대가 시야에 들어온다.

광대봉에서 하산은 철근과 밧줄이 설치되어 있는 바윗길을 주의하면서 7분을 내려서면 우회길을 만난다. 여기서부터 동쪽으로 이어지는 무난한 등산로를 따라 18분을 가면 전망봉에 닿는다. 전망봉에서 북쪽으로 이어지는 주능선을 따라 37분을 가면 고금당 0.6km 이정표를 지나 남부주차장으로 가는 삼거리가 나온다.

삼거리에서 직진 9분 거리 갈림길에서 직진 12분을 더 가면 오거리 안부가 나온다. 오거리에서 동쪽으로 주능선을 따라 26분을 오르면 정자가 있는 비룡대에 닿는다.

비룡대에서 동쪽으로 24분을 내려서면 우측 2번 갈림길이 나온다. 갈림길에서 동쪽으로 직진 하면 비탈길로 이어져 12분을 오르면 마지막 삼거리가 나온다.

삼거리에서 동북쪽 북부주차장 방면으로 15분을 내려가면 북부주차장에 닿는다.

마지막 삼거리에서 남쪽 탑사 이정표를 따라 35분을 가면 봉두봉을 거쳐 탑사에 닿는다. 탑사에서 남부주차장까지는 30분 거리다.

자가운전

익산-포항 간 고속도로 진안IC에서 빠져나와 좌회전⇨마령면 삼거리에서 우회전⇨약 1.5km 마이산 안내판 주차.

대중교통

전주에서 진안행 버스 이용 후, 진안에서 매시 20분에 출발하는 마령 방면 버스 이용, 마령(강정리) 하차.

진안에서 탑사행(09:20, 13:55, 17:10). 탑사에서 진안행(09:55 12:50, 17:25, 19:00).

숙식

남부

초가정담식당, 민박
마령면 동촌리 60-1
063-432-8840

벚꽃마을식당 민박
마령면 동촌리 61-3
063-432-2007

북부

금복회관 애저
진안읍 단양리 667-1
063-432-0651

호텔 홍삼빌
진안읍 단양리 744
1588-7597

진안

관산정(민물매운탕)
군하리 진안읍사무소 앞
063-433-7200

크로바회관(삼겹살, 매운탕)
진안읍 군상리 365-2
063-433-3638

덕유산 (德裕山) 1610.6m

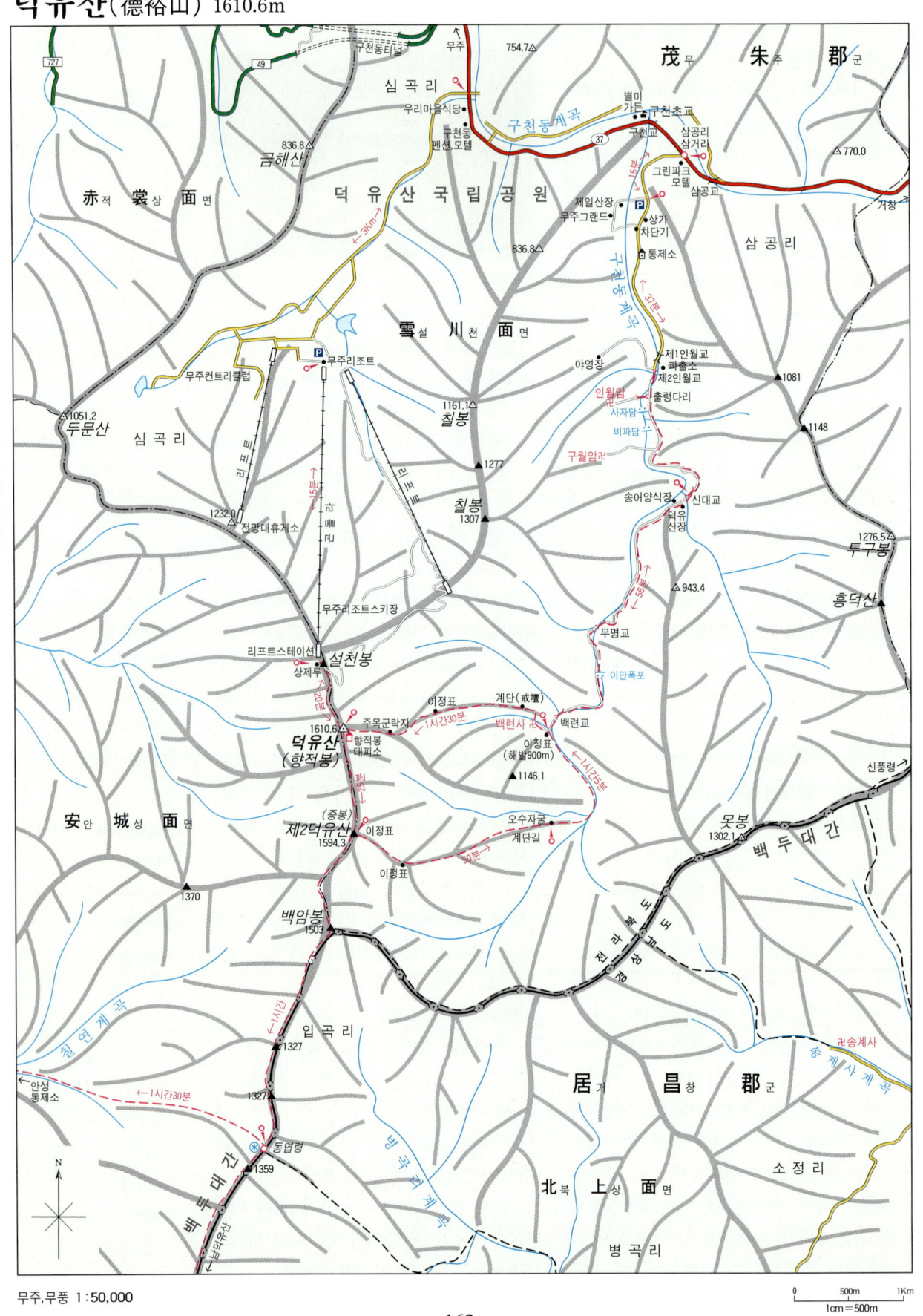

덕유산

전라북도 무주군 설천면, 안성면(全羅北道 茂朱郡 雪川面, 安城面)

개요

덕유산(德裕山, 1610.6m)은 덕이 많은 넉넉한 산이다. 높고 웅장하면서 두루뭉술하고 광범위하다. 정상인 북쪽 향적봉에서 남쪽 남덕유산까지 약 30km는 해발 1,000m 이상 주능선을 이루고 있으며, 1975년 2월 1일 우리나라에서 10번째 국립공원으로 지정되었으며, 육십령에서 남덕유산, 백암봉, 지봉, 신풍령까지는 백두대간이다. 북동쪽 삼공지구는 널리 알려진 피서지로 유명한 구천동 계곡이다. 또한 북쪽 설천지구에는 무주리조트 스키장이 있다.

산행은 삼공지구 주차장에서 구천동 계곡 백련사 지능선 향적봉 정상에 오른 다음, 남릉을 타고 중봉에서 동쪽 지능선을 타고 오수자골을 경유하여 다시 백련사를 거쳐 구천동주차장으로 원점회귀 산행이다.

무주리조트에서 곤돌라를 타고 설천봉에 오른 뒤, 향적봉 정상까지 산행은 20분 소요된다. 정상(향적봉)에서 백련사를 거쳐 구천동 주차장까지는 3시간 소요되고 남서쪽 주능선을 따라 남덕유산 영각사 까지는 약 35km 10시간 소요된다. ※덕유산관리사무소 063-322-1614

등산로(총 8시간 소요)

주차장 → 93분 → 백련사 → 90분 → 향적봉 → 25분 → 중봉 → 50분 → 오수자굴 → 65분 → 백련사 → 93분 → 주차장

삼공지구 덕유산 주차장에서 남쪽으로 식당가를 지나서 차단기를 통과하고 통제소를 지나면 15분 거리에 무인 파출소 삼거리가 나온다. 삼거리에서 왼쪽 인월2교를 건너 10분 거리에 이르면 인월암 출렁다리가 있고 계속 소형차로를 따라 12분을 가면 신대교를 건너며 바로 왼편에 덕유산 휴게소가 나온다. 휴게소를 지나서 30분 거리에 이르면 비상교 이정표를 통과하고 다시 10분을 가면 왼편에 2단 폭포가 나오고, 다시 6분 거리에 이르면 백련교를 통과한 후 10분을 가면 갈림길에 이정표가 나온다. 왼쪽은 오

깊은 계곡 덕유산 무주구천동

수자골, 오른쪽은 백련사다.

삼거리에서 오른쪽으로 가서 백련사에서 식수를 보충하고 대웅전 오른편 산신각 쪽 계단길로 오르면 본격적인 등산이 시작된다. 나무계단 길을 따라 7분을 오르면 계단(戒壇)이 나오고, 능선으로 이어지는 급경사 계단길을 따라 1시간을 올라가면 주목군락지에 닿는다. 주목군락지에서 23분을 더 오르면 덕유산(향적봉) 정상이다. 정상은 바위로 이루어져있으며 사방이 막힘이 없고, 돌탑과 표지석이 있다.

북쪽으로 가까운 거리에 시설이 있는 설천봉이 보이며, 남쪽으로 중봉 백암봉이 바로 가까이 보이고, 멀리 남덕유산이 바라보인다. 백암봉에서 지봉, 신풍령, 삼도봉으로 이어지는 백두대간 주능선이 시야에 들어온다.

하산은 남쪽 주능선을 따라 내려서면 안부에 향적봉대피소가 있다. 대피소 오른쪽으로 능선을 따라 25분을 가면 중봉삼거리에 닿는다.

삼거리에서 왼편 동쪽 지능선을 따라 내려가면 하산길만 있을 뿐 앙상한 나무들로 빽빽하다. 오솔길 지능선을 따라 47분을 내려가면 나무계단이 나오고, 계단을 지나 3분 거리에 이르면 오수자굴이 나온다.

오수자굴을 지나서 1분 거리에 이르면 물이 있는 계곡이 나온다. 여기서부터 계곡 왼쪽으로 20~30m 간격을 두고 하산길이 이어진다. 북쪽 방면으로 41분을 내려가면 출렁다리가 나온다. 출렁다리에서 서쪽 방면으로 하산길이 휘어지면서 21분을 더 내려가면 백련사 삼거리가 나온다.

여기서부터 올라왔던 소형차로를 따라 1시간 30여 분을 내려가면 주차장에 닿는다.

자가운전

대전-통영고속도로 덕유산IC에서 빠져나와 좌회전 ⇒ 19번 국도를 타고 약 12km 적상면 삼거리에서 우회전 ⇒ 49번 지방도 타고 약 8km 심곡리 삼거리에서 우회전 ⇒ 약 4km 삼공리에서 우회전 ⇒ 1km 주차장

대중교통

경부선 열차 이용 영동역 하차.

영동역에서 무주구천동 행 버스 이용, 종점 하차. 서울 강남터미널에서 무주행(5회), 무주에서 구천동행(15회) 이용. 전주, 대전(동부), 대구(북부, 서부)에서 구천동 행 버스 이용, 종점 하차. 덕유산국립공원 063-322-3174~5

식당

별미가든(산채, 민물매운탕)
설천면 삼공리 713
063-322-3123

전주식당(산채정식)
설천면 삼공리 418-31
063-322-3229

숙박

제일산장
설천면 삼공리 411-3
063-322-3100

명소

백련사
구천동
무주리조트
063-320-7777
덕유산 자연휴양림
063-322-10975
설천장날 2일, 7일

삼봉산(三峰山) 1254m　대덕산(大德山) 1290.9m

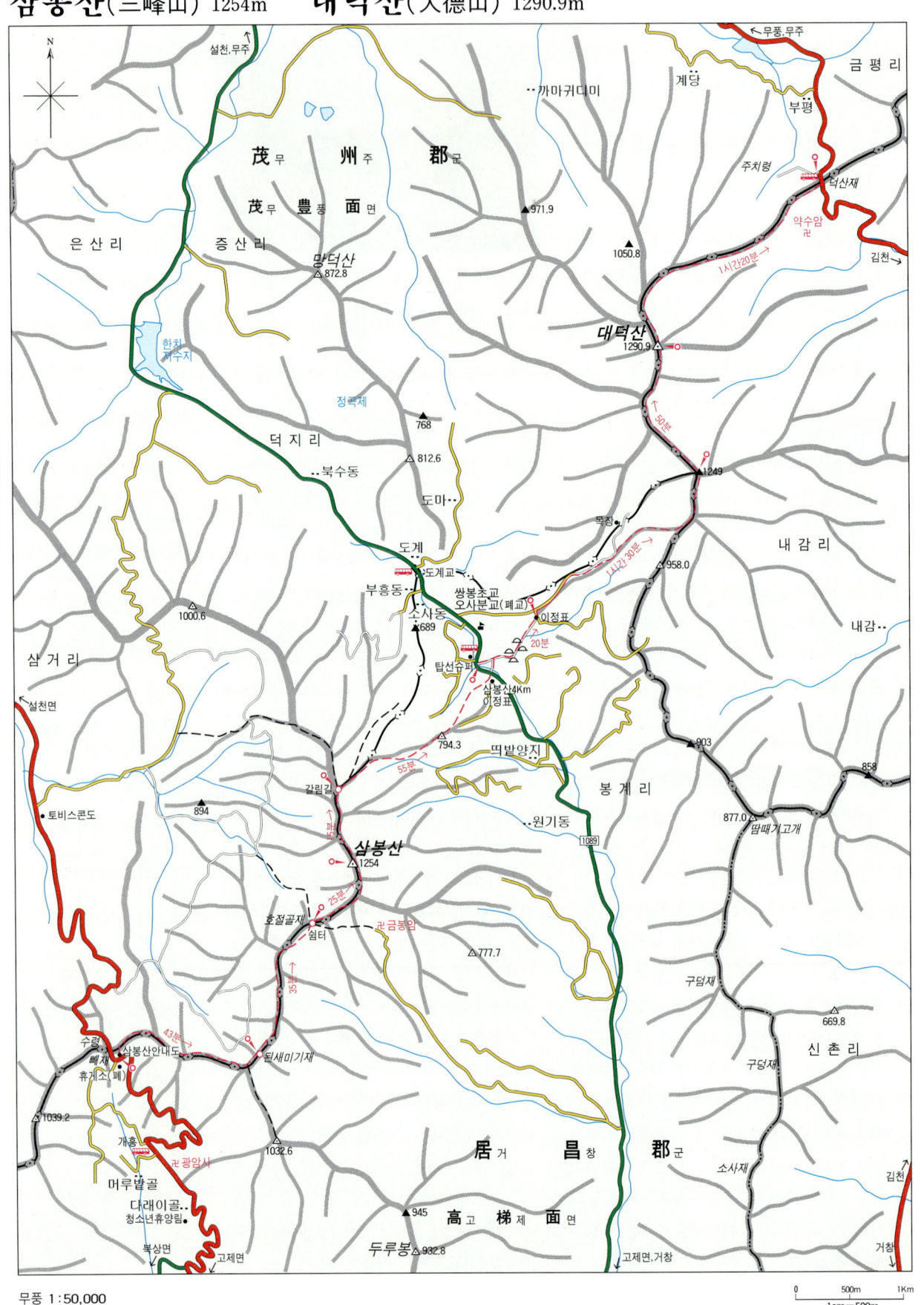

삼봉산·대덕산
전북 무주군 무풍면 · 경남 거창군, 김천시(全北 茂朱郡 茂豊面 · 慶南 居昌郡, 金泉市)

개요

삼봉산(三峰山. 1254m)은 백두대간에 위치한 산이며 산행은 빼재에서 시작하여 동쪽 백두대간을 타고 삼봉산 소사고개로 하산한다.

대덕산(大德山. 1290.9m)은 백두대간에 위치한 산이며 소사고개에서 동쪽 백두대간을 타고 대덕산 덕산재로 하산한다. 백두대간은 길이 뚜렷하여 길을 찾아가는데 큰 어려움이 없다.

삼봉산 등산로 입구 빼재 백두대간

등산로

삼봉산(총 3시간 55분 소요)
빼재 → 45분 → 된새미기재 → 35분 → 호절고개 → 25분 → 삼봉산 → 70분 → 소사고개

대덕산(총 4시간 55분 소요)
소사고개 → 20분 → 농로사거리 → 80분 → 삼도봉 → 50분 → 대덕산 → 80분 → 덕산재

빼재에서 남쪽으로 50m 거리 삼봉산 등산안내도에서 나무계단을 올라서면 바로 백두대간 주능선이다. 여기서부터 백두대간을 타고 소사고개까지 간다. 능선길을 따라가면 바로 수정봉을 통과하면서 43분 거리에 이르면 헬기장 된새미고개가 나온다.

된새미고개에서 12분을 오르면 바위에 올라서게 되고 오른쪽에 금봉암이 보인다. 여기서 23분을 가면 헬기장 호절골재이다.

호절골재에서 동북 방면 급경사 능선을 따라 25분 거리에 이르면 금봉암 갈림길을 지나 삼각점이 있는 삼봉산 정상이다.

하산은 계속 이어지는 북릉을 따라 15분 거리에 이르면 암봉 갈림능선이 나온다. 여기서 비박굴을 통과한 다음, 봉우리를 넘어서 직진하는 능선을 버리고, 오른쪽 급경사로 내려선다. 급경사를 따라 내려서서 계곡 가까이 붙어 앞의 편평한 동북쪽 능선으로 간다. 삼각점이 있는 794.3m봉을 내려서면 대단지 밭이다. 밭 중간 길을 따라 내려가면 소사고개 남쪽 거창 쪽이고, 채소밭 왼쪽 가장자리로 밭을 따르다가 밭 중간에서 길이 없는 왼쪽 능선을 따라 내려서면 소사고개 도로 위로 내려선다. 갈림길에서 55분 거리다.

소사고개 북쪽 거창탑선슈퍼에서 도로 건너편 언덕(이정표)을 따라 올라가서 평범한 능선길로 30m가서 왼쪽으로 접어들어 가면 양 편으로 묘가 여기저기 있다. 묘 사이로 난 길을 따라 계속 가면 야산에 밭과 묘 등 다소 혼란스럽지만, 리본을 잘 보고 20분 정도 가면 이정표가 있는 농로사거리가 나온다.

농로사거리에서 이정표대로 직진 농로를 따라 10분 정도 가면 농로(목장길)을 벗어나 오른쪽으로 백두대간길이 나온다. 여기서부터 농로를 벗어나 오른쪽 백두대간을 따라 간다. 백두대간을 따라가면 등산로는 목장지대를 벗어나면서 오른쪽으로 휘어진다. 양쪽이 높고 확실한 능선을 두고 등산로는 중간으로 이어진다. 지대가 낮으며 양쪽에 작은 계곡이 보인다. 뚜렷한 백두대간등산로를 따라 1시간 20분을 오르면 억새밭 삼도봉에 닿는다.

삼도봉에서 처음에는 서북 방면으로 가면서 잡목지대 내리막으로 가다가 10분을 내려가면 다시 오르막으로 이어져 30분을 올라가면 대덕산 전 봉우리가 나오고, 여기서부터 완만한 억새능선을 따라 10분을 가면 억새밭 헬기장 대덕산 정상에 닿는다.

하산은 북쪽 백두대간을 따라 가다가 봉우리를 지나서부터 오른쪽 백두대간을 따라 1시간 20분을 내려가면 덕산재에 닿는다.

자가운전

삼봉산 : 무주-거창 간 37번 국도 이용, 신풍령 휴게소 주차.

대덕산 : 무주-무풍-소사고개-고제-거창간 1089번 지방도 이용, 소사고개 주차.

대중교통

삼봉산 : 무주에서 설천면 삼공리 경유 독가촌행 버스 1일 3회 이용, 독가촌 하차.

거창에서 빼재(개흥) 버스 (1일 4회) 이용, 개흥 하차.

대덕산 : 무주에서 무풍-덕지리(도계)행 1일 4회 이용, 도계 하차. 거창에서 탑선행(1일 8회) 버스 이용, 소사고개 하차.

무풍택시
011-689-6660

고제택시 011-808-7277

숙식

설천면

별미가든
설천면 삼공리 713
063-322-3123

제일산장
설천면 삼공리 411-3
063-322-3100

무풍면

장터회관
무풍면 현대리 649
063-324-4871

고제면

소사고개슈퍼 민박
봉계리 소사마을 1264
055-944-9051

오렌지모텔
주상면 완대리 618
055-943-3528

장안산(長安山) 1236.9m

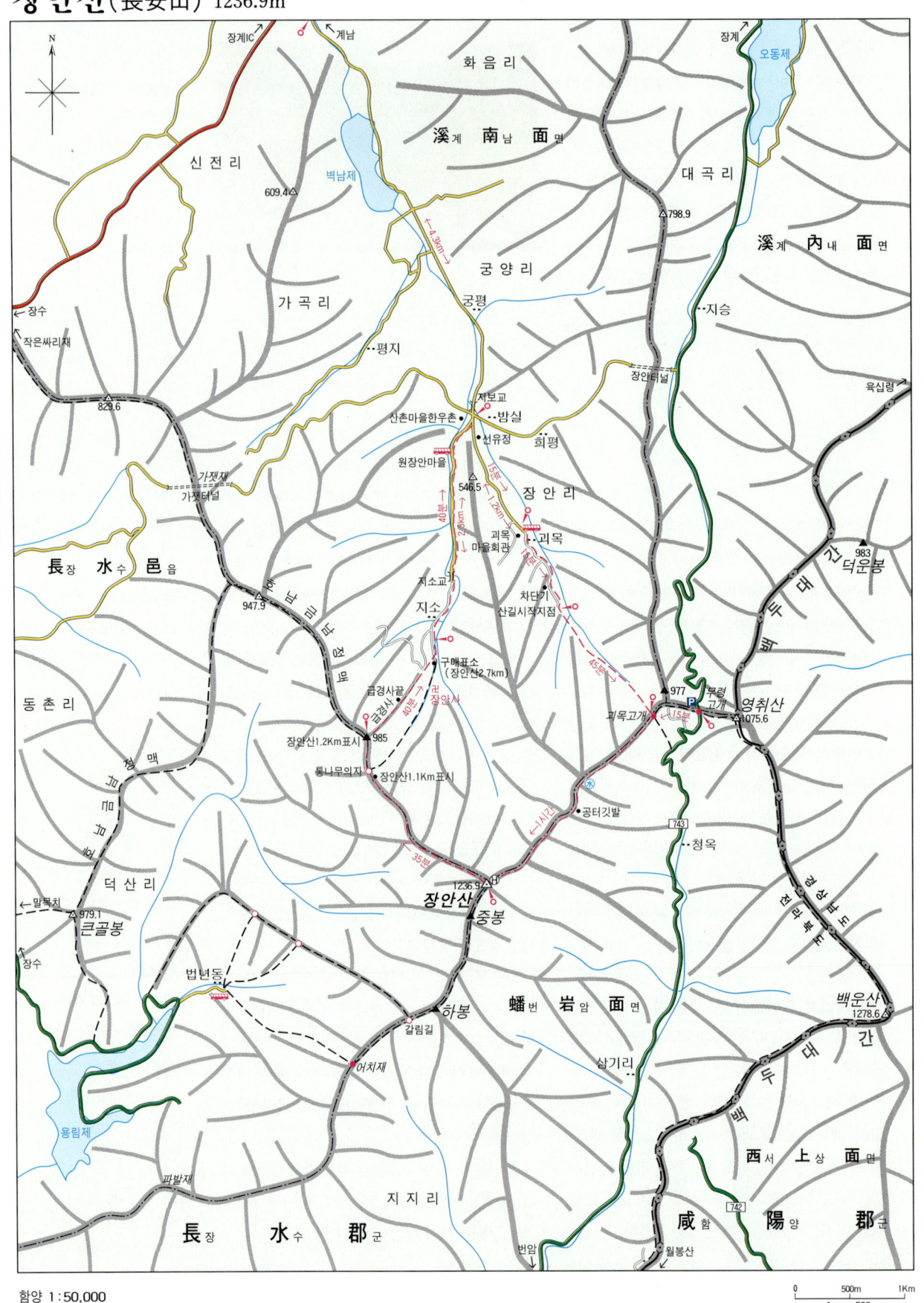

장안산

전라북도 장수군 장수읍, 계남면, 번암면 (全羅北道 長水郡 長水邑, 溪南面, 蟠岩面)

개요

장안산(長安山, 1236.9m)은 백두대간 영취산에서 서쪽으로 갈라져 주능선을 이루면서 호남, 금남정맥이 시작된다. 호남. 금남정맥이 시작하는 장안산은 전라북도에서 4번째로 높은 산이며 1986년 장수군 군립공원으로 지정되었다. 웅장하면서도 부드러운 산세로 험로가 없고 등산로도 비교적 완만한 산으로 등산로는 잘 정비되어 있다.

장안산 동북쪽 산록에는 논개의 태생지와 기념관이 있다. 기념관에는 논개의 모든 것이 정리되어 있어서 산행 후에 논개의 생가와 기념관을 돌아보고 오면 더욱 보람 있는 산행이 될 것이다.

논개가 탄생한지 433년 가신 지 414년 기나긴 세월이 흐르도록 지금까지 논개의 생애와 순국정신이 하나의 뚜렷한 정설로서 정사에 정립되지 못하고 있다. 논개기념관은 주논개가 1574년 장수 주촌에서 출생하여 1593년 진주 촉석루에서 순국하기까지의 생애의 모든 것을 지금까지 추적하여 기록한 것을 총망라하여 정리해둔 곳으로 역사적 가치가 있는 현장이다.

산행은 장수군 계남면 장안리 괴목에서 시작하여 괴목고개를 경유하여 장안산에 오른 뒤, 금남 호남정맥인 북서릉을 타고 1.2km 거리 삼거리 봉에서 우측 지능선을 따라 장안리로 하산한다. 또는 장안산 서쪽 법년동과 밀목재에서 오르는 코스가 있고, 북동쪽 무령고개에서 오르는 코스가 있다.

등산로 (총 4시간 15분 소요)

괴목마을 → 60분 → 괴목고개 → 60분 → 장안산 → 35분 → 갈림길 → 40분 → 차도

장수군 계남면에서 장안리 방면 도로를 따라 약 4km 거리 장안리 사거리에서 직진 1km 거리에 이르면 괴목 버스종점이 나온다. 종점에서 계속 이어지는 농로를 따라 15분(1.1km)을 올라가면 농로가 끝나고 장안산 등산로가 시작되는

호남정맥이 지나가는 괴목고개

지점이다.

여기서 외길인 등산로를 따라 가면 큰 계곡을 왼쪽으로 끼고 비탈길로 이어진다. 잘 다듬어진 등산로를 따라 가면 계곡을 두세 번 왕래하면서 18분을 오르면 계곡에 물이 없어지고, 계곡이 끝나면서 27분을 더 오르면 주능선 괴목고개 삼거리에 닿는다. 왼쪽은 무령고개이고, 오른쪽은 장안산이다.

괴목고개 삼거리에서 오른쪽 남서릉을 따라가면 완만하고 잘 다듬어진 편안하고 완만한 능선길로 이어져 21분 거리에 이르면 쉼터가 있고 왼쪽 20m 거리에 샘이 나온다. 쉼터에서 평지와 같은 등산로가 이어져 27분 거리에 이르면 평지길이 끝나고 급경사로 이어져 12분을 더 오르면 헬기장 삼거리 장안산 정상이다.

정상삼거리에서 하산은 오른편 북서 방향 금남 호남정맥을 탄다. 북서 능선을 따라 내려가면 바윗길 급경사에는 나무계단길로 조성되어 있고, 이 외는 잘 다듬어진 하산길을 따라 25분을 내려가면 통나무의자가 있는 안부 갈림길이 나온다. 오른쪽 계곡길은 미지정 등산로이므로 갈림길에서 계속 직진 북서능선을 타고 10분을 더 오르면 봉우리에 이정표가 있는 갈림길이 나온다.

갈림길에서 오른쪽 북동 지능선을 탄다. 급경사 지능선을 따라 25분을 내려가면 급경사가 끝나고 완만한 지능선으로 이어진다. 완만한 능선을 따라 15분을 내려가면 장안사 앞을 지나 차도에 닿는다.

여기서 10분 내려가면 지소교에 닿고, 지소교에서 장안리 사거리까지는 25분 거리다.

자가운전

익산-포항고속도로 장수 IC에서 빠져나와 좌회전 ⇒ 장수 방면 19번 국도를 타고 1.5km 거리 계남면 화음교에서 좌회전 ⇒ 5km 거리 괴목마을회관 주차.

대중교통

서울 남부터미널-장계-장수(1일 4회), 부산-장계(1일 4회), 전주-장계(1일 18회), 광주-장계(1일 8회)행 버스를 이용한다. 다시 장계에서 장안리(괴목)행 버스 (07:20, 09:00, 12:05, 14:25, 17:00, 18:30) 이용, 괴목 하차.
장계택시
063-351-0045

식당

정성회관
장수군 장계면 장계리 신동 350-5
063-353-1800

한우촌 식당·펜션
장수군 계남면 장안리 591
063-352-0881

숙박

모텔승마
장수군 장계면 호덕리 556-15
063-352-8585

명소

논개기념관
논개생가

장계장날 3일, 8일

팔공산(八公山) 1147.6m   성수산(聖壽山) 875.9m

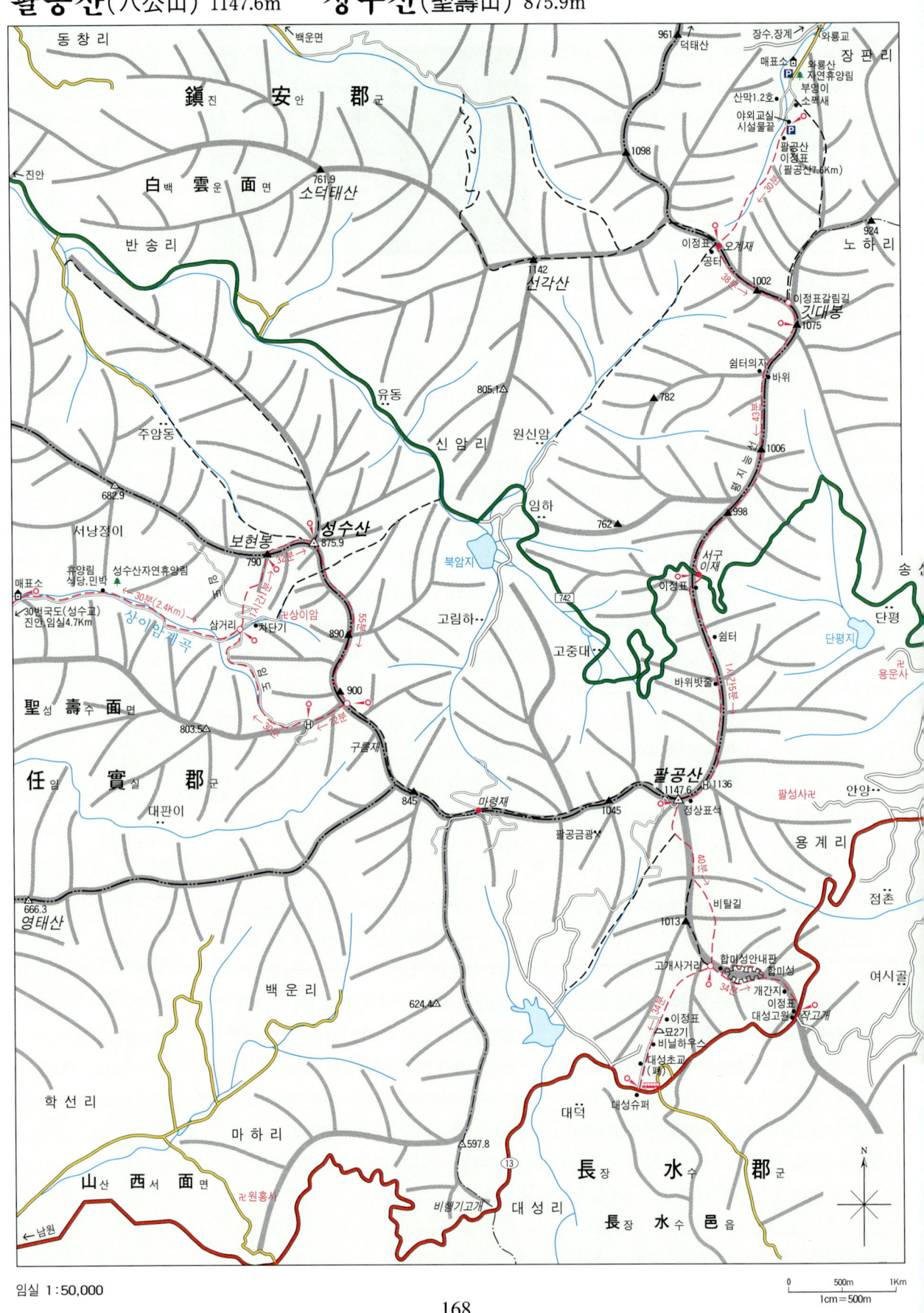

팔공산 · 성수산

전라북도 장수군, 임실군, 진안군(全羅北道 長水郡, 任實郡, 鎭安郡)

개요

팔공산(八公山, 1147.6m)은 웅장하면서도 완만한 산세를 이룬 육산이다. 주능선 등산로는 호남정맥이며 산행기점에 와룡휴양림이 있고 하산지점에 함미성이 있다.

성수산(聖壽山, 875.9m)은 팔공산 서북쪽에 위치한 산이다. 고려 태조 왕건이 기도하여 개국하였다는 상이암이 있고, 성수산자연휴양림이 있다.

등산로

팔공산(총 5시간 10분 소요)

주차장 → 30분 → 오계재 → 38분 →
깃대봉 → 43분 → 시구리재 → 65분 →
팔공산 → 40분 → 고개 → 34분 → 작고개

와룡휴양림 매표소를 통과 20분을 가면 차로가 끝나는 지점이 나온다. 여기서 계곡으로 난 등산로를 따라 10분을 올라가면 사거리 오계재에 닿는다.

오계재에서 왼편 능선을 따라 30분을 가면 갈림길이 있고 8분을 오르면 깃대봉에 닿는다.

깃대봉에서 남릉을 타고 6분을 내려가면 바윗길 쉼터 갈림길이 나온다. 갈림길에서 계속 남릉을 따라가면 평지와 같은 완만하고 긴 능선으로 이어져, 37분을 가면 서구리재 동물 이동로 언덕에 서게 된다.

도로 닿기 10m 전에 우측 갈림길로 내려서면 도로 위로 난 동물 이동로로 이어져 5분을 가면 왼쪽에서 오르는 갈림길이 나온다. 갈림길에서 우측 능선을 따라 30분을 올라가면 밧줄지역을 통과하고, 25분을 더 올라가면 헬기장이 나온다. 헬기장에서 5분을 더 올라가면 정상삼거리에 닿고, 우측으로 5m 더 오르면 표지판이 있는 정상이다.

하산은 남릉을 탄다. 잘 다듬어진 남릉을 따라 9분 거리 갈림길에서 왼편 비탈길을 따라 6분을 가면 능선으로 이어지고, 6분을 더 내려가면 갈림길이 나온다. 갈림길에서 왼쪽 길을 따라 내려가면 어름 넝쿨지역을 통과하고, 비탈길로 이어져 19분을 가면 고개사거리에 닿는다.

고개에서 직진하면 대성리로 하산하고, 왼쪽 길은 호남정맥 작고개로 하산길이다. 고개에서 왼쪽 길을 따라 9분을 내려가면 함미성터가 나온다. 성터에서 16분을 내려가면 개간지가 나오며 9분을 더 내려가면 작고개에 닿는다.

성수산(총 5시간 10분 소요)

매표소 → 30분 → 삼거리 → 61분 →
보현봉 → 32분 → 성수산 → 55분 →
삼거리 → 22분 → 헬기장 → 50분 → 매표소

성수리 입구 30번 국도변 성수산 안내판에서 동쪽 도로를 따라 4km 가면 휴양림매표소 주차장이 나온다. 매표소에서 계속 소형차로를 따라 500m 가면 관리사무소를 통과하여 소형차로를 따라 1.5km 더 들어가면 임도삼거리가 나온다.

삼거리에서 왼쪽 임도를 따라 3분을 가면 상이암으로 가는 삼거리가 나온다. 여기서 왼쪽 임도를 따라 8분 거리에 이르면 오른쪽 건곡으로 오르는 등산로가 나타난다. 이 등산로는 물이 없는 건곡으로 가다가 오른쪽으로 휘어져 10분을 오르면 오른편 지능선에 닿는다. 여기서부터 지능선만을 따라 40분을 오르면 보현봉에 닿는다.

보현봉에서 오른쪽 주능선 길을 따라 9분 거리에 이르면 상이암에서 오르는 갈림길을 만난다. 갈림길에서 주능선을 따라 14분을 가면 전망바위가 나오고 9분을 더 오르면 성수산이다.

하산은 남쪽 주능선을 따라 50분을 내려가면 900m봉 갈림길이 나온다. 갈림길에서 직진 주능선을 따라 5분을 내려가면 능선삼거리가 또 나온다.

능선삼거리에서는 오른편 서쪽 큰 능선을 따라 22분을 가면 헬기장이 있는 임도에 닿는다.

임도에서 북쪽으로 이어지는 임도를 따라 30분을 내려가면 임도삼거리에 닿고, 20분 더 내려가면 관리사무소에 닿는다.

자가운전

팔공산 : 대전-통영고속도로 장수IC에서 빠져나와 우회전⇨26번 국도 장개에서 직진⇨용광리에서 좌회전⇨13번 국도를 타고 5km에서 우회전⇨6km와룡휴양림 주차장. 하산점 작고개나 대성리에서 장수-서산 간 버스 이용.

성수산 : 익산-포항 간 고속도로 진안IC에서 빠져나와 좌회전⇨30번 국도를 타고 성수리 입구에서 좌회전⇨4km 휴양림 주차장.

대중교통

임실에서 성수리행 1일 5회 이용, 성수리(수철리) 하차.

숙식

팔공산

휴양림식당
장수군 천천면 와룡리 와룡휴양림
063-352-1399

민가네한우
장수읍 장수리 527
063-351-7238

와룡휴양림
063-535-1404

성수산

휴양림식당 민박
성수면 성수산휴양림
063-642-9456

성수산휴양림
063-642-9456

※ **임실장** 1일, 6일
장수장날 5일, 10일

봉화산(烽火山) 919.8m

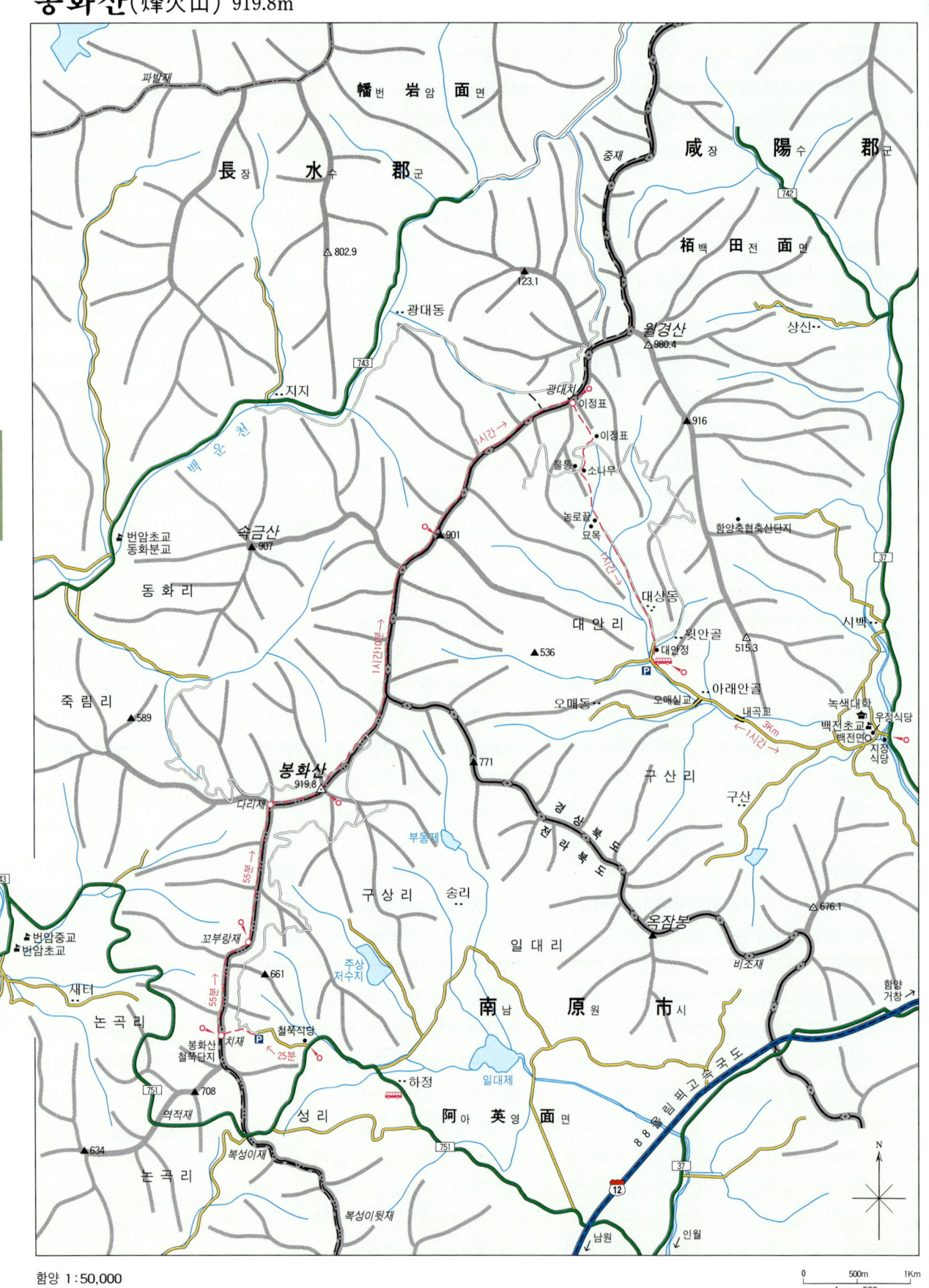

봉화산   전라북도 장수군, 남원시(全羅北道 長水郡, 南原市)

개요

봉화산(烽火山. 919.8m)은 전북 장수군과 남원시 경계에 위치한 산이다. 다른 봉화산 이름과 같이 봉화를 올렸던 산으로 추정되며 정상에서 바라보면 사방이 막힘이 없다.

봉화산 등산로는 백두대간으로 주능선을 이루고 있으며 철쭉으로 유명한 산이다. 산행기점인 치재에서 정상에 이르는 구간 꼬부랑재까지는 철쭉밭이다(치재에서 남서쪽 복성이재 601.4봉까지도 철쭉밭이다).

산행은 치재마을에서 치재에 올라 백두대간을 타고 봉화산, 광대치에 이른 다음, 광대치에서 대안리로 하산한다.

봉화산에서 백운산으로 이어지는 백두대간 광대치

등산로(총 6시간 25분 소요)

철쭉식당 → 25분 → 치재 → 110분 →
봉화산 → 70분 → 901봉 → 60분 →
광치재 → 60분 → 대안리주차장

아영면 하성리 버스종점에서 1km 거리에 이르면 치재마을 입구에 철쭉식당이 나온다. 이 부근에 샘이 있다. 식수를 충분히 준비한다. 철쭉식당에서 2차선 도로를 벗어나 오른쪽 소형차로를 따라 20분(1,5km) 거리에 이르면 철쭉축제 주차장이 나온다. 주차장에서 5분을 오르면 주능선 백두대간 치재이다.

치재에서 오른쪽 백두대간을 따라간다. 능선길 왼쪽은 염소목장 울타리가 쳐져있다. 억새밭 중간으로 난 뚜렷한 등산로를 따라 올라가면 억새밭 중간으로 등산로가 이어지고, 양 편은 철쭉밭이 이어지면서 무난한 등산로를 따라 55분 거리에 이르면 꼬부랑재가 나온다.

꼬부랑재를 지나서부터는 철쭉밭이 사리지고 억새가 나오기 시작하다가 송림지역으로 이어지면서 35분 거리에 이르면 다리재가 나온다. 다리재를 지나서 20분을 더 오르면 넓은 공터 봉화산 정상에 닿는다.

봉화산에서 하산은 계속 이어지는 북동 방향 백두대간을 따라 가면 억새능선으로 이어진다. 무난한 능선길을 따라 1시간 거리에 이르면 901봉에 닿는다.

901봉에서부터는 암릉길이다. 계속 이어지는 북동 방향 백두대간을 따라 가면 억새밭이 끝나고 암릉길이 시작한다. 주변은 철쭉과 바윗길이 어우러진 능선을 따라 30분 거리에 이르면 바윗길이 끝나고 억새밭길이 시작된다. 억색밭길을 따라 30분 거리에 이르면 이정표가 있는 광대치에 사거리에 닿는다.

광대치에서 동남 방면 대안리로 하산 한다. 광대치에서 오른쪽으로 내려가면 싸리나무 등 잡목지역을 통과하여 12분을 내려가면 이정표가 새워진 임도가 나온다. 왼쪽은 대안리, 오른쪽은 구산리라고 표시가 되어있다. 임도에서 오른쪽으로 간다. 임도를 따라 5분(400m) 거리에 이르면 임도를 벗어나 왼편에 샛길이 나온다. 이 샛길을 따라 3분 내려가면 다시 임도를 만나서 임도를 따라 2분 거리에 이르면 오른쪽에 남색물통이 있고, 왼쪽에 한 아름 반 소나무가 있는 지점에서 왼쪽 샛길로 간다. 샛길을 따라 10분을 내려가면 경작지 농로가 나온다.

여기서부터 농로를 따라간다. 농로를 따라 17분을 내려가면 상대동마을을 통과하고, 8분을 더 내려가면 대안정이 나오며, 3분 더 내려가면 버스종점 주차장에 닿는다. 주차장에서 백전면까지는 1시간(3km) 거리다.

자가운전
88고속도로 남원IC에서 빠져나와 좌회전 ⇨ 4km 아영면에서 좌회전 ⇨ 3km 철쭉식당 주차.

대중교통
남원에서 성리행(1일 5회) 이용(철쭉식당 15분 거리).
대안리에서 함양행(1일 5회) 이용.
인월택시
011-659-0200

식당
철쭉식당 민박
남원시 아영면 하성리
063-626-1307
011-9668-7992

고향촌
남원시 인월면 인월리 210
063-636-2602

비치모텔
남원시 인월면 인월리 212-2
063-636-3600

하산지점
지정식당
함양군 백전면 평정리 554
055-962-8061

우정식당
함양군 백전면 평정리
055-963-6365

명소
광한루(남원),
상림(함양)

인월장날 3일, 8일
함양장날 2일, 7일

수정봉(水晶峰) 804.7m 고남산(古南山) 846.5m

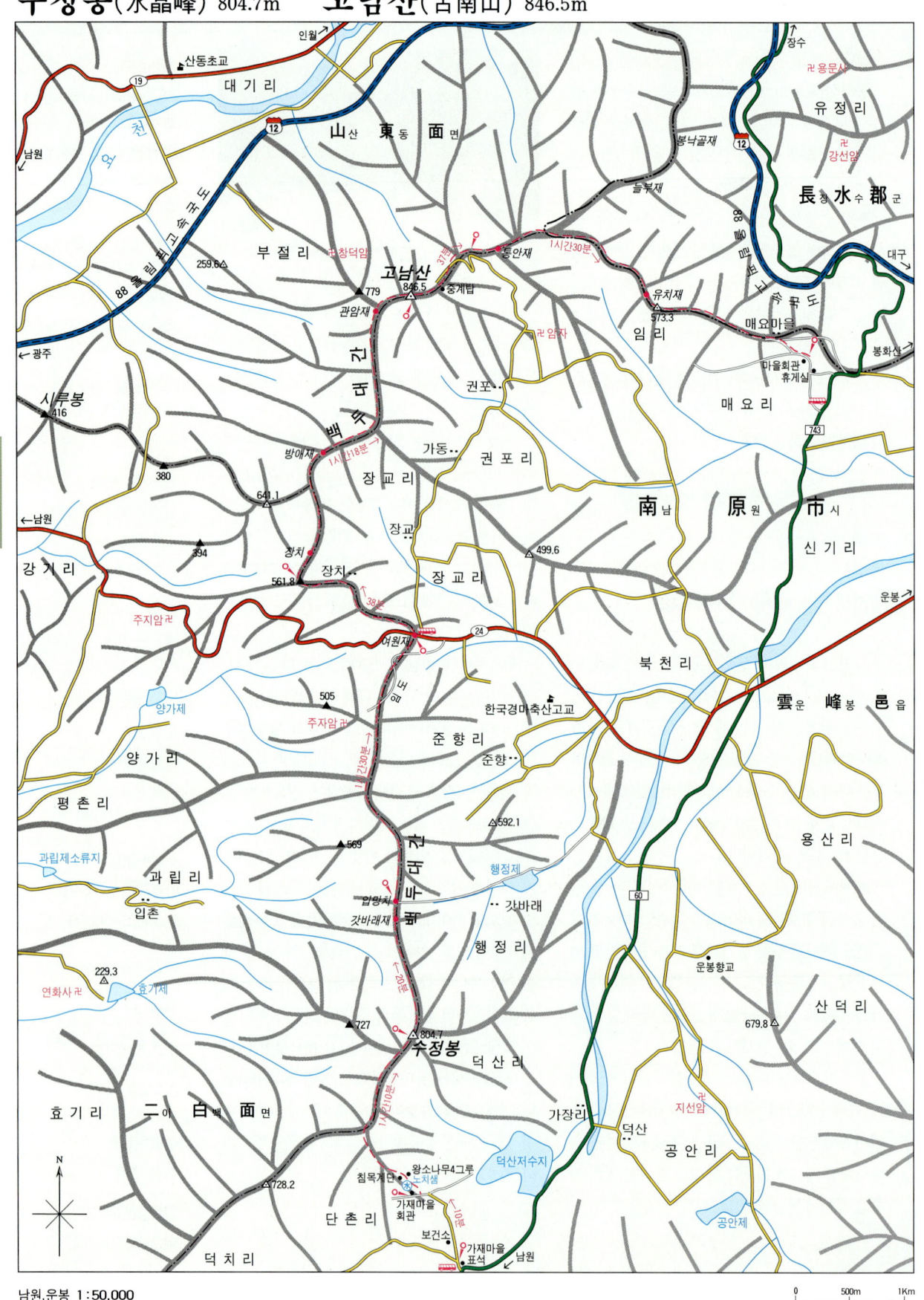

남원,운봉 1:50,000

수정봉 · 고남산

전라북도 남원시 운봉읍, 이백면, 산동면(全羅北道 南原市 雲峰邑, 二百面, 山東面)

개요

수정봉(水晶峰. 804.7m)은 운봉읍 서쪽에 위치한 산이다. 운봉읍 일대가 해발 500m 정도이므로 낮은 산에 불과하다. 하지만 산행시작부터 산행이 끝날 때 까지 백두대간 등산로를 따라 산행을 하게 되어 백두대간을 타는 의미가 있다. 또한 백두대간에서 유일하게 마을을 통과하는 구간이 산행기점 가재마을이다.

백두대간 노고단에서 정령치를 넘어 큰고리봉에서 북쪽 백두대간을 타고 내려와 가재마을을 통과하여 수정봉을 거쳐 고남산을 오르고 이어서 봉화산으로 이어진다. 산행은 백두대간으로 유명해진 운봉읍 주촌리 가재마을(노치)에서 노치샘을 출발 북쪽 백두대간을 따라 수정봉에 오른 다음, 계속 북쪽으로 이어지는 백두대간을 타고 입망치를 경유하여 여원재로 하산한다.

고남산(古南山. 846.5m)은 수정봉에 이어서 백두대간을 이어받아 통과하는 산이다. 완만한 산세를 이루고 있으며 등산로도 뚜렷한 편이다. 고남산도 백두대간 산행으로 큰 의미를 가지고 산행을 하게 된다. 정상에는 통신시설이 있다.

산행은 수정봉 하산지점인 여원재에서 북쪽 백두대간 주능선을 따라 고남산에 오른 뒤, 동북쪽으로 이어지는 백두대간을 따라 임도를 경유하여 운봉읍 매요마을로 하산한다. 여원재에서 매요마을까지 백두대간코스 그대로이며 백두대간을 겸한 산행이다.

등산로

수정봉(총 4시간 소요)

가재마을 → 70분 → 수정봉 → 110분 → 여원재

덕치마을 버스정류장에서 도로를 벗어나 북쪽 마을길로 800m 들어가면 노치마을회관이 나온다. 마을회관 오른쪽으로 동내길을 따라 50m 가면 노치샘이 나온다. 노치샘 우측 뒷길로 3분을 가면 침목계단길로 이어져 마을 뒤에 왕소나무 4그루가 나란히 있고 당산제전(堂山祭典)이 있다. 여기서 왕소나무 왼쪽 능선길을 따라 수정봉을 향해 오른다. 능선길은 완만한 편이며 소나무가 많은 백두대간을 따라 1시간 7분을 올라가면 수정봉 정상에 닿는다. 정상은 잡목에 가려 시야가 좋지 못하다.

하산은 정상에서 북쪽으로 이어지는 백두대간을 따라 20분을 내려가면 입망치(임도)에 닿는다. 여기서 북쪽 산능선으로 이어지는 백두대간을 따라 내려간다. 왼쪽은 이백면 오른쪽은 운봉면 경계인 백두대간을 따라 1시간 30분을 내려가면 여원재에 닿는다.

고남산(총 5시간 3분 소요)

여원재 → 38분 → 561.8봉 → 78분 → 고남산 → 37분 → 임도 → 90분 → 매요마을회관

24번 국도 여원재에서 남원 쪽으로 30m 가면 오른쪽 산으로 오르는 등산로가 있다. 이정표가 있는 이 산길로 올라서면 소나무가 많은 완만한 능선으로 등산로가 이어진다. 완만한 능선을 따라 38분을 가면 능선길이 오른쪽으로 꼬부라지는 지점 561.8봉이 나온다.

여기서 계속 이어지는 뚜렷한 등산로를 따라 1시간 18분을 오르면 고남산 정상에 닿는다. 고남산 정상은 통신시설이 있고 산불감시초소가 있다.

정상에서 하산은 백두대간을 타고 통안재를 거쳐 매요마을로 하산한다. 정상에서 동쪽 능선을 따라 6분을 가면 공터에 갈림길이 나온다. 갈림길에서 왼쪽으로 간다. 왼쪽 길을 따라 24분을 내려가면 통신대로 오르는 소형차로가 나온다. 이 소형차로를 따라 약 5~7분 내려가면 왼쪽 산으로 산길이 나타난다.

여기서 왼쪽 산길로 간다. 작은 능선으로 이어지는 산길은 백두대간 길로서 산길이 뚜렷하고 완만한 능선길로 이어져 1시간을 30분을 내려가면 매요마을회관에 닿는다.

자가운전

88고속도로 인월IC에서 빠져나와 우회전 ⇨ 24번 국도를 타고 운봉에 도착한 다음, **수정봉**은 60번 국도로 좌회전 ⇨ 약 10km 덕치마을에서 우회전 ⇨ 800m 가재(노치)마을 주차. **고남산**은 운봉에서 24번 국도를 타고 계속 남원 방면으로 4km 여원재 주차.

대중교통

수정봉은 남원에서 1일 8회 운행하는 고기리 경유 운봉행 버스 이용, 고기리 가재마을 하차. 하산 지점인 여원재에서 남원행 버스는 수시로 있다.

고남산은 남원에서 운봉 방면행 버스 이용, 여원재 하차.

숙식

남원

현식당(추어탕)
남원시 천거동 160-6
063-626-5163

오페라모텔
남원시 향교동 2-6
063-635-06009

고기리

선운산장 식당 민박
주천면 고기리 179
063-626-7373

송학모텔 식당
주천면 고기리
011-441-5456

명소

광한루

운봉장날 1일, 6일

바래봉 1186m   덕두산(德頭山) 1150m

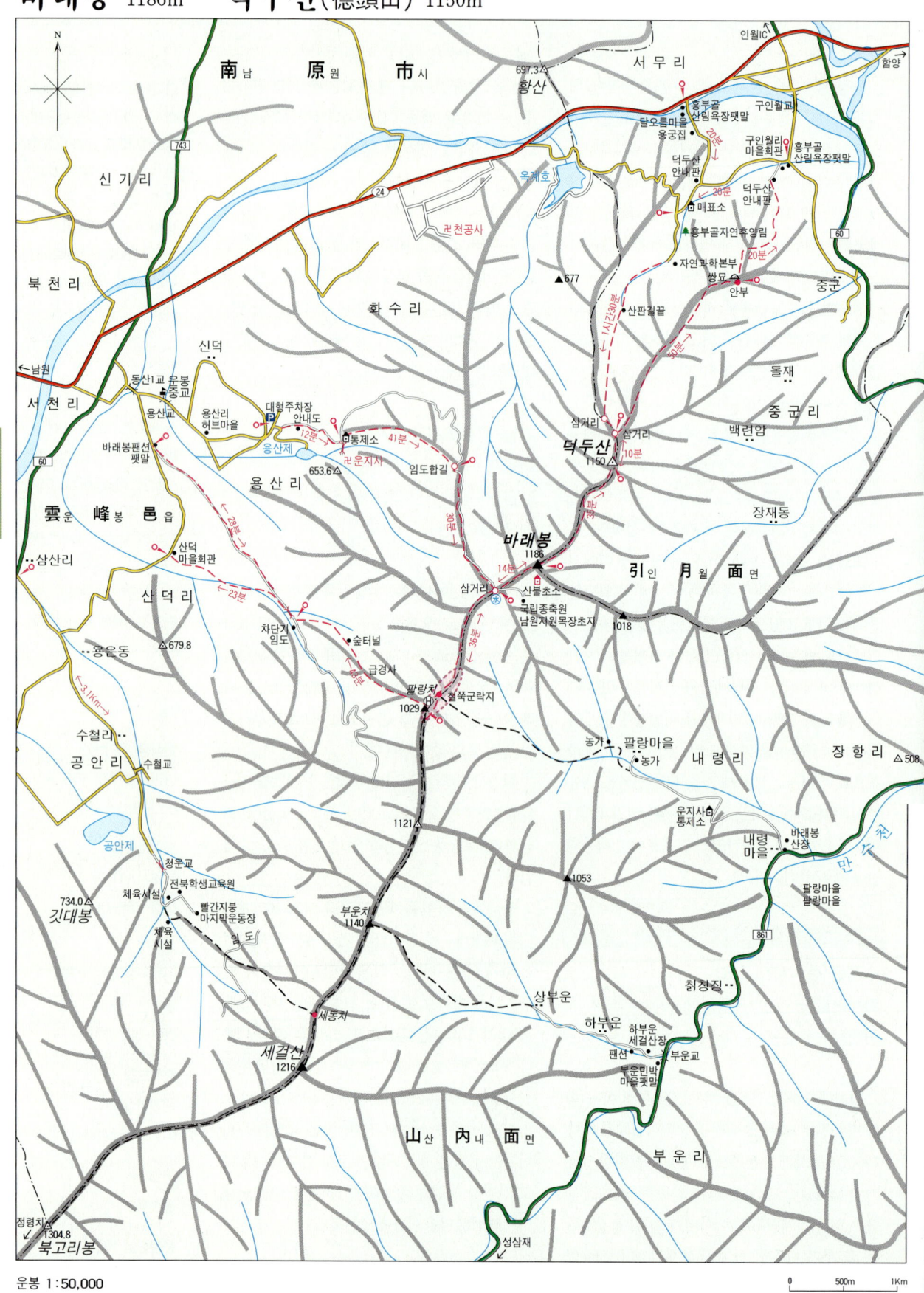

바래봉 · 덕두산

전라북도 남원시 운봉읍, 인월면, 산내면(全羅北道 南原市 雲峰邑, 引月面, 山內面)

개요

바래봉(1186m)은 철쭉으로 유명한 산이다. 백두대간 고리봉에서 동북쪽으로 뻗어나간 능선이 세걸산을 지나서 가장 높은 산이다. 철쭉은 팔랑치에서 정상까지 주능선에 분포되어있고 매년 5월말이나 6월초면 인산인해를 이루는 산이다.

1970년 박정희 대통령시절 오스트레일리아에서 면양이 들어와 면양을 방목을 하였다. 면양이 잡목의 잎과 풀은 모두 먹어치워 잡목은 다 죽어버렸고 잎에 독이 있는 철쭉만 먹지 않아 남게 되어 철쭉군락지가 되었다.

덕두산(德頭山. 1150m)은 바래봉에서 북쪽으로 1.5km 지점에 위치하고 있는 산이다. 바래봉에 가려 잘 알려져 있지 않은 산이며 북쪽 산행기점에는 휴양림이 있다. 전체적으로 무난한 산세를 이루고 있고 등산로도 뚜렷하고 무난하다.

등산로

바래봉 (총 4시간 34분 소요)

주차장 → 53분 → 임도 → 44분 → 바래봉 → 39분 → 팔랑치 → 50분 → 임도 → 28분 → 덕산리

바래봉주차장에서 임도를 따라 12분을 올라가면 삼거리에 입산통제소가 나온다. 통제소에서 왼쪽 임도로 30m에서 우측으로 올라가는 뚜렷한 등산로가 나온다. 이 등산로를 따라 41분을 올라가면 왼쪽에서 오르는 임도를 만난다.

여기서부터 우측 임도를 따라 30분을 오르면 주능선 삼거리에 닿는다. 삼거리에서 왼편 등산로를 따라 14분을 올라가면 사방이 확 트인 바래봉 정상이다.

하산은 14분 거리 올라왔던 주능선 삼거리로 되돌아간 다음, 남릉을 탄다. 남릉을 타고 가면 철쭉 밭이 시작되어 25분 거리에 이르면 팔랑치 철쭉 밭이다.

팔랑치에서 남쪽 능선으로 나무계단 길을 따라 내려서 다시 계단을 타고 올라가면 갈림길이 나온다. 갈림길에서 왼쪽 비탈길로 가지 말고 오른쪽 봉으로 오르면 15분 거리에 1029봉 헬기장에 닿는다. 1029봉에서 서쪽으로 풀밭을 헤치고 가면 능선으로 뚜렷한 하산길이 나온다. 이 능선을 따라 25분을 내려가면 오른쪽으로 급경사가 이어지면서 숲 터널 길로 이어져 13분을 내려가면 계곡에 닿고, 5분 내려가면 임도에 닿는다.

오른쪽 임도를 따라 3분 거리 갈림길에서 오른쪽으로 20분 내려가면 큰 도로에 닿고, 운봉읍까지는 20분 더 소요된다.

덕두산 (총 4시간 소요)

매표소 → 90분 → 삼거리 → 10분 → 덕두산 → 10분 → 삼거리 → 50분 → 안부 → 20분 → 구인월

인월에서 남쪽 구 인월교를 건너 500m 가면 흥부골휴양림 입구 삼거리가 나온다. 삼거리에서 우회전 여기서 휴양림간판을 따라 200m 가면 왼쪽에 구 인월마을회관이 나온다. 구 인월마을 회관에서 우측 휴양림 도로를 따라 1km 거리에 이르면 휴양림매표소가 나온다. 매표소를 통과하여 10분을 가면 휴양림건물이 끝나는 자연과학본부가 나온다. 여기서 계속 임도로 이어지는 길을 따라가면 계곡으로 뚜렷한 길로 이어져 17분을 가면 산판길이 끝나고 오솔길로 이어진다. 오솔길을 따라 50분을 올라가면 능선갈림길에 닿는다.

갈림길에서 왼쪽 능선을 따라 13분을 가면 이정표가 있는 삼거리가 나온다. 삼거리에서 오른쪽으로 10분을 가면 표지석이 있는 덕두산 정상이다.

하산은 올라왔던 10분 거리 삼거리로 되돌아 온 다음, 오른편 북 동릉을 따라 50분을 내려가면 이정표가 있는 안부 삼거리가 나온다.

안부 삼거리에서 왼쪽으로 내려가면 계곡으로 이어져 15분을 내려가면 임도에 닿고, 5분 더 내려가면 구 인월마을회관에 닿는다.

자가운전

바래봉 : 88고속도로 인월IC에서 빠져 나와 2.5km 사거리에서 우회전 ⇒ 24번 국도를 타고 약 10km 운봉읍에서 운봉중학교 오른쪽 소형차로를 따라 용산리 바래봉 주차장.

둔덕산 : 88고속도로 인월IC에서 빠져나와 사거리에서 직진 ⇒ 인월면 소재지에 진입 후, 남쪽 흥부골휴양림 방면 구 인월교를 건너 200m 구 인월마을회관 주차. 또는 1km 휴양림주차.

대중교통

남원-운봉-인월 간(1일 25회) 시내버스 이용, **바래봉**은 운봉 하차. **덕두산**은 인월 하차.

숙식

바래봉

황산토정식육식당
운봉읍 동천리 564
063-634-7293

금성민박 식당
운봉읍 동천리 487-2
063-634-7555

덕두산

고향촌
인월면 인월리 210
063-636-2602

해비치모텔
인월면 인월리 212-2
063-636-3600

명소

광한루

운봉장날 1일, 6일
인월장날 3일, 8일

고리봉 1248m 만복대(萬福臺) 1438m 고리봉(북) 1304.8m

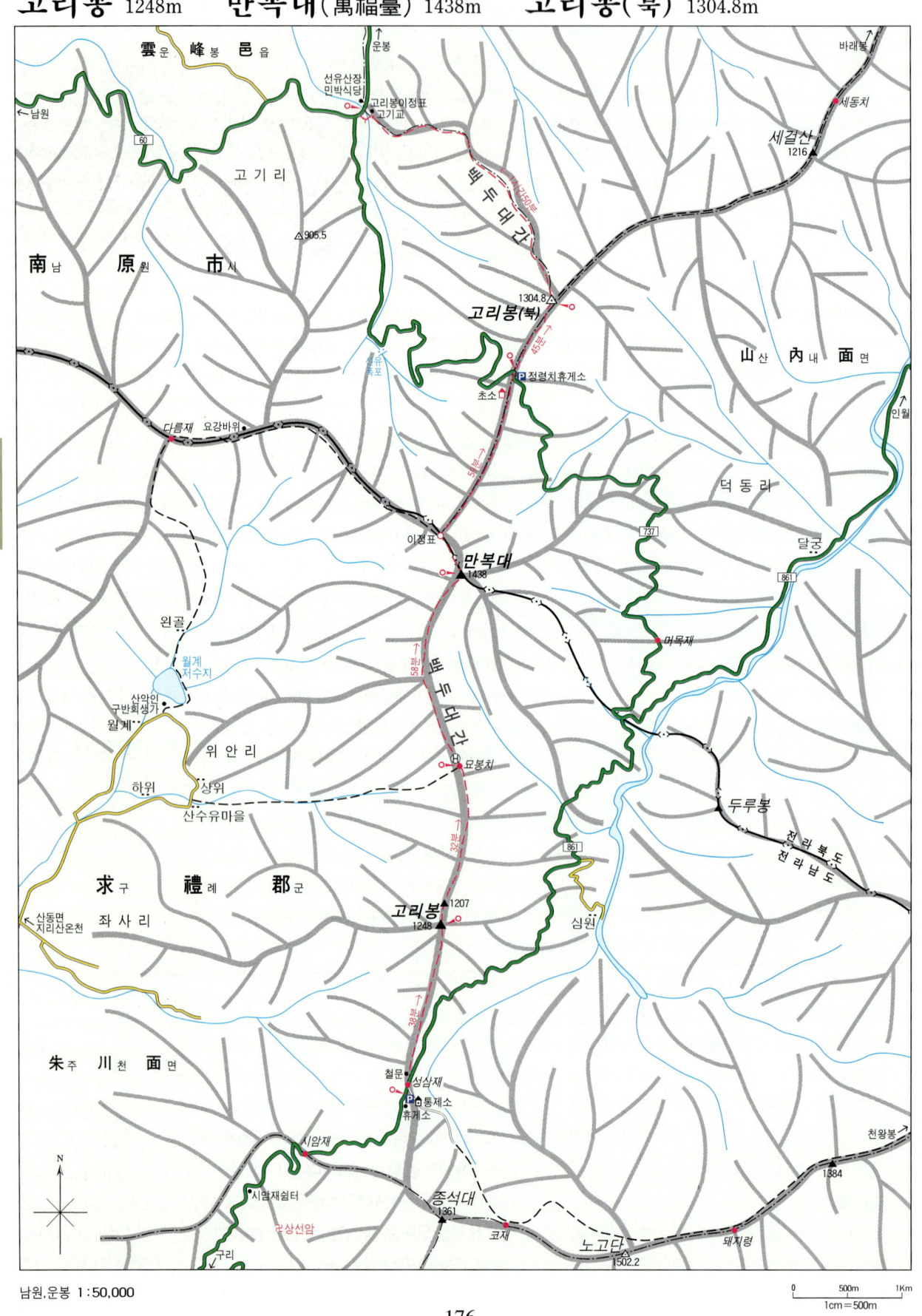

고리봉 · 만복대 · 고리봉(북) 전북 남원시 · 전남 구례군(全北 南原市 · 全南 求禮郡)

개요

고리봉(1248m)과 **만복대**(萬福臺. 1438m)는 백두대간이다. 지리산 천왕봉에서 시작하는 백두대간은 서쪽으로 뻗어가다가, 노고단을 지난 성삼재에서부터 북쪽으로 휘어지면서 고리봉, 만복대, 정령치, 고리봉(북)으로 이어진다.

주능선 서쪽은 구례군 산동면, 동쪽은 남원시 산내면 경계를 이루고 있고, 고산 지형의 산세이나 전체적으로 완만하고, 부드러운 산세를 이루고 있는 산이다.

주능선 만복대 일대는 넓은 억새군락지를 이루고 있어 가을이면 장관을 이룬다. 동서 양 방면이 시원하게 조망되며 동쪽으로는 웅장한 지리산 일대의 산맥이 펼쳐보인다.

산행은 성삼재를 출발 백두대간을 따라 고리봉과 만복대를 오른 후에 정령치로 하산 한다.

고리봉(북)(1304.8m)은 백두대간 지리산 마지막 구간인 정령치 북쪽에 위치한 산이다.

산행은 정령치에서 북쪽 백두대간을 따라 고리봉에 오른 다음, 북서쪽 백두대간을 따라 고기리로 하산 한다

등산로

고리봉-만복대(총 4시간 7분 소요)

성삼재 → 38분 → 고리봉 → 32분 → 묘봉치 → 58분 → 만복대 → 59분 → 정령치

성삼재에서 도로 북쪽 50m 거리에 왼쪽으로 철문이 있다. 이 철문을 통과하면 고리봉, 만복대 산행이 시작된다. 백두대간 철문을 통과하여 가면 말등 같은 능선으로 이어진다. 왼쪽은 급경사이고, 오른쪽은 완만하고 뚜렷한 등산로를 따라 38분을 가면 고리봉 정상에 닿는다.

고리봉에서는 계속 이어지는 백두대간을 따라 32분을 내려가면 묘봉치 갈림길에 닿는다.

묘봉치에서 왼쪽으로 내려가면 구례군 산동면 위안리로 가는 하산길이다.

묘봉치 삼거리에서 계속 능선을 따라 가면 억새군락지로 이어진다. 능선길은 포근하고 묵직한 느낌을 주면서 완만하게 이어지는 백두대간을 따라 58분을 가면 헬기장을 지나서 팻말이 있는 만복대 정상에 닿는다.

정상에 서면 사방이 막힘이 없고 특히 지리산 주능선이 웅장하게 올려다 보이고, 산동면 일대가 시원하게 내려다보이는 전망대 같은 봉우리다.

하산은 북릉을 따라 6분 거리에 이르면 갈림길이 나온다. 이 갈림길에서 백두대간인 오른편 북쪽으로 간다. 오른편으로 가면 급경사 내리막길로 이어지다가 완만한 능선길로 이어지면서 50분 거리에 이르면 산불감시초소가 있는 작은 봉우리가 나온다. 감시초소에서 우측으로3분 내려가면 정령치휴게소에 닿는다.

고리봉(북)(총 3시간 35분 소요)

정령치 → 45분 → 고리봉 → 110분 → 고기교

정령치휴게소에서 남쪽계단을 올라서면 공원 남쪽에 고리봉안내판이 있다. 안내판 왼쪽으로 등산로를 따라가면 능선으로 이어져 작은 안부를 지나서 서서히 오르막길로 이어진다. 뚜렷한 백두대간 등산로를 따라 45분을 오르면 삼각점이 있고 삼거리인 고리봉(북)에 닿는다.

삼거리에서 오른쪽은 세걸산 바래봉으로 가는 길이고 고기리는 왼쪽으로 간다.

왼쪽 서북 방면 백두대간을 따라 25분쯤 내려가면 급경사 소나무 숲을 내려선다. 여기서부터 하산길을 주의해야 한다. 주위가 번번해지고 작은 지능선 들이 나타난다. 여기서 정서쪽 주능선으로 가야한다. 백두대간 길은 뚜렷하고 리본이 많이 매달려 있다. 따라서 리본이 많은 쪽으로 내려가면 바른길이 될 것이다. 정서쪽 능선길을 따라 내려가면 오른쪽으로 목장 철조망을 따라 내려가게 되고, 이어서 작은 봉우리에 오른 다음, 왼쪽으로 이어지는 하산길을 따라 내려가면 고기교(橋)로 내려가게 된다.

자가운전

고리봉-만복대 : 88고속도로 지리산IC에서 빠져나와 직진 ⇒ 인월사거리에서 직진 약 20km 성삼재 주차.

또는 남해고속도로 서순천IC에서 빠져나와 우회전 ⇒ 17번 국도를 타고 구례 광의교에서 우회전 ⇒ 861번 지방도를 타고 노고단 성삼재 주차장.

북고리봉은 정령치 주차.

대중교통

고리봉-만복대는 구례버스터미널에서 1시간 간격으로 운행하는 성삼재행 시내버스 이용, 성삼재 하차. **고리봉(북)**은 대중교통이 없다.

숙식

뱀사골

지리산파크텔
산내면 부운리 239-2
063-626-2114

신한국관(식사, 숙박)
산내면 뱀사골 240
063-626-3364

구례

그옛날산채식당
마산면 황정리 344
061-782-4439

고기리

선유산장(식당, 민박)
주천면 고기리 179
063-626-7373

명소

화엄사, 뱀사골

구례장날 3일, 8일
운봉장날 1일, 6일

문덕봉(門德峰) 599.4m 고리봉 708.9m

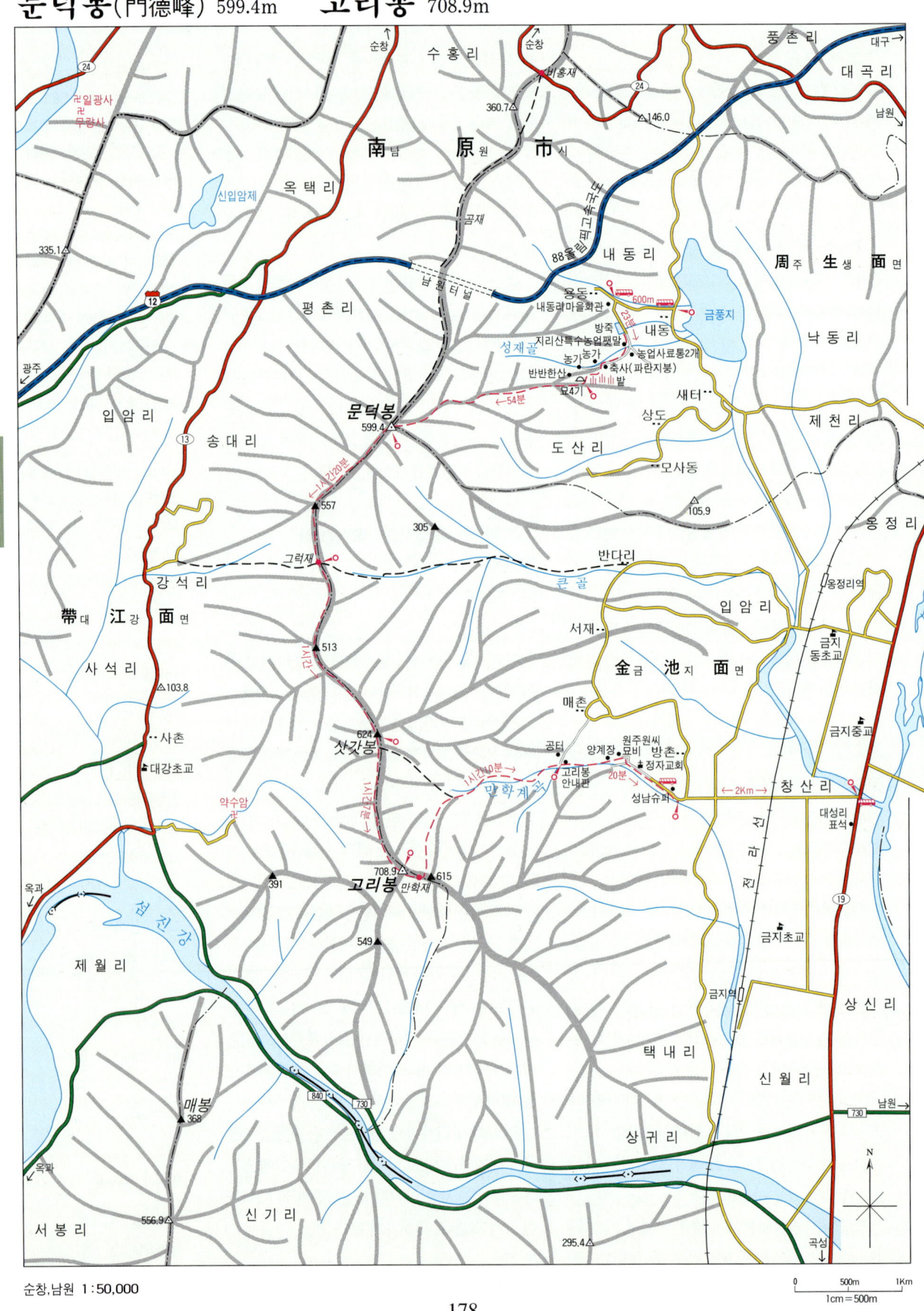

문덕봉 · 고리봉

전라북도 남원시 금지면, 대강면(全羅北道 南原市 金池面, 帶江面)

 개요

문덕봉(門德峰, 599.4m)과 **고리봉**(708.9m)은 전체적으로 바위산이다. 북쪽 문덕봉에서부터 남쪽으로 삿갓봉, 고리봉까지 주능선으로 이어진다. 주능선 동쪽은 남원 평야지역인 금지면이고 서쪽은 대강면이다. 주능선 등산로는 능선 양편으로 조망이 매우 좋아 산행에 재미를 더해주며 소나무가 많고 대부분 바윗길로 이어진다. 바윗길 험로에는 우회길이 있고 밧줄이 있어서 위험하지는 않다. 문덕봉, 고리봉 산행은 암릉길 산행이므로 눈비가 올 때는 산행을 삼가야 한다. 산행기점인 문덕봉 용동마을에서 지능선 초입까지는 복잡한 마을 농로를 통과해야 하고, 농로가 끝나는 지점에서 지능선 초입까지 거대한 밭이 있어 약 8분 거리가 길이 없어 우측 밭과 산 사이로 밭 상단부까지 가야한다.

산행은 북쪽 내동리 용동마을에서 시작하여 문덕봉을 먼저 오른 다음, 남릉을 타고 그럭재, 고리봉, 만학골, 방촌으로 종주산행이다.

등산로

문덕봉–고리봉 (총 7시간 14분 소요)

용동마을 → 23분 → 묘4기 → 54분 →
문덕봉 → 80분 → 그럭재 → 60분 →
삿갓봉 → 67분 → 고리봉 → 90분 → 방촌

내동리 버스종점 마을회관에서 남쪽 마을길을 따라 300m 거리에 이르면 방죽을 지나서 삼거리가 나온다. 삼거리에서 왼쪽으로 200m 가면 지리산 특수농업 조합팻말이 있는 삼거리가 나온다. 여기서 우측 농로를 따라 400m 가면 파란지붕축사를 지나서 50m 가면 삼거리가 나온다. 이 삼거리에서 왼쪽 농로를 따라 100m 가면 농로가 끝나고 거대한 밭이 나온다. 용동마을에서는 23분 거리다.

여기서부터 밭이 끝나는 밭 상단부까지 뚜렷한 길이 없다. 밭과 산 경계인 오른편 산을 따라 밭 상단부까지 가야한다. 밭 초입에서 우측 산으로 접어들어 밭에서 우측으로 약 4.5m 거리를 유지하면서 길이 없는 평범한 야산 속으로 밭 상단부까지 간다. 밭 상단부에서 왼쪽으로 들어서면 길이 나오고 묘4기가 나온다. 밭 초입에서 8분 거리다.

묘 4기 오른쪽 산으로 뚜렷한 산길을 따라가면 봉우리를 두 번 넘어서 안부가 나오고 이어서 능선길로 이어진다. 능선길은 점점 급해지면서 바윗길이 시작된다. 아기자기한 바윗길을 따라 54분을 올라가면 문덕봉 정상이다. 정상은 두 개의 암봉으로 이루어져 있다.

정상에서 고리봉을 향해 남릉을 탄다. 남릉은 바위능선으로 이루어져 있으며, 곳곳에 벼랑바위가 있거나 암릉을 내려가는 등 암릉길은 우회길이 있거나 밧줄이 매여져 있어 산행을 하는데 큰 위험은 없다. 문덕봉 정상에서 암릉길을 따라 1시간 20분을 가면 사거리 그럭재에 닿는다.

그럭재에서 서쪽으로 내려가면 대강면 강석리로 가는 길이고, 동쪽으로 내려가면 금지면 입암리로 내려가는 길이다. 동서 쪽 모두 약 1시간 소요된다. 그럭재에서 고리봉을 향해 남쪽으로 이어진 주능선을 따라간다. 주능선은 계속 바윗길로 이어지나 위험하지는 않으며 소나무가 많은 바위능선으로 이어지면서 1시간 거리에 이르면 삿갓봉에 닿는다.

삿갓봉에서 계속 남릉을 타고 가면 고리봉이 가까워지면서 산길은 점점 험해진다. 하지만 우회길을 따라 오르면 큰 어려움 없으며 1시간 7분을 가면 고리봉 정상에 닿는다.

고리봉에서 하산은 남동쪽 주능선을 따라 10분을 내려가면 만학재 갈림길에 닿는다. 갈림길에서 왼편 동쪽 만학골로 내려간다. 왼쪽 만학골을 향해 30분을 내려가면 계곡에 닿는다. 계곡길을 따라 30분을 더 내려가면 고리봉 안내도가 있는 삼거리가 나온다. 삼거리에서 넓은 길을 벗어나 오른쪽 샛길로 10분 내려가면 묘를 지나서 농로로 이어지다가 왼쪽 축사를 지나면 갈림길이 나오는데 오른쪽으로 내려가면 계곡이 나온다. 여기서 10분을 더 내려가면 교회를 지나서 방촌마을 성남슈퍼 앞이다.

자가운전

88고속도로 남원IC에서 빠져나와 우회전⇒남원시 통과⇒곡성 방면 17번 국도를 타고 금지면 금정주유소에서 우회전⇒1km 입암리에서 우회전⇒4km 내동리 마을회관 주차.

대중교통

남원에서 내동리행 243번 버스 1일 3회(06:40 07:49 15:50) 이용, 내동마을 종점 하차. 하산지점 금지면 방촌에서는 남원행 212번 버스 1일 9회(06:50~20:25) 이용.

숙식

남원

현식당(추어탕)
남원시 천거동 160-6
063-626-5163

오페라모텔
남원시 향교동 2-6
063-635-0600

곡성

우리회관
곡성읍 읍내리 4구 343
061-363-8321

큰손탕집
곡성읍 읍내리 군청 앞
061-363-5118

휠모텔
곡성읍 읍내리
061-362-2345

명소

광한루

남원장날 4일, 9일

회문산(回文山) 837m

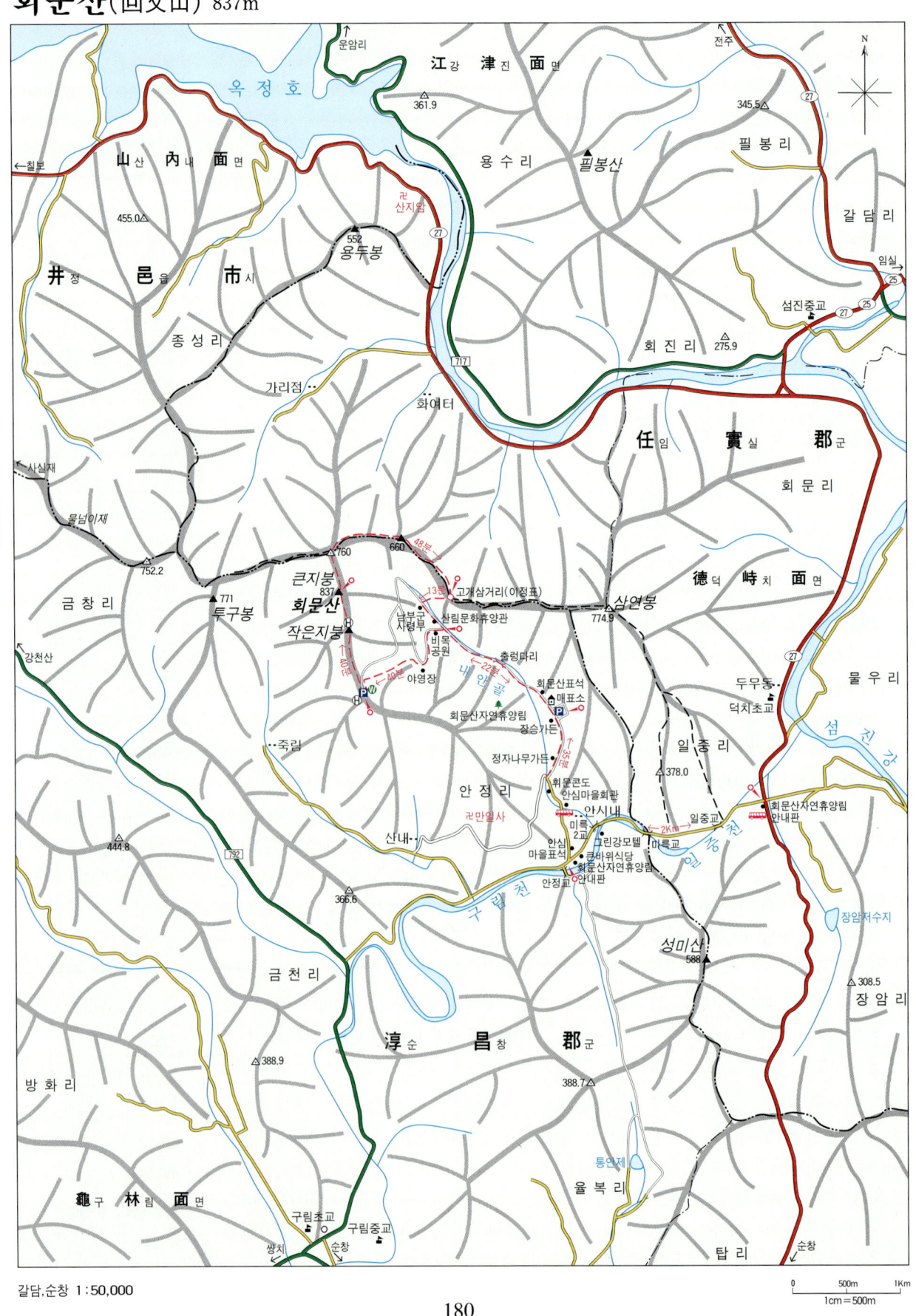

갈담,순창 1:50,000

회문산 전라북도 순창군 구림면, 임실군 강진면(全羅北道 淳昌郡 龜林面, 任實郡 江津面)

📖 개요

회문산(回文山, 837m)은 북동쪽은 섬진강 동남쪽은 구림천이 흐르고, 서쪽으로는 산악지역을 이루어 요새와 같은 산세를 이루고 있다. 구한말 면암 최익현 선생과 임병찬, 양윤숙 의병대장이 회문산을 기점으로 일제와 맞서 치열한 항일 무장투쟁을 벌인 장소이기도 하다.

6.25 동란 당시에는 700여명의 빨치산이 주둔하였던 곳으로 사령부막사가 설치되었던 흔적들을 찾아볼 수 있다. 빨치산사령부가 있었던 계곡 주변 일대는 군사주둔지로서 매우 적합한 지세를 이루고 있다. 남쪽 빨치산 사령부가 있었던 계곡일대는 회문산자연휴양림으로 조성되어 있다. 6.25 동란의 쓰라린 유서 깊은 역사현장의 산이다.

산세가 완만하고 산행시간이 3~4시간 정도면 충분하므로 가족 산행지로 매우 좋은 산이다.

산행은 휴양림주차장에서 헬기장을 경유하여 회문산에 오른 뒤, 동릉을 타고 고개를 경유하여 빨치산 사령부를 거쳐 다시 주차장으로 원점회귀 산행이다.

🥾 등산로 (총 4시간 5분 소요)

주차장 → 22분 → 산림관 → 40분 →
헬기장 → 40분 → 회문산 → 48분 →
고개 → 13분 → 산림관 → 22분 → 주차장

전라북도 임실군 강진면 강진교에서 순창으로 이어지는 27번 국도를 따라 약 4km 거리에 이르면 서쪽 도로로 이어지는 덕치면 일중리 삼거리가 나온다. 회문산휴양림 간판이 있는 삼거리에서 우회전하여 2km 거리에 이르면 구리면 안정리에 회문산 간판이 있는 삼거리가 또 나온다. 회문산자연휴양림 간판에서 오른편 북쪽으로 난 휴양림도로를 따라 약 3km를 들어가면 휴양림주차장이 나온다. 주차장에서 매표소를 통과하여 산책로를 따라 22분을 올라가면 삼거리에 산림문화휴양관이 나온다.

휴양관삼거리에서 오른쪽은 하산길로 하고

6.25동란 당시 전북 도당의 빨치산 사령부가 있던 곳

왼쪽 임도를 따라 20분을 올라가면 왼편에 등산로가 나온다. 여기서 임도를 벗어나 샛길 등산로를 따라 20분을 오르면 다시 임도를 만난다. 임도를 올라서 왼쪽 임도를 따라 100m가면 임도가 끝나는 지점이 나온다. 임도 끝 지점에서 서쪽으로 올라서면 헬기장이다.

헬기장에서 오른편 북쪽 능선으로 오른다. 북쪽 능선길을 따라 오르면 비교적 완만한 능선으로 이어지며 묘가 많은 편이다. 완만한 능선을 따라 올라가면 작은지봉을 거쳐 40분 거리에 이르면 큰지봉 휘문산 정상이다.

정상은 막힘이 없으며 주변 백련산이 바로 가까이보이고 내장산 지리산 덕유산까지도 보인다.

하산은 동릉을 탄다. 동쪽으로 이어지는 능선을 따라가면 왼쪽으로 두번 갈림길이 나온다. 갈림길에서는 두 번 다 우측 주능선만을 따라가야 한다. 우측 주능선을 따라 48분을 내려가면 고개삼거리가 나온다. 고개는 작은 이정표가 있고, '큰지봉 1.72km 매표소 1km' 라고 팻말이 있다.

고개에서는 오른편 서쪽 길로 내려간다. 오른편 서쪽 길을 따라 10분을 내려가면 작은 계곡을 지나서 큰 계곡에 보가 나온다. 보를 보면서 조금 내려가면 다리를 건너게 된다. 다리를 건너면 빨치산사령부 터에 전시관이 나온다. 사령부 내부를 관람한 후 임도를 따라 3분을 내려가면 산림휴양관에 닿는다. 휴양관을 지나서 22분을 더 내려가면 매표소 주차장에 닿는다.

산행 후에 순창 진통고추장마을 을 한번 돌아보면 좋을 것이다.

자가운전

순창 북서쪽 지방에서는 호남고속도로 태인IC에서 빠져나와 우회전 ⇒ 30번 국도를 타고 덕치면 회문 삼거리에서 직진 ⇒ 5km에서 우회전 ⇒ 회문산자연휴양림 이정표 따라 2km 안정리 삼거리에서 우회전 ⇒ 2.8km 휴양림주차장.

88고속도로 옥과IC에서 빠져나와 우회전 ⇒ 3km에서 좌회전 ⇒ 27번 국도 일중리에서 좌회전 ⇒ 회문산 이정표를 따라 2km 안정리에서 우회전 ⇒ 2.8km 휴양림주차장.

대중교통

순창에서 안정리행 버스(1일 6회) 이용, 안심마을 종점 하차.

식당

큰바위가든 (다슬기탕전문)
구림면 안정리 117
063-652-8861

장승산장가든 민박
기림면 안정리 40-1
063-652-8384

숙박

휴양림펜션
구림면 안정리
063-652-3393

그린야드
구림면 안정리 88-1
063-653-6088

명소

회문산 빨치산 사령부

구림장날 3일, 8일

강진장날 2일, 7일

강천산(剛泉山) 584m 산성산(山城山) 603m

강천산 · 산성산
전라북도 순창군 팔덕면 · 전라남도 담양군(全羅北道 淳昌郡 八德面 · 全羅南道 潭陽郡)

개요

강천산(剛泉山, 584m)은 강천계곡을 중심으로 북쪽으로부터 강천산, 산성산(山城山, 603m) 광덕산(廣德山, 564m)이 ㄷ자형으로 이루어져 있다. 강천계곡은 협곡으로 약 5km에 이르며, 협곡 주변은 기암절벽으로 이루어져 있고, 강천사, 삼인비, 현수교, 장군폭포, 비룡폭포, 강천호 등 명소가 있으며, 강천산은 주능선 산성산 일대는 금성산성으로 둘러싸여 있고 산성 서쪽은 담양호가 있으며 1981년 1월 순창군 군립공원으로 지정되었다.

산행은 먼저 강천산을 오른 후에, 서쪽 남동쪽으로 이어지는 주능선을 타고, 산성산, 광덕산을 경유하여 현수교로 하산한다. 중간에 하산을 할 때는 언제나 왼쪽으로 하산하면 강천계곡으로 내려가게 된다.

등산로

강천산-산성산-광덕산 종주 등산로
(총 9시간 2분 소요)

주차장→ 52분→ 주능선→ 45분→
강천산→ 50분→ 형제봉→ 33분→
488.5봉→ 44분→ 산성산(연대봉)→
43분→ 시루봉→ 110분→ 광덕산→
60분→ 현수교→ 45분→ 주차장

버스종점(주차장)에서 상가지역을 지나 신선교를 건너면 매표소가 나온다. 매표소를 통과하여 3분 거리 금강교를 지나면 이정표 갈림길이 나온다. 갈림길에서 우측 계곡을 건너 능선을 타고 오른다. 급경사로 이어지는 등산로를 따라 47분을 오르면 주능선 삼거리에 닿는다.

주능선에서 왼쪽 능선을 따라 33분을 거리에 이르면 가루방죽삼거리가 나온다. 삼거리에서 왼쪽으로 12분을 가면 삼각점이 있는 강천산 정상이다.

짧은 하산은 남쪽으로 난 지능선을 타고 30분을 내려가면 강천사에 닿고, 계곡길 따라 45분 내려가면 매표소이다.

제2강천호수에서 오르는 강천산 등산로

산성산까지 종주산행은 강천산에서 올라왔던 가루방죽삼거리로 되돌아간 다음, 왼편 서쪽 주능선을 따라 32분을 가면 형제봉 갈림길이 나온다. 왼쪽은 강천저수지 방면이다.

산성산은 갈림길에서 계속 우측 주능선을 탄다. 서쪽 주능선을 따라 33분을 가면 495.8봉에 닿는다.

495.8봉에서 정남쪽 주능선을 따라 27분을 가면 산성 북문에 닿는다.

산성 북문에서 동쪽 성곽을 따라 17분을 가면 연대봉 삼거리가 나온다. 연대봉에서 동쪽으로 30분 내려가면 제2강천호이다.

연대봉에서 계속 성곽을 따라 43분 거리에 이르면 동문을 지나 시루봉에 닿는다.

시루봉에서 광덕산까지 종주 산행은 동남쪽으로 휘어져 이어진 주능선을 탄다. 동남쪽 주능선을 따라 내려가면 바윗길 밧줄 지역을 지나서 사거리 하성고개에 닿는다.

하성고개에서 계속 동쪽능선을 타고 가면 전망암을 지나서 사거리 적우재고개가 나온다. 여기서 계속 동쪽으로 난 능선을 타고 가면 광덕산 정상이다.

시루봉에서 광덕산 간은 능선만을 벗어나지 말고, 봉우리와 안부를 오르내리면서 1시간 50분 거리에 이르면 광덕산 정상에 닿는다.

광덕산에서 하산은 북쪽 능선을 따라 20분 내려가면 갈림능선이 나온다. 갈림능선에서 왼쪽 지능선을 따라 25분을 내려가면 전망대가 나오고 15분을 더 내려가면 현수교를 통과하여 계곡에 닿는다. 여기서 매표소까지는 45분 거리이다.

자가운전

88고속도로 순창 IC에서 빠져나와 좌회전⇨24번 국도로 진입⇨3km에서 793번 지방도로 우회전⇨6km 강천사 입구에서 좌회전⇨1km 소형주차장.

대중교통

서울, 전주, 광주, 남원에서 순창행 버스 이용. 순창에서 강천산행 20분 간격 이용, 종점 하차. 광주에서 강천산(1일 10회) 이용, 강천산 종점 하차.

숙식

강천산

강천산한우마트
순창군 팔덕면 강천산 입구
063-653-6772

순창식당
팔덕면 강천산 입구
063-652-7422

붐모텔
팔덕면 강천산 입구
063-653-4728

순창

옥천골(한정식)
순창읍 남계리 694-1
063-653-1008

큐모텔
순창읍 교성리 394-7
063-653-7800

명소

감악골

담양호

순창장날 1일, 6일

내장산(內臟山) 763.2m   백암산(白岩山) 741m

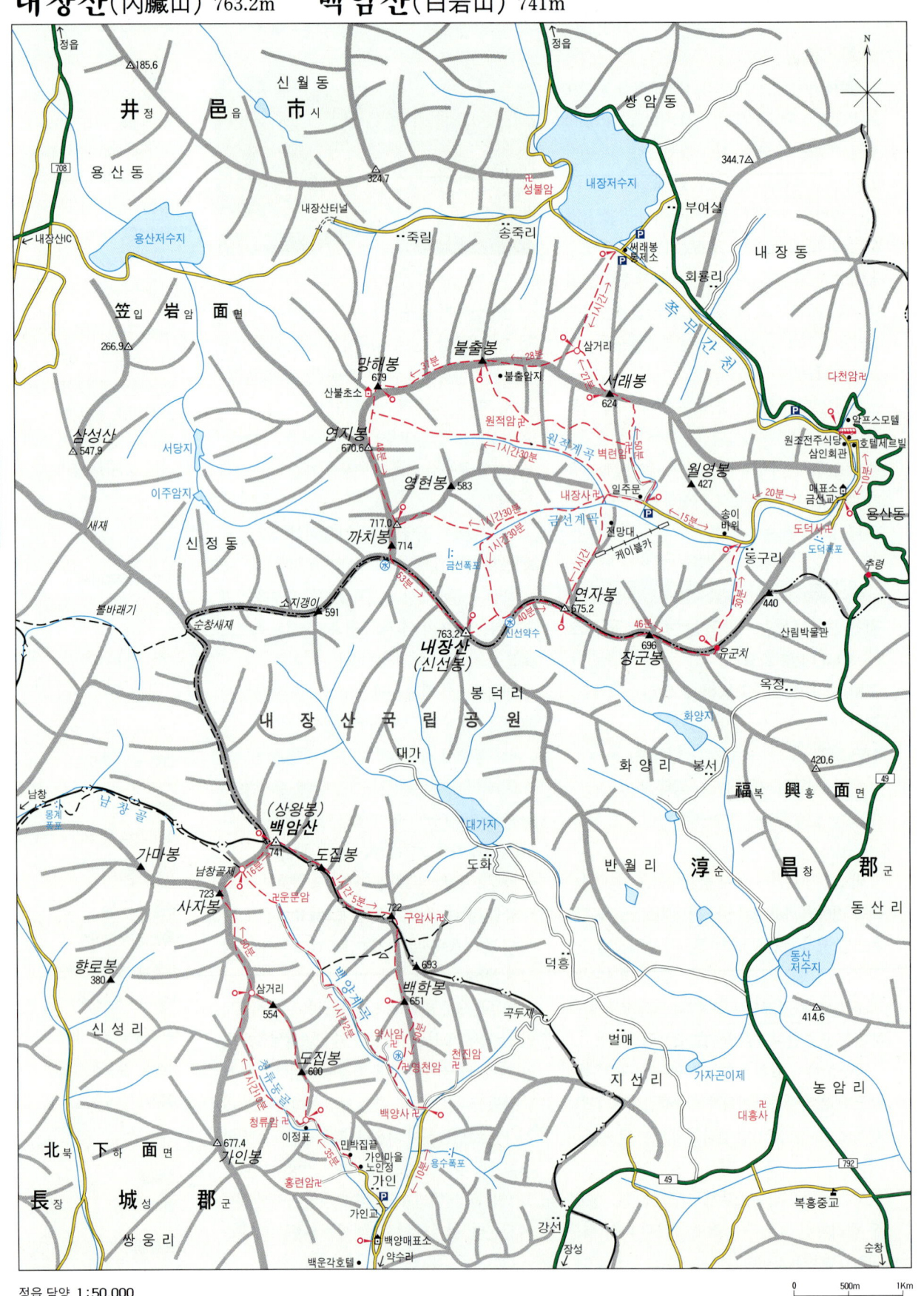

내장산 · 백암산 전라북도 정읍시 · 전라남도 장성군(全羅北道 井邑市 · 全羅南道 長成郡)

개요

내장산(內藏山. 763.2m)은 우리나라에서 제일의 단풍 산이다. 북쪽으로부터 서래봉, 불출봉, 망해봉, 연자봉, 까치봉, 신선봉, 장군봉으로 이어지는 주능선은 마치 병풍처럼 둘러싸여 있고, 기암괴석에 가을 단풍이 어울러 질 때는 가히 환상적이다. 1971년 11월 17일 백암산 입암산과 함께 국립공원 제 8호로 지정되었다.

산행은 일주문에서 서래봉에 오른 다음, 왼쪽으로 한 바퀴 돌아오면 내장산을 완벽하게 알게 된다. 중간에 여러 하산길이 있으므로 취향과 주력에 따라 언제나 왼쪽으로 하산하면 내장사 방면으로 하산을 하게 된다.

백암산(白岩山. 741m)은 기암절벽과 가을 단풍이 빼어나며 고찰 백양사가 자리하고 있는 산이다. 산행은 남쪽 매표소에서 백양사계곡을 따라 남창고개를 경유하여 백암산에 오른 다음, 백학봉을 경유하여 다시 백양사로 원점회귀 산행이다. 또는 매표소에서 청류동골(청류암) 사자봉 남창고개를 경유하여 백암산 백학봉 백양사로 하산하는 종주산행도 있다.

등산로

내장산(총 7시간 54분 소요)

매표소 → 35분 → 일주문 → 50분 →
서래봉 → 55분 → 불출봉 → 37분 →
망해봉 → 48분 → 까치봉 → 53분 →
내장산(신선봉) → 40분 → 연자봉 → 46분 →
유근치 → 30분 → 도로 → 20분 → 매표소

내장버스종점에서 10분 거리 매표소를 통과하여 35분을 들어가면 일주문 삼거리가 나온다.

일주문에서 우측 소형차로를 따라 가면 벽련암이 나온다. 벽련암 화장실 우측으로 가면 급경사로 이어져 주능선에 닿고, 주능선에서 왼쪽 능선으로 조금 오르면 서래봉에 닿는다. 일주문에서 50분 거리다.

서래봉에서 철계단을 따라 25분을 내려가면 내장저수지에서 오르는 삼거리가 나온다. 삼거리에서 왼쪽으로 20분을 오르면 주능선에 닿고, 15분을 더 오르면 불출봉에 닿는다.

불출봉에서 37분을 가면 초소가 있는 망해봉이다.

망해봉에서 왼쪽 능선을 따라 13분을 내려가면 갈림길이 나오고, 8분을 오르면 연지봉이며, 27분을 더 오르면 까치봉이다.

까치봉에서 13분 거리에 이르면 삼거리에 닿는다. 삼거리에서 계속된 남동쪽 주능선을 타고 40분을 가면 삼거리 내장산(신선봉)에 닿는다.

내장산에서 왼편 동쪽 주능선을 타고 19분을 가면 갈림길이 나오고, 20분을 가면 연자봉 케이블카로 가는 갈림길이다.

연자봉에서 동쪽 주능선을 따라 26분을 가면 장군봉이고, 20분을 내려가면 유근치이다.

유근치에서 왼편으로 30분을 내려가면 도로에 닿고, 우측으로 20분을 가면 매표소에 닿는다.

백암산(총 4시간 44분 소요)

매표소 → 10분 → 백양사 → 62분 →
남창골재 → 16분 → 백암산 → 65분 →
백학봉 → 60분 → 백양사 → 10분 → 매표소

백양사 매표소에서 10분을 가면 백양사 입구가 나온다. 백양사 입구에서 극락교 건너 우측 길을 따라 12분을 가면 갈림길이 나온다. 어느 쪽으로 가도 다시 만나게 된다. 왼쪽으로 소형 차로를 따라 50분을 올라가면 운문암을 거쳐 남창골재에 닿는다. 안부에서 우측으로 16분을 오르면 삼거리 백암산 정상이다.

하산은 오른편 동쪽 주능선을 타고 45분을 가면 삼거리 722봉에 닿는다. 여기서 정남쪽으로 이어지는 주능선을 따라 20분을 가면 백학봉에 닿는다.

백학봉에서부터는 급경사 하산길이며 돌계단을 내려가게 된다. 돌계단을 내려가면 영천샘과 약사암을 지나서 40분을 내려가면 계곡갈림길에 닿는다. 갈림길에서 10분을 내려가면 백양사에 닿고 10분 더 내려가면 매표소에 닿는다.

자가운전

내장산 : 호남고속도로 내장산IC에서 빠져나와 좌회전 ⇨ 708번 지방도를 타고 10km 내장저수지 전에 우회전 ⇨ 4km 버스정류장에서 우회전 ⇨ 매표소 통과 탐방안내소 주차장.

백암산 : 호남고속도로 백양사IC에서 빠져나와 우회전 ⇨ 300m 사거리에서 직진 ⇨ 1번 국도를 타고 북하면 삼거리에서 좌회전 ⇨ 3km 백양사 주차장.

대중교통

내장산 : 정읍역, 버스터미널에서 내장사행 버스 이용, 종점 하차.

백암산 : 광주에서 장성 또는 사거리 경유 백양사행 버스 이용, 종점 하차.

숙식

내장사

삼일회관
정읍시 내장동
063-538-8131

원조전주식당
정읍시 내장동 46-18
063-538-8078

호텔세르빌
정읍시 내장동 46-13
063-538-9487

백암산

부뚜막
북하면 약수리 384-1
061-392-0785

동창식당
북하면 약수리
061-392-7555

모악산(母岳山) 793.5m

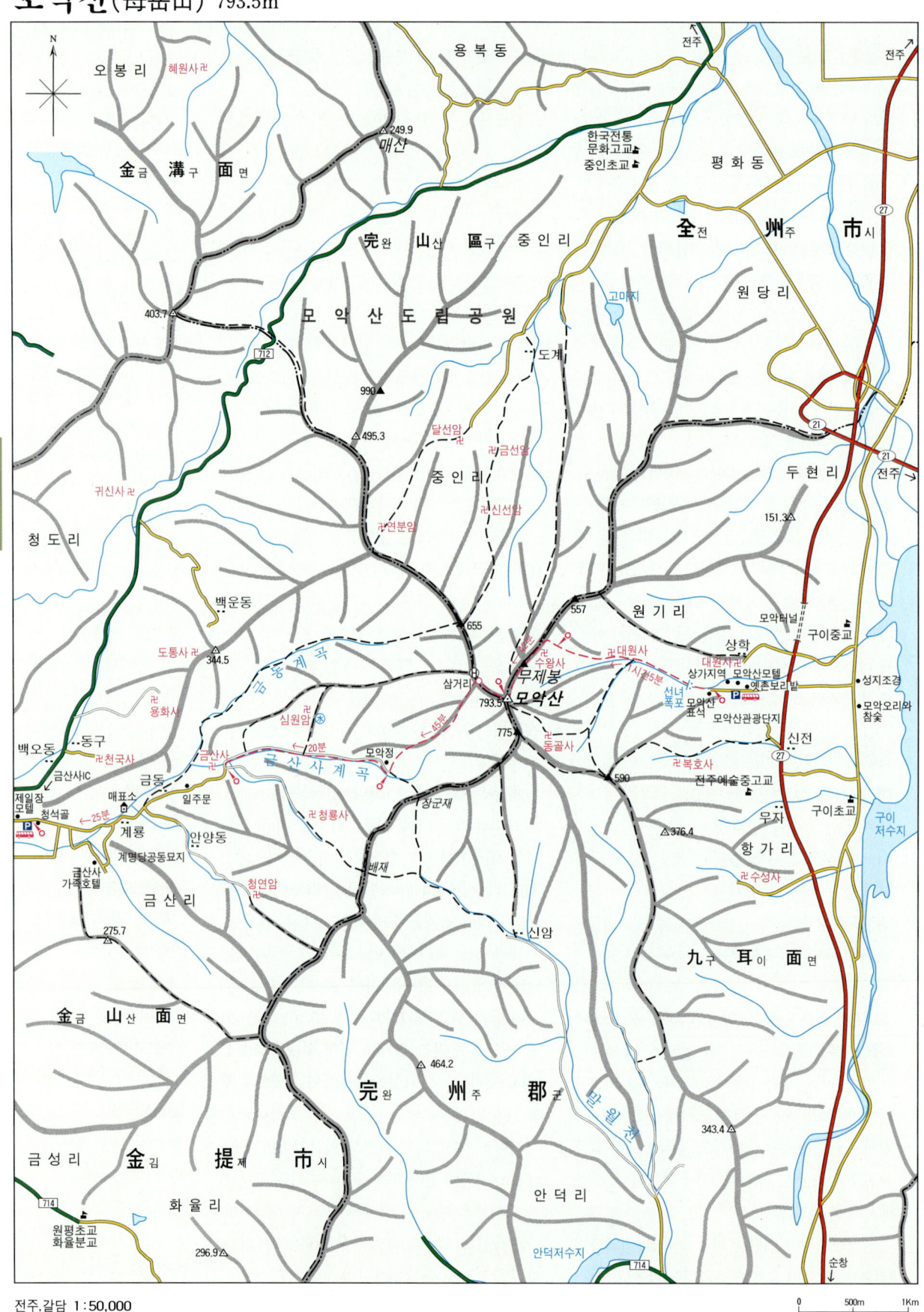

모악산

전라북도 김제시, 전주시, 완주군(全羅北道 金堤市, 全州市, 完州郡)

개요

모악산(母岳山. 793.5m)은 산세가 수려하고 종교적 기운이 서린산으로 주변에 사찰 암자등이 많은 산이며, 정상 서쪽 산기슭에는 고찰 금산사가 자리하고 있다.

금산사는 백제법왕(599년) 원년에 창건한 것을 신라 혜공왕(766년) 때 진표율사가 중창한 호남 제일의 고찰이다. 호남의 미륵신앙의 도창으로 경내에 미륵전(국보 제62호)을 비롯하여 5층석탑 혜덕왕사진응탑비 당간지 등 10점의 보물과 많은 문화재를 보유한 사찰이다. 국보인 미륵전(彌勒殿)은 한국 유일의 삼층법당으로 외관은 3층이지만 내부는 단층이다. 보물 제23호 연화대(蓮花臺)가 있고, 백제시대에는 견훤이 아들 신검에게 연금되기도 했던 곳이다. 산행은 동쪽 구의면 원기리에서 서쪽 금산사로 하산하는 코스가 대표적이고, 그 외 여러 코스가 있다.

대중교통을 이용한 산행이면 동쪽에서 서쪽으로 또는 그 반대로 산행이 바람직하다. 자가용 편을 이용하면 금산사에 주차하고 정상을 바라보고 왼쪽 모악정을 경유하여 정상에 올라서 하산은 남쪽 장군재를 경유하여 다시 금산사로 원점회귀 산행이 바람직하고, 구의면 쪽에 주차하면 대원사를 경유하여 정상에 올라서 하산은 동쪽 지능선을 타고 동곡암을 경유하여 동골계곡이나 590봉을 경유하여 다시 주차장으로 원점회귀 산행이 바람직하다.

천년고찰 모악산 금산사

등산로(총 4시간 17분 소요)

구의주차장 → 65분 → 수왕사 → 42분 → 모악산 → 45분 → 모악정 → 45분 → 금산사주차장

구이면 원기리 27번 국도에서 우측 방면으로 이정표가 있는 2차선도로를 따라 들어가면, 구의중학교를 지나서 관광단지 주차장이 나온다.

주차장에서 서쪽으로 상가지역을 지나서 도로 끝까지 가면 등산로 입구에 모악산 표지석이 나온다. 여기서부터 본격적인 산행이 시작된다. 표지석을 뒤로하고 계곡 길을 따라 간다. 계곡길을 따라 가면 나무다리를 4번 건너고, 좌우로 희미한 갈림길을 3~4번 지나면서 계곡길을 따라 30분 거리에 이르면 대원사에 닿는다. 주차장에서 대원사까지는 계곡길로 이어지고, 대원사를 지나면서부터 우측 능선으로 등산로가 이어진다. 우측 능선길을 따라 오르면 무난한 길로 이어져 35분을 오르면 수왕사 앞 쉼터에 닿는다.

쉼터에서 우측 경사진길로 10분을 더 오르면 안부사거리에 닿는다. 안부에서는 왼쪽 능선을 탄다. 남쪽으로 이어진 능선을 따라 22분을 오르면 무제봉에 닿는다. 무제봉에서 10분을 더 오르면 모악산 정상이다. 실지 정상은 통신대로 철조망이 있어서 오를 수가 없다.

하산은 철조망을 끼고 정상 우측 서남쪽으로 돌아 60m 정도 가면 삼거리가 나온다. 여기서 직진은 주능선으로 이어져 장군재를 거쳐 금산사로 하산길이고, 우측은 모악정 또는 헬기장을 거쳐 금산사로 가는 길이다.

우측 길을 따라 25분을 내려가면 공터를 2번 지나서 헬기장 전 삼거리에 닿는다. 이 삼거리에서 우측 길은 헬기장을 거쳐 금산사 또는 655봉 방면으로 가는 길이고, 왼쪽 길은 지능선을 타고 내려가서 모악정을 경유하여 금산사로 가는 길이다. 왼쪽 지능선 길을 따라 내려가면 돌이 많은 길로 이어지면서 20분을 내려가면 계곡가에 있는 모악정에 닿는다.

모악정에서부터 소형차 길로 계곡 따라 이어져 20분을 내려가면 금산사에 닿고, 25분을 더 내려가면 매표소 주차장에 닿는다.

자가운전

호남고속도로 전주IC에서 빠져나와 좌회전⇨전주시내로 진입한 뒤 구이면 방면 27번 국도를 타고 구이중학교에서 우회전⇨모악산 주차장.

금산사 쪽은 호남고속도로 금산새IC에서 빠져나와 좌회전⇨1km 1번 국도에서 우회전⇨1km에서 좌회전⇨약 6km 금산사 주차장.

대중교통

구의면 코스 : 전주에서 970번 시내버스를 이용, 상학 종점 하차.

금산사 코스 : 전주에서 30분 간격 97번 시내버스 이용, 금산사 하차.

숙식

구이면

옛촌보리밥
구이면 원기리 945-14
063-222-4008

소아정육점식당
구이면 원기리 945-32
063-222-3235

모악산모텔
구이면 모악산관광단지
063-222-2023

금산사

청석굴(식당)
금산면 금산리 금산사
063-548-4094

제일장모텔
금산면 금산리 금산사
063-548-3326

명소

금산사
칠보장날 4일, 9일

변산 관음봉(邊山 觀音峰) 424.5m 　　쌍선봉(雙仙峰) 459.1m

부안 1:50,000

변산 관음봉 · 쌍선봉 전라남도 광양시 옥룡면(全羅南道 光陽市 玉龍面)

개요

변산 관음봉(邊山 觀音峰. 424.5m)과 쌍선봉(雙仙峰. 459.1m)은 변산국립공원의 대표적인 봉이다. 직소폭포를 사이에 두고 동쪽은 관음봉 서쪽 은 쌍선봉이다. 관음봉 남쪽 기슭에는 고찰 내소사가 있고, 서쪽은 서해바다 해안도로 관광지이고, 남쪽은 곰소만이다. 1988년 6월 11일 19번째 변산반도국립공원으로 지정되었다.

관음봉은 내소사에서 왼쪽 능선을 타고 관음봉 세봉삼거리 남릉 매표소로 하산한다.

쌍선봉은 남여치에서 쌍선봉-월명암-자연보호헌장을 경유하여 사자동으로 하산하거나 또는 직소폭포를 경유하여 재백이고개를 넘어 내소사주차장으로 하산한다.

관음봉 동릉에서 내려다본 내소사 전경

등산로

관음봉(총 3시간 56분 소요)
주차장 → 63분 → 주능삼거리 → 26분 → 관음봉 → 42분 → 세봉삼거리 → 45분 → 주차장

주차장을 출발 매표소를 통과하여 15분 거리에 이르면 왼쪽으로 갈림길이 나온다. 갈림길에서 왼쪽으로 50m 거리 출렁다리를 건너 25분을 올라가면 곰소 앞 바다가 보이는 지능선에 닿는다. 지능선에서 우측 능선을 따라 23분을 올라가면 주능선삼거리에 닿는다.

삼거리에서 우측 능선을 따라 50m 가면 갈림길이 나오는데 왼쪽으로 간다. 왼쪽 길은 비탈길로 내려가다가 다시 오른쪽 비탈길로 이어져 17분을 올라가면 북쪽으로 뻗은 지능선에 전망이 트이는 갈림길에 닿는다. 갈림길에서 우측으로 9분을 더 올라가면 관음봉 정상이다.

하산은 동릉을 탄다. 정상에서 5분 내려가면 바윗길이 나온다. 바윗길을 주의하여 통과하면서 10분 지나면 안부가 연속 두 번 나온다. 안부에서 우측으로 갈림길이 나오는데 암자에서 통제하므로 왼편 주능선만을 따라 가야한다. 두 번째 안부에서 주능선을 따라 17분을 가면 세봉에 닿는다. 세봉에서 내려가다가 올라가면 10분 거리에 세봉 큰삼거리가 나온다.

세봉삼거리에서 우측 릉을 탄다. 삼거리에서 왼쪽 길은 내변산, 우동리, 청림리 방면이다. 우측 능선을 따라 14분을 가면 이정표를 통과하고, 6분을 내려가면 안부를 지나서 마지막봉 닿기 전에 우측 비탈길로 접어드는 지점에 닿는다. 우측 비탈길을 따라 가면 우측 남서 방면 지능선으로 이어져 25분을 더 내려가면 매표소에 닿는다. ※변산국립공원관리사무소 063-582-7808

쌍선봉(총 3시간 25분 소요)
남여치 → 60분 → 쌍선봉 → 60분 → 자연보호헌장 → 25분 → 사자동통제소

남여치에서 통제소를 출발 다리를 건너 뚜렷한 등산로를 따라 30분을 오르면 첫봉에 닿는다. 첫봉에서 15분 거리에 이르면 우측 비탈길로 이어져 7분을 가면 월명암삼거리다. 삼거리에서 왼편 북쪽 능선으로 6분을 가면 동봉 헬기장이고, 2분 더 가면 삼각점이 있는 헬기장 쌍선봉이다.

하산은 다시 월명암 삼거리로 되돌아와서 동쪽 50m 거리 갈림길에서 왼쪽 월명암길로 10분 내려가면 월명암이다. 월명암에서 계속 6분 거리 갈림길에서 동쪽 능선길을 따라 8분을 가면 375봉을 지나 전망이 좋은 쉼터에 닿고, 다시 7분을 내려가면 바윗길을 통과하며, 21분을 더 내려가면 계곡 자연보호헌장 삼거리에 닿는다.

여기서 왼편 북쪽 하산길을 따라 25분 내려가면 사자동 변산통제소 주차장이다.

자가운전

관음봉: 서해안고속도로 줄포IC에서 빠져나와 변산(내소사) 이정표를 따라 내소사 주차장.

쌍선봉: 서해안고속도로 부안IC에서 빠져나와 서쪽 30번 국도를 타고 변산면에서 좌회전 ⇨ 3km 남여치 주차.

대중교통

강남고속터미널-부안 35분 간격, 대전-부안 1시간 간격 버스 이용 후, 관음봉은 부안-내소사 30분 간격. 정읍-줄포-내소사행 이용. 쌍선봉은 부안-변산면 버스 이용 후, 남녀치까지 택시이용(010-3677-2095).

숙식

부안읍
부안기사님식당
부안읍 봉덕리 804-3
063-584-3315

화이트모텔
부안읍 동중리 구 시장
063-582-3527

내소사
곰소쉼터(젓갈백반)
부안군 진서면 진서리
063-584-8007

여정모텔
진서면 내소사 입구
063-583-5767

변산면
호수가든
변산면 운산리 495-2
063-582-8121

티엔지펜션
변산면
063-582-6789

비룡상천봉 445m 우금산(禹金山) 331m

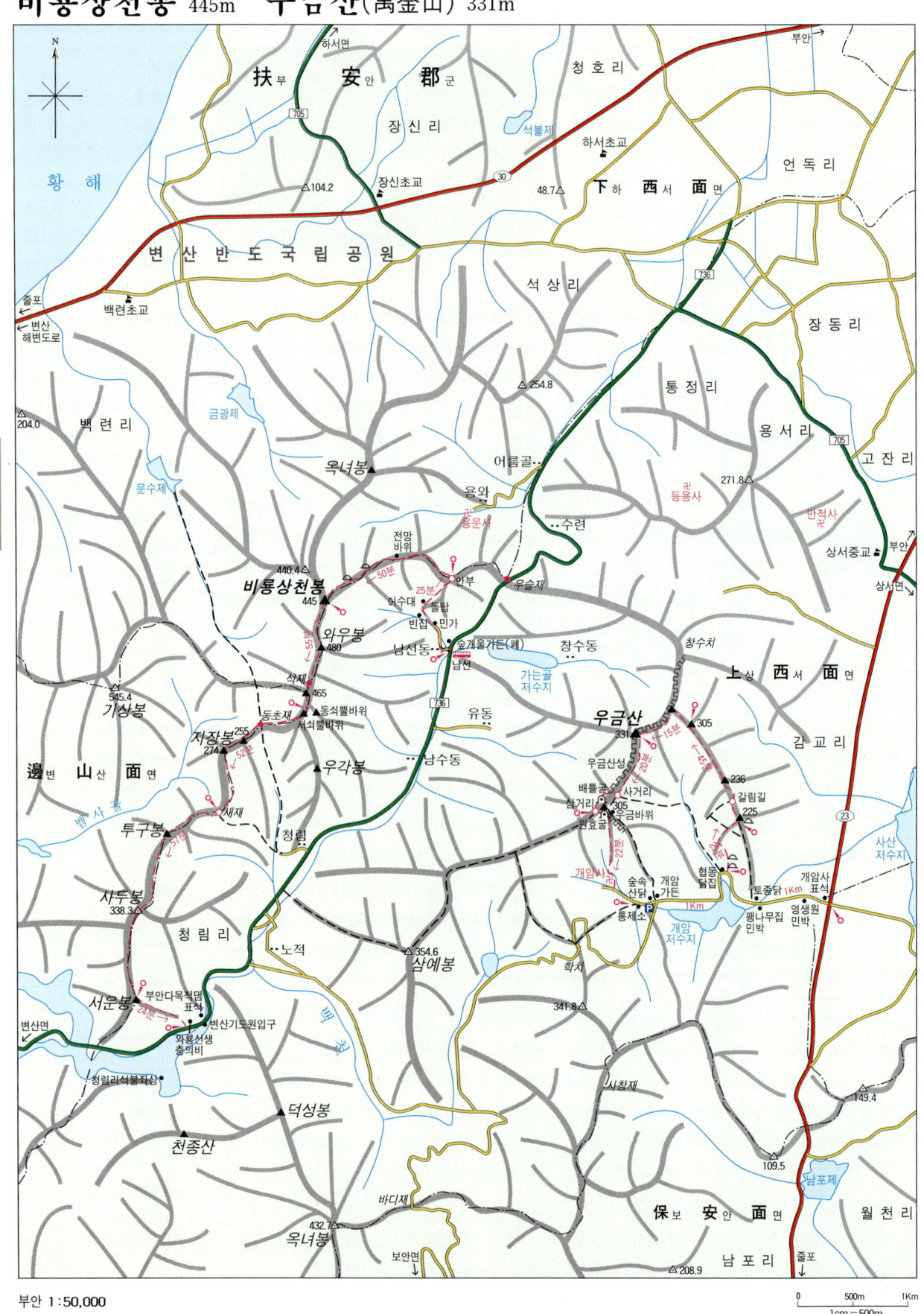

비룡산천봉 · 우금산 전라북도 부안군 하서면, 상서면(全羅北道 扶安郡 下西面, 上西面)

개요

비룡상천봉(飛龍上川峰. 445)과 **우금산**(禹金山. 331m)은 변산국립공원 내변산 736번 지방도를 사이에 두고 서쪽은 비룡상천봉, 동쪽은 우금산이다. 우금산은 주능선에 무너진 산성으로 둘러싸여 있고 우금바위가 있으며, 우금바위 남쪽 기슭에는 고찰 개암사가 자리하고 있다.

우금산성은 백제 의자왕 20년(660년) 무렵에 백제 부흥을 위하여 복신장군이 유민을 규합하여 항전하다가, 나당연합군에게 패한 곳으로 전해오는 유서 깊은 곳이다.

등산로

비룡상천봉 (총 5시간 24분)

남산동 → 25분 → 주능선 → 50분 →
비룡상천봉 → 55분 → 쇠뿔바위봉 →
52분 → 새재 → 57분 → 서운봉 → 24분 →
와룡선생비

남산동 버스정류장에서 서쪽 소형차로를 따라 9분을 가면 작은 못 어수대가 나온다. 어수대에서 우측 등산로를 따라 16분을 오르면 주능선에 닿는다.

주능에서 왼쪽 능선을 따라 50분을 가면 삼거리 비룡상천봉에 닿는다.

하산은 남쪽 능선을 따라 25분을 가면 와우봉을 통과하고, 완만한 남쪽 능선을 따라 30분을 가면 서쇠뿔바위봉, 동쇠뿔바위봉 사이에 닿는다.

여기서 우측 수림지대로 내려서면 50m 정도 밧줄을 이용하여 내려가게 되고, 산죽지역을 통과하게 되어 갈지자로 이어지는 비탈길을 따라 17분을 내려가면 서쪽으로 이어지는 능선에 닿고, 능선에서 5분 가면 안부에 닿는다. 안부에서 계속 서남쪽 능선을 따라 가면 250봉을 지나서 지장봉 남단에 선다. 여기서부터 주능선 길은 남쪽으로 이어지면서 30분 거리에 이르면 새재에 닿는다. 동쪽 길은 청림리 길이다.

새재에서 서남쪽 주능선을 따라 37분을 가면 시루봉에 닿고, 시루봉에서 남쪽 주능선을 따라 20분을 내려가면 마지막봉인 서운봉에 닿는다.

서운봉에서 왼편 동쪽 지능선을 따라 24분을 내려가면 736번 지방도 와룡선생비에 닿는다.

우금산 (총 3시간 7분 소요)

협동닭집 → 25분 → (묘)주능선 → 45분 →
305봉 → 15분 → 우금산 → 20분 →
우금바위 → 22분 → 통제소

개암사 입구에서 서쪽 도로를 따라 900m 가면 개암저수지 북쪽 꼬부라지는 지점에 협동닭집 입구가 나온다. 닭집 입구 10m 전에 우측으로 등산로가 있다. 이 등산로를 따라 4분을 가면 가족 묘지를 지나서 묘 3기가 있는 갈림길이 나온다. 갈림길에서 왼쪽 아래 비탈길로 접어들어 2분 정도 가면, 묘를 지나서 희미한 길로 오르다가 왼쪽 비탈길로 이어져 다시 오른쪽 능선으로 오르면, 11분 거리에 이르면 갈림길이 나온다. 갈림길에서 능선으로 직진 8분을 오르면 (묘)주능선 삼거리에 닿는다.

삼거리에서 왼쪽 주능선을 타고 8분을 가면 (묘)갈림길이 나온다. 갈림길에서 오른쪽 주능선을 타고 9분을 오르면 (묘)2기가 있는 봉을 통과하고, 28분을 오르면 305봉이다.

305봉에서 서쪽으로 주능선을 따라가면 허물어진 성벽으로 이어지면서 15분을 가면 삼각점이 있는 우금산 정상이다.

하산은 남서쪽 성벽길을 따라 15분을 가면 우금바위 전 안부 사거리가 나온다. 사거리에서 우측으로 3분을 가면 베틀굴이 나온다. 베틀굴에서 우금바위는 왼쪽으로 간다.

우금바위는 험로이므로 노약자는 불가하고, 바위 경험자만 오를 수 있는데 왕복 25분 소요된다. 베틀굴에서 오른편으로 2분을 가면 삼거리가 나온다. 삼거리에서 왼쪽으로 3분을 가면 원효굴이 나온다. 원효굴 갈림길에서 우측 세능선을 따라 15분을 내려가면 개암사에 닿고, 4분 더 내려가면 통제소 주차장이다.

자가운전

비룡상천봉: 서해안고속도로 부안IC에서 빠져나와 좌회전 ⇨ 30번 국도를 따라 하서면에서 좌회전 ⇨ 736번 남산동 버스정류장에서 우회전 ⇨ 300m 소형차로 끝 주차.

우금산: 서해안고속도로 줄포IC에서 빠져나와 좌회전 ⇨ 3km 줄포에서 우회전 ⇨ 23번 국도를 타고 약 10km 개암사 입구에서 좌회전 ⇨ 1.5km 저수지 상류 주차.

대중교통

비룡상천봉: 부안 버스정류장에서 사자동행(1일 8회) 이용, 남산동 하차.

우금산: 부안에서 줄포-내소사행(30분 간격) 버스 이용, 개암사 입구 하차.

숙식

비룡쌍천봉

부안기사님식당
부안읍 봉덕리 804-3
063-584-3315

화이트모텔
부안읍 동중리 구 시장
063-582-3527

우금산

팽나무집(식당, 민박)
부안군 상서면 감교리 봉은
063-581-0410

명소

새만금방조제

부안장날 4일, 9일

선운산(禪雲山) 336m   비학산(飛鶴山) 307.4m

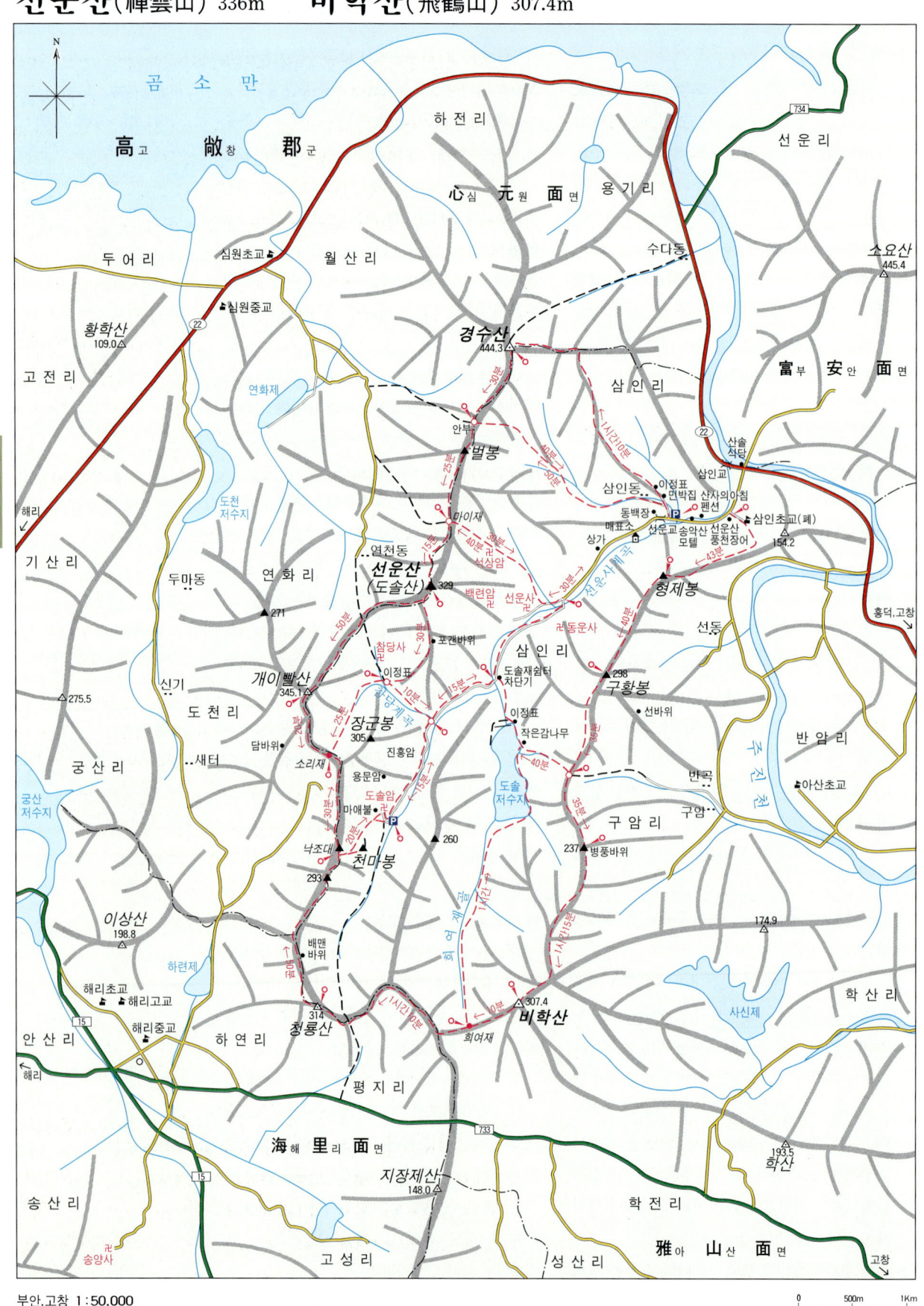

선운산(도솔산) · 비학산   전라북도 고창군 아산면(全羅北道 高敞郡 雅山面)

📖 개요

선운산(禪雲山)은 선운사(禪雲寺)와 동백꽃으로 더 유명하다. 선운산 정상은 선운사 동쪽에 위치한 도설산으로 본다. 300m~400m 급 낮은 봉우리들이 주능선을 이루고 있으며, 고찰 선운사를 사이에 두고 ㄷ형태로 이루어져 있다.

선운산 내에는 고찰 선운사를 비롯하여 많은 암자가 있고, 수많은 문화재가 있다. 선운사 주변에는 풍천장어, 복분자로도 유명한 고장이다.

선운산은 경수산(鏡水山. 444.3m), 도솔산(329m), 청룡산(314m), **비학산**(飛鶴山. 307.4m), 구황봉(298m) 등으로 이루어져 있다. 선운산은 비교적 낮은 산이기 때문에 단순 봉우리를 다녀오는 것은 의미가 적고, 긴 능선을 둘 또는 셋으로 나누어서 산행을 하는 것이 바람직하고, 주력에 따라 중간에 하산하면 무리가 없다. 주차장에서 경수산, 도솔산, 천사봉, 도솔암, 선운사로 하산한다. 두 번째로 코스로는 삼인초교, 형제봉, 구황봉, 비학산, 희여재, 도솔저수지, 선운사로 하산하는 산행이다.

🚶 등산로

경수산-도솔산(총 4시간 45분 소요)

주차장 → 70분 → 경수산 → 30분 → 안부 → 40분 → 도솔산 → 30분 → 참당암 → 25분 → 도솔재쉼터 → 30분 → 주차장

주차장에서 동백장 우측으로 이어지는 소형차로를 따라 5분을 가면 경수봉민박집 삼거리가 나온다. 삼거리에서 우측 민박집 앞쪽으로 50m 가면 파란 집과 이정표가 나오고 뚜렷한 등산로가 나온다. 이 등산로를 따라 25분을 올라가면 능선에 닿고, 능선을 따라 45분을 올라가면 경수산 정상이다.

경수산에서 남쪽으로 주능선을 따라 30분을 내려가면 사거리 안부가 나온다.

안부에서 왼편 동쪽으로 40분을 내려가면 동백장에 닿는다.

안부에서 계속 남쪽 능선을 따라 25분을 내려가면 마이재가 나온다. 마이재에서 왼편 동쪽으로 40분을 내려가면 석상암을 거쳐 선운사에 닿는다. 마이재에서 계속 남쪽 능선을 따라 15분을 가면 도솔산에 정상에 닿는다.

도솔산에서 남쪽 능선을 따라 가면 바로 갈림길이 나온다. 갈림길에서 왼쪽으로 30분을 내려가면 포갠바위를 지나서 갈림길이 나온다. 갈림길에서 우측으로 30분을 내려가면 참당암 입구가 나온다. 여기서 왼편 소형차로를 따라 1시간을 내려가면 매표소에 닿는다.

비학산(총 5시간 58분 소요)

삼인초교 → 43분 → 형제봉 → 40분 → 구황봉 → 70분 → 병풍바위 → 75분 → 비학산 → 10분 → 희여재 → 60분 → 도솔재쉼터

선운사 입구에서 선운사 길을 따라 400m 거리 왼쪽에 정자나무집이 나온다. 정자나무집에서 왼쪽으로 50m 가면 삼인초교가 나온다. 삼인초교 정문으로 들어가 오른쪽 조각공원으로 50m 들어가면 공원 끝 왼쪽으로 등산로가 있다. 이 등산로를 따라 11분을 올라가면 능선에 닿는다. 우측 능선길을 따라 32분을 가면 형제봉에 닿는다.

형제봉에서 계속 주능선을 따라 16분을 가면 노적봉에 닿고, 노적봉에서 12분을 가면 갈림길이 나온다. 갈림길에서 계속 남릉을 따라 10분을 가면 구황봉에 닿는다.

구황봉에서 계속 이어지는 남릉을 따라 35분을 가면 사거리 안부가 나온다. 사거리에서 계속 암릉을 타고 35분을 가면 병풍바위가 나온다.

병풍바위에서 1시간 15분을 가면 비학산에 닿는다.

비학산에서 10분을 더 가면 사거리 희여재에 닿고, 희여재에서 오른편 북쪽으로 30분을 내려가면 도솔저수지에 닿고, 저수지에서 임도를 따라 30분을 내려가면 도솔재쉼터이다. 여기서부터 소형차로를 따라 30분 내려가면 매표소이다.

자가운전
서해안고속도로로 선운산IC에서 빠져나와 좌회전⇨22번 국도를 타고 선운사 입구에서 좌회전⇨선운사 주차장.

대중교통
강남터미널에서 1일 16회 흥덕 경유 고창행 고속버스 이용, 흥덕 하차.
전주, 광주에서 수시로 운행하는 흥덕행 버스 이용 후, 흥덕에서 선운사행(1일 14회) 이용, 종점 하차.
고창에서 선운사행 40분 간격으로 운행.

식당
선운사풍천장어
고창군 아산면 삼인리 44-1
063-562-7997

산솔식당
고창군 아산면 삼인리 29-4
063-561-3287

숙박
송악모텔
고창군 아산면 삼인리 624-31
063-562-1589

산사의아침펜션
고창군 아산면 삼인리 113
063-562-6868

명소
선운사

흥덕장날 4일, 9일
고창장날 3일, 8일

방장산(方丈山) 744.1m

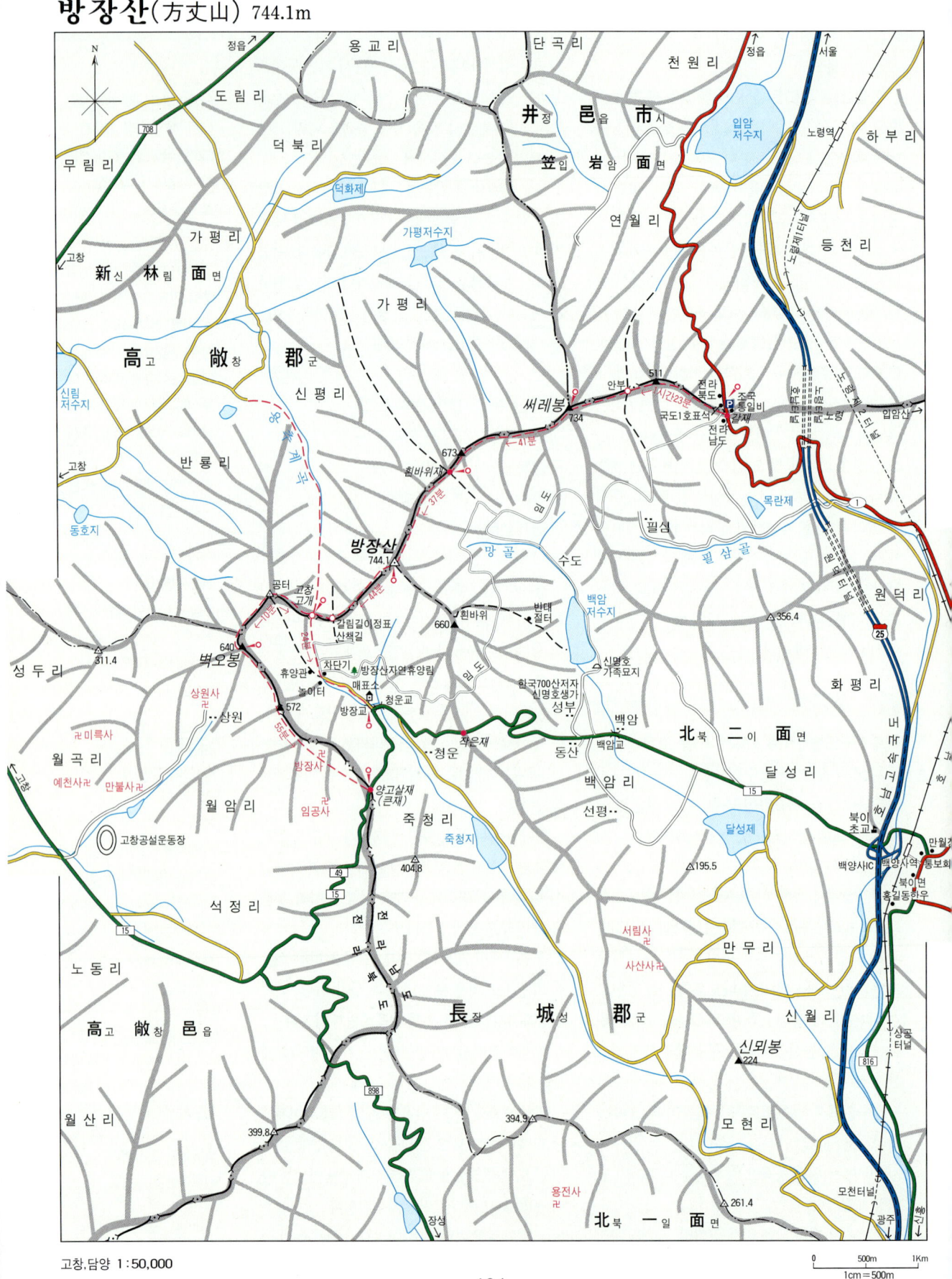

방장산

전라남도 장성군 · 전라북도 고창군, 정읍시(全羅南道 長城郡 · 全羅北道 高敞郡, 井邑市)

개요

방장산(方丈山. 744.1m)은 입암산 갓바위에서 서쪽으로 능선이 갈라져 갈재를 이루고 써레봉(733.6m)으로 이어져 서쪽으로 주능선이 뻗어나가 전라남도와 전라북도 도경계를 이루면서 약 3km 지점에 위치한 산이다.

정상에서 능선은 세 갈래로 갈라진다. 남쪽으로 뻗어나간 주능선은 1km 정도 가다가 흰바위에서 끝나며 정상에서 서쪽으로 뻗어나간 능선은 주능선으로 고창고개 벽오봉 양고살재로 이어진다. 써레봉에서 정상까지 약 3km 주능선은 높이가 고만 고만하고 남북이 막힘이 없으며, 변산반도와 호남평야 일대가 끝없이 펼쳐진다.

산행은 전라남북도 경계인 갈재에서 시작하여 써레봉에 오른 뒤, 서쪽으로 뻗어나간 주능선을 타고 정상에 오른 다음, 고창고개를 경유하여 방장산자연휴양림으로 하산한다. 장거리산행은 고창고개에서 계속 주능선을 따라 벽오봉을 거쳐 양고살재로 하산 한다.

방장산 산행기점인 장성갈재와 하산지점 방장산자연휴양림은 대중교통이 없으므로 백양사역에 주차하고 택시를 이용하는 것이 편리하다.

남쪽 북이면에서 바라본 방장산

등산로(총 4시간 49분 소요)

장성갈재 → 83분 → 써레봉 → 41분 →
흰바위재 → 37분 → 방장산 → 44분 →
고창고개 → 24분 → 휴양림

전라남북도 경계인 1번 국도 장성갈재가 방장산 산행기점이다. 주차장이 있는 갈재에서 동쪽으로 임도가 있고, 임도 바로 우측으로 오솔길이 있다. 이 오솔길을 따라 30m 가면 임도가 또 나온다. 임도에서 우측으로 10m 가면 우측으로 오솔길이 나온다. 이 오솔길을 따라 18분을 올라가면 묘를 통과하고, 12분을 더 오르면 505봉 헬기장에 닿는다. 여기서 13분을 내려가면 안부에 닿는다. 안부에서부터는 급경사로 올라가 10분 거리에 완만한 쉼터가 나오며, 다시 급경사 길로 30분을 오르면 묘가 있고 전망바위가 있는 써레봉에 닿는다.

써레봉에 서면 동북쪽으로 막힘이 없고 입암산 내장산이 바로 건너보이고 변산반도가 시야에 들어오며 전라북도 드넓은 평야가 시원하게 내려다보인다. 써레봉에서 동쪽으로 이어지는 주능선을 타고 11분 거리에 이르면 전망바위가 나온다. 여기서 주능선 서쪽 바위능선을 따라 30분을 가면 흰바위재 사거리 안부가 나온다.

안부에서 계속 주능선을 타고 26분을 올라가면 공터가 있는 봉우리에 닿고, 11분을 더 가면 방장산 정상이다. 정상에서 조망은 막힘이 없다. 변산반도 호남평야 고창군 정읍시 일대가 막힘이 없이 시야에 들어온다. 남쪽으로는 전라남도 장성일대가 시원하게 내려다보인다. 정상에는 표지판이 있고 작은 공터가 있다.

하산은 서쪽으로 30m 거리 갈림 능선에서 우측 서쪽능선으로 내려간다. 서쪽으로 내려가면 급경사 길로 이어져 36분을 내려가면 송전탑을 지나서 사거리 안부 갈림길에 닿는다. 안부에서 계속 직진 능선을 따라 8분을 더 가면 고창고개 사거리에 닿는다.

고창고개에서 왼쪽으로 임도를 가로질러 넓은 하산길을 따라 9분을 내려가면 휴양림 산책로가 나온다. 여기서부터 산책로를 따라 15분을 내려가면 휴양림관리소 주차장에 닿는다.

벽오봉까지 계속 산행은 고창고개에서 서쪽으로 이어지는 주능선을 따라 10분을 더 올라가면 벽오봉에 닿는다. 벽오봉에서 하산은 계속 이어지는 서남쪽 주능선을 따라 내려간다. 25분을 내려가녀 759봉에 닿는다. 759봉에서 30분을 내려가면 방장사를 거쳐 양고살재에 닿는다.

자가운전

호남고속도로 백양사IC에서 빠져나와 북이면 버스정류소 사거리에서 좌회전⇨북쪽으로 1번 국도를 타고 약 10km 거리 장성 갈재 공터 주차. 또는 백양사역에 주차 하고 택시를 이용 한다.

대중교통

호남선 무궁화호 열차 이용, 백양사역 하차. 또는 광주, 정읍 방면에서 수시로 운행하는 백양사역(사거리)행 버스 이용 후, 산행기점(갈재)과 하산지점(망골 휴양림)에는 대중교통이 없음으로 백양사에서 택시를 이용해야 한다.

백양사역 개인택시
011-609-5334,
061-394-5582

식당

홍길동한우
장성군 북이면 사거리 695-8
061-392-0006

동보회관
북이면 사거리 587-85
061-392-9192

숙박

만월장
북이면 사거리 611-3
061-392-8234

명소

백양사
방장산 자연휴양림
061-394-5523

사거리장날 1일, 6일

입암산(笠岩山) 626.1m

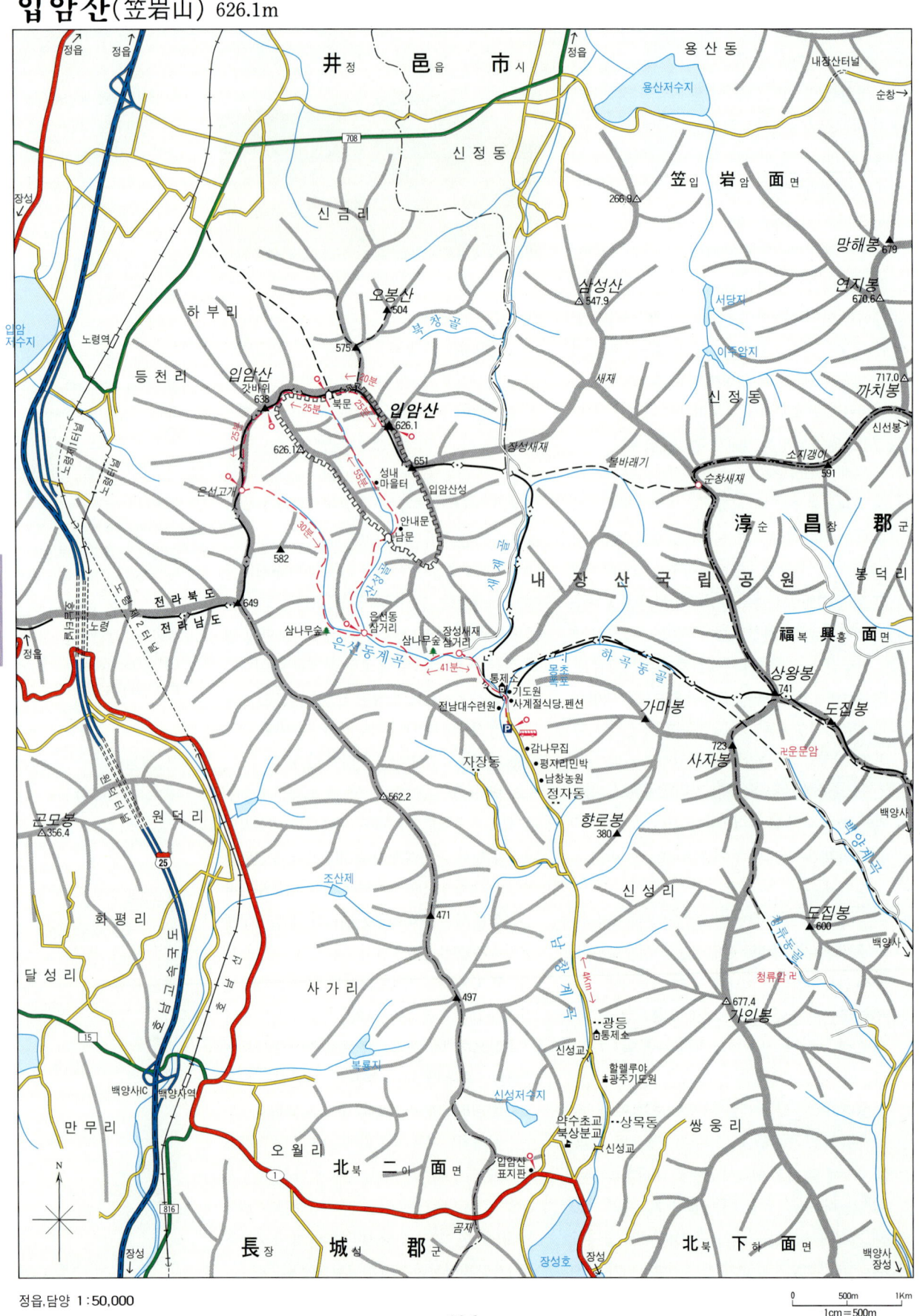

정읍·담양 1:50,000

입암산

전라남도 장성군 북하면 · 전라북도 정읍시(全羅南道 長城郡 北下面 · 全羅北道 井邑市)

개요

입암산(笠岩山, 626.1m)은 노령산맥에 위치한 전라남북도 경계를 이루고 있는 산이다. 동쪽은 내장산 서쪽은 방장산 남동쪽에 백암산이다. 호남선 열차나 고속도로를 타고 정읍역에서 백양사역 사이 노령터널 동쪽이 입암산 서쪽이 방장산이다. 입암산 정상은 별 특징이 없고 서쪽에 위치한 갓바위를 정상으로 본다. 갓바위에 서면 사방이 막힘이 없고 특히 서북쪽 호남평야가 끝없이 펼쳐지므로 호남평야를 내려다 볼 수 있는 유일한 곳이다. 또한 호남선 열차와 고속도로 차량 행렬이 아름답게 내려다보인다. 갓바위 동남쪽 편으로 거대한 입암산성이 있고, 성내마을 터가 있어 유서 깊은 산이다.

입암산은 험로가 없고 경치가 빼어나서 남쪽 남창계곡 버스종점인 주차장에서 원점회귀 산행이며, 가족 산행지로 매우 적합한 산이다.

산행은 남쪽 남창계곡 버스종점에서 시작 북쪽 계곡을 따라 은선동 삼거리에서 오른쪽 산성을 경유하여 안부(북문)에 이른 후, 왼쪽 갓바위에 오른다. 하산은 서쪽 능선을 타고 안부에서 은선동계곡을 따라 은선동 삼거리를 경유하여 다시 주차장으로 원점회귀 산행이다. 입암산 정상은 북문에서 동쪽(25분 거리)으로 626.1봉이 있으나 정상이 별 특징이 없고 협소하여 대부분 갓바위를 정상으로 대신하여 산행을 한다.

호남평야가 시원하게 내려다보이는 입암산 갓바위

등산로 (총 4시간 24분 소요)

남창계곡 주차장 → 41분 →
은선동삼거리 → 55분 → 북문 → 25분 →
갓바위 → 25분 → 은선고개 → 30분 →
은선동삼거리 → 32분 → 남창계곡주차장

남창계곡 주차장에서 북쪽 도로를 따라 5분 거리에 이르면 왼쪽에 전남대수련원이 있고, 오른쪽에 기도원이 있으며, 2분을 더 가면 통제소가 나온다. 통제소에서부터 등산로가 시작되어 17분을 가면 오른쪽으로 장성새재 갈림길이 나온다. 갈림길에서 왼쪽 길을 따라 17분을 가면 은선동삼거리가 나온다.

은선동삼거리에서 오른쪽으로 완만하게 이어지는 산성골을 따라 22분 거리에 이르면 입암산성 남문이 나온다. 남문을 통과하여 12분을 가면 성내마을 터가 나온다. 성내마을터를 지나서 완만한 길을 따라 21분을 더 올라가면 북문 사거리가 나온다.

북문사거리에서 입암산 정상은 오른쪽 갓바위는 왼쪽이다. 오른쪽 능선을 따라 25분을 오르면 표시도 없는 입암산 정상이다.

북문사거리에서 갓바위는 왼쪽으로 간다. 왼쪽길을 따라 25분을 오르면 갓바위에 닿는다. 갓바위 주위는 바윗길이나 안전시설이 잘 설치되어서 오르는데 큰 어려움이 없다.

갓바위에서 조망은 막힘이 없다. 서북쪽에는 호남평야가 끝없이 펼쳐지고 발 아래로 호남고속도로 차량행렬이 아름답게 내려다보이고, 동쪽으로는 내장산 백암산 일대가 바라보인다. 또한 쉼터점심장소로 매우 좋은 넓은 장소이다.

하산은 올라왔던 바위를 내려선 다음 반대 방향인 남서릉을 탄다. 남서릉을 따라 19분을 내려가면 헬기장을 지나고, 6분을 더 내려가면 이정표가 있는 은선고개에 닿는다.

은선고개에서 서쪽 왼편으로 하산길이 이어진다. 서쪽 은선골로 이어지는 하산길을 따라 30분을 내려가면 은선동삼거리가 나온다.

삼거리에서 계속 직진하여 32분을 더 내려가면 남창계곡주차장에 닿는다.

*숙식은 현지에서도 가능하나 백양사역에서 해결하는 것이 편리하고 교통편도 백양사에서 택시를 이용하면 편리하다.

자가운전

호남고속도로 백양사IC에서 빠져나와 우회전⇨사거리 버스정류소에서 직진⇨1번 국도를 타고 약 4km 갈림길에서 남창골로 좌회전⇨3km 버스종점 주차장.

대중교통

호남선 열차 이용 백양사역 하차. 광주에서 수시로 운행하는 사거리행 버스 이용, 사거리 하차.
사거리 버스정류소에서 남창골행 버스(08:20, 10:00, 13:50 16:50) 이용, 남창골 종점 하차.
백양사에서 택시 이용하면 매우 편리함.
택시 011-609-5334

숙식

남창

사계절식당, 펜션
장성군 북하면 신성리 464
061-394-0014

감나무집
북하면 신성리 366
061-394-7804

백양사역

동보회관(한식)
장성군 북이면 사거리
061-392-9192

홍길동한우
장성군 북이면 사거리
061-392-0006

만월장
장성군 북이면 사거리
061-392-8234

명소

남창계곡
백양사
약수리장날 3일, 8일

추월산(秋月山) 731.2m

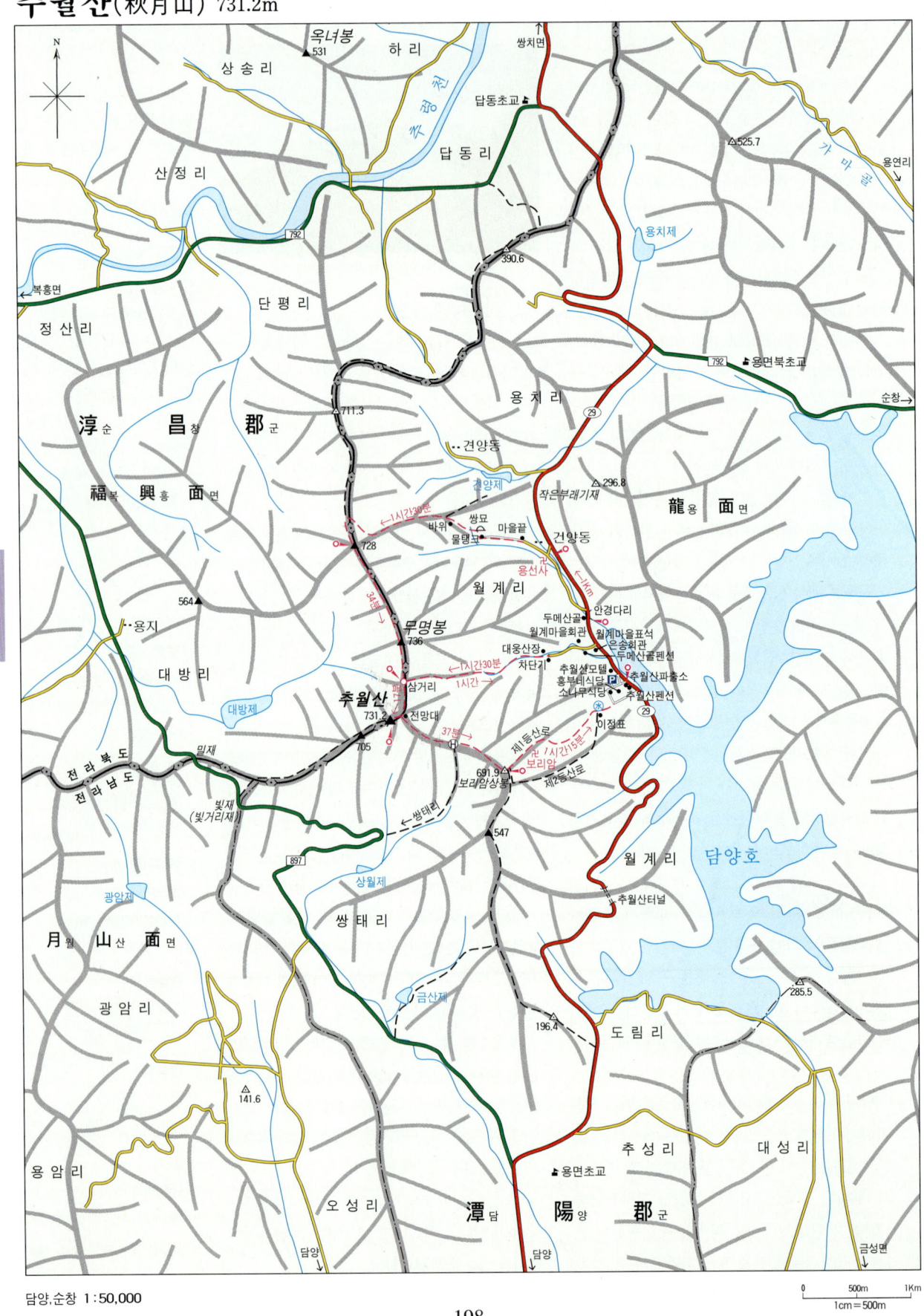

추월산
전라남도 광양시 옥룡면(全羅南道 光陽市 玉龍面)

개요

추월산(秋月山, 731.2m)은 정상을 중심으로 서쪽은 완만한 편이고 동쪽은 급경사에 기암절벽으로 이루어져 있으며, 특히 가을 단풍이 아름답다. 6.25 전란 때는 이 일대가 빨치산들의 지리산으로 가는 중간 거점지역 이였으며, 추월산 동북쪽 가마골은 그들의 아지트였다. 지금은 이 일대가 담양호로 담수되어 있고, 추월산은 담양호와 함께 국민관광단지로 지정되어 있다.

산행은 건양동에서 시작하여 복리암 마을을 거쳐 서쪽능선을 타고 728봉을 경유하여 남쪽 능선을 타고 정상에 오른다. 하산은 남서쪽 능선을 타고 보리암 상봉에서 동쪽 지능선을 따라 보리암 옆을 통과하여 주차장으로 하산한다.

또 다른 코스는 월계리에서 대웅산장 주능선 삼거리를 경유하여 정상에 오르거나, 주차장에서 바로 서쪽 제1, 혹은 제2등산로를 타고 보리암상봉(691.9봉)으로 오른다.

추월산 정상에서 바라본 담양호

등산로(총 5시간 23분 소요)

두매산골 → 100분 → 728봉 → 51분 → 추월산 → 37분 → 보리암상봉(691.9봉) → 75분 → 주차장

주차장에서 북쪽 방면 1km 거리에 두매산골(식당)이 있다. 여기서 도로를 벗어나 왼쪽으로 난 소형차로를 따라 10분을 가면 용선사 삼거리가 나온다. 삼거리에서 왼쪽 마을길을 따라 200m 가면 복리암 마을을 통과하고 100m 더 가면 우측으로 취수장을 지나 50m 거리에서 우측 계곡으로 30m 들어가면 쌍 묘가 나온다. 여기서 왼쪽 계곡을 건너서 능선을 타고 오른다. 능선을 따라 30분을 오르면 바위 지대를 통과하여 지능선에 닿는다. 능선에서부터 왼쪽 비탈길로 이어지다가 다시 오른쪽 지능선으로 이어져 20분을 오르면 또 다른 지능선에 닿는다. 지능선을 타고 오르다가 우측 사면으로 길이 이어져 22분을 오르면 주능선에 닿는다. 여기서 왼쪽으로 9분을 더 오르면 728봉에 닿는다.

잔디가 있어 쉬어가기도 좋은 728봉에서 정남쪽으로 난 주능선 호남정맥을 타고 추월산 정상을 향해간다. 서쪽은 순창군 복흥면이며, 동쪽은 담양군 용면 담양호가 아름답게 펼쳐지는 호남정맥을 타고 27분을 가면 전망봉에 닿고, 7분을 내려가면 삼거리 안부에 닿는다. 삼거리에서 동쪽으로 내려가면 월계리로 쉽게 하산한다. 삼거리에서 계속 남쪽 주능선을 따라 16분을 더 오르면 731.2봉 추월산 정상이다.

정상은 동서에 두 봉이 있는데 동쪽은 전망봉이고 서쪽이 정상이다.

하산은 두 봉 사이에서 남동쪽 능선을 탄다. 남릉을 따라 15분을 내려가면 헬기장이 있고 삼거리가 나온다. 우측 길은 쌍태리로 하산 길이다. 계속 주능선을 따라 가면 산죽밭이 시작되어 8분을 가면 동쪽으로 하산길이 있으나 험로이며, 계속 주능선을 따라 11분을 가면 삼각점이 있는 전망바위가 나오고, 3분을 더 오르면 전망이 있는 보리암상봉(691.9봉) 삼거리에 닿는다. 이 삼거리에서 왼편 북쪽 지능선을 탄다. 오른편 남쪽은 제2등산로 또는 용면소재지로 하산길이다. 북쪽 하산길은 바윗길이므로 밧줄이 있지만 눈비가 올 때에는 주의를 해야 한다.

북쪽으로 내려서면 급경사 바윗길이 시작되는데 모두 나무계단이 설치되어 있다. 나무계단 길을 따라 30분을 내려가면 보리암 갈림길에 닿는다. 보리암까지는 100m이다. 여기서부터 나무계단길을 타고 갈림길에서 17분을 내려가면 돌탑을 지나고 3분 거리에 이르면 바위굴을 만나며, 13분을 내려가면 삼거리에 닿고 여기서 12분을 더 내려가면 주차장에 닿는다.

자가운전

호남-88고속도로 또는 남해-88고속도로 담양IC에서 빠져나와 29번 국도를 타고 북쪽으로 12km 담양읍에서 직진 ⇒ 용면을 거쳐 추월산 관광단지 주차장.

대중교통

광주에서 담양행 버스 이용 후, 담양에서 추월산 경유 가마골행 왕복(9회) 운행하는 군내버스 이용, 추월산 주차장 하차.

숙식

추월산

흥부네식당(한식)
담양군 용면 월계리 149-25
061-382-2688

해피랜드모텔
용면 월계리 주차장
061-383-7759

담양

박물관앞집(떡갈비,대통밥)
담양읍 백동리 670-13
061-381-1990

골든리버모텔
담양읍 백동리 352-7
061-383-8960

온천

담양온천
금성면 원율리 399
061-380-5014

명소

가마골 : 6.25 때 빨치산 주둔지.

메타세콰이아 가로수 길

죽록원

담양장날 2일, 7일

병풍산(屏風山) 822.2m   삼인산(三人山) 570m

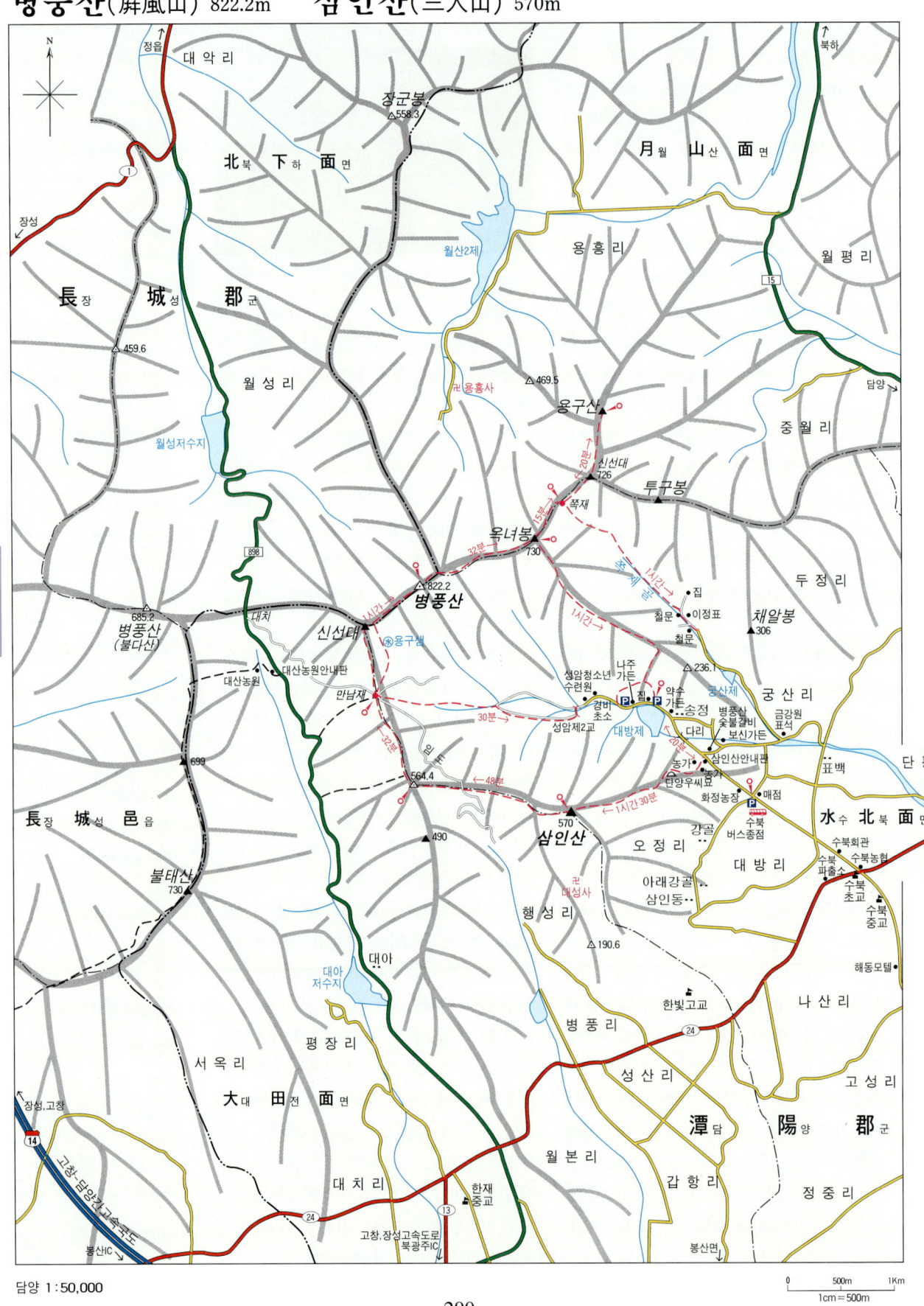

병풍산 · 삼인산

전라남도 담양군 수북면, 장성군 북하면(全羅南道 潭陽郡 水北面, 長城郡 北下面)

개요

병풍산(屏風山. 822.2m)은 호남정맥 추월산에서 서남쪽으로 능선이 이어져 직선거리로 12km 거리에 위치하고 있다. 병풍산을 기준으로 남쪽은 평야이고 북쪽은 산악지역이다. 병풍산 정상주변 주능선에는 바위가 많고, 정상을 제외한 주변은 대부분은 육산이다.

삼인산(三人山. 570m)은 대방저수지를 사이에 두고 병풍산과 ㄷ자 형태로 연결되어 있으며 소나무가 많은 산이다. 무난한 산세를 이루고 있어 주말 가족 산행지로 좋은 산이다.

삼인산, 병풍산 산행은 수북면 대방리 시내버스 종점에서 서쪽능선을 타고 삼인산을 먼저 오른 다음, 만남재를 거쳐 병풍산에 오른다. 병풍산에서 하산은 동릉을 타고 옥녀봉 삼거리에 이른 후에, 동남쪽 지능선을 타고 대방저수지로 하산한다. 삼인산만의 산행은 만남재에서 동쪽 수련원 방면으로 하산한다. 병풍산만의 산행은 대방저수지 오른편 나주가든에서 북서쪽 지능선을 따라 옥녀봉을 경유하여 병풍산에 오른 후, 만남재에서 동쪽 수련원으로 하산한다.

등산로

삼인산-병풍산(총 6시간 42분 소요)

버스종점 → 90분 → 삼인산 → 80분 → 만남재 → 60분 → 병풍산 → 32분 → 옥녀봉 → 60분 → 나주가든 → 20분 → 버스종점

수북면사무소 앞 사거리에서 동북쪽으로 난 도로를 따라가면 수북주유소를 지나서 180번 버스종점이 나온다. 매점이 있는 버스종점에서 북동쪽으로 난 도로를 따라 200m 들어가면 도로 우측에 삼인산등산로입구 팻말이 나온다. 여기서 도로를 벗어나 왼쪽으로 농로를 따라 50m 가면 양쪽에 민가가 한 채씩 있고, 산 쪽으로 두 갈래 길이 있다. 여기서 우측 길로 간다. 산 쪽으로 난 우측 길을 따라 올라가면 묘를 지나고, 이어서 5분을 가면 단양우씨 묘를 지나서 등산로 표시가 있는 지능선이 나온다. 종점에서 15분 거리다. 지능선에서 계속된 능선길을 따라 1시간 15분을 오르면 삼인산 정상에 닿는다. 정상은 뾰쪽하게 생겨 밑에서 보면 삿갓처럼 보인다.

하산은 동릉을 탄다. 동쪽 주능선길은 완만한 편이고 간간이 바윗길도 있으나 무난한 편이며 48분 거리에 이르면 565봉에 닿는다. 565봉은 능선이 갈라지는데 북쪽능선으로 등산로가 이어진다. 북쪽 능선길을 따라 30분을 내려가면 사거리 만남재에 닿는다.

만남재에서 우측으로 내려가면 30분 거리에 수련원을 지나며, 도로를 따라 20분을 더 내려가면 버스종점이다.

* 만남재에서 병풍산 길은 능선길과 비탈길 두 갈래로 갈린다. 능선길은 신선대를 경유하고 오른쪽 비탈길은 용구샘을 경유한다. 어느 코스로 가도 43분 후에 주능선에서 다시 만난다. 만남재에서 북쪽으로 보면 외딴 소나무 옆에 이정표가 있다. 이정표에서 오른편 용구샘 쪽으로 발길을 옮겨 오솔길을 따라 10분을 가면 왼쪽으로 산길이 이어져 급경사를 이룬다. 급경사 길로 14분을 올라가면 오른편 너덜지대로가는 갈림길이 나온다. 갈림길에서 오른쪽 너덜지대를 지나면 수직절벽인 병풍바위 아래 용구샘이 있다. 샘에서 다시 5분을 올라가면 주능선 안부에 닿는다. 안부에서 동쪽 억새능선을 따라 17분을 가면 병풍산 정상이다.

하산은 동쪽으로 주능선을 타고 8분 거리에 이르면 철사다리가 나온다. 철사다리를 내려가서 완만한 주능선을 따라 24분 거리에 이르면 옥녀봉 삼거리에 닿는다.

삼거리에서 오른쪽 지능선을 따라 내려간다. 지능선길은 뚜렷하고 무난하게 이어지면서 45분을 내려가면 236.1봉 닿기 전에 오른쪽으로 이어지고, 10분을 내려가면 묘가 있는 갈림길이 나온다. 여기서 오른쪽은 대방저수지 상류로 왼쪽은 대방저수지 중간으로 하산하게 된다. 오른쪽으로 5분을 내려가면 나주가든이 나오고, 도로를 따라 20분 내려가면 버스종점에 닿는다.

자가운전

호남-88고속도로 담양IC 또는 남해-88고속도로 담양IC에서 빠져나와 29번 국도를 타고 담양읍소재지에서 좌회전 ⇨ 24번 국도를 타고 5km 거리 수북사거리에서 우회전 ⇨ 1km 거리 삼인산 입구 주차.

대중교통

광주역-전남대-대인시장-수북면행 180번 시내버스 1일 8회(06:20-21:30) 이용, 수북 종점 하차.

담양에서 6회 운행하는 수북면행 303번 시내버스 이용, 수북리 야영장 하차.

숙식

담양

박물관앞집 대통밥
담양읍 백동리 670-13
061-382-1990

골드리버모텔
담양읍 백동리 352-7
061-383-8960

수북

수북회관
담양군 수북면 수북리 560
061-382-7043

해동모텔
담양군 수북면
061-381-7884

명소

죽녹원
가마골생태공원
담양장날 2일, 7일

무등산(無等山) 1186.8m

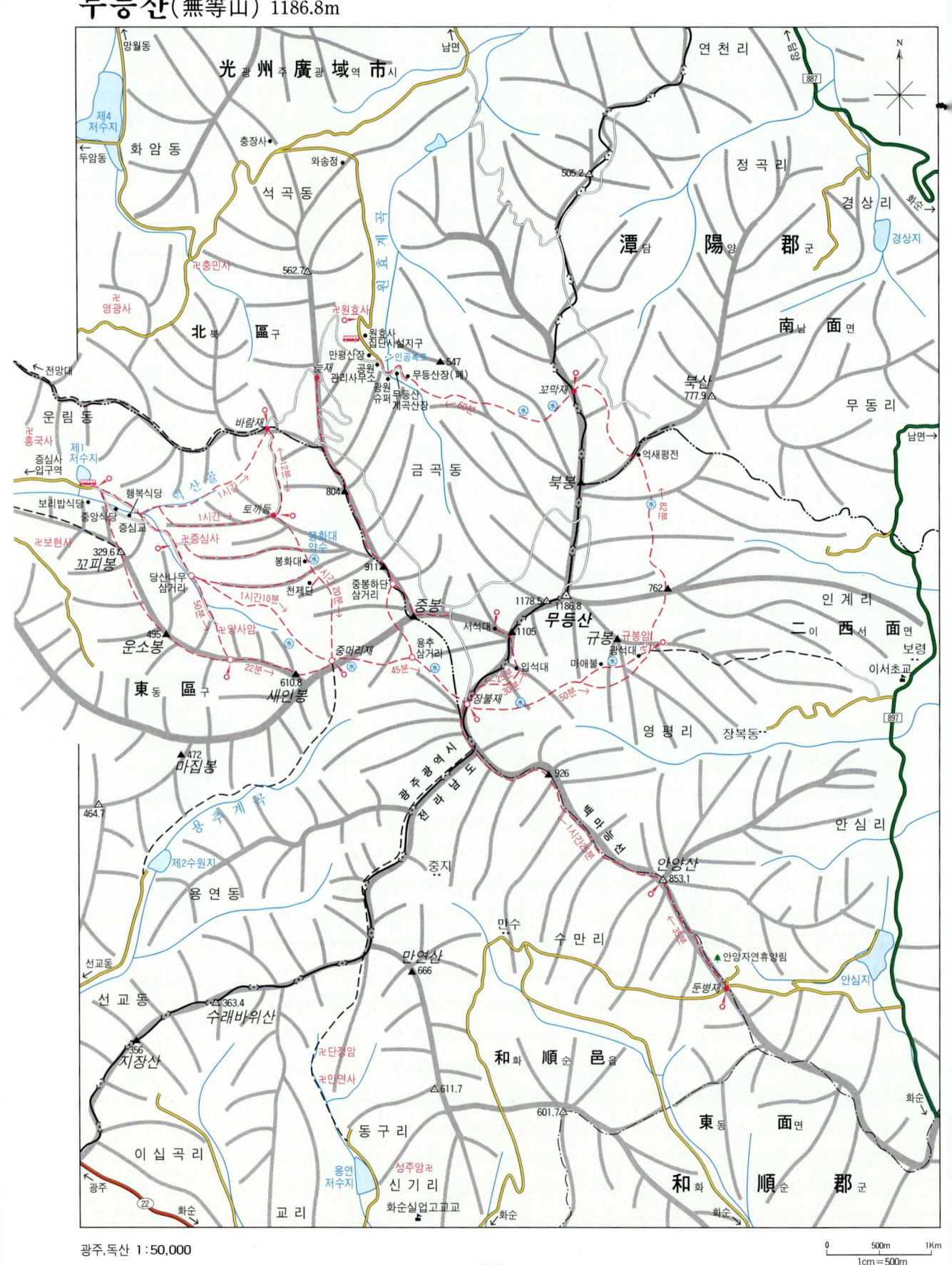

무등산

광주광역시 동구 · 전라남도 화순군(光州廣域市 東區 · 全羅南道 和順郡)

개요

무등산(無等山, 1186.8m)은 호남정맥의 대표적인 산이며 광주의 상징적인 산이다. 산세가 완만하고 듬직하여 모든 사람의 마음을 받아주고, 지켜 보아주는 어머니 같은 산이며, 시설물로 인해 정상인 천왕봉을 오르지 못해 아쉬움이 남는다. 무등산의 절경인 입석대(立石臺) · 서석대(瑞石臺) · 광석대(廣石臺)의 3대 석경(石景)이 있다. 정상을 중심으로 서쪽 기슭에는 천년 고찰 증심사가 자리하고 있고, 서북쪽에는 원효사가 자리하고 있으며, 남쪽 해발 900m에는 규봉암이 자리하고 있다. 등산로 주변에 약수터가 많아 산행 중 매우 유익하다.

산행은 서쪽의 증심사 주차장에서 시작 증심사, 약사암, 토끼등 방면 중 한곳을 선택하여 중머리재에 오른 후에, 동쪽 비탈길을 따라 규봉암을 경유하여 계속 동북쪽 비탈길로 이어져 북쪽 꼬막재를 경유하여 무등산관리사무소에 이르기까지 계속 비탈길로 이어지는 산행길이다. 안양산 방면 길은 장불재에서 남동쪽으로 이어진 주능선을 타고 안양산에 오른 다음, 계속 주능선을 따라 둔병재로 하산 할 수도 있다.

무등산 동부능선 억새군락지

등산로(총 6시간 10분 소요)

증심사 종점 → 70분 → 중머리재 → 48분 →
장불재 → 50분 → 규봉암 → 82분 →
꼬막재 → 60분 → 무등관리사무소

증심사 주차장에서 식당가 소형차로를 따라 10분 거리에 이르면 중심교 삼거리가 나온다. 중심교 삼거리에서 오른쪽은 증심사를 경유하여 중머리재로 가는 길이고, 왼쪽은 토끼등 봉황대를 경유하여 중머리재로 가는 길이다. 오른쪽 길을 따라 10분을 가면 증심사 삼거리가 나온다. 삼거리에서 왼쪽으로 가면 증심사를 경유하여 중머리재로 가고 오른쪽 길은 약사암을 경유하여 중머리재로 가는 길이다. 왼쪽으로 4분을 가면 증심사 앞에 이정표가 나온다. 이정표에서 오른편 중머리재 방면 등산로를 따라가면 본격적인 산행이 시작된다. 증심사에서 뚜렷한 등산로를 따라 46분 거리에 이르면 중머리재에 닿는다.

중머리재에서 동북쪽 정상을 바라보고 오른편 비탈길로 이어지는 동쪽 길을 따라 3분을 가면 약수터가 나온다. 약수터를 지나서 계속 비탈길로 이어지는 등산로를 따라 20분을 가면 용추삼거리가 나온다. 여기서 오른쪽으로 22분을 오르면 장불재에 닿는다.

용추삼거리에서 왼쪽의 중봉을 경유하여 다시 장불재로 이어진다. 장불재에서 북쪽 입석대 · 서석대가 가까이 올려다 보인다. 입석대 · 서석대까지는 왕복 1시간 거리다.

장불재에서도 동쪽 등산로를 따라 내려가면 비탈길로 계속 이어지면서 23분 거리에 이르면 석불암 갈림길이 나온다. 갈림길에서 오른쪽 길을 따라 22분을 가면 규봉암 삼거리가 나온다. 왼쪽으로 5분 거리에 규봉암이다.

규봉암 삼거리에서도 계속 북쪽 비탈길로 간다. 북쪽으로 난 비탈길을 따라 3분가면 이서 방면 갈림길이 나온다, 갈림길에서 왼쪽 북쪽 방향 비탈길을 따라 너덜길 돌밭길로 이어져 54분 거리에 이르면 신선대 입구에 닿는다. 여기서 왼쪽 북쪽으로 이어지는 비탈길을 따라 3분을 가면 억새평전이 나온다. 계속 이어지는 북쪽 비탈길을 따라 22분을 가면 꼬막재에 닿는다.

꼬막재에서 계속 이어지는 북서쪽 길을 따라가면 내리막길로 이어져 45분을 내려가면 산장(폐)이 나온다. 여기서부터 소형차로를 따라 10분을 내려가면 관리사무소에 닿고 도로를 5분 더 내려가면 버스종점에 닿는다.

자가운전

호남고속도로 동광주IC에서 빠져나와 직진 ⇒ 6km 우회도로 학운IC에서 좌회전 ⇒ 3km 증심사 주차장.

대중교통

증심사지구 : 광주시내에서 증심사행 버스(15번, 27번, 52번, 771번, 555번, 101번) 이용, 증심사 종점 하차.

원효사지구 : 도청 앞에서 1187번 버스를 타고 원효사 종점 하차.

숙식

증심사 지구

무등산옥김치(보리밥)
동구 운림동 74-6
062-227-1449

행복식당(한식)
동구 운림동 967
062-225-1672

원효사 지구

계곡산장 식당
북구 금곡동 209 원효사
062-265-4747

만평산장 식당
북구 금곡동 산 209-18
062-266-4477

명소

망월동묘역
무등산 도립공원 관리사무소 062-265-0761

무등산 입석대

갓봉 344m　　구수산(九岫山) 339m

잣봉 · 구수산 전라남도 영광군 백수읍(全羅南道 靈光郡 白岫邑)

개요

잣봉(344m)과 **구수산**(九岫山, 339m)은 백수읍에서 시작하여 북쪽으로 뻗어나가는 능선이 잣봉을 이루고, 계속 북쪽으로 이어지다가 봉화령에 이르러 두 갈래로 갈린다. 서북쪽으로 이어진 능선은 대신리까지 이어지고, 북동쪽으로 뻗어나간 능선은 구수산까지 이어진다.

산행은 백수읍에서 시작 잣봉에 오른 다음, 봉화령삼거리, 불목재삼거리, 구수산, 삼밭재를 경유하여 길룡리 버스종점으로 하산한다.

구수산 길룡리에는 원불교 창시자인 소태산 박중빈(朴重彬 1891. 5. 5~1943. 6. 1)이 태어난 곳으로 원불교성지가 되었다. 소태산 생가가 있고 대각지와 영산원불교대학교가 있다.

구수산만의 산행은 길룡리 종점에서 소태산 생가, 옥녀봉, 구수산, 삼밭재를 경유하여 다시 길룡리 버스종점으로 원점회귀 산행이다.

등산로

잣봉 – 구수산(총 6시간 3분 소요)

백수우체국 → 80분 → 잣봉 → 70분 →
봉화령 → 40분 → 불복재 → 50분 →
구수산 → 22분 → 삼밭재 → 41분 → 대각지

백수읍 우체국에서 서쪽 도로를 따라 가면 건물이 끝나는 지점에 상촌마을 잣봉 안내도가 있다. 여기가 잣봉 등산기점이다. 나무계단으로 정돈된 등산로를 따라 20분을 올라가면 헬기장이 있는 봉우리에 닿는다. 헬기장에서 북서쪽 능선을 따라 25분을 가면 전망바위가 나온다. 전망바위에서 계속 북서쪽 능선을 따라 35분을 가면 잣봉 정상이다.

하산은 계속 이어지는 북서릉을 타고 20분을 가면 산불초소가 있는 모재봉에 닿는다. 모재봉에서 5분 내려가면 모재에 닿고, 계속 이어지는 주능선을 따라 45분을 가면 삼거리 봉화령에 닿는다.

봉화령 삼거리에서 왼쪽은 대신리 방면이고, 오른쪽은 구수산 방면이다. 봉화령에서 구수산을 향해 오른편 북릉을 따라 40분을 가면 불복재 갈림길이 나온다.

불복재 갈림길을 주의해야 한다. 삼거리 갈림 능선에서 오른편 동쪽으로 간다. 동쪽능선을 따라 20분을 내려가면 안부 사거리가 나온다. 안부에서 직진한다. 동쪽으로 이어진 능선길을 따라 30분을 올라가면 구수산 정상이다.

하산은 북동쪽으로 이어진 주능선을 따라 22분을 내려가면 삼거리 삼밭재에 닿는다.

삼밭재에서 오른편 동남쪽으로 난 길을 따라 4분을 내려가면 기도터가 나온다. 기도터에서 12분을 내려가면 전망바위가 나온다. 전망바위에서 지능선을 따라 15분을 내려가면 행주은씨 세장비(幸州殷氏 世葬碑)가 나온다. 세장비를 지나면 곧 농로가 시작되어 농로를 따라 10분 거리에 이르면 대각교를 건너 길룡리 버스종점이다.

구수산(총 3시간 39분 소요)

버스종점 → 30분 → 안부 → 40분 →
삼밭재 → 26분 → 구수산 → 22분 →
삼밭재 → 41분 → 버스종점

길룡리 버스종점 끝집에서 북쪽으로 난 소형 차로를 따라 5분 거리에 이르면 소태산생가가 나온다. 생가 오른쪽으로 잔디 위에 돌 표시를 따라가면 계곡으로 등산로가 이어진다. 이 등산로를 따라 50m 가면 갈림길이 나온다. 갈림길에서 오른쪽으로 가면 계곡으로 산길이 이어져 25분을 오르면 안부에 닿는다.

안부에서 왼쪽 능선을 따라 30분을 가면 상여봉을 지나서 설레바위봉에 닿고, 여기서 10분을 가면 삼밭재 삼거리다.

삼거리에서 오른편 주능선을 따라 26분을 올라가면 구수산 이다.

하산은 올라왔던 삼밭재까지 다시 내려간다. 삼밭재에서 오른편 사면길을 따라 내려가면 기도터를 지나고 전망바위를 지나면 행주은씨 세장비가 나온다. 비석을 지나서 농로를 따라 내려가면 대각교를 건너 버스종점이다.

자가운전

잣봉-구수산: 서해안고속도로 영광IC에서 빠져나와 좌회전 ⇨ 23번 국도를 타고 영광읍 북쪽 언교에서 백수 방면 844번 지방도를 타고 백수읍 주차.

구수산은 영광에서 백수쪽 844번 지방도를 타고 하산삼거리에서 우회전 ⇨ 길룡리 버스종점.

대중교통

잣봉-구수산: 영광에서 백수 대신리행 1일 8회(08:00 09:40 12:10 13:30 15:40 17:10 18:20 19:30) 이용, 백수 하차.

구수산: 영광에서 영산성지행(길룡리) 1일 6회 이용.

식당

국일관(굴비요리)
영광읍 단주리 627-8
061-351-2020

선비식당(생삼겹살)
영광읍 단주리 627-25
061-353-8630

숙박

시카고모텔
영광읍 단주리
061-351-7300-1

팔레스모텔
영광읍 신하리 831-9
061-351-5300

명소

백수면 77번 해변도로

영광장날 1일, 9일
백수장날 4일, 9일

장암산(場岩山) 481.5m   태청산(太淸山) 593.3m

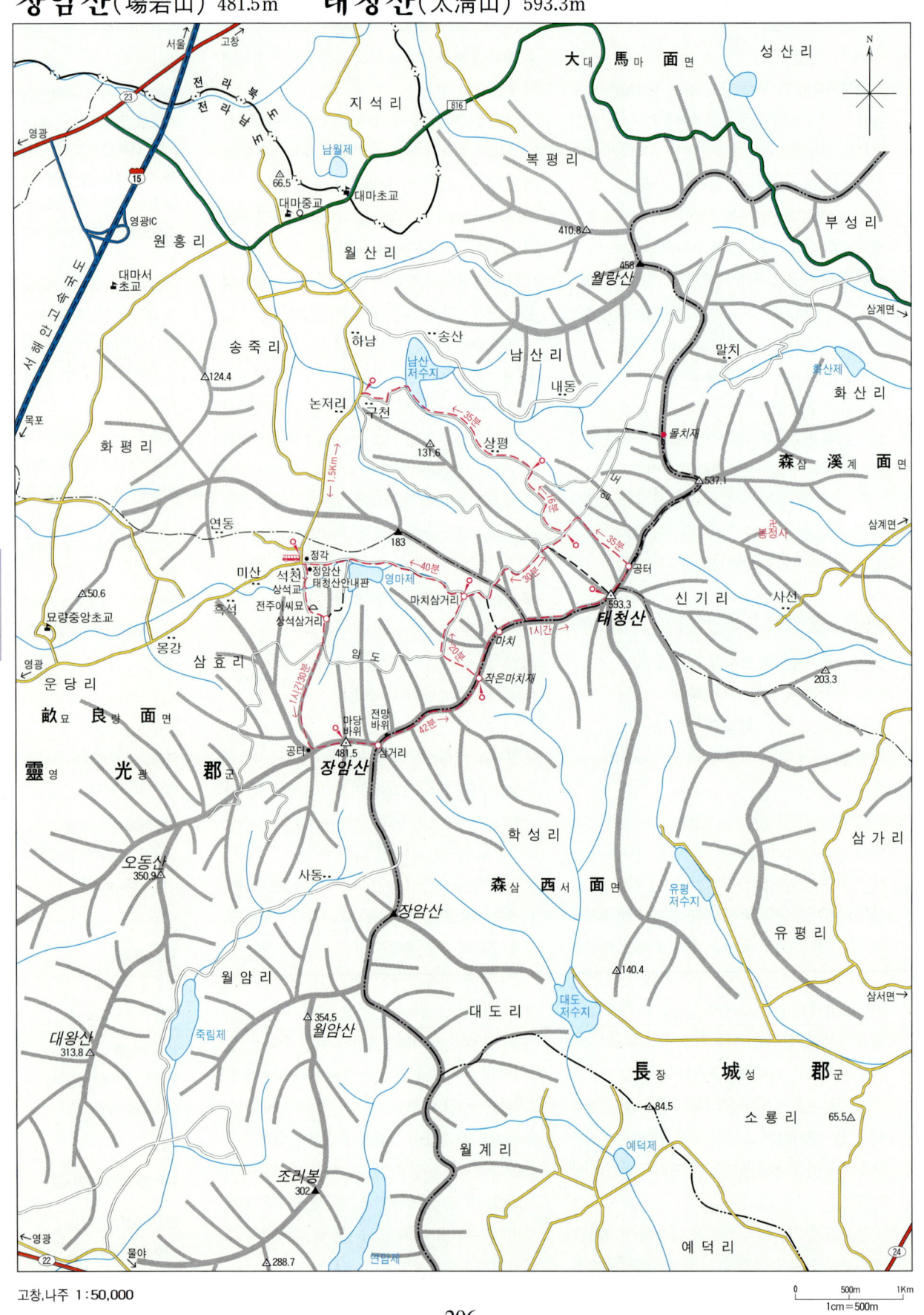

장암산 · 태청산

전라남도 영광군 묘량면, 장성군 삼서면(全羅南道 靈光郡 畝良面, 長城郡 森西面)

개요

장암산(場岩山. 481.5m)과 **태청산**(太淸山. 593.3m)은 영광군과 장성군 경계를 이루고 있는 산이다. 전체적인 산세는 육산이며 등산로는 다소 희미한 편이다. 남북으로 길게 이어진 주능선 동쪽은 군사시설로 통제지역이므로 반드시 서쪽 방면으로만 하산을 해야 한다.

산행은 석천마을에서 시작 남쪽능선을 타고 장암산을 먼저 오른 후에, 작은마치재에서 서쪽 대치삼거리를 경유하여 다시 석천마을로 원점회귀 산행이다.

태청산은 따로 하기보다 장암산과 함께 종주 산행이 바람직하다. 종주산행은 작은마치재에서 계속 북쪽 주능선을 타고 태청산을 오른 후에, 북쪽 200m 거리 삼거리에서 왼편 서쪽 길을 따라 하산 임도에서 남쪽으로 임도를 따라 30분 거리 마치삼거리에서 우측 임도를 따라 내려가면 다시 석천마을로 원점회귀 산행이다.

등산로

장암산-태청산(총 5시간 57분 소요)

석천마을 → 90분 → 장암산 → 42분 →
작은마치재 → 60분 → 태청산 → 35분 →
임도 → 30분 → 마치삼거리 → 40분 →
석천버스종점

석천정마을 버스종점 사거리에서 남쪽 골목길로 50m 거리 상석교를 건너 언덕을 올라서면 갈림길이 나온다. 갈림길에서 왼쪽으로 직진하여 올라가면 논이 끝나고, 산 입구 왼쪽에 전주 이씨 묘가 나온다. 묘 오른편 산길을 따라 7분을 올라가면 지능선이 나온다. 능선에서 오른편 완만한 능선을 따라 20분을 올라가면 급경사로 이어져 43분을 더 올라가면 공터 헬기장이 나온다. 헬기장에서 절개지로 내려서면 임도 종점 공터가 나오고, 동쪽 능선을 따라 12분을 가면 마당바위가 있는 장암산 정상이다.

하산은 태청산 방면 동쪽 주능선을 탄다. 정상에서 동쪽 능선을 따라 2분 거리에 이르면 갈림길 전망바위가 나온다. 갈림길에서 왼편 주능선을 따라 전망바위를 내려서면 억새밭을 통과하며, 숲길로 이어져 40분을 내려가면 이정표가 있는 사거리 작은마치재에 닿는다.

여기서 북동쪽은 태청산, 석천정은 왼편 서쪽으로 내려간다. 뚜렷한 서쪽 길을 따라 12분을 내려가면 임도가 나온다. 임도에서 우측 임도를 따라 10분을 가면 임도 마치삼거리가 나온다. 여기서 왼쪽 임도를 따라 40분을 내려가면 석천정에 닿는다.

작은마치재에서 태청산은 계속 북쪽 능선을 따라 23분을 가면 마치재 삼거리가 나온다. 삼거리에서 계속 북쪽 능선을 따라 1.3km 37분을 올라가면 삼거리 태청산 정상이다.

하산은 서쪽으로 바로 능선을 타고 하산을 할 수도 있고, 계속 북쪽능선으로 타고 가다가 200m 거리에서 하산을 할 수도 있으며, 물치재까지 가서 임도를 따라 하산을 할 수도 있다.

태청산 정상에서 북쪽 능선을 따라 200m 가면 공터 삼거리가 나온다. 삼거리에서 왼편 서쪽으로 내려간다. 서쪽 길을 따라 25분을 내려가면 임도가 나온다.

임도에서 하산 길을 두 곳으로 갈린다. 하나는 왼쪽 임도를 따라 석천정으로 원점회귀 산행길이고, 하나는 임도를 가로질러 남산저수지를 경유하여 구천마을로 하산길이다.

승용차를 석천정에 주차를 했다면 왼쪽 임도를 따라간다. 임도를 따라 30분 거리에 이르면 마치삼거리가 나온다. 삼거리에서 우측 임도를 따라 40분을 내려가면 영마저수지를 경유하여 산행기점 석천정 버스 종점에 닿는다.

태청산 북쪽 공터에서 서쪽 임도로 하산 후에 구천마을로 하산할 때는 임도를 가로질러 서쪽 방향으로 16분(800m)을 내려가면 삼거리가 나온다. 삼거리에서 왼쪽 임도를 따라 25분을 내려가면 남산저수지 둑 삼거리가 나온다. 삼거리에서 왼쪽 임도를 따라 20분을 더 내려가면 구천마을 버스정류장에 닿는다.

자가운전

서해안고속도로 영광IC에서 빠져나와 우회전 ⇒ 1km 거리에서 우회전 ⇒ 대마면에서 구천마을 경유하여 계속 남쪽으로 도로를 따라 삼효리 석천마을 종점 주차.

대중교통

영광에서 영당행(석천) 버스(1일 8회)를 타고 석천마을 종점 하차.
영광개인택시
061-353-2493

식당

국일관(굴비요리)
영광읍 단주리 627-8
061-351-2020

선비식당(생삼겹살)
영광읍 단비리 627-25
061-353-8630

숙박

시카고모텔
영광읍 단비리
061-351-7300-1

팔레스모텔
영광읍 신하리 831-9
061-351-5300

명소

불갑사

영광장날 1일, 6일

불갑산(佛甲山) 518.2m

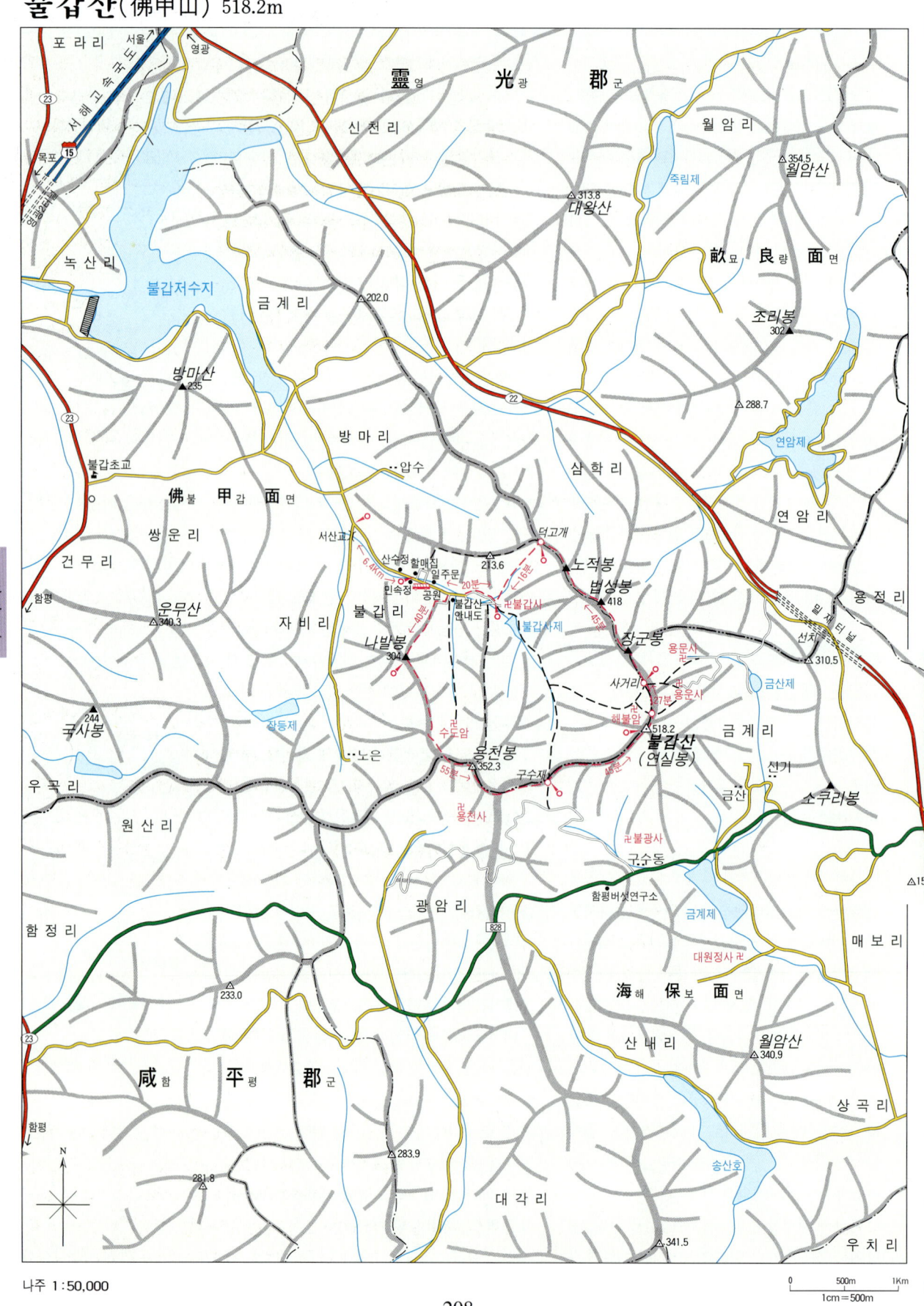

불갑산

전라남도 영광군 불갑면, 함평군 해보면(全羅南道 靈光郡 佛甲面, 咸平郡 海保面)

개요

불갑산(佛甲山, 518.2m)은 영광에서 가장 높고 전국에서도 널리 알려진 유명한 산이다. 영광에는 높은 산이 없기 때문에 불갑산(518m)은 높은 산에 속하며 정상에 서면 사방이 막힘이 없다. 불갑산 남쪽에 위치한 불갑사에서 정상을 바라볼 때 불갑사를 사이에 두고 오른쪽으로부터 나팔봉, 용천봉, 불갑산, 장군봉, 법성봉, 노적봉으로 마치 소쿠리형태로 산세가 이루어져 있다. 바윗길이 많은 편이나 위험하지는 않으며 첫 봉에 오를 때만 다소 가파르고, 이후부터는 고만고만한 봉을 오르내리면서 산행을 하게 되는 재미가 있다. 산행시간이 5시간 이내이고 험로가 없으며 원점회귀 산행이므로 주말 가족 산행지로 좋은 산이다.

산행은 주차장에서 시작을 하여 일주문을 지나서 우측 능선을 타고 나팔봉, 모악산, 구수재를 경유하여 불갑산 정상에 오른다. 하산은 장군봉, 덕고개, 불갑사를 경유하여 다시 주차장으로 원점회귀 산행이다. 주차장에서 불갑사까지 정비가 잘 되어 매우 깨끗하다.

불갑산 산행기점에 위치한 불갑사

등산로(총 5시간 8분 소요)

불갑산 주차장 → 40분 → 나발봉 → 55분 → 구수재 → 45분 → 불갑산 → 72분 → 덕고개 → 36분 → 주차장

불갑면 소재지에서 동쪽 불갑산 도로를 따라 6.4km 거리에 이르면 불갑산 주차장이 나온다.

주차장에서 불갑사로 가는 넓은 길을 따라 들어가면 일주문을 통과하여 우측에 이정표가 나온다.(주차장에서 5분 거리) 이정표가 있는 곳에서 우측으로 50m 거리에 이르면 오른편으로 작은 간이 다리가 나온다. 이 다리를 건너 왼쪽계곡을 따라 30m 거리에 이르면 오른쪽 능선으로 뚜렷한 등산로가 나타난다. 여기가 불갑산 산행기점이다. 오른쪽 지능선으로 뚜렷한 등산로를 따라 10분을 오르면 지능선 첫봉에 닿는다. 첫봉에서 계속 지능선으로 이어지는 뚜렷한 등산로를 따라 25분을 올라가면 나발봉에 닿는다.

나발봉에서 남동쪽으로 이어지는 주능선 길은 다소 급경사를 이루고 있다. 급경사 지능선을 따라 33분을 올라가면 용천봉삼거리에 닿는다.

용천봉에서 북쪽 길은 불갑사로 내려가는 길이다. 용천봉 삼거리에서 동쪽으로 이어지는 주능선을 따라 22분 거리에 이르면 구수재 사거리에 닿는다.

구수재 사거리에서 왼편 북쪽으로 내려가면 동백골로 하산길이 이어져 1시간 정도 내려가면 불갑사에 닿는다.

구수재에서 동쪽 주능선을 따라 오르면 가파른 길로 이어진다. 동쪽으로 이어지는 주능선을 따라 45분을 올라가면 연실봉 불갑산 정상이다. 정상은 거대한 암봉이며 동쪽은 절벽이다. 주변은 거대한 바위 군으로 이루어져 있고, 주변 일대가 막힘이 없고 날이 좋을 때는 추월산 무등산이 보인다.

하산은 북서릉을 탄다. 북서쪽 능선을 따라 내려가면 바윗길을 통과하게 된다. 바윗길을 통과하여 27분을 내려가면 사거리 안부에 닿는다. 안테나가 있는 안부에서 왼쪽으로 내려가면 해불암을 거쳐 불갑사로 내려간다. 안부에서 계속 북서쪽 능선을 따라 올라가면 장군봉에 닿고, 연이어서 투구봉, 법성봉, 노적봉을 경유하여 45분을 내려가면 덕고개 삼거리에 닿는다.

덕고개에서 왼편 남서쪽으로 내려가면 계곡으로 이어져 16분을 내려가면 불갑사에 닿는다. 불갑사를 놀아보고 20분 내려가면 주차장에 닿는다.

자가운전

서해안고속도로 영광IC에서 빠져나와 좌회전 ⇒ 23번 국도 함평 방면 약 15km 불갑면소재지에서 불갑사 이정표를 따라 좌회전 ⇒ 6.4km 거리 불갑산 주차장.

대중교통

서울 강남버스터미널에서 40분 간격 또는 광주에서 수시로 운행하는 영광행 버스 이용, 영광 하차. 영광에서 불갑사행 시내버스 1일 8회(09:00 10:30 11:20 12:30 14:30 15:30 17:30 19:50) 이용, 불갑사 종점 하차.

식당

할매보리밥집
영광군 불갑면 모악리
061-352-7844

국일장(굴비요리)
영광읍 단주리 627-8
061-351-2020

숙박

팔레스모텔
영광읍 신하리 831-9
061-351-5300

명소

불갑사

백수면 77번 해안도로

영광장날 1일, 6일

월출산(月出山) 809.8m

월출산

전라남도 영암군, 강진군(全羅南道 靈巖郡, 康津郡)

개요

월출산(月出山, 809.8m)은 달밤에 바라본 월출산의 형체가 아름답고, 달을 제일 먼저 맞이한다고 하여 신라시대에는 월나산, 고려시대에는 월생산, 조선시대부터는 월출산이라 불렸다 한다. 주봉인 천황봉을 중심으로 동쪽으로는 사자봉, 서쪽으로는 구정봉, 억새밭으로 펼쳐지는 자연경관과 절벽으로 이루어진 산세가 천하절경으로 일찍이 호남의 소금강이라 불러왔으며 1988년 6월 11일 19번째 국립공원으로 지정되었다. 천황산 동쪽 구름다리는 지상 120m, 길이 54m, 폭 1m 우리나라에서 가장 높은 곳에 위치하고 있다.

산행은 도갑사 코스, 경포대 코스, 천황사 코스등 3곳이 있다.

월출산 구정봉 주변 아름다운 바위군

등산로(총 6시간 7분 소요)

도갑사 → 80분 → 억새밭 → 60분 →
바람재 → 45분 → 천황봉 → 100분 →
천황교 → 22분 → 천황주차장

도갑사 주차장에서 1분 거리 매표소를 통과하여 30m 거리 왼쪽으로 올라서면 도갑사다. 도갑사 대웅전 왼쪽으로 다리를 건너 5분을 가면 도선수미비 갈림길이다. 갈림길에서 오른 쪽으로 간다. 오른쪽 완만한 계곡길을 따라 1시간 9분을 올라 가면 물이 없어지고 계단길로 이어져 5분 더 오르면 억새밭 삼거리에 닿는다.

삼거리에서 왼쪽 주능선을 따라 40분을 가면 고개가 나오고, 다시 5분을 가면 구정봉 삼거리가 나온다. 삼거리에서 왼쪽으로 8분을 가면 구정봉이다.

구정봉에서 하산은 바위를 내려서면 사거리 갈림길이 나온다. 갈림길에서 왼쪽으로 3분을 내려서면 배틀굴을 통과하고 5분을 가면 주능선 삼거리가 나온다. 삼거리에서 왼쪽으로 3분을 내려가면 바람재 삼거다.

바람재에서 동릉을 다고 올라가면 남근바위를 지나며 바윗길로 이어져 45분을 올라가면 천황봉 정상이다.

정상에서 하산은 동릉을 탄다. 동릉을 따라 8분을 내려가면 통천문을 통과하고, 5분을 더 내려가면 통천문 삼거리가 나온다. 삼거리에서 왼쪽은 바람골, 오른쪽은 구름다리 하산길이다. 오른쪽 길을 따라 7분을 내려가면 경포대 갈림길이 나온다. 갈림길에서 계속 직진 능선을 따라 9분을 가면 사자봉 동쪽 편 고개가 나온다. 여기서 왼쪽으로 꼬부라져 비탈길로 이어지다가 능선을 만나서 큰 바위 오른쪽으로 내려간다. 큰 바위아래서 다시 왼쪽 급경사를 따라 28분을 올라가면 양쪽 바위사이 고개가 나온다. 고개를 지나서 바윗길을 따라 22분을 내려가면 구름다리가 나온다.

구름다리를 건너면 정자에서 갈림길이 나온다. 왼쪽은 천황사 능선길이고 오른쪽은 계곡길이다. 오른쪽으로 9분을 내려가면 계곡 삼거리가 나온다. 삼거리에서 오른쪽 길을 따라 12분을 내려가면 천황교 삼거리가 나오고, 10분 더 내려가면 주차장이다. 여기서 12분 거리에 버스 종점이다.

경포대 코스(5시간 10분)

경포대통제소를 통과하여 50m 삼거리에서 오른쪽 계곡을 따라 등산로가 이어진다. 계곡과 나란히 이어지는 등산로를 따라 30분 거리에 이르면 경포대삼거리가 나온다.

삼거리에서 왼편 계곡을 따라 가다가 지능선으로 이어져 40분을 오르면 바람재에 닿는다. 여기시부터는 도갑사 등산로를 참고한다.

※월출산국립공원 061-473-5210

자가운전

서해안고속도로 목포IC에서 빠져나와 2번 국도를 타고 성전에서 좌회전 ⇨ 13번 국도를 타고 영암에 도착한 다음, **도갑사쪽**은 서남쪽 879번 지방도를 타고 약 4km에서 군서면으로 좌회전 ⇨ 4km에서 도갑사로 좌회전 ⇨ 3km 도갑사 주차장. **경포대쪽**은 영암에서 해남 방면 13번 국도를 타고 약 10km에서 우회전 ⇨ 1.5km 경포대 주차장.

대중교통

광주, 목포 방면에서 영암행 버스편을 이용, 영암 하차.

도갑사 코스 : 영암-도갑사 2회(09:50, 16:30) 이용 도갑사 하차.

천황사 코스 : 영암-천황사 5회 이용.

경포대 코스 : 강진-경포대 군내버스 6회 이용(경포대 코스는 영암에서 없음).

식당

중원회관(갈락, 짱뚱어탕)
영암읍 동무리 영암군청 앞 061-473-6700

우정회관(한우)
영암읍 춘양리 499
061-473-9200

숙박

리젠시모텔
영암읍 남풍리 3-21
061-473-5454

온천

월출산온천호텔
061-473-6311

덕룡산(德龍山) 420m   주작산(朱雀山) 475m   남주작산(南朱雀山) 428m

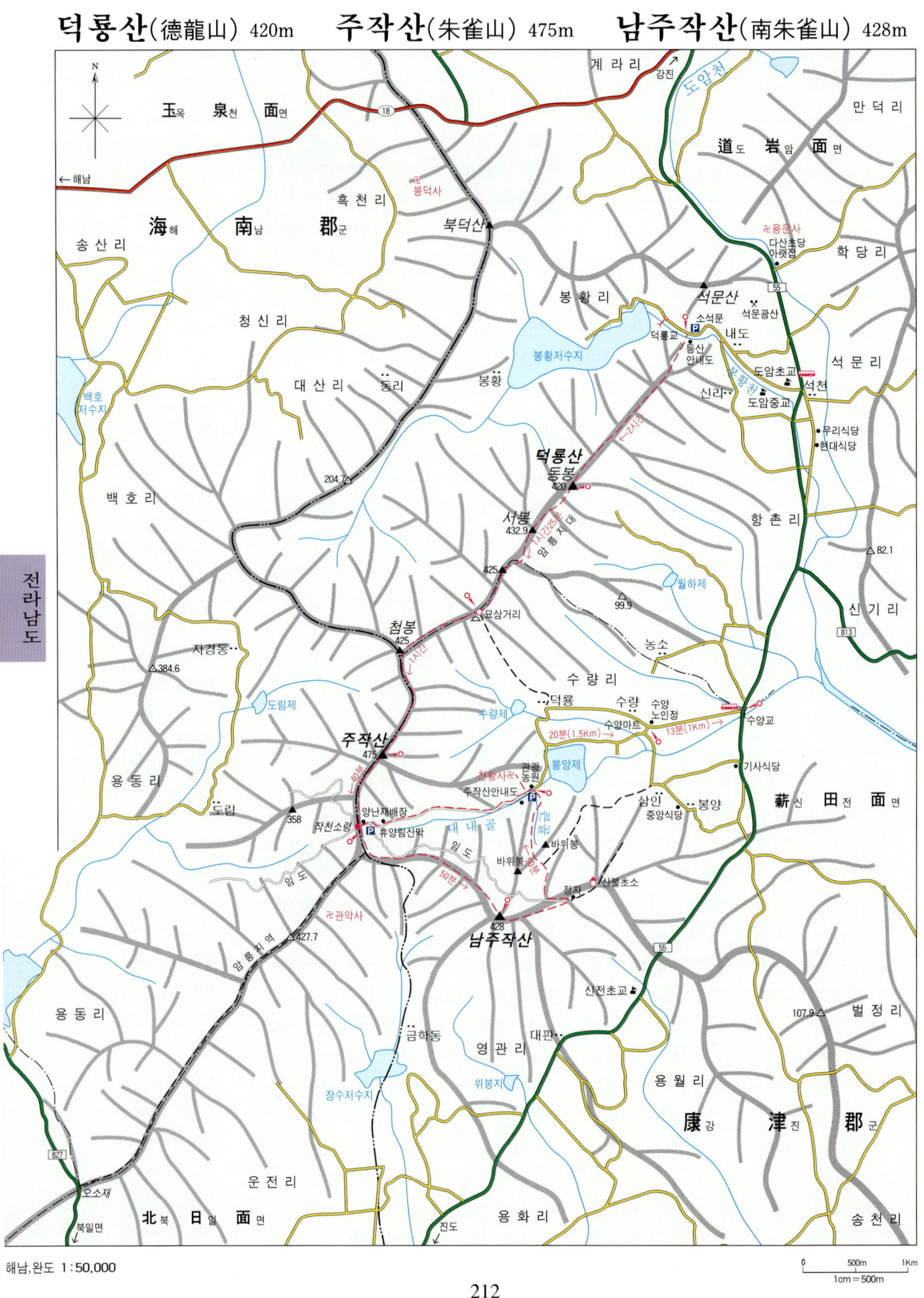

덕룡산 · 주작산 · 남주작산 전라남도 강진군, 해남군(全羅南道 康津郡, 海南郡)

개요

덕룡산(德龍山. 420m), 주작산(朱雀山. 475m), 남주작산(南朱雀山. 428m)은 강진군과 해남군 경계를 이루면서 동일한 능선에 위치한 바위산이다. 북쪽 덕룡산에서 남쪽으로 뻗어 내려간 능선은 바위산으로 빼어난 경치를 이루면서 작전소령을 지나면서 두 능선으로 갈라진다. 남쪽능선은 해남 오소재로 뻗어가고 동쪽능선은 남주작산으로 이어진다.

산행은 북쪽 소석문에서 시작하여 남쪽 주능선을 타고 덕룡산 주작산을 연속 진행하여 작전소령(양난재배장)에 도착한 다음, 동쪽 소형차로를 따라 수양리로 하산한다. 또는 남주작산까지 대 종주를 하고 수양리로 하산 한다.

 등산로

덕룡산 – 주작산 – 남주작산
(총 8시간 18분 소요)

소석문 → 2시간 → 덕룡산 → 85분 →
묘삼거리 → 60분 → 주작산 → 40분 →
작전소령 → 50분 → 남주작산 → 50분 →
관광농원 → 33분 → 수양교

55번 지방도 도암초교 앞에서 서쪽으로 좁은 도로를 따라 1km 가면 왼쪽에 덕룡산 이정표가 있고, 계곡건너에 등산로가 있다. 이 지점이 덕룡산 주작산 등산기점 소석문이다.

계곡을 건너 등산로를 따라 30분 정도 오르면 능선에 닿는다. 능선에서부터 남쪽으로 이어지는 긴 능선은 바윗길이 연속이며 덕룡산(동봉) 서봉 주작산 작전소령으로 이어진다.

아기자기한 바윗길이 연속 이어지고, 험한 바위는 우회길이 있으므로 크게 위험하지는 않으나 많은 시간이 소요된다. 소석문에서 동봉까지는 큰 봉우리가 없고 작은 바위봉우리를 오르내리면서 약 2시간을 진행하면 거대한 덕룡산(동봉)에 닿는다.

덕룡산에서 계속 이어지는 서남쪽 지능선을 따라 내려가면 안부를 지나고 다시 25분을 가면 서봉에 닿는다. 동봉과 서봉은 거의 비슷한 바위봉이다. 서봉에서 계속 이어지는 남서릉을 타고 1시간을 가면 묘가 있는 갈림길에 닿는다.

갈림길에서 왼쪽으로 가면 수양저수지를 거쳐 수양리로 하산길이다.

갈림길에서 오른쪽 주능선을 따라 20분 정도 가면 천봉에 닿는다. 천봉에서부터 억새능선길을 따라 40분을 가면 바위봉 주작산 정상이다.

주작산에서 남쪽으로 이어진 주능선을 따라 내려가면 오른쪽에서 왼쪽으로 활처럼 휘어지면서 토봉을 거쳐 40분을 내려가면 임도삼거리 작전소령에 닿는다.

작전소령에서 왼편 임도를 따라 1시간을 내려가면 봉양저수지를 거쳐 수양교에 닿는다.

남주작산은 작전소령 임도삼거리에서 서쪽편 임도를 따라 10m 정도 가면 왼쪽 능선으로 산길이 나온다. 이 산길을 따라 8분을 올라가면 삼거리가 나온다. 삼거리에서 왼쪽 남주작산을 향해 작은 능선을 넘어 10분을 내려가면 왼편으로 지나는 임도를 만난다.

잠시 임도를 만났다가 다시 능선으로 오르게 된다. 등산로는 완만하고 거의 평지와 같은 오솔길로 이어진다. 임도에서 32분을 가면 팻말이 있는 남주작산 정상에 닿는다. 정상에서 바라보는 남쪽 편 전망은 막힘이 없다.

하산은 계속 남쪽으로 20분을 내려가면 헬기장을 지나서 임도가 나온다. 임도에는 정자가 있고 정자에서 남쪽으로 200m 더 진행하면 산불초소가 있는 전망대이다.

하산은 다시 정자가 있는 임도로 되돌아와서 서쪽 임도를 따라 200m 거리에 이르면 오른쪽으로 이정표가 있는 하산길이 나온다. 여기서 임도를 벗어나 우측 산길을 따라 7분을 내려가면 갈림길이 나온다. 갈림길에서 왼쪽으로 4분을 내려가면 좌우로 바위봉사이 지능선을 넘어간다. 지능선을 넘어가면 돌밭길 큰골로 이어지고, 19분을 더 내려가면 계곡을 건너 관광농원이다. 농원에서 소형차로를 따라 33분 내려가면 수양리 거쳐 55번 지방도 수양교이다.

자가운전

서해안고속도로 목포IC에서 2번 국도로 진입 강진에 도착 하자마자 55번 지방도로 ⇨ 우회전 도암면 개나리 주유소 삼거리에서 좌회전 ⇨ 4km 도암초교에서 우회전 ⇨ 1km 소석문 계곡 주차.

광주에서 13번 국도를 타고 강진에 진입, 부산 방면에서 2번 국도를 타고 강진에 진입한 다음, 서해안고속도로 편 참조.

대중교통

서울-강진 6회. 광주, 목포에서 강진행 버스 이용 후, 강진에서 1시간 간격 도암-신전면행 군내버스 이용, 덕룡산은 도암초교 하차. 남주작산은 신전면 하차. 신전택시 010-2626-0602

숙식

강진
해태식당 (한식)
강진읍 남성이 33
061-434-2486

카피르모텔
강진읍 터미널
061-433-1212

도암면
현대식당
강진군 도암면
061-432-0333

신전면
기사식당
강진군 신전면
061-433-3383

명소

정다산기념관

흑석산(黑石山) 652.5m   가학산(加鶴山) 575m   별매산 465m

해남 1:50,000

흑석산·가학산·별매산 전남 영암군 학산면, 해남군 계곡면(全南 靈巖郡 鶴山面, 海南郡 溪谷面)

개요

흑석산(黑石山. 652.5m), **가학산**(加鶴山. 575m), **별매산**(465m)은 서쪽에서부터 동일한 능선상에 두억산, 흑석산, 가학산 별매산으로 이어진다. 주능선은 바윗길이 많으며 정상은 대부분 거대한 바위로 이루어져 있다. 가학산휴양림에서 별매산, 하산지점 제전까지 도상거리는 약 20km에 달하며 7시간 이상 소요된다. 주능선에는 철쭉이 많고 키 작은 잡목들이 많으며, 등산로는 뚜렷한 편이다. 산행은 서쪽 가학산휴양림에서 가리재로 오른 다음, 동릉을 타고 흑석산, 가학산, 별매산 순으로 진행하여 동쪽 제전마을로 하산한다. 중간에 하산길은 모두 오른편 남쪽으로 있으며, 가학산을 지나서 오른편 흑석산기도원으로 하산 길을 지나면, 별매산까지 마땅한 하산길이 없으므로 참고를 해야 한다.

별매산에서 하산은 동쪽 바위봉은 안부에서 오를 때 위험하므로 안부에서 오른쪽 계곡을 따라 내려가면 안전하다.

등산로

종주 등산로(총 7시간 소요)

휴양림 → 50분 → 가리재 → 60분 →
흑석산 → 60분 → 가학산 → 32분 →
갈림길 → 90분 → 별매산 → 68분 →
제전마을

가학산휴양림 주차장에서 왼쪽 임도를 따라 15분을 올라가면 왼편으로 등산로 입구 이정표가 나온다. 여기서 숲길로 들어서면 본격적인 산행이 시작되어 17분을 오르면 갈림길이 나온다. 갈림길에서 왼쪽은 두억산 길이다. 오른쪽으로 18분을 올라가면 가리재에 닿는다.

가리재에서 계속 동쪽 주능선을 타고 49분을 오르면 바람재에 닿는다. 바람재에서 11분을 더 오르면 흑석산(깃대봉) 정상에 닿는다.

흑석산에서 하산은 동쪽 주능선을 따라 33분을 가면 삼거리 가리재에 닿는다. 가리재에서 왼편 북쪽으로 간다. 왼쪽으로 꺾어지는 주능선은 철쭉군락지이며, 16분을 가면 우측으로 갈림길이 나오고, 11분을 더 가면 가학산 정상이다.

가학산에서 47분을 내려가면 우측 흑석산 기도원에 닿는다.

주능선 갈림길에서 별매산을 향해 북서쪽으로 이어지는 주능선을 타고 간다. 주능선은 키 작은 잡목이 많아 산행시간이 많이 소요된다. 고만고만한 봉우리와 안부를 오르내리면서 1시간을 가면 정면에 남북으로 뻗은 바위봉이 나온다. 여기서 바위봉 오른편으로 산길이 이어진다. 오른쪽 사면길을 따라 20분을 올라가면 바위봉 우측 위 능선에 선다. 능선에서 오른쪽으로 10분을 더 오르면 별매산 정상이다. 정상은 별 표시가 없고 토봉이다. 마을사람들은 25분 거리 동쪽 바위봉을 별매산이라고 한다.

하산은 동남쪽 바위봉을 바라보고, 나침판 도각 30도 방향으로 간다. 정상에서 오른쪽으로 2m 내려서면 두 길로 갈라진다. 여기서 왼쪽으로 5m 가면 하산길은 뚜렷하다. 이 하산길을 따라 20분을 내려가서 바윗길을 내려서면 안부갈림길이 나온다.

여기서 오른편 계곡길로 간다(왼쪽 바윗길을 타고 바위봉에 오른 후에, 능선을 타고 하산길이 있다. 일단 바위를 올라서면 무난하지만, 위험하므로 안부에서 오른쪽 계곡길로 하산하는 것이 안전하다.).

안부에서 우측 계곡길을 따라 11분을 내려가면 길이 없어진다. 여기서 왼쪽으로 10m 가면 옛날 산판길이 나온다. 이 산판길을 따라 4분 정도 내려가면 길이 수해로 파손된 지점이 나온다. 여기서 왼쪽 돌길을 따라 4분 내려가면 넝쿨이 가로막은 지점이 나온다. 여기서 넝쿨 아래로 직진하여 4분을 가면 길은 오른편 비탈길로 이어져 오른쪽 작은 세능선을 두 번 넘어간다. 하산길은 비탈길로 접어들어 5분 거리에 이르면 뚜렷한 갈림길이 나온다. 갈림길에서 왼쪽 길을 따라 10분을 내려가면 우측 작은 계곡을 건너간다. 계곡을 건너면 묘를 지나고 농로로 이어져 10분을 내려가면 대원시멘트 입구 도로다.

자가운전

서해안고속도로 목포IC에서 2번 국도로 진입⇒강진군 성전에서 우회전⇒13번 국도를 타고 계곡면에서 우회전⇒4km 계곡중학교에서 우회전⇒2.5km에서 휴양림으로 우회전⇒3km 휴양림주차장.

대중교통

서울 강남고속터미널에서 해남행 1일 7회, 광주, 목포에서 해남행 30분 간격 이용, 해남에서 여수리 방면 버스(1일 9회) 이용, 여수리 산골마을 휴양림 입구 하차.

숙식

해남

천일식당(한정식)
해남읍 읍내리 34
061-536-4001

천변식당(추어탕)
해남읍 수성리 58
061-536-2649

티파니모텔
해남읍 해리 380
061-537-0080

상전

서울식당
강진군 성전면
061-433-1206

계곡면

큰슈퍼식당
계곡면 성진리 91-2
061-532-7512

명소

대흥사

해남장날 1일, 6일

금강산(金剛山) 482.7m   만대산(萬垈山) 480m

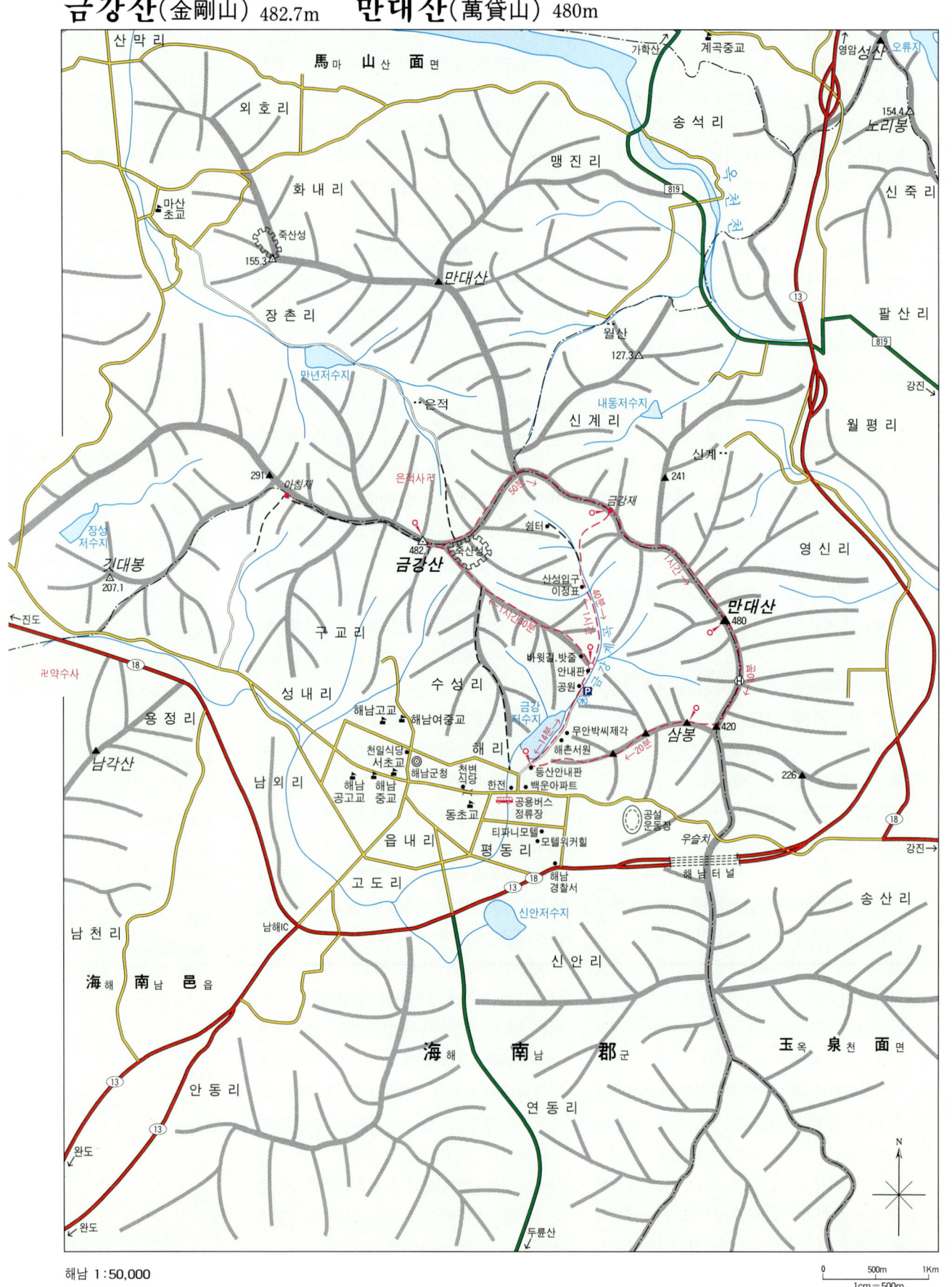

금강산 · 만대산

전라남도 해남군 해남읍 마산면(全羅南道 海南郡 海南邑 馬山面)

개요

금강산(金剛山. 482.7m)은 해남읍 북쪽에 위치하여 해남읍을 병풍처럼 감싸고 있는 산이다. 나지막한 산이지만 해남은 해수면이 낮아 만만한 산은 아니다. 해남 일대는 평야지역이므로 평야에 우뚝 솟아있어 더 높게 보인다.

정상에는 금강산성이 있고 남쪽에는 금강저수지가 있으며 북쪽으로는 은적사가 자리하고 있다. 금강산에서 동쪽으로 이어지는 능선 상에는 또 다른 만대산이 있다.

금강산과 만대산을 가볍게 따로 할 수도 있으나 두산을 함께 산행을 하는 것이 효율적이다

산행은 해남버스터미널에서 1km 거리 북쪽 금강저수지 상류에 이른 다음, 금강계곡길을 따라 체육공원을 지난 삼거리에서, 왼쪽 지능선을 타고 금강산에 오른 뒤, 하산은 동릉을 타고 금강재에 이른 후에, 금강계곡을 경유하여 다시 금강저수지로 하산한다.

종주산행은 금강재에서 계속 동남쪽으로 이어진 주능선을 타고, 만대산에 오른 다음, 삼봉을 을 경유하여 금강저수지 둑으로 하산한다.

만대산(萬垈山. 480m)은 금강산에서 동쪽으로 뻗어나간 능선 약 4km 거리에 위치한 산이다. 순수한 육산으로 금강산과 같이 해남읍을 감싸고 있는 해남군민의 보배와 같은 산이다. 산행은 금강산과 함께 한다.

등산로

금강산–만대산(총 5시간 54분 소요)

저수지둑 → 14분 → 삼거리 → 90분 →
금강산 → 50분 → 금강재 → 60분 →
만대산 → 40분 → 삼봉 → 20분 → 저수지둑

해남버스터미널에서 북쪽 방면 백운아파트 골목길을 따라가면 금강가든 갈림길이 나온다. 갈림길에서 우측 금강저수지 길을 따라 14분을 가면 저수지둑 삼거리가 나온다. 오른편 능선길은 삼봉 만대산으로 오르는 길이며 하산길이나.

삼거리에서 계속 소형차로를 따라 10분 들어가면 주차장이 나온다. 주차장에서 계곡을 건너 4분 거리에 이르면 체육공원을 통과하여 삼거리 이정표가 나온다. 삼거리에서 오른쪽은 약수터 금강재로 가는 길이고, 왼쪽은 능선을 타고 금강성을 경유하여 금강산으로 오르는 길이다.

왼쪽 길을 따라 오르면 넓은 바위가 나온다. 밧줄을 이용하여 바위를 올라서면 능선으로 등산로가 이어진다. 능선길은 바윗길과 잡목길로 이어지고 희미한 편이다. 삼거리를 출발해서 1시간을 올라가면 성터길이 나온다. 성터 길을 따라 30분을 올라가면 산불초소가 있는 금강산 정상이다.

정상에서 하산은 동릉을 탄다. 정상에서 동쪽으로 내려서면 좌우로 능선에 갈림길이 나온다. 갈림길에서 왼쪽으로 간다. 왼쪽 능선을 따라 10분 정도 내려가면 성터길이 끝나고 북서쪽으로 능선길이 이어진다. 북서쪽 주능선으로 내려가면 헬기장을 지나고, 10분 정도 내려가면 전망대가 나온다. 전망대를 지나서 30분을 내려가면 금강재 삼거리에 닿는다.

금강재에서 오른쪽으로 내려가면 문난한 길로 이어져 40분 내려가면 삼거리를 지나고 14분 거리에 저수지둑이다.

만대산 중주산행은 금강재에서 왼쪽 주능선을 탄다. 직진 주능선길은 완만하게 이어지고 갈림길이 종종 나타난다. 하지만 주능선을 벗어나지 말고 등산로를 따라 1시간을 올라가면 만대산 정상에 닿는다.

만대산에서 하산은 남쪽으로 이어지는 주능선을 따라 20분을 내려가면 헬기장이 나온다. 헬기장에서 주능선은 서남쪽 방향이다. 헬기장에서 15분을 내려가면 420봉 갈림능선에 닿는다. 갈림능선에서 오른쪽 능선으로 간다. 오른편 서쪽 능선을 따라 5분 내려가면 삼봉이 나온다.

삼봉에서부터는 하산길이 뚜렷하고 20분을 내려가면 금강저수지 둑에 닿는다.

자가운전

서해안고속도로 목포IC에서 빠져나와 2번 국도를 타고 성전면에서 우회전 ⇨ 해남버스터미널에 도착한 다음, 북쪽 편 백운아파트 골목 금강골가든에서 우회전⇨2km 금강저수지 상류 주차장. 광주에서는 13번 국도를 타고 나주 영암 성전을 경유하여 해남 버스터미널에 도착한 다음. 북쪽 금강저수지 상류 주차장.

대중교통

광주 목포 나주 등에서 수시로 운행하는 해남 방면 버스 이용, 해남 하차. 해남터미널에서는 저수지 상류까지 25분 거리다.

식당

천일식당(한정식)
해남읍 읍내리 34
061-536-4001

천변식당(추어탕)
해남읍 수성리 58
061-536-4000

숙박

티파니모텔
해남읍 해리 380
061-573-0080

명소

대흥사
땅끝마을
진도대교

해남장날 1일, 6일

두륜산(頭輪山) 700m

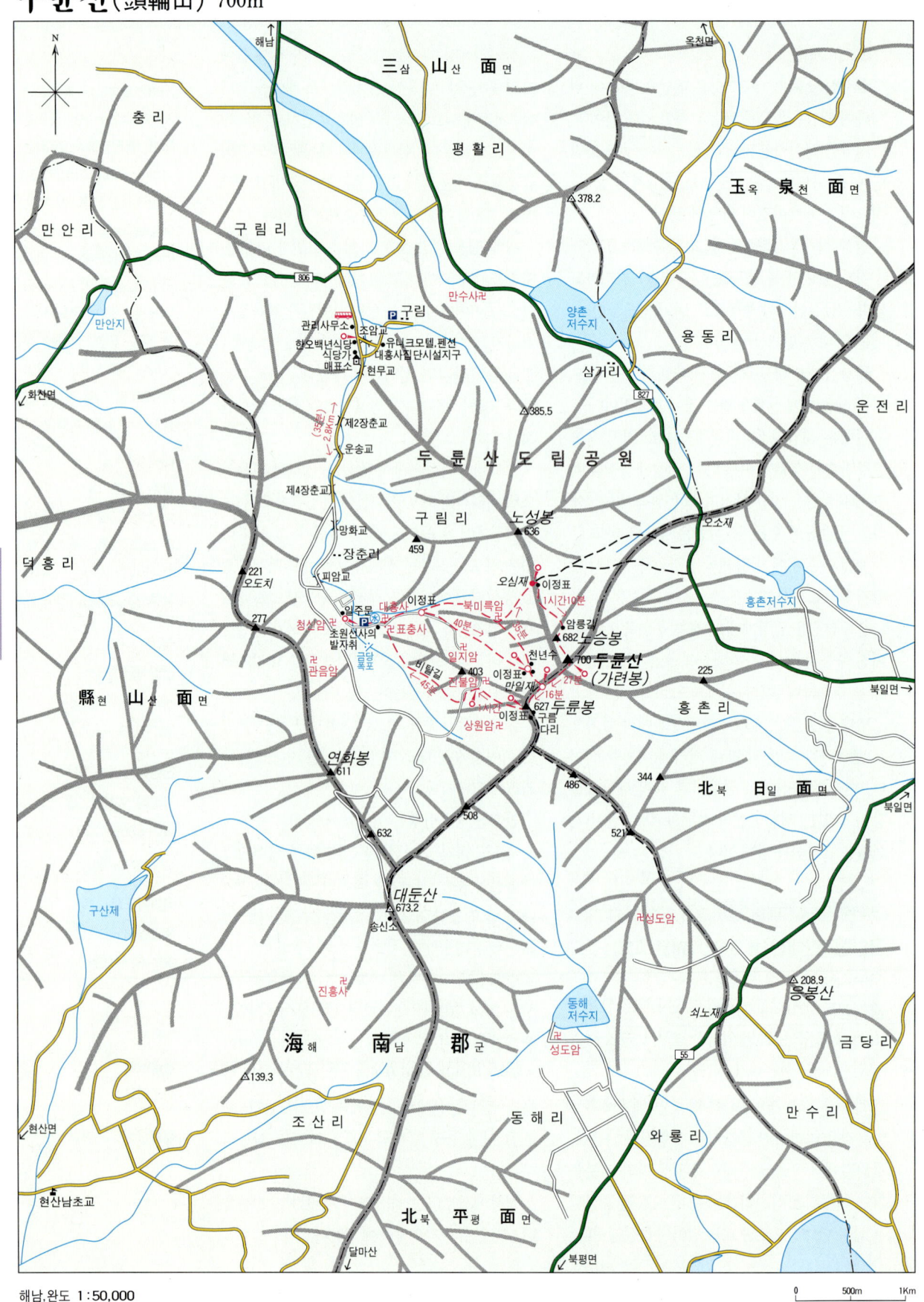

두륜산

전라남도 해남군 삼산면, 북일면, 현산면(全羅南道 海南郡 三山面, 北日面, 縣山面)

📖 개요

두륜산(頭輪山, 700m)은 가련봉 정상에 서면 사방이 막힘이 없고 특히 남쪽 대도해 바다와 섬들이 아름답게 펼쳐진다. 노승봉, 가련봉(정상), 두륜봉으로 이어지는 주능선은 암릉길이다. 철계단과 밧줄이 설치되어 있지만 눈이 있는 겨울철과 비가 오는 날에는 산행을 삼가야 한다. 대흥사 내에는 표충사·일지암·진불암·북미륵암 등이 있고, 두륜산 천연기념물 왕벚꽃나무로 유명하다.

산행은 대흥사를 출발 천년수 삼거리에서 왼쪽 북미륵암, 오심재, 노승봉을 경유하여 가련봉 정상에 오른 다음, 남쪽 만일재로 내려서 천년수를 경유하여 다시 대흥사로 내려간다.

또는 만일재에서 남쪽 두륜봉에 올라 진불암을 경유하여 대흥사로 하산한다.

거대한 바위로 이루어진 두륜산 정상

🥾 등산로 (총 6시간 30분 소요)

매표소 → 35분 → 대흥사 → 40분 →
천년수 → 35분 → 오심재 → 70분 →
가련봉 → 27분 → 만일재 → 16분 →
두륜봉 → 60분 → 진불암 → 47분 → 대흥사

두륜산 매표소를 통과 35분(약 2.8km) 거리에 이르면 대흥사 주차장이 나온다. 주차장 식수에서 오른쪽으로 100m 가면 안내도가 있는 표충사 앞 삼거리가 나온다. 삼거리에서 왼쪽 소형 차로를 따라 10분을 가면 갈림길이 나온다. 갈림길에서 왼쪽 길로 가도 북미륵암에서 만나게 된다. 갈림길에서 직진 절길을 따라 7분을 가면 우측으로 일지암 갈림길이 나온다. 여기서 왼쪽 길을 따라 5분을 가면 식수가 있고, 16분을 더 오르면 천년수 삼거리가 나온다.

여기서 왼쪽으로 10m 가면 갈림길이 있는데 우측은 만일암 터이고 왼쪽은 천년수이며 북미륵암으로 가는 길이다. 갈림길에서 천년수 공터를 지나면 숲속 비탈길로 이어진다. 천년수에서 비탈길을 따라 18분을 가면 북미륵암 앞 심기리가 나온다. 삼거리에서 우측으로 가면 북미륵암을 통과하여 비탈길을 따라 15분을 가면 넓은 공터인 오심재에 닿는다.

오심재에서 우측길을 따라 올라가면 암릉밑에서 등산로는 왼쪽 비탈길로 이어지다가 오른쪽 암릉길로 이어진다. 암릉길은 밧줄이 있으나 주의가 필요하고, 암릉을 오르면 작은 안부를 지나서 가련봉에 오른다. 오심재에서 1시간 10분 거리다.

가련봉 정상에서 하산은 남쪽 만일재로 간다. 철계단을 따라 27분을 내려가면 넓은 공터 만일재에 닿는다. 만일재에서 우측 서북쪽으로 12분을 내려가면 천년수 삼거리이고, 45분을 내려가면 대흥사에 닿는다.

만일재에서 두륜봉, 진불암 경유 하산길은 남쪽으로 9분을 올라가면 이정표가 있는 갈림길이 나온다. 갈림길에서 우측으로 7분을 오르면 두륜봉에 닿는다.

두륜봉에서 하산은 7분 거리 갈림길로 되돌아온 다음, 오른쪽으로 간다. 여기서부터 갈림길 없고 외길이며 돌밭길로 이어지는 길을 따라 20분을 내려가면 돌밭길이 끝나고, 흙길이 시작되며 상원암 입구가 나온다. 계곡도 능선도 아닌 길을 따라 33분을 내려가면 임도가 나오고 오른쪽에 진불암이다.

진불암에서 왼쪽 임도를 따라 10분을 내려가면 오른쪽으로 오솔길 산길이 나온다. 여기서 임도를 벗어나 우측 오솔길을 따라 내려간다. 오솔길은 산비탈길로 이어지며 왼편에서 물소리가 들린다. 비탈길로 이어지는 길을 따라 35분을 내려가면 표충사 갈림길에 닿고 100m 거리에 대흥사이다.

자가운전

서해안고속도로 목포IC에서 빠져나와 2번 국도로 진입 해남읍에서 대흥사 방면으로 우회전 ⇨ 827번 지방도를 타고 6km 삼산면에서 우회전 ⇨ 6km 대흥사 주차장. 광주에서 13번 국도를 타고 해남읍에서 827번으로 좌회전 ⇨ 대흥사 이정표를 따라 간다.

대중교통

강남고속터미널(7회), 동서울터미널(5회), 광주 목포에서 30분 간격으로 운행하는 해남행 버스 이용, 해남에서 1시간 간격으로 운행하는 대흥사행 군내버스 이용, 대흥사 입구 하차.

숙식

해남

천변식당(추어탕)
해남읍 수성리 58
061-536-4000

티파니모텔
해남읍 해리 380
061-537-0080

대흥사

한오백년식당(산채정식)
해남군 삼산면 구림리
061-534-5633

유니크모텔
해남군 삼산면 구림리
061-533-5979

명소

땅끝마을
진도대교
해남장날 1일, 6일

달마산(達摩山) 499.5m

달마산

전라남도 해남군 송지면, 현산면, 북평면(全羅南道 海南郡 松旨面, 縣山面, 北平面)

개요

달마산(達摩山. 499.5m)은 우리나라 땅끝마을에서부터 시작하여 북쪽으로 능선을 이루어 직선거리로 약 11km 거리에 위치한 산이다. 대부분 바위산으로 이루어져 있어 매우 아름다운 경치를 이루고 있으며, 주능선 등산로는 대부분 바윗길이며 험로에는 계단과 밧줄이 설치되어 있어서 위험하지는 않으나 눈, 비가 올 때와 노약자는 산행을 삼가야 한다. 일직선으로 뻗어나간 능선 좌우로는 막힘이 없어 남해바다를 보면서 산행을 하는 매우 쾌적한 산행이다.

산행은 미황사에서 시작하여 작은금샘(제2통천문)을 경유하여 북쪽 달마산에 오른다. 하산은 가장 편한 코스로 서쪽 미황사 방면 지능선을 타고 미황사로 하산한다.

종주 코스는 정상에서 북릉을 타고 바람재를 경유하여, 서쪽 송촌저수지를 경유하여 송천마을로 하산한다. 이 코스를 반대로 해도 좋다.

미황사와 달마산 암릉

이 있으며 삼거리이다. 조망은 막힘이 없다.

하산은 가까운 코스로 정상에서 서쪽 지능선을 타고 미황사로 하산길이다. 종주 코스는 북쪽 주능선을 타고 바람재 송촌저수지를 경유하여 송촌마을로 하산한다.

미황사 코스는 정상 남쪽 이정표에서 오른편 서쪽 길을 따라 내려가면 지능선으로 하산길이 이어진다. 급경사 바윗길을 내려서면 무난한 지능선 길로 이어져 정상에서 1시간을 내려가면 미황사에 닿는다.

종주 코스는 정상에서 북쪽 평지와 같은 북쪽 능선길을 따라 가면 양편으로 해남군 농촌과 바다가 시원하게 펼쳐진다.

완도의 작은 섬들이 바라보이는 멋진 산행길이다. 달마산 정상에서 40분을 걸으면 삼거리 관음능선 표시가 있는 농바위재에 닿는다.

농바위재에서 왼쪽으로 내려가면 좀 가까운 거리로 송천저수지로 하산길이다. 농바위재에서 북쪽을 향해 22분 거리에 이르면 봉우리를 넘어 이정표가 있는 바람재에 닿는다.

바람재에서 왼편 서쪽으로 하산한다. 서쪽으로 내려서면 너덜길로 이어져 5분 정도 내려서면 흙길이 시작되어 왼쪽으로 꼬부라지면서 12분 정도 내려가면 임도에 닿는다. 왼쪽 임도를 따라 200m 4분을 가면 임도를 벗어나 우측으로 하산길이 나온다. 이 하산길을 따라 15분을 내려가면 송천저수지 상류 소형차로에 닿는다. 여기서 우측 소형차로를 따라 20분을 내려가면 송천마을 버스정류장이다.

등산로(총 4시간 11분 소요)

미황사 → 40분 → 작은금샘 → 33분 →
달마산 → 62분 → 바람재 → 36분 →
저수지 → 20분 → 송촌마을

미황사 주차장에서 우측 차도를 따라 3분 거리에 이르면 우측으로 나무다리가 있다. 등산로 표시가 있는 이지점에서 우측 나무다리를 건너 왼편으로 등산로를 따라 4분 거리에 이르면 사거리가 나온다. 사거리를 가로질러 등산로 표시가 있는 등산로를 따라 33분을 올라가면 제2통천문 안내판이 있는 안부에 닿는다.

여기서 왼편 길을 따라 가면 우회길 계단길로 이어져 10분을 내려가면 개구멍을 통과하고 바로 갈림길이 나온다. 갈림길에서 오른쪽으로 5m 내려서면 다시 갈림길이 나오는데 왼쪽 계단으로 올라간다. 계단길을 따라 5분을 올라가면 정상이 보이는 문바위봉 북쪽 능선에 선다. 여기서부터 무난한 북쪽 능선길을 따라 18분을 걸으면 달마산 정상이다. 정상은 봉화터에 돌탑

자가운전

서해안고속도로 목포IC에서 빠져나와 2번 국도를 타고 성전면에서 우회전 ⇨13번 국도를 타고 해남을 통과 현산면 월송리에서 우회전⇨미황사 방면 지방도를 타고 약 5km 거리 서정리에서 좌회전 ⇨1.5km 거리 미황사 주차장.

대중교통

해남에서 미황사행 1일 5회(06:20, 08:20, 11:00, 14:05, 17:00) 이용, 미황사 하차. 하산지점에서는 송촌마을 입구에서 승차. 월송택시 061-616-1125

식당

천일식당(추어탕)
해남읍 읍내리 34
061-536-4000

매화식당(한식)
해남군 현산면 매화리
061-536-9895

숙박

티파니모텔
해남읍 해리 380
061-537-0080

명소

땅끝마을, 진도대교
대흥사
월송장날 4일, 9일
해남장날 1일, 6일

봉화터 달마산 정상

상황봉(象皇峰) 645.1m

상황봉

전라남도 완도군 완도읍, 군외면(全羅南道 莞島郡 莞島邑, 郡外面)

개요

상황봉(象皇峰. 645.1m)은 완도읍 중심에서 북쪽으로 길게 이어진 완도를 상징하는 산이다. 남쪽의 상황봉에서 북쪽 백운봉 숙승봉까지 주능선으로 이어져 있고, 해변을 중심으로 도로와 포구가 있으며 상황봉 남쪽은 완도읍이 자리하고 있다.

산세는 비교적 완만한 편이며 간간이 바윗길이 있으나 위험하지는 않다. 수목은 동백나무를 중심으로 해변에서 서식하는 수목들이고 키가 크지 않으며 습한 지역이 많은 편이다.

완도는 200여개의 섬으로 이루어진 군도이며 상황봉은 본섬에 위치하고 있다.

산행은 완도읍 좌장리와, 대야리에서 상황봉에 오른 다음, 북쪽능선을 타고 백운봉 숙승봉을 경유하여 불목리로 하산한다.

등산로 (총 5시간 38분 소요)

청해초교 → 66분 → 관음사 터 → 48분 → 상황봉 → 52분 → 백운봉 → 51분 → 숙승봉 → 44분 → 주차장 → 17분 → 군외초교

좌장리 청해초교 남쪽 편에 이르면 서쪽으로 포장된 넓은 도로가 나온다. 이 도로를 따라가 200m 거리 도로 밑을 지나면 1차선으로 좁아지고, 저수지 중간에 우측으로 산판길 같은 갈림길이 나온다. 청해초교에서 14분 거리다. 여기서 우측 길을 따라 6분을 가면 산판길이 끝나고 갈림길이 나온다. 갈림길에서 왼쪽 화살표 방향으로 20분 정도 가면 음침하고 키가 큰 산죽 밭을 통과하며, 3분 정도 지나면 산죽 밭은 끝나고 임도가 나온다. 임도를 가로질러 15분을 가면 왼편에 통나무집이 보이고, 이어서 올라가면 왼편에 임도가 보인다. 임도 오른편으로 이어지는 등산로를 따라 8분을 가면 관음사 터가 나온다.

바위 밑에 샘도 있는 관음사 터에서 양 갈래 길이 있다. 어느 길로 가도 10분 후에 다시 만난다. 관음사 터에서 우측 비탈길을 따라 1분을 가면 대야리에서 올라오는 능선 삼거리가 나온다. 삼거리에서 왼쪽 능선을 타고 올라가면 관음사 위 405봉을 지나고 관음사에서 올라오는 갈림길을 만나며 바로 황장사바위가 나온다. 계속 이어지는 주능선을 따라 2분을 가면 임도가 나온다. 임도를 가로질러 능선길을 따라 36분을 더 올라가면 삼거리가 나오고, 왼쪽으로 올라서면 상황봉 정상이다.

정상에서 바라보면 완도읍과 남쪽 바다 일대가 막힘없이 펼쳐진다.

정상에서 하산은 북쪽 능선을 탄다. 삼거리로 내려선 다음, 왼편 북쪽능선을 따라 내려가면 11분 거리 592봉을 통과하고 10분을 가면 나무로 만든 전망대가 나온다. 계속 이어지는 북릉을 타고 9분을 내려가면 임도가 나온다. 오른쪽으로 내려가면 대야리로 하산할 수 있다.

임도를 가로질러 북쪽 주능선을 따라 7분을 가면 헬기장을 통과하고, 15분을 더 오르면 바위봉 백운봉이다.

백운봉에서 북쪽으로 조금 내려서면 갈림길이 나온다. 갈림길에서 왼편 북쪽능선을 따라 17분을 가면 업진봉을 통과하고, 5분 정도 진행하면 주능선을 벗어나 오른쪽 비탈길로 이어진다. 비탈길을 따라 7분 정도 가면 다시 주능선 헬기장에 닿는다. 헬기장에서 13분을 내려가면 임도가 나온다. 임도를 가로질러 숙승봉 쪽 왼편으로 하산길이 이어져, 3분을 가면 숙승봉으로 오르는 갈림길이 나온다. 여기서 6분을 오르면 바위봉 숙승봉 정상이다.

하산은 5m 바위를 내려선 갈림길에서 우측 북쪽 방향으로 6분을 내려가면 다시 합길이 나온다. 합길에서 우측으로 내려서면 밧줄을 잡고 바위를 내리게 되고, 이어서 능선으로 이어져 16분을 내려가면 하산길은 우측으로 휘어져 내려간다. 우측으로 내려가면 다소 음침한 지역을 통과하여 22분 정도 내려가면 청소년수련장을 지나서 주차장에 닿는다.

주차장에서 17분 거리에 이르면 불목리 불복초교 버스정류장에 닿는다.

자가운전

서해안고속도로 목포에서 남해안 2번 국도를 타고 강진군 성전에 이른 다음, 우회전 ➡ 남쪽 13번 국도를 타고, 해남을 거쳐 완도 방면 남창교 건너 완도읍 대야리 혹은 좌장리 주차.

광주에서 13번 국도를 타고 완도 대야리 혹은 좌장리 주차.

대중교통

서울 광주 목포지방에서 완도행 버스 이용 후, 완도읍 터미널에서 남창 방면 35분 간격 군내버스 이용, 좌장리 청해초교 하차. 또는 대야리 하차.

식당

수산시장-중매인 37
완도읍 군외면 영풍리 수산시장
061-552-5125

수산시장-중매인 43
완도읍 군외면 영풍리 수산시장
061-552-0642

숙박

장보고모텔
완도읍 가용리 1014-3
061-554-8551

로망스모텔
완도읍 가용리 1031-9
061-555-2463

명소

해변도로드라이브

완도장날 5일, 10일

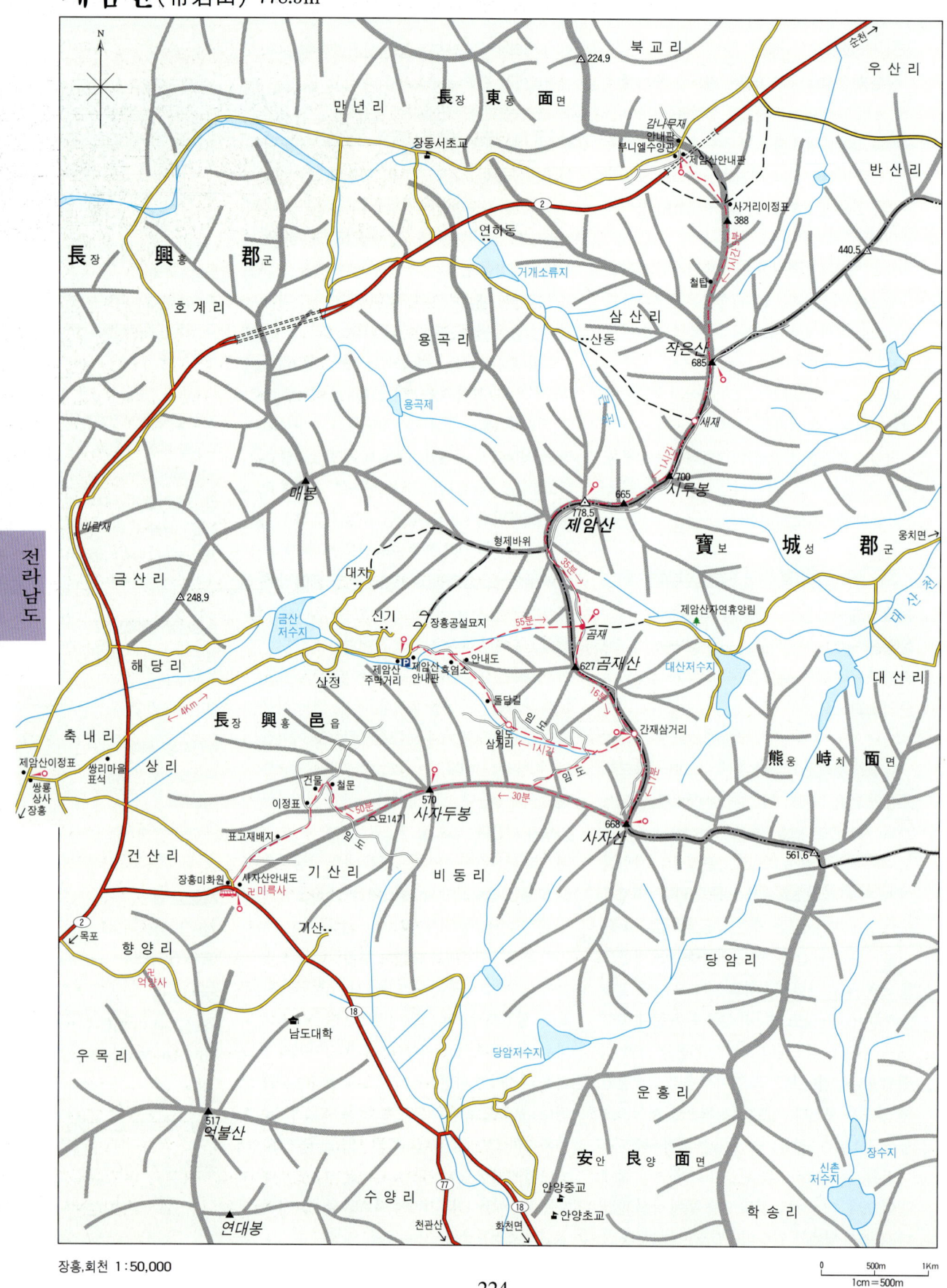

제암산

전라남도 장흥군 장흥읍, 보성군 웅치면(全羅南道 長興郡 長興邑, 寶城郡 熊峙面)

개요

제암산(帝岩山. 778.5m)은 철쭉으로 또는 억새로 유명한 산이다. 주능선은 대부분 키 작은 나무들이고 진달래 억새가 많으며 칼로 깎아 놓은 듯 한 바위들이 여기 저기 산재해 있으며 주능선에서 바라보면 서쪽은 장흥읍이 훤히 내려다보이고 동남 편은 바다이다.

산행은 북쪽의 감나무재에서 호남정맥을 따라 남쪽 능선을 타고 작은산, 제암산, 곰재산, 사자산, 사자두봉을 경유하여 미륵동으로 하산한다.

간단한 산행은 신기마을 제암산 주차장에서 취향에 따라 간재 또는 곰재로 올라서 제암산 또는 사자산을 오른 다음에 취향에 따라 내려오면 된다. 제암산 사자산 대부분은 등산로가 정비되어 있다.

간재에서 바라본 제암산 주능선

등산로(총 5시간 33분 소요)

감나무재 → 65분 → 작은산 → 60분 →
제암산 → 35분 → 곰재 → 16분 →
간재 → 17분 → 사자산 → 30분 →
사자두봉 → 50분 → 장흥미화원

감나무재(시목재)에서 서쪽으로 70m 정도 내려가면 남쪽으로 소형차로가 나오고 바로 왼쪽으로 호남정맥이기도한 제암산 등산로 입구이다. 이정표가 있는 동쪽 등산로를 따라 7분을 올라가면 안부에 이정표 5거리가 나온다. 5거리에서 정 남쪽 주능선을 타고 간다. 뚜렷한 남쪽 능선을 따라 23분을 올라가면 전신주를 지나고 30분을 더 올라가면 작은산에 닿는다.

작은산에서 계속 이어지는 남쪽 주능선을 따라 35분을 가면 시루봉 직전의 불망비(不忘碑)를 지나면 시루봉에 닿는다. 시루봉을 지나서 10분을 내려가면 이정표 갈림길이 나오고, 15분을 다시 올라가면 제암산 정상이다.

정상은 암반으로 되어 있고 주변은 깎아 놓은 듯 한 바위들이 여기 저기 산재해 있고, 남쪽 방면은 억새밭이다.

정상에서 서남쪽 억새밭 주능선을 따라 20분을 내려가면 갈림길이 나온다. 갈림길에서 우측으로 가면 형제바위를 경유하여 공설묘지 방면으로 하산길이고, 사자산은 남쪽 주능선으로 간다. 남쪽 능선을 따라 15분을 내려가면 곰재에 닿는다

곰재에서 서쪽으로 내려가면 신기마을 주차장으로 하산한다. 곰재에서 계속 남쪽 주능선을 따라 16분을 가면 간재에 닿는다.

간재에서 서쪽으로 10분 내려가면 임도에 닿고, 임도에서 샛길 혹은 임도를 따라 50분을 내려가면 신기마을 주차장에 닿는다.

다시 간재에서 남쪽 능선을 따라 17분을 더 오르면 사자산 정상에 닿는다.

사자산에서 하산은 서쪽 능선으로 간다. 서능을 따라 가면 평지와 같은 완만한 능선길이고 억새밭이며 30분을 가면 사자두봉에 닿는다.

사자두봉에서 하산은 서남쪽 길로 내려간다. 급경사 서남쪽 길을 따라 30분을 내려가면 묘 14기를 지나서 임도에 닿는다. 임도에서 우측으로 250m가면 임도삼거리가 나온다. 삼거리에서 왼쪽 임도를 따라 20분을 내려가면 장흥미화원 도로에 닿는다.

*사자두봉에서 신기 주차장으로 하산은 사자봉 쪽으로 다시 15분을 되돌아 오면 외편 북동쪽 방면으로 임도가 나온다. 이 임도를 따라 20분 정도 가면 간재에서 내려오는 길 이정표가 나온다. 이정표에서 북쪽으로 10m 가면 왼쪽으로 하산길이 있다. 이 하산길을 따라 50분을 내려가면 신기마을 주차장에 닿는다.

자가운전

남해안 2번 국도를 타고 장흥읍에 진입, 광주에서는 23번 국도를 타고 장흥읍에 진입한 다음, 장흥읍에서 벌교 방면 2번 국도 (구)도로를 따라 약 25km 감나무재 주차.

대중교통

광주, 목포, 순천에서 장흥 간 수시로 운행하는 직행버스 이용 후, 장흥에서 감나무재는 장평행 버스(20회) 이용, 감나무재 하차.

장흥에서 신기마을행 군내버스 1일 6회(07:20, 09:00, 10:50, 13:30, 16:00, 18:30) 이용. 사자산 하산지점 장흥 미화원에서는 장흥-안양 간 버스가 수시로 있다.

장흥콜택시
011-632-3179

식당

청광한우식당
장흥읍 토요시장
061-864-9966

장흥한우직판장
장흥읍 토요시장
061-864-0094~6

신노원관(한식)
장흥읍 군청 앞
061-863-6622

숙박

리버스모텔
장흥읍 건산리 741-1
061-864-9200

명소

천관산 동백숲

장흥장날 2일, 7일

천관산(天冠山) 723.9m

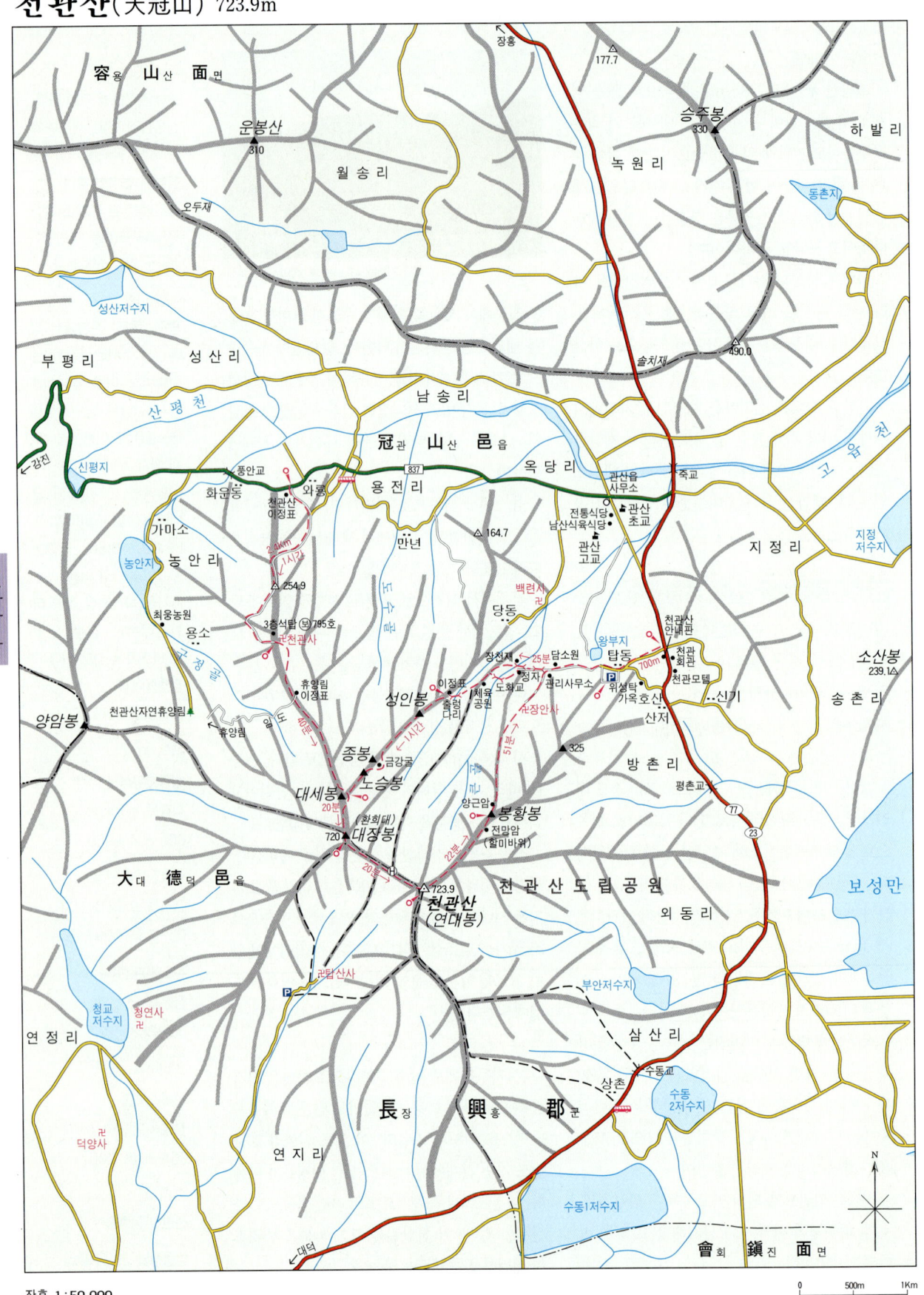

천관산 전라남도 장흥군 관산읍(全羅南道 長興郡 冠山邑)

개요

천관산(天冠山. 723.9m)은 내장산, 월출산, 내장산, 변산과 함께 호남의 5대 명산으로 옛 이름은 천풍, 지제, 부두 등 여러 이름을 갖고 있을 뿐 아니라 가끔 흰 연기가 서린다 하여 신산(神山)으로 불린다. 산의 이름에서 암시하는 바와 같이 불교와 인연이 많은 봉우리와 바위 이름이 많으며 89개 암자가 있었다고 전해지고 있으며, 지금도 곳곳에 암자 터가 남아있다. 또한 천관산을 멀리서 조망하면 기암괴석이 무쌍하며 바위들은 신비스러우리만큼 시(詩)처럼 부드러운 질감으로 다가온다.

정상에 서면 다도해가 펼쳐지고, 정상부근에는 펼쳐진 억새가 어울려져 장관을 이룬다. 매년 10월 첫째 주에는 억새제가 열리고 주변에는 통일신라시대 창건한 천관사(天冠寺)가 자리하고, 장천재(長天齋), 존재 위백규의 강학소가 있다.

천관산을 오르는 등산로는 여러 곳이 있으나 관산읍 장천재(長天齋)와 대덕읍 탑산사를 경유하는 코스가 가장 많이 이용되고 있다. 정상에서 환희봉에 이르는 일대는 평원에 나무가 없고, 초원지대를 이루고 있으며 환희봉 일대는 높이 새워진 기암괴석들이 산재해 있어 아름다운 산세를 자랑한다. 정상에서면 사방이 확 트여 막힘이 없고 시원하기 이를 데 없다.

경치가 빼어나고 억새로 널리 알려진 산이며 도립공원으로 지정되었다. 바윗길이 많은 편이나 위험하지는 않으며 원점회귀가 가능하다.

산행은 북쪽 주차장을 출발하여 장천재, 환희봉을 경유하여 천관산(연대봉)에 오른 다음, 북동쪽 능선을 타고 양근암, 장안사를 경유하여 주차장으로 원점회귀 산행이다.

돌로 쌓여진 천관산 정상

등산로(총 4시간 18분 소요)

매표소 → 25분 → 다리 → 60분 →
대세봉 → 20분 → 환희봉 → 20분 →
천관산(연대봉) → 73분 → 매표소

매표소를 통과하고 6분 거리에 이르면 갈림길이 나온다. 왼쪽은 장안사 하산길이고, 오른쪽 길을 따라 100m 거리 다리를 건너면 갈림길이 또 나온다. 갈림길에서 정자가 있는 왼쪽으로 올라서 5분 거리에 이르면 다리를 건너 장천재(長天齋)가 나온다. 여기서부터 왼쪽 길을 따라가면 2분 거리에 이르면 체육공원 삼거리가 나온다. 삼거리에서 오른쪽으로 5분을 가면 능선에 올라선다. 여기서부터 비탈길로 이어져 5분 거리에 이르면 작은 다리를 건넌다.

여기서부터 지능선 급경사로 오른다. 급경사를 따라 22분을 오르면 전망바위가 나온다. 여기서부터 능선길로 이어져 23분을 올라가면 금강굴(종봉)을 지나 능선 쉼터에 선다. 여기서 바위를 왼쪽으로 돌아 10분을 가면 삼거리가 나온다. 삼거리에서 왼쪽으로 5분 거리에 대세봉 아래 갈림길이 나온다.

갈림길에서 왼쪽으로 비탈길을 따라 20분을 가면 환희봉 삼거리에 닿는다.

환희봉에서 왼편 동쪽으로 간다. 동쪽 주능선길은 큰 나무가 없고 키 작은 나무와 억새밭이며 중간에 오른쪽 왼쪽으로 한번 씩 갈림길이 있고 헬기장이 3곳 있으며, 20분 거리에 이르면 연대봉 천관산 정상이다. 정상은 봉화대가 있으며 사방이 막힘이 없다.

하산은 북동쪽 능선을 탄다. 북동릉을 따라 22분을 내려가면 안내문이 있는 양근암이 나온다. 양근암에서 바윗길로 이어지는 지능선을 따라 25분을 내려가면 갈림길이 나온다. 갈림길에서 오른쪽으로 10분을 내려서면 장안사 입구가 나오고, 10분을 내려가면 관리소 삼거리며 6분을 더 내려가면 주차장이다.

대중교통

2번 국도 장흥 서남쪽 2km 지점에서 남쪽 23번 국도를 타고 약 15km 천관산 입구 사거리에서 천관산 이정표를 따라 직진 ⇨ 700m 거리 천관산 주차장.

대중교통

광주에서 관산행 버스(23회) 이용, 관산 하차. 장흥에서 수시로 운행하는 관산행 버스 이용, 관산읍에서 천관산 주차장까지는 택시 이용.
관산택시
061-867-4858

식당

전통식당
장흥군 관산읍
061-867-0999

남산식육식당
장흥군 관산읍
061-867-3037

천관회관(한식)
장흥군 관산읍 방촌리
061-867-2677

숙박

천관모텔
장흥군 관산읍 방촌리
061-867-8860

명소

천관산 동백숲
관산읍 부평리

천관산 자연휴양림
061-867-6974

관산장날 3일, 8일
장흥장날 2일, 7일

팔영산(八影山) 606.7m

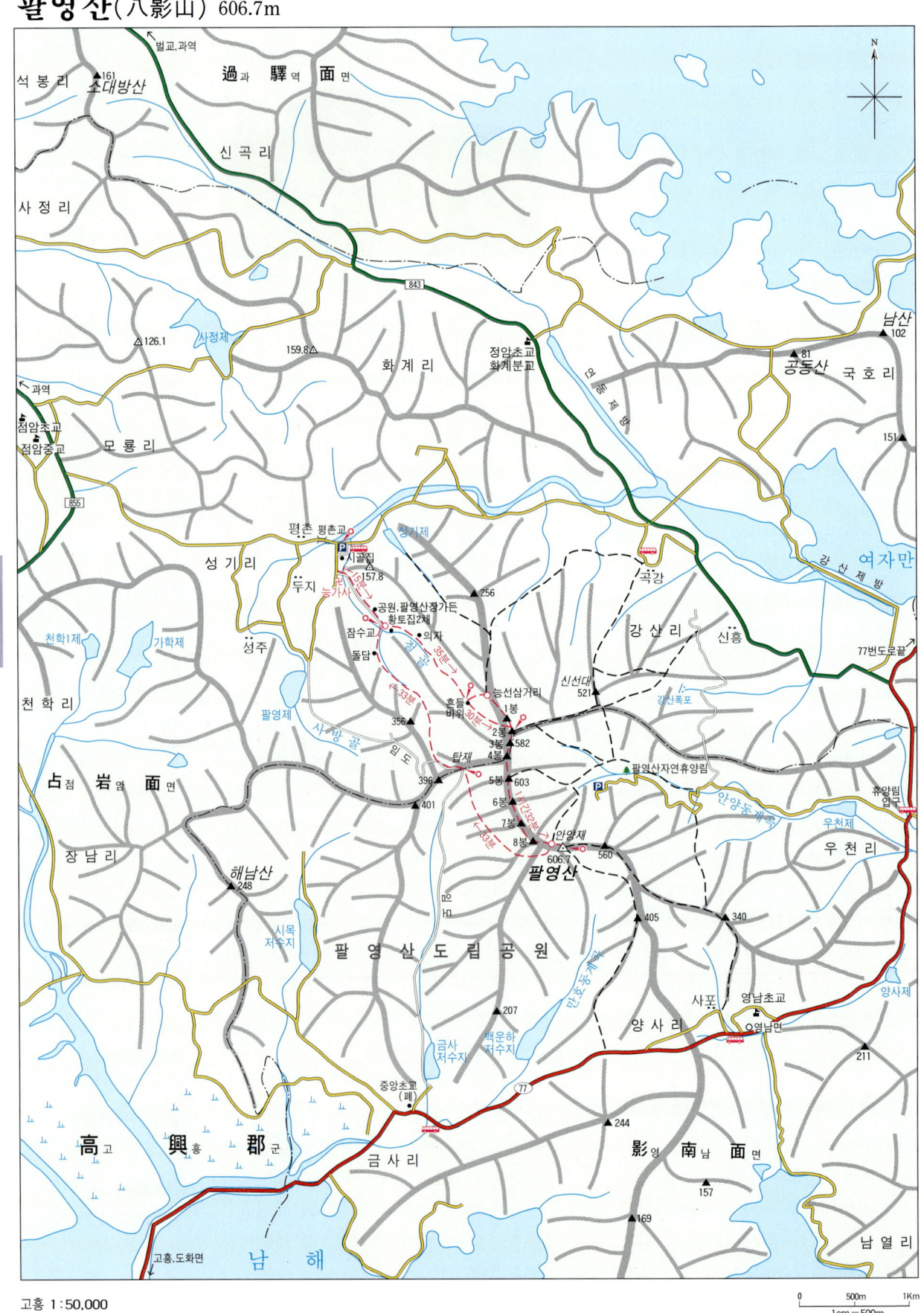

팔영산

전라남도 고흥군 점암면, 영남면(全羅南道 高興郡 占岩面, 影南面)

개요

팔영산(八影山, 606.7m)은 고흥반도 동쪽에 위치하고 있는 바위산이다. 정상에서면 남해바다와 수많은 섬들이 내려다보이고 다도해를 감상할 수 있는 유일한 산이다. 기암절벽으로 이루어진 아기자기한 바위산이다.

남북으로 이어진 주능선은 여덟 개의 암봉으로 이루어져 있고, 그 능선은 암릉으로 이루어져 있다. 또 봉우리마다 특수한 이름이 있다. 1봉은 유영봉, 2봉은 성주봉, 3봉은 생황봉, 4봉은 사자봉, 5봉은 오로봉, 6봉은 두류봉, 7봉은 칠성봉, 8봉은 적취봉이다.

암릉길을 타면서 고흥 일대가 내려다 보여 스릴 넘치는 산행에 묘미를 더해준다. 암릉길에는 안전시설이 잘 설치되어 있으나 주의가 필요하다. 정상에 서면 징검다리처럼 솟은 섬들과 대마도까지 조망되는 등 막힘없이 펼쳐지는 다도해의 아름다운 전경이 한눈에 들어온다.

산행은 북쪽 점암면 성기리 주차장을 출발 능가사를 통과하여 산장삼거리로 가서 왼쪽 계곡을 따라 흔들바위를 경유하여 능선으로 오른 다음, 1봉 또는 2봉부터 8봉까지 오른 후에, 안양재를 지나서 정상(깃대봉)에 오른다. 하산은 안양재로 되내려온 후 탑재를 경유하여 산장으로 내려간다. 산행 후에 시간이 있다면 고흥 해변을 한번 돌아보는 것도 좋을 것이다.

능가사에서 바라본 팔영산 전경

등산로(총 4시간 15분 소요)

주차장 → 15분 → 팔영산장 → 35분 →
흔들바위 → 30분 → 2봉 → 70분 →
8봉 → 22분 → 팔영산 → 32분 →
탑재 → 33분 → 산장 → 15분 → 주차장

점암면 성기리 주차장에서 남쪽 매표소를 통과하여 3분 들어가면 또 주차장이 있고, 바로 능가사가 나온다. 능가사 입구에서 왼쪽으로 가면 다리를 건너서 10분 거리에 이르면 작은 공원이 나오고 황토집 2채인 팔영신장이 나온다.

산장 입구는 삼거리이다. 삼거리에서 오른쪽은 하산길이며 왼쪽으로 간다. 왼쪽 넓은 길을 따라 5분 거리에 이르면 길이 좁아지면서 의자가 있다. 여기서부터 산길이 시작된다. 오솔길을 따라 올라가면 계곡길로 이어지면서 30분을 가면 삼거리에 흔들바위가 나온다.

흔들바위에서 왼쪽으로 가면 능선으로 올라 1봉을 거쳐 오르는 길이고, 오른쪽 길은 1봉과 2봉 사이로 오르는 길이다. 어디로 가도 능선에서 만나게 된다. 오른편 큰길을 따라 30분을 올라가면 1봉과 2봉 사이 능선에 닿는다.

능선에서는 오른쪽으로 간다. 오른쪽 능선을 타고 올라서면 사방이 터지는 2봉이다. 2봉에서부터 3봉 4봉 5봉 6봉 7봉 8봉까지 연속 이어진다. 연속 이어지는 암릉 길에는 철계단과 쇠줄이 설치되어 있다. 암릉 구간을 오를 때는 직등을 하거나 우회하도록 안전설치가 있으나 주의를 하면서 7봉 8봉까지 오른다. 비가 오는 날과 눈이 있는 겨울철에는 산행을 삼가는 것이 바람직하다. 1봉에서 8봉까지 1시간 10분 이상 소요된다.

8봉에서 하산은 동쪽 능선을 따라 6분 내려가면 안양재 갈림길에 닿는다. 안양재에서 16분 더 오르면 깃대봉 팔영산 정상이다.

정상에서 하산은 올라왔던 안양재로 되 내려간다. 안양재에서 서쪽 길을 따라 18분 내려가면 탑재에 닿는다.

탑재에서 임도를 따라 내려가다가 샛길로 내려가면 두 번 임도를 가로질러 내려가게 된다. 오솔길을 따라 내려가면 돌탑과 철문을 지나고 잠수교를 건너시 황토집 삼거리에 닿는다. 탑재에서 33분 거리다.

자가운전

2번 국도 벌교에서 남쪽 77번 국도를 타고 약 20km 과역에서 855번 지방도로 좌회전 ⇨ 25km 점안에서 왼쪽 길을 따라 3km 거리 팔영산 주차장.

대중교통

광주광천터미널에서 20분 간격으로 운행하는 고흥행 버스 이용, 과역 하차.

순천, 벌교에서 고흥행 버스 이용, 과역 하차. 과역에서 1일 7회(09:00, 10:15 11:15, 13:55, 15:50, 16:50, 17:50) 운행하는 팔영산행 버스 이용, 능가사 하차.

식당

팔영산장(민박)
고흥군 점암면 성기리 325
061-833-8080

시골집
점암면 성기리 주차장
061-834-1292

우리기사식당
고흥군 과역면 과역리 원동
061-833-9444

숙박

진영각모텔
과역면 과역리 408-15
061-835-5040

명소

팔영산 자연휴양림
061-830-5557

과역장날 5일, 10일

조계산(曹溪山) 887.1m

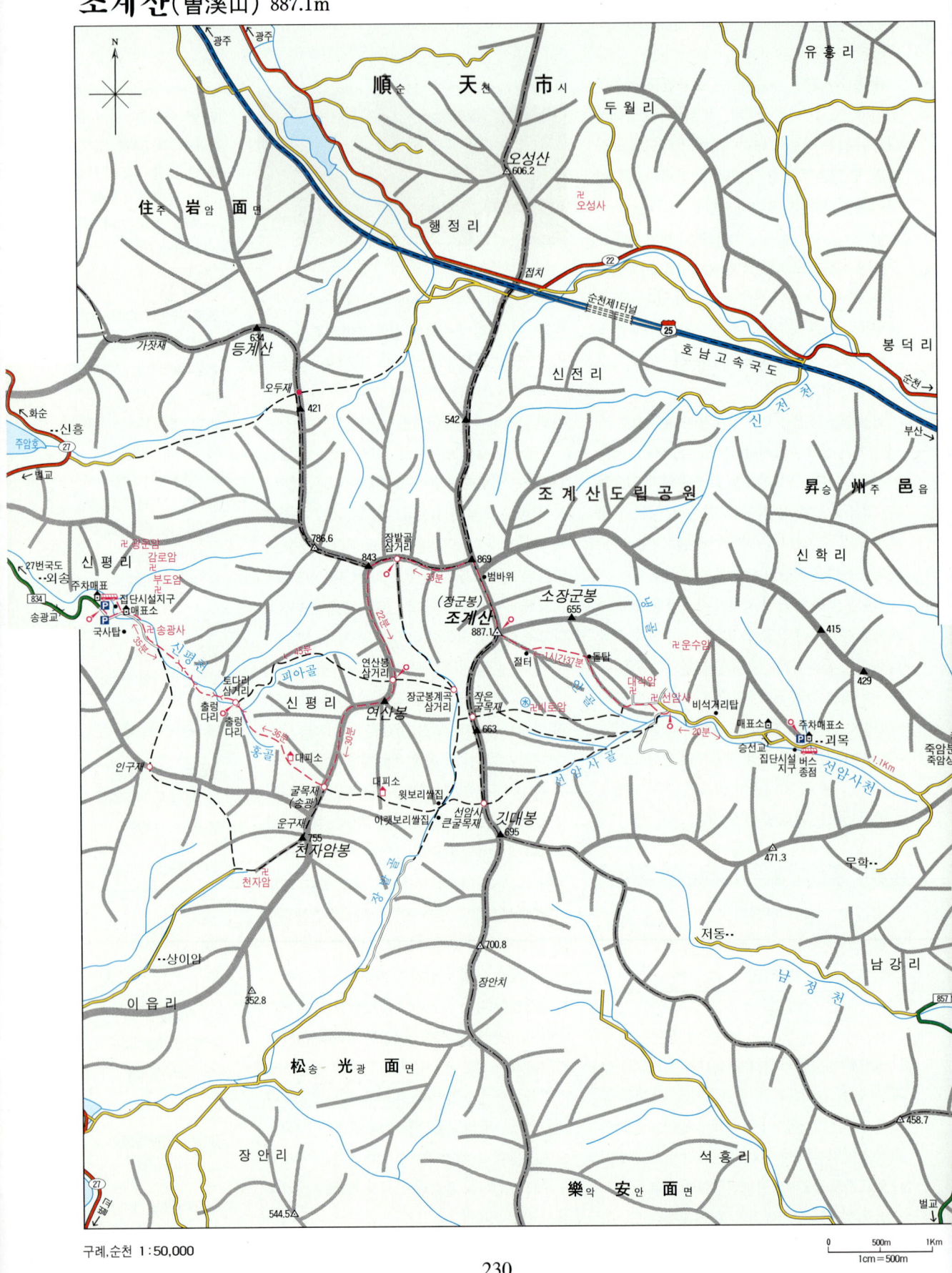

조계산   전라남도 순천시, 승주읍(全羅南道 順天市, 昇州邑)

개요

조계산(曹溪山, 887.1m)은 호남정맥이다. 산세가 완만하고 부드러워 포근한 느낌을 주는 산이며 조계산 동쪽에는 고찰 선암사가 있고, 서쪽에는 송광사가 자리하고 있다. 등 하산지점에 유명한 사찰이 위치하고 있어 더욱 유명한 산이 되었다.

선암사는 조계산에 자리 잡은 천년의 고찰로 국내의 대표적인 명찰가운데 하나이다. 중수비(重修碑) 육창건기(六創建記)에 의하면, 신라 법흥왕(514~540)때 하도화상이 청량산 해천사를 창건하고, 신라 말 도선국사(道詵國師)가 이곳에 대가람을 일으켜 선암사라 하였다.

송광사는 신라 말 혜린(慧璘)선사에 의해 창건 되었으며 창건당시에 이름을 송광산 길상사(吉祥寺)였고, 100여 칸쯤 되는 절로 30~40여 명의 스님들이 살 수 있는 그리 크지 않는 규모의 절이었다고 전한다. 이후 50여 년 동안 버려지고 폐허가 된 길상사가 지눌스님에 의해 9년 동안 중창불사로 절의 면모를 일신하였다.

산행은 선암사에서 시작하여 조계산에 오른 뒤, 연산삼거리, 연산봉을 경유하여 송광사로 하산한다. 또는 송광사에서 시작하여 같은 코스를 역으로 선암사로 하산한다.

돌탑이 새워진 조계산 정상

등산로(총 5시간 34분 소요)

주차장 → 20분 → 선암사 → 97분 →
조계산 → 33분 → 장박골삼거리 →
22분 → 연산봉삼거리 → 30분 →
송광굴목재 → 36분 → 로터리삼거리 →
35분 → 송광사 주차장

선암사 버스종점에서 3분 거리 매표소를 통과하여 17분을 가면 조계산 등산로 이정표가 있는 삼거리가 나온다.

삼거리에서 오른쪽은 선암사, 왼쪽은 조계산이다. 왼쪽으로 30m 거리 삼거리에서 오른쪽으로 8분 거리에 이르면 대각암 갈림길이 나온다. 갈림길에서 왼쪽으로 3분 거리에 이르면 큰 삼거리가 나온다. 큰 삼거리에서 오른쪽으로 오르면 능선길로 이어져 소장군봉 비로암 터를 경유하여 정상(장군봉)으로 오르는 길이다. 왼쪽으로 5m 거리 갈림길에서 왼쪽은 서부도전, 오른쪽으로 오르면 안골을 경유하여 조계산(장군봉)으로 오르는 길이다. 다시 큰 삼거리에서 오른쪽 능선을 따라 10분을 오르면 나무계단 길로 이어진다. 연속 계단길로 이어지다가 완만해지면서 20분을 오르면 돌탑이 있는 쉼터에 닿는다. 쉼터에서부터 비탈길로 이어져 12분을 가면 너덜을 건너 비탈길로 이어져 9분을 오르면 비로암터에 닿는다. 여기서부터 급경사 길을 따라 35분을 오르면 조계산 정상 장군봉에 닿는다.

정상에서 하산은 북쪽 주능선을 탄다. 북쪽 능선을 따라 15분을 가면 오정산으로 가는 삼거리가 나온다. 삼거리에서 왼쪽으로 가면 헬기장을 지나서 18분을 가면 장박골삼거리가 나온다. 삼거리에서 계속 서쪽 능선을 따라 22분을 가면 연산봉삼거리가 나온다.

연산봉삼거리에서 오른쪽 피아골 쪽은 폐쇄된 길이므로 왼쪽으로 10분을 오르면 연산봉이다. 연산봉에서 서쪽으로 능선길을 따라 가면 남쪽으로 이어지면서 20분을 내려가면 송광굴목재에 닿는다.

여기서 오른편 서쪽 하산길을 따라 내려서면 돌계단길로 이어져 12분을 내려가면 대피소가 나오고, 7분을 내려가면 걸친바위를 지나며, 홍골을 따라 17분을 내려가면 로터리삼거리에 닿는다. 여기서부터 넓은 길을 따라 20분을 내려가면 송광사에 닿는다. 송광사에서 15분 내려가면 주차장 버스종점이다.

자가운전
남해고속도로 승주IC에서 빠져나와 우회전 ⇨ 2km 서평리에서 우회전 ⇨ 857번 지방도를 타고 약 8km 죽암교에서 우회전 ⇨ 4km 선암사 주차장.

대중교통
선암사 : 순천에서 1일 30회 왕복 운행하는 선암사행 버스 이용, 선암사 하차.

송광사 : 순천에서 1일 24회 운행하는 송광사행 버스 이용, 송광사 하차. 광주에서 1일 7회 왕복 운행하는 송광사행 버스 이용, 송광사 하차.

식당
순천보리밥뷔페
순천시 가곡동 421-1
061-752-3802

산장식당
순천시 송광면 신평리 송광사 입구
061-755-4135

숙박
피닉스모텔
순천시 가곡동 986-6
061-755-3232

명소
순천만 자연생태공원
송광사, 선암사

송광장날 1일, 6일

송광사 대웅보전

영취산(靈鷲山) 510m   호랑산(虎郞山) 481.8m

영취산 · 호랑산   전라남도 여수시 (全羅南道 麗水市)

개요

영취산(靈鷲山. 510m)은 여수시 북쪽에 위치한 나지막한 산이다. 하지만 여수 일대에서는 높은 산에 속하며 창령의 하왕산, 마산의 무학산과 함께 진달래 명산으로 유명한 산이다. 주능선 일대는 큰 나무가 없고, 진달래군락지로 이루어져 있으며, 진달래가 만발하는 4월 중순이면 장관을 이루어 전국에서 많은 사람들이 찾아오는 산이다.

영취산은 호남정맥 갈미봉에서 남쪽으로 가지를 쳐 능선으로 이어져 호랑산을 이루고, 이어서 영취산을 끝으로 남해로 가라앉는다.

산행은 동쪽 상암동에서 북서쪽 지능선을 타고 주능선 진달래군락지를 경유하여 정상에 오른 뒤, 남쪽 봉우재를 경유하여 동쪽 상암동으로 원점회귀 산행이다. 영취산-호랑산 종주산행은 영취산에서 봉우재 절고개를 거쳐 남쪽으로 이어지는 주능선을 타고 호랑산을 오른 후에 여도중학교로 하산한다.

호랑산(虎郞山. 481.8m)은 여수시 북쪽 둔덕동에 위치하고 있으면 바위가 많은 산이다. 영취산에서 남쪽능선으로 연결되어 약 10km 거리에 위치한 산이다. 정상에 서면 여수 시내가 사이사이로 내려다보이고 여수 주변 일대가 조망된다. 산행은 둔덕동 여도중학교에서 시작하여 능선을 타고 호랑산에 오른 뒤, 하산은 동쪽 능선을 타고 둔덕고개로 하산한다.

등산로

영취산(총 3시간 22분 소요)

상암우체국 → 53분 → 초소 → 37분 → 영취산 → 20분 → 봉우재 → 32분 → 상암동

상암동 상암우체국과 GS주유소 중간에 서쪽으로 마을길이 있다. 이 마을길로 들어가면 오른쪽에 신진마을회관을 지나고, 5분을 가면 오른쪽에 남색지붕농가(옛진북40)가 나온다. 농가 뒤 담에서 오른쪽 농로를 따라 가면 묘 8기가 나오고, 외딴 소나무 한 그루를 통과하여 8분 정도 올라가면 묘2기가 있고 지능선 산길로 접어든다. 여기서부터 산길이 시작되어 무난한 지능선을 타고 40분을 오르면 구 산불초소가 있는 주능선에 닿는다.

이 지점에서 왼편 주능선을 따라 올라가면 진달래군락지로 이어지며 37분을 올라가면 영취산 정상이다.

정상에서 바라보면 남해바다가 시원하게 펼쳐지고 여수시내가 산 사이사이로 내려다보인다.

하산은 남쪽 주능선으로 20분을 내려가면 사거리 봉우재에 닿는다.

봉우재에서 왼쪽길을 따라 내려가면 계곡 쪽으로 내려가다가 왼쪽 비탈길로 이어진다. 봉우재에서 20분 거리에 이르면 삼거리가 나오고, 고인돌 정자나무를 통과하게 된다. 곧 이어서 밭이 나오고 12분을 내려가면 상암동 버스정류장 도로에 닿는다.

호랑산(총 2시간 30분 소요)

여도중학교 → 40분 → 주능선 갈림길 → 40분 → 호랑산 → 40분 → 자내리고개

여도중학교정문 오른쪽에 호랑산안내도가 있다. 안내도에서 등산로를 따라 100m 정도 올라가면 숲길로 접어든다. 지능선으로 이어지는 등산로는 예비군 훈련장이었으므로 여러 갈래로 산길이 있다. 능선을 벗어나지 말고 북쪽 방면으로 만 올라가면 40분 거리에 주능선갈림길이 나온다.

갈림길에서 오른쪽 주능선을 따라 가면 바윗길이 이어지면서 40분을 더 오르면 호랑산 정상에 닿는다.

정상에서 하산은 동쪽 지능선을 탄다. 동쪽 지능선을 따라 내려가면 소나무 지역으로 이어지면서 25분을 내려가면 갈림길이 나온다. 갈림길에서 오른편은 남해화학 사택으로 하산길이며 왼쪽은 자내리재 길이다. 왼쪽 능선을 따라 15분 내려가면 자내리재에 닿는다.

자가운전

호랑산은 남해고속도로 순천IC에서 빠져나와 남쪽 여수방면 17번 국도를 타고 여수시내 닿기 전, 둔덕고개삼거리 여도중학교 정문 부근 주차.

영취산은 둔덕고개삼거리에서 좌회전 ⇨ 77번 국도를 타고 약 8km 상암동 주차.

대중교통

영취산은 여수시내에서 상암동행 시내버스 72번, 75번, 76번, 73번을 타고 상암동 하차.

호랑산은 영취산과 같은 버스를 이용하여 둔덕고개 하차.

식당

구백식당(서대회, 생선구이)
여수시 여객터미널
061-662-0900

황소식당(개장백반)
여수시 이충무공
선소유적지
061-641-8007

숙박

프랑스모텔
여수시 학동 200-15
061-681-0001

자이모텔
여수시 학동 200-18
061-683-2266

명소

오동도

돌산도

순천만

백아산(白鵝山) 818m

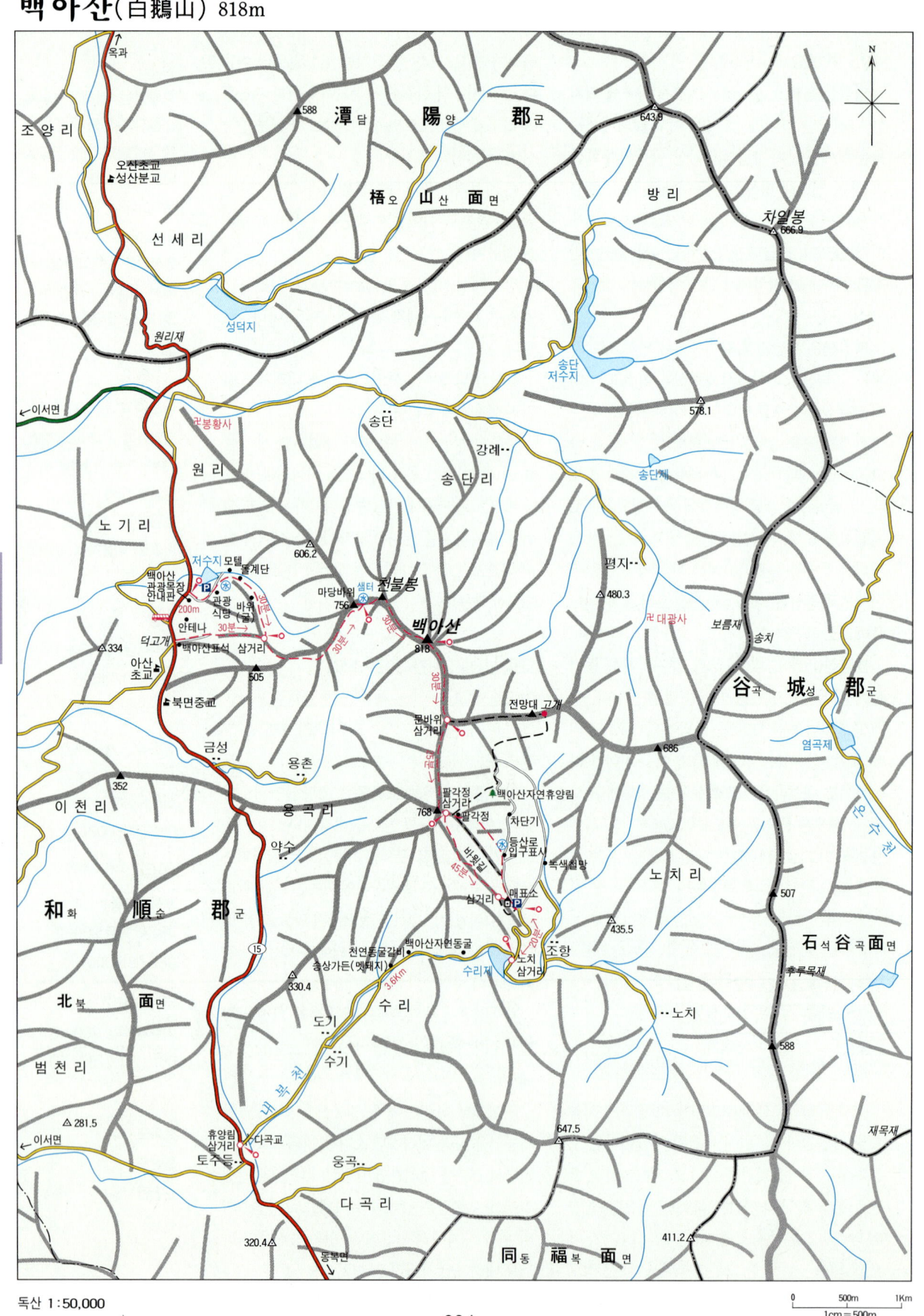

백아산

전라남도 화순군 북면(全羅南道 和順郡 北面)

개요

백아산(白鵝山. 818m)은 화순일대에서 가장 높은 산이며 유서 깊은 산이다. 주능선 일대는 대부분 미끈하고 흰 바위가 줄지어 있어 아름다운 광경이다. 바위가 석회질이 많아 유난히 희다하여 희어산이라고 불렀다고 하고, 흰 바위가 옹기종기 모여 있는 것처럼 생겼다하여 흰백(白) 거위아(鵝) 백아산으로 이름 지어진 명산이다.

백아산 주능선 북쪽으로부터 마당바위, 약수터, 백아산 정상, 문바위, 팔각정으로 이루어져 있다. 마당바위는 사방이 절벽으로 전망이 매우 빼어나고, 마당바위에서 천불봉 사이는 철쭉 밭이다. 마당바위와 정상에서 보면 무등산이 바로 건너다보이고, 사방이 막힘이 없으며 첩첩산중에 높이 솟은 전망대와 같은 산이다. 산세가 험하고 사방으로 방어가 용이하여 군사요충지로서 1950년 전후에는 남한에 은신한 전남지역 빨치산들의 사령부가 있었던 유서 깊은 산이다.

백아산의 백미인 마당바위 일대는 치열한 전투가 벌어졌던 곳이며, 노치리 일대는 빨치산들의 사령부가 있었던 곳으로 지금은 백아산 자연휴양림으로 조성되어 있다.

산행은 북서쪽 노기리 덕고개에서 시작해서 마당바위에 오른 다음, 샘터를 경유하여 정상에 오른다. 하산은 정상에서 남릉을 타고 문바위 팔각정을 경유하여 휴양림으로 내려간다. 승용차 편으로 간단한 산행은 휴양림 주차장에 주차하고, 임도를 따라 동화석굴 전 샘에서 팔각정에 오른 다음, 남쪽능선을 타고 다시 휴양림관리사무소로 원점회귀 산행이다.

사방이 확 트인 백아산 마당바위

등산로(총 4시간 10분 소요)

덕고개 → 30분 → 삼거리 → 30분 → 마당바위 삼거리 → 30분 → 백아산 → 30분 → 문바위 삼거리 → 25분 → 팔각정 삼거리 → 45분 → 매표소

북면 소재지에서 북쪽 15번 국도를 따라 300m 가면 백아산 등산로 입구 백아산 표지석과 안내판이 있다. 표지석에서 동쪽 농로를 따라 5분을 가면 이정표가 있고 등산로가 시작된다. 완만한 등산로를 따라 25분을 오르면 관광목장에서 오르는 삼거리가 나오고 쉼터가 나온다.

삼거리에서 완만하게 이어지는 동쪽 능선을 따라 22분을 가면 급경사가 시작되고 8분을 더 오르면 주능선 마당바위삼거리가 나온다.

마당바위 삼거리에서 왼쪽으로 가서 철사다리를 타고 5분을 오르면 확 트인 헬기장 마당바위에 닿는다.

마당바위에서 다시 마당바위 삼거리로 되돌아온 다음, 동쪽 30m 거리 샘터갈림길에서 왕복 6분 거리 샘터를 다녀와서 다시 동쪽 능선을 따라 30분을 오르면 바위봉 백아산 정상이다.

하산은 정상표석에서 동쪽으로 바위를 통과하여 내려서면 동남쪽능선으로 하산길이 뚜렷하게 이어진다. 문바위를 향하여 뚜렷한 주능선을 타고 30분을 가면 문바위 삼거리가 나온다.

문바위 삼거리에서 우측으로 직진 주능선을 따라 25분을 가면 768봉 왼편으로 이어져 팔각정 50m 전 삼거리가 나온다.

삼거리에서 오른쪽으로 하산한다. 여기서 팔각정을 다녀오면 약 5분 소요된다.

팔각정 50m 전 삼거리에서 오른쪽으로 내려서면 우측 능선으로 하산길이 이어진다. 하산길은 다소 험한 바윗길로 이어지면서 30분을 내려가면 바윗길이 끝나고 무난한 길로 이어져 10분 내려가면 갈림길이 나온다. 갈림길에서 왼쪽으로 5분 내려가면 팽나무 1,2,3호 산막을 지나 바로 임도를 만나 휴양림매표소 주차장에 닿는다.

자가운전

남해안고속도로 옥과IC에서 빠져나와 우회전 ⇨ 15번 국도를 타고 백아산관광목장과 북면 사이 중간 15번국도 백아산등산로 표지석 주차.

대중교통

광주 광천동에서 225번 시내버스 1시간 간격 이용, 노기리 관광목장 입구 하차.

광주에서-수리-노치행(1일 8회) 버스 이용, 노치 하차(광주에서 북면까지는 직행).

휴양림은 화순에서-수리행 군내버스 1일 3회 (06:00 13:00 18:00)이용, 수리 종점 하차.

식당

백아산관광목장(식당, 민박)
화순군 북면 노기리 12
061-373-8080-3

천연동굴(갈비)
화순군 북면 노치리
061-374-7373

승상가든(맷돼지)
화순군 북면 노치리
061-374-8393

숙박

금호화순리조트 아쿠아나 온천
화순군 북면 옥리 510-1
061-370-5070

백아산 자연휴양림
061-379-3734-5

※ 동복장날 2일, 7일

동악산(動樂山) 736.8m   형제봉(兄弟峰) 750m

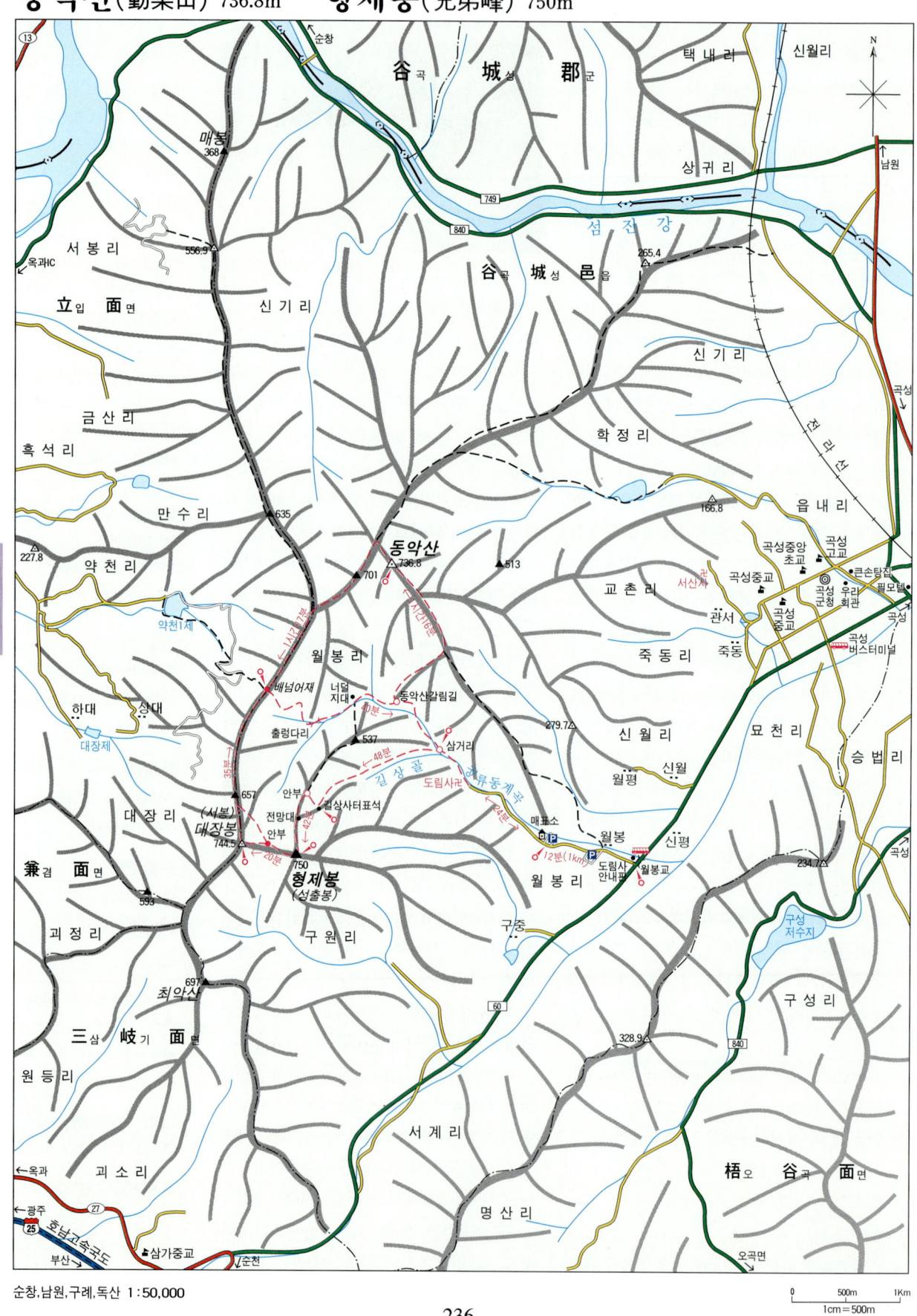

동악산 · 형제봉   전라남도 곡성군 곡성읍(全羅南道 谷城郡 谷城邑)

개요

동악산(動樂山, 736.8m)과 **형제봉**(兄弟峰, 750m)은 청류동계곡을 사이에 두고 북쪽은 동악산 서쪽은 형제봉이며 동일한 능선으로 이어져 있다. 동악산 형제봉 정상 주변 대부분이 바위가 많은 편이나 주 등산로 바윗길은 안전설치가 되어 있어서 산행에는 큰 어려움이 없다.

등산로 초입에는 도림사가 자리하고 있고, 청류동계곡은 많은 사람들이 놀이삼아 찾아와 피서철에는 매우 혼잡한 곳이다.

등산로

동악산(총 5시간 25분 소요)

주차장 → 36분 → 삼거리 → 76분 →
동악산 → 77분 → 배넘어재 → 40분 →
삼거리 → 36분 → 주차장

도림사 입구 버스정류장에서 도림사 팻말이 가리키는 도로를 따라 12분을 가면 주차장이 있고, 10분 거리에 도림사이다. 도림사에서 계곡 따라 이어지는 등산로를 따라 14분 거리에 이르면 동악산 형제봉 갈림길 삼거리가 나온다.

삼거리에서 오른쪽으로 가면 출렁다리를 건너서 10분 거리에 이르면 삼거리가 또 나온다. 이 삼거리에서 오른쪽은 동악산 왼쪽은 배넘어재다. 오른쪽 계곡을 따라 30분을 올라가면 너덜지대를 경유하여 능선 안부에 닿는다. 안부에서 북쪽 동악산을 보고 6분을 가면 갈림길이 나온다. 갈림길에서 왼쪽으로 가면 바로 동악산으로 오르고, 우측으로 올라가면 신선바위를 거쳐 동악산으로 간다. 어디로 가도 30분 이내에 동악산 정상에 닿는다.

하산은 북서쪽 주능선을 따라 17분 거리에 이르면 청계동 배넘어재로 가는 삼거리가 나온다. 삼거리에서 왼편 서남쪽 주능선을 따라 1시간을 내려가면 배넘어재 사거리에 닿는다.

배넘어재에서 남쪽으로 간다. 왼쪽 하산길을 따라 10분 내려가면 출렁다리 계곡을 건너서 7분 거리에 이르면 오른쪽 형제봉에서 능선 따라 내려오는 길을 만나며, 12분을 내려가면 동악산 삼거리에 닿는다.

계속 계곡으로 이어지는 길을 따라 10분 내려가면 출렁다리를 지나서 형제봉 갈림길에 닿는다. 갈림길에서 24분 거리에 이르면 도림사 지나 주차장에 닿는다.

형제봉(총 5시간 17분 소요)

주차장 → 36분 → 삼거리 → 90분 →
형제봉 → 20분 → 대장봉 → 35분 →
배넘어재 → 40분 → 삼거리 → 36분 →
주차장

버스정류장에서 도림사 길을 따라 12분을 가면 주차장이 나오고 10분을 더 가면 도림사에 닿는다. 도림사에서 14분을 더 들어가면 갈림길이 나온다.

갈림길에서 왼쪽으로 간다. 물이 없는 계곡길을 따라 47분을 올라가면 표지석이 있는 길상암터가 나온다. 여기서 15분을 더 올라가면 주능선 삼거리에 닿는다. 능선에서 왼쪽 주능선길은 암릉길이다. 하지만 안전설치가 되어 있어서 큰 어려움은 없다. 능선을 따라 10분을 가면 전망바위가 나오고, 17분을 더 오르면 형제봉 정상이다.

형제봉에서 하산은 서쪽 능선을 따라 대장봉으로 간다. 서쪽 능선을 따라 4분을 가면 성출봉이 나오고, 7분을 더 내려가면 안부 갈림길이 나온다. 갈림길에서 우측으로 가면 우회길로 다음 능선에서 만나는 길이고, 갈림길에서 왼쪽으로 13분을 오르면 대장봉에 닿는다.

대장봉에서 하산은 북릉을 따라 12분을 내려가면 우회길을 만나며 10분을 더 내려가면 갈림길이 나온다. 갈림길에서 왼쪽으로 12분 내려가면 사거리 배넘어재에 닿는다.

사거리에서 오른쪽으로 10분 내려가면 출렁다리를 건너고, 19분을 더 내려가면 동악산 갈림길이 나온다. 갈림길에서 10분을 내려가면 삼거리가 나오고, 14분 거리에 도림사이며 10분 더 내려가면 주차장에 닿는다.

자가운전

호남고속도로 곡성IC에서 빠져나와 우회전 ⇨ 1km 거리에서 좌회전 ⇨ 곡성 방면 60번 지방도를 타고 약 8km 거리 월봉리 도림사 입구에서 좌회전 ⇨ 1km 거리 주차장.

대중교통

곡성버스터미널에서 삼기, 옥과 방면 시내버스 이용, 월봉리 도림사 입구 하차.
곡성개인택시
061-362-8775

식당

큰손탕집(찌개)
곡성읍 군청 옆
061-363-5118

우리회관
곡성읍 읍내리 4구 343
061-363-8321

숙박

필모텔
곡성읍 읍내리
061-362-2345

명소

광한루
화엄사
섬진강

곡성장날 3일, 8일

동악산 형제봉 등산로 입구에 위치한 도림사

백운산(白雲山) 1216.6m   억불봉(億佛峰) 1008m

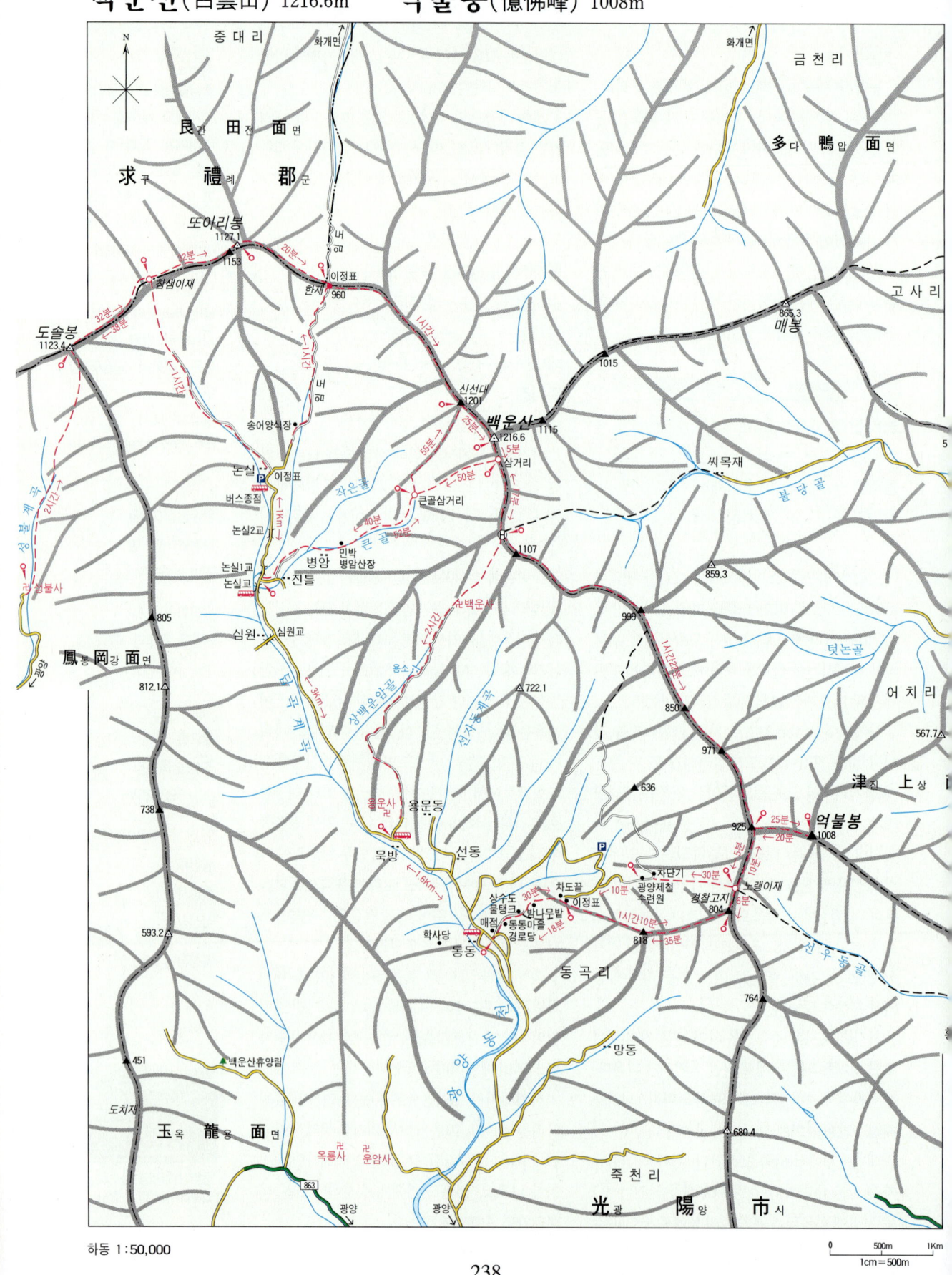

백운산 · 억불봉　전라남도 광양시 옥룡면(全羅南道 光陽市 玉龍面)

개요

백운산(白雲山. 1216.6m)과 **억불봉**(億佛峰. 1008m)은 북쪽으로부터 1000m 이상되는 도솔봉(1123.4m), 또아리봉(1127.1m), 백운산, 억불봉에 이르기까지 거대한 산맥으로 이어진다. 백운산은 고로쇠, 백운란, 백운원추리 등 900여 종이 넘는 식물군이 있는 식물자원의 보고이다.

백운산 산행은 진틀에서 시작하여 큰골삼거리 신선대를 경유하여 정상에 오른다. 하산은 남동쪽 주능선을 타고 5분 거리 삼거리에서 서쪽 큰골을 따라 다시 진틀로 원점회귀 산행을 하거나, 남쪽으로 18분 거리 헬기장 삼거리에서 우측 백운암 길로 하산한다.

억불봉 산행은 동동마을에서 동쪽 능선을 타고 경찰고지를 경유하여 억불봉에 오른 후, 하산은 노랭이재까지 되내려온 다음, 수련원을 경유하여 다시 동동마을로 원점회귀 산행이다.

등산로

백운산 (총 6시간 소요)

논실1교 → 52분 → 큰골삼거리 → 55분 → 신선대 → 25분 → 백운산 → 22분 → 헬기장삼거리 → 82분 → 억불봉삼거리 → 5분 → 노랭이재 → 41분 → 임도 → 18분 → 동동마을

진틀버스정류장에서 북쪽 도로를 따라 100m 거리에 이르면 논실1교를 건너 우측으로 소형차로가 나온다. 여기서 우측 소형차로를 따라 10분 거리에 이르면 병암산장이 나온다. 여기서부터 밭길 사이로 등산로가 이어지다가 산길로 이어져 42분을 가면 큰골삼거리에 닿는다.

삼거리에서 왼쪽 신선대쪽을 향해 13분을 오르면 지능선에 닿고, 지능선만을 타고 42분을 오르면 바위봉 신선대 아래 삼거리에 닿는다.

신선대는 북쪽 철계단을 타고 오르며 왕복 10분 소요된다.

삼거리에서 농남쪽 능선을 타고 25분을 가면 바위봉 백운산 정상에 닿는다.

하산은 남동쪽으로 뻗은 능선을 따라 5분을 내려가면 삼거리가 나온다. 우측으로 1시간 40분 내려가면 진틀 버스정류장이다.

다시 삼거리에서 남동쪽 능선을 따라 17분을 가면 헬기장 삼거리가 나온다.

우측으로 내려가면 백운암을 경유하여 2시간 거리에 이르면 용운사 묵방 버스 정류장이다.

헬기장에서 계속 평지와 같은 남동 능선을 따라 22분을 가면 플라스틱통이 있는 안내도 안부가 나온다. 안부에서 우측으로 2m 내려서 왼쪽 비탈길을 따라 가면 다시 능선으로 이어져 평지와 같은 능선을 타고 1시간을 가면 억새밭을 지나서 헬기장 억불봉 삼거리에 닿는다. 여기서부터는 억불봉 등산로 참고.

억불봉 (총 4시간 48분 소요)

동동매점 → 30분 → 임도 → 70분 → 경찰고지 → 40분 → 억불봉 → 30분 → 노랭이재 → 40분 → 임도 → 18분 → 동동매점

동동버스정류장에서 마을길을 따라 15분을 가면 마을 끝에 왼쪽으로 나무다리를 건너 밤나무 밭 사이로 등산로가 있다. 이 길을 따라 15분을 올라가면 임도가 나오고, 바로 오른쪽 능선으로 등산로가 있다. 이 능선을 따라 1시간 10분을 오르면 경찰고지에 닿는다.

경찰고지에서 북쪽으로 4분 내려서면 노랭이재에 닿고, 다시 10분을 오르면 헬기장 삼거리에 닿는다. 여기서 우측 능선을 타고 가면 바윗길로 이어지며 철계단 밧줄을 타고 25분을 오르면 억불봉에 닿는다.

하산은 헬기장을 거쳐 다시 노랭이재 삼거리로 되돌아온 다음, 우측 수련원 길로 30분 내려가면 수련원에 닿고, 수련원을 내려서 임도삼거리에서 왼쪽 임도를 따라 10분 거리에 이르면, 임도 끝 이정표가 있는 지점에 닿는다.

여기서 10m 거리 왼쪽 하산길을 따라 18분을 내려가면 동동버스정류장이다.

자가운전

남해고속도로 광양IC에서 빠져나와 우회전 ⇒ 광양시내에서 옥룡면으로 우회전 ⇒ 진틀버스종점 주차장.

대중교통

서울남부터미널에서 6회. 부산, 대전, 대구, 광주 등에서 광양행 버스 이용, 광양버스터미널에서 1시간 간격으로 운행하는 동동-심원-진틀-논실행 (21-2번, 21-3번) 버스 이용, 진틀버스종점 하차.
광양개인택시
061-762-5600

식당

삼대불고기
광양읍 칠성리 959-11
061-762-9250

이땅위에자존심(한우)
광양읍 칠성리 959-5
061-762-9178

병암산장(토종닭, 민박)
광양시 옥룡면 동곡리 병암
061-762-6781

숙박

파티마모텔
광양읍 덕례리 1766-6
061-762-3822

명소

순천만

백운산 자연휴양림
061-797-2655

광양장날 1일, 6일

영호남 200 명산

지은이 신명호
펴낸이 장인행

1판 1쇄 인쇄 2011년 5월 5일
1판 1쇄 발행 2011년 5월 10일

펴낸곳 **깊은솔**
주　　소 서울특별시 종로구 구기동 85-9번지 인왕B/D 301호
전　　화 02 - 396 - 1044(대표) / 02 - 396 - 1045(팩스)
등　　록 제1 - 2904호(2001. 8. 31)

ⓒ 신명호, 2011
mobile : 011-9652-3966
e-mail : hosan1@hanmail.net

ISBN 978-89-89917-34-2 13990

값 16,800원

• 인지는 저자와의 협의에 의하여 생략합니다.
• 본 도서의 무단복제·전재·전송 행위는 저작권법에 의해 처벌받게 됩니다.
• Printed in Seoul, Korea